Essentials of Trade

핵심 무역학원론

Essentials of Trade

핵심 무역학원론

김기홍 · 최창환 · 박도준 지음

율곡출판사

들어가는 글

Essentials of **Trade**

first edition Preface

우리나라는 1964년 수출 1억 달러를 기념하기 위해 무역의 날을 제정한 이후 50년이 지난 지금 3년 연속 무역 1조 달러 달성, 2013년 수출 5,597억 달러, 무역수지 441억 달러 흑자를 시현하는 등 이른바 트리플 크라운(Triple Crown)을 달성하였다. 이제 한국경제에서 무역의존도는 100%를 넘었으며, 무역확대를 통한 지속적 경제성장으로 빈곤에 허덕이는 국가에서 이제 빈곤한 국가를 도와주는 국가로 성장하였다.

우리나라 무역은 아시아 외환위기(1997년), IT 버블 붕괴(2001년), 글로벌 금융위기(2008년) 등 대외경제 위기 시마다 우리 경제가 빠르게 회복할 수 있는 구원투수의 역할을 하였으며, 특히 2000년대 이후 활발한 FTA 체결로 2013년 현재 전 세계 47개국과 FTA를 발효 중이며, 47개국의 총 GDP는 40조 달러로 전 세계의 56%를 차지하고 있다. 더욱이 우리나라 무역은 정보통신 기술(ICT)의 발달과 함께 무역거래의 양상이 빠르게 변하면서 무역업무의 프로세스도 스마트하게 변화하고 있다.

그러나 무역을 통한 양적 성장에도 불구하고 무역 관련 산업과 내수산업 간 양극화와 대기업과 중소기업의 격차 확대와 무역 자유화로 피해를 입은 산업 등에 대한 소득보전 등 개선해야 할 문제점도 대두되고 있으며, 특정 소수 품목에 대한 과도한 수출 비중을 축소하고 품목별 수출 다변화가 시급하며, 서비스 수출 경쟁력 제고를 통해 새로운 성장 동력을 찾는 데 노력해야 할 시점에 도달해 있다.

서비스 무역 확대를 위해서는 영국의 문화, 예술, 금융 수출 산업, 독일의 전통, 기계, 제조업 수출 산업, 미국의 문화 및 교육 수출 산업 등의 새로운 융복합 사례를 잘 살펴보고, 아울러 신흥시장들에 대한 올바른 이해를 통해 한국의 문화 콘텐츠를 전통적인 제조업 제품에 접목하여 新한류를 통해 새로운 시장을 창출하는 등 창조무역 시대를 열어 나아가야 할 것이다.

본서는 이렇듯 급변하고 있는 세계무역환경에 능동적으로 대처하기 위해 이론적 · 실무적 지식을 기반으로 국제무역에 있어 필요한 기본 사항을 다음과 같이 서술하였다.

첫째, 본서는 무역에 대한 체계적 이해를 돕기 위해 기초 경제학 접근을 통해 국제무역 분석 방법론을 살펴보았고, 이를 바탕으로 국제경제이론 → 국제통상 및 협상 → 국제경영 → 무역실무 순서로 내용을 정리하였다. 먼저 국제경제이론을 통해 국제 분업의 원리를 이해한 뒤, 국제통상 및 협상을 통해 거시 정책적 측면을, 국제경영을 통해 기업의 경영전략과 해외투자 등에 대하여 이해를 통해 미시적 측면을 분석한다. 그 후 무역실무에 대한 법적 · 제도적 절차를 이해한다면 무역에 대한 전반적인 것을 이해할 수 있을 것이다.

둘째, 본서는 변화하고 있는 국제경제통상 환경에 대한 최신 이론 및 시사 이슈를 포함하고 있다. 그 때문에 본 교재는 대학생 이외에도 직장인들을 위한 교양서가 될 수 있을 것이다.

셋째, 본서는 국제무역을 처음 접하는 대학 1학년생을 대상으로 저술한 입문서이다. 따라서 지나친 고급이론이나 불필요하고 중복되는 내용은 과감하게 제외하였다. 이러한 슬림화 작업을 통해 한 학기용 강의교재로 적합한 책을 만들고자 노력하였다.

본서는 무역학을 공부하는 학생들을 위한 입문서이며, 무역을 처음 접하는 사람들에게 가이드북이 되고자 기획하였으며, 부족한 많은 부분은 끊임없는 연구와 강의 속에서 보완하고자 한다.

아울러 본 교재가 출간될 수 있도록 물심양면으로 도와주신 박기남 사장님과 박정헌 부장님 그리고 본 교재가 깔끔하게 체계적으로 나올 수 있도록 도와주신 윤혜신 선생님을 포함한 율곡출판사 가족 여러분들의 도움이 컸던 것을 이 자리에서 밝히며 다시금 감사의 마음을 전한다.

마지막으로 그동안 저자들을 키워주신 학부, 석사, 박사 과정의 모든 은사님들에게 고개 숙여 경의를 표하며, 책은 사람에 의해 만들어지지만 사람은 또한 책에 의해서 만들어진다는 말을 늘 가슴에 새기며 정진하고자 한다.

2014년 2월 1일

저 자 일동

With patience and time,

the mulberry-leaf becomes a silk gown

차 례

Essentials of **Trade**
first edition Contents

제3장 국제무역이론

제4장 국제무역정책

제5장 무역과 외환시장

제6장 무역과 국제수지

II부 국제통상과 국제협상

Essentials of Trade
part two

제7장 국제통상의 개요

제8장 국제통상 및 경제통합

III 부 세계화와 국제경영

Essentials of Trade part three

제11장 기업의 세계화와 다국적기업

제12장 기업경영전략의 기초적 이해

제13장 해외시장 진출전략

제14장 해외직접투자이론

IV부 무역실무의 이해

Essentials of **Trade** part four

제15장 무역 개요와 무역관리

제16장 국제무역계약

제17장 무역대금 결제방식

제18장 국제운송

제19장 해상보험과 무역보험제도

제20장 무역클레임

무역거래와 국제경제이론

I

Essentials of Trade

part one

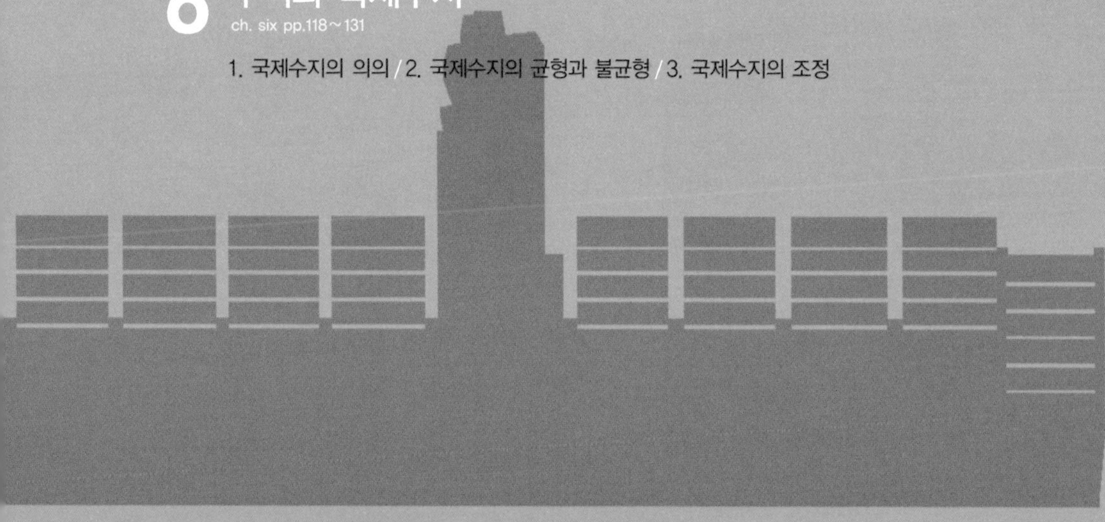

무역의 기초

01

1. 무역의 의의

2. 무역학의 성격

1 무역의 의의

Essentials of Trade, ch. one

1.1 무역의 정의

현대 사회에서 사람들은 혼자서 살 수 없다. 다른 사람과 완전히 격리된 상태에서 자급자족하면서 경제행위를 할 수는 없다. 대신 다른 사람들과 필요한 물품을 서로 교환하면서 생활하는 것이 모든 사람들에게 이익이 될 것이다. 국민경제도 예외가 아니다. 폐쇄경제 하에서 자급자족을 하는 것보다 개방경제 하에서 다른 국가와 서로 필요한 것을 교환하면서 생활하는 것이 양국의 국민들에게 이익이 될 것이다.

따라서 무역이란 국가 사이의 경제거래를 의미하며 국제분업이 그 토대가 된다. 즉 국내에서 생산하는 것이 유리한 제품을 국내에서 생산하여 수출하고, 국내 생산이 불리한 제품을 외국에서 수입함으로써 국민경제의 효율성을 높이고 국민복지 등 후생 수준을 증진시키자는 것이다.

1.2 무역의 특징

1.2.1 거래교섭의 복잡성과 위험의 발생

무역은 언어나 법률, 제도, 제반 환경이 서로 다른 당사자 사이에 이루어지는 경제적 거래이므로 그 단계가 많고, 이행과정이 복잡하다. 이에 따라 무역은 각종 위험에 노출되어 있는 국제거래이기도 하다.

예를 들어 ① 긴 기간 동안 원거리를 운송하고 보관하는 데 따라 물품이 손상되는 운송위험, ② 상대방에 대한 정보가 부족하고 상관습이 달랐을 때 대금회수가 불가능한 신용위험, ③ 사전에 계약한 물품이 제대로 교환되지 못하는 상업위험, ④ 갑작스런 환율변동으로 수출입가격이 불안정해지는 환위험, ⑤ 무역상대국에 전쟁, 혁명, 폭동, 천재지변 등이 발생하여 계약을 이행할 수 없는 비상위험 등이 바로 그것이다.

1.2.2 정형화된 상관습의 적용

무역거래에서 상관습이 다른 당사자 간에 분쟁이 발생하면 어떤 법을 적용해서 그 분쟁을 해결할 것인가 하는 문제에 직면한다. 이때 당사자들은 명시된 계약조건을 보완하기 위해 상관습을 정형화한 거래조건을 사용한다. 이러한 상관습은 국제상업회의소(International Chamber of Commerce ; ICC)나 국제법협회(International Law Association)와 같은 권위가 있는 국제단체에 의해 다년간 조사연구되어 국제규칙으로 정형화되어 왔다.

국제상업회의소
(International Chamber of Commerce ; ICC)

ICC는 International Chamber of Commerce의 약칭으로서 1920년에 창립되었고 파리에 본부를 둔 국제경제협력기구이다. 세계 각국의 상업회의소가 가맹되어 있고 가맹국에는 국내위원회가 설치되고 Incoterms, 신용장통일규칙(UCP), 추심통일규칙 등의 제정 및 보급에 전력하고 있다. ICC로 약칭한다.

출처 : 무역용어사전, 한국무역협회

1.2.3 다수복합계약의 체결

무역거래에 있어서 우선 품질, 수량, 가격이 중심적인 조건이 되며, 그 다음에 물품인도를 위한 선적, 보험, 대금결제가 부수적인 조건이 된다. 이에 따라 무역거래는 수출업자, 수입업자, 제조업자, 운송업자, 금융업자, 보험업자 등 여러 당사자가 개입하여 매매계약을 주 계약으로 하고, 운송계약, 신용장계약, 보험계약, 환계약 등을 종속 계약으로 하여 복합적으로 이루어진다.

1.2.4 산업연관효과의 발생

산업연관효과분석
국민경제의 상호의존관계를 일람표 형식으로 표시한 산업연관표를 기초로 하여 경제동향을 산업 간의 생산기술적 연관구조에 초점을 두고 규명하는 분석방법

무역거래가 발생하면 국제분업이 촉진되면서 국내적으로나 국제적으로나 산업 전반에 큰 파급효과를 미치게 된다. 한 나라가 무역에 종사하면 생산비나 가격, 품질 면에서 자기 나라에 유리한 상품을 주로 생산하여 다른 나라에 수출을 하게 된다. 그러면 수출산업이 활성화되면서 외

화를 획득할 수 있고, 고용과 국민소득이 증가하게 된다. 한편, 자국에 필요한 물품이나 국내생산이 불리한 상품은 외국으로부터 수입하여 국민들의 복지를 증가시키고 국내산업의 체질을 강화시킬 수 있다.

물론 지나친 수출강화정책은 수출산업을 제외한 다른 산업을 위축시키고 대외통상마찰을 불러올 수 있다. 또한 수입으로 인해 국내 경쟁산업이 피해를 입고 국제수지가 악화될 수도 있다. 그러나 국가 전체로 보면 무역으로부터의 이익이 무역으로부터의 손실보다 크다는 것이 일반적인 견해이다.

2 무역학의 성격

Essentials of Trade, ch. one

2.1 무역학의 발전

무역거래가 활성화되고 또한 무역이 국민경제에 미치는 영향이 크면 클수록 무역 현상에 대한 체계적인 연구가 필요하다. 그런데 국가에 따라 무역의 중요도가 다르고 거래과정에서도 특수성의 차이가 나타나기 때문에 무역학에 대한 관점도 다양한 모습을 보이고 있다.

우선, 무역이 경제발전에 큰 역할을 하지 못했던 국가의 경우 무역학이 독립 학과나 독립 분야로 개설된 곳은 거의 없다. 대신 경제학과에서 국제경제학, 경영학과에서 국제경영학, 법과대학원에서 국제통상법 등의 과목을 개설하여 무역 현상에 부분적으로 접근하고 있다.

반면에, 한국과 일본처럼 무역이 경제발전에 큰 영향을 미치는 국가들에 있어서는 무역학과가 별도로 설치되어 있을 뿐만 아니라 교과내용도 여러 학문분야를 복합한 학제간 연구의 틀을 형성하며 발전하고 있다.

2.2 무역학의 연구 범위

무역학은 무역 현상을 체계적이고 종합적으로 파악하기 위해 여러 학문분야를 취사선택해서 연구하는 방법을 택한다. 예를 들어, 다음과 같은 학문분야들은 횡적 · 종적으로 서로 연결되면서 무역 현상의 실체 파악에 상승작용을 하고 있다.

첫째, 국가 사이에 무역이 발생하는 원인과 그 파급효과를 분석하기 위해서는 경제학적 연구가 필요하다. 즉, 국제경제이론의 입장에서 국제분업의 원인, 교역조건, 관세, 외환, 국제수지 등을 이론과 정책의 양 측면에서 연구한다.

둘째, 무역과 해외투자가 이루어질 때 개별 기업이 그 역할을 제대로 수행하기 위해서는 경영학적 연구가 병행되어야 한다. 예를 들어, 기업이 국제화되면서 기업의 내부조직과 운용, 해외시장에 대한 이해와 전략적 접근 등을 국제경영학적 입장에서 연구하는 것이다.

표 1-1 무역의 연구분야

대분류	학문분야
경제학적 연구	국제경제학
경영학적 연구	국제경영학
법 · 상학적 연구	무역실무론 및 통상규범론
최신 분야 연구	통상협상론 및 전자무역론

셋째, 국가 간에 경제거래가 원만히 이루어지기 위해서는 법 · 상학적 연구가 필요하다. 즉 무역계약, 거래관습, 수출입절차, 상사중재, 무역법규 등을 무역실무론의 입장에서 연구하게 된다.

넷째, 최근 들어 넓게 확산되고 있는 국제통상협상과 전자무역 추세에 대응하여 관련 분야에 대해서도 심층적인 연구가 진행되고 있다. 예를 들어, 자유 무역을 위한 세계무역기구(WTO)의 다자간 협상과 경제통합을 위한 각국별 협상이 어떻게 전개되며 그 가운데 우리나라가 어떤 입장을 택할 것인가를 국제협상의 전략적 차원에서 접근한다. 아울러 전자무역의 활성화를 위해서 무역자동화 이용방법, 전자상거래 알선 사이트를 통한 해외시장조사 및 전자서류의 이동성에 대해서도 연구한다.

이와 같은 다양한 연구분야는 상호연관성을 가지고 있다. 국가적 차원에서 무역의 이론적 필요성을 연구하고, 자국에 이익이 되는 무역정책과 협상전략을 제시하면 개별 기업들은 그 범주 안에서 해외시장을 개척해 나갈 수 있다. 이 과정에서 무역실무자들은 국제거래의 관습과 실무지식, 전자무역을 이용하여 성공적인 무역거래를 할 수 있게 된다.

따라서 무역이라는 현상을 제대로 파악하기 위해서는 여러 학문분야의 핵심 내용과 폭넓은 국제적인 시각이 필요하다고 하겠다.

무역 관련 지표

02

1. 경제의 무역의존도

2. 무역지수

3. 수출상품과 수입상품의 교환비율

1 경제의 무역의존도

Essentials of Trade, ch. two

1.1 무역의존도(degree of dependence upon foreign trade)의 개념

오늘날 세계경제의 개방화 진전 등으로 무역규모가 날로 증가하는 추세를 보이고 있다. 여기서 무역규모라 하면 수출과 수입을 합한 금액을 의미하므로, 그 금액이 국민총소득(Gross National Income ; GNI)에서 차지하는 비중을 살펴보면 국민경제의 무역의존도를 알 수 있다.

국민총소득(GNI)
가계, 기업, 정부 등 한 나라의 모든 경제 주체가 일정 기간에 생산한 총 부가가치를 시장가격으로 평가하여 합산한 소득지표

국내총생산(GDP)
일정 기간 동안 한 나라의 국경 안에서 생산된 모든 최종생산물의 시장가치

한 나라의 경제가 무역에 얼마나 의존하고 있는가를 나타내는 지표로, 수출의존도는 국민총생산(또는 국민소득)에 대한 수출액의 비율을, 수입의존도는 국민총생산(또는 국민소득)에 대한 수입액의 비율을 말한다. 따라서 무역의존도는 일정한 기간(보통 1년)에 있어서 국민총생산에 대한 수출입총액의 비율을 의미한다.

$$\text{수출입의 대 GNI 비율(\%)} = \left(\frac{\text{수출} + \text{수입}}{\text{국민총소득}}\right) \times 100$$

1.2 무역의존도(degree of dependence upon foreign trade)의 의미

일반적으로 한 나라의 무역의존도는 그 나라 경제규모의 절대적 크기나 경제발전의 정도 등의 산업구조의 발전 여하에 따라 크게 좌우되며, 무역의존도가 크다는 것은 무역이 외국의 경기변동 등 경제사정에 따라 좌우될 수 있어 국민경제가 그만큼 불안정하다는 것을 의미하기도 한다. 이러한 무역의존도는 구조변동기에는 변화가 심하지만 보통 단기적으로는 비교적 안정된 수치를 나타낸다. 일반적으로 넓은 국토를 가지고 있는

나라는 대개 국내에 많은 자원을 가지고 있고 또한 국내에서 여러 재화를 생산하므로 수출입의 대 GNI 비율이 낮다.

그러나 국토가 협소한 나라는 대개 국내에 자원이 빈약하므로 외국에서 원재료를 수입, 이를 기본으로 재화를 생산하여 외국에 수출해야 하기 때문에 수출입의 대 GNI 비율이 높다. 아울러 경제가 발전하고 대외개방이 진전될수록 수출입의 대 GNI 비율은 높아지는 경향을 보인다.

아울러 우리나라 경제의 무역의존도는 1990년대 중반에는 53%대를 유지하였으나 1999년 64.9%, 2000년 72.8%로 증가했고 다시 2003년 61.6%로 감소하였다. 이것은 1997년 외환위기 이후 국내소비와 투자의 위축으로 내수는 부진한 반면, 해외경기의 호조와 외환유동성 확보를 위한 수출촉진 등으로 수출비중이 급증하였고, 최근에는 수입의존도가 높은 정보통신업 및 전기 · 전자 등 조립가공산업의 비중이 증가하여 수입 역시 급증하였기 때문이다. 이러한 무역의존도 심화현상은 경제의 개방화, 세계화 추세와 수출지향적 경제성장전략 등으로 교역량이 증가함에 따라 세계적으로 나타나는 현상이다.

2 무역지수

Essentials of Trade, ch. two

2.1 무역지수의 개념

한 나라의 수출입규모 변동은 국민소득, 고용효과 등과 같은 국내의 전반적인 경세상황과 밀접한 관계를 맺고 있다. 따라서 수출입의 변동요인을 파악하는 것은 경제분석에 있어서 매우 중요하다.

수출입 금액의 변동은 수출입 가격이 변동하거나 수출입 물량이 변동할 때 발생하므로 수출입 금액의 변동을 가격요인과 물량요인으로 나누어 파악해야 한다.

바로 이것을 위해 작성하는 통계가 무역지수이다.

무역규모
수출 + 수입

무역수지
수출 − 수입

2.2 무역지수의 종류

지수란 시간의 흐름에 따라 나타나는 어떤 가격이나 물량의 변동을 측정하거나 비교하기 위해 고안된 통계 개념으로 특정한 기준시점을 100으로 하여 비교시점의 수준을 숫자로 표시한 것이다. 무역지수도 이러한 통계적 개념을 바탕으로 작성되며 이에는 3가지 종류가 있다.

무역지수 수출(입)금액 변동을 가격요인과 물량요인으로 나누어 파악하기 위해 작성하는 통계

즉, 무역지수는 수출(입)금액 변동을 가격요인과 물량요인으로 나누어 파악하기 위해 작성하는 통계로 수출(입)금액지수, 수출(입)물량지수, 수출(입)물가지수가 있다. 이들 지수들은 각각 독립되어 있다기보다는 서로 밀접한 관계를 가지고 있다.

수출(입)가격은 상품의 품질변화로 인한 가격변동을 물량변동으로 반영하는 수출(입)물가지수와 이를 단가변동, 즉 가격변동에 반영하는 수출(입)단가지수가 있으며, 무역지수 작성을 위한 가격지수는 IMF 등 국제기구의 권고에 따라 수출(입)물가지수를 이용하였다. 한편 수출입물가지수는 보도자료를 통해 매월 초 공표됨에 따라 무역지수 공표시에는 금액지수와 물량지수만 발표하고 있다.

3 수출상품과 수입상품의 교환비율

Essentials of Trade, ch. two

3.1 교역조건의 개념

교역조건 상품의 수출입이 가격상 얼마나 유리해졌는지 아니면 불리해졌는지 알아보고 작성하는 지수

교역조건이란 상품의 수출입이 가격상 얼마나 유리해졌는지 아니면 불리해졌는지를 알아보고, 그 원인을 규명하여 무역정책에 반영하기 위해 작성하는 지수이다.

3.2 교역조건 지수

교역조건지수는 순상품교역조건지수와 소득교역조건지수가 있다. 순상품교역조건지수는 수출상품 1단위 가격과 수입상품 1단위 가격 간의 비율로 수출 1단위로 수입할 수 있는 상품의 양을 보여주는 지수이다. 그러나 동 지수는 수출입상품 가격변동이 수출입물량에 미치는 영향을 반영하지 못하는 한계가 있다. 아울러 소득교역조건지수는 순상품교역조건지수가 가격변동만을 고려하는 단점을 보완해 주는 지표로 수출총액으로 수입할 수 있는 상품의 양을 의미한다. 그러므로 순상품교역조건지수와 소득교역조건지수를 동시에 고려하면 수출입상품의 가격변동뿐만 아니라 수출물량변동까지 반영할 수 있어 교역조건을 보다 정확히 파악할 수 있게 된다.

순상품교역조건지수
수출상품 1단위 가격과 수입상품 1단위 가격 간의 비율로 수출 1단위로 수입할 수 있는 상품의 양을 보여주는 지수

소득교역조건지수
순상품교역조건지수가 가격변동만을 고려하는 단점을 보완해 주는 지표로 수출총액으로 수입할 수 있는 상품의 양을 의미

순상품교역조건	소득교역조건
순상품교역조건 $= \frac{\text{수출물가지수}}{\text{수입물가지수}} \times 100$	소득교역조건 $= \frac{\text{수출금액지수}}{\text{수입물가지수}} \times 100$ $= \frac{\text{수출물가지수} \times \text{수출물량지수}}{\text{수입물가지수}}$ $= \frac{\text{순상품교역조건지수} \times \text{수출물량지수}}{100}$

3.2.1 순상품교역조건

순상품교역조건이란 수출 1단위의 수출대금으로 수입할 수 있는 수입물량을 나타내는데 이는 (수출단가지수 ÷ 수입단가지수) × 100으로 산출한다. 그러므로 '순상품교역조건이 좋아(나빠)졌다' 거나 '순상품교역조건이 개선(악화)됐다' 는 것은 기술적으로는 순상품교역조건지수가 상승(하락)했음을 뜻하고, 의미상으로는 1단위의 상품을 수출해서 받는 외화로 동 지수가 상승하락하기 전보다 더 많은(적은) 양의 상품을 수입할 수 있게 됐음을 뜻한다.

3.2.2 소득교역조건

소득교역조건이란 수출총액, 즉 총수출대금으로 수입할 수 있는 수입물량을 의미하는데 이는 (순상품교역조건지수 × 수출물량지수) ÷ 100 또는 (수출단가지수 × 수출물량지수 ÷ 수입단가지수)로 산출한다. 그러므로 '소득교역조건이 좋아(나빠)졌다' 거나 '소득교역조건이 개선(악화)됐다' 는 것은 기술적으로는 소득교역조건지수가 상승(하락)했음을 뜻하고, 의미상으로는 현시점의 수출총액으로 수입할 수 있는 양이 동 지수가 상승(하락)하기 전의 수출총액으로 수입할 수 있는 양보다 많아(적어)졌다는 것을 의미한다.

3.2.3 교역조건의 의미

수출가격이 하락하여 순상품교역조건이 나빠졌다 하더라도 수출기업의 기술개발 및 가격경쟁력 향상으로 순상품교역조건 악화효과를 상쇄하고도 남을 정도로 수출물량이 늘어날 경우 소득교역조건은 개선된다. 따라서 교역조건을 고려할 때는 순상품교역조건과 소득교역조건을 동시에 고려할 필요가 있다. 이와 같이 순상품교역조건지수와 소득교역조건지수를 동시에 작성하면 수출입상품의 가격변동뿐만 아니라 수출물량변동까지 고려하여 이전보다 교역조건이 얼마나 유리해졌는지 또는 불리해졌는지를 보다 정확히 파악할 수 있다.

국제무역이론

03

Essentials of **Trade**, ch. three

1. 국제무역이론의 과제와 진화

2. 국제무역이론의 분석적 토대

3. 고전적 무역이론

4. 근대적 무역이론

5. 현대적 무역이론

6. 국제무역과 소득분배

7. 비주류 보호무역이론

1 국제무역이론의 과제와 진화

Essentials of Trade, ch. three

1.1 국제무역이론의 과제

사람들은 자급자족하면서 살 수는 없다. 그래서 자본주의 체제 하에서 사람들은 시장을 중심으로 생산 · 교환 · 분배 · 소비 활동을 영위하면서 살아가고 있다. 특히 서로의 이해관계가 일치하면서 분업과 교환을 할 수 있다면 모두에게 이득이 될 것이다. 국가 간의 무역교류도 개인과 크게 다르지 않다. 폐쇄경제 하에서 자급자족하는 것보다는 무역을 통해 국가 간 서로가 필요한 것을 교환할 수 있다면 모든 나라에게 이득이 될 수 있다.

국제무역이론은 이와 같은 문제의식에서 출발하였다. 18세기 후반에 처음 등장한 국제무역이론은 현재까지 긴 세월에 걸쳐 계속 발달해 왔지만, 그 핵심적인 연구과제는 크게 달라지지 않았다.

① 무역은 왜 발생하는가?
② 각국은 어떤 상품을 수출하고 수입해야 하는가?
③ 무역이 발생했을 때 수출품과 수입품의 교환비율은 어떻게 결정되는가?
④ 무역은 각국 경제에 어떤 영향을 미치는가?

1.2 국제무역이론의 진화

국제무역이론은 1776년 『국부론』을 쓴 영국의 아담 스미스(A. Smith)에 의해 최초로 이론화되었다. 그의 국제분업이론은 리카르도(D. Ricardo)와 밀(J. S. Mill)로 이어지면서 고전적 비교우위론으로 발달하였다.

그러나 고전적 비교우위론은 각국간 생산비의 차이가 무역을 발생시킨다고 보았지만, 그 생산비의 차이가 왜 발생하는가에 대해서는 규명치 못하였다. 이에 스웨덴의 헥셔(E. Heckscher)와 올린(B. Ohlin)은 각국간 생산비의 차이가 생산요소 부존량의 차이 때문에 발생한다고 보고 근대적 비교우위론을 완성하였다.

이와 같은 헥셔-올린 정리는 현실과 차이가 많이 나는 특수한 가정들 아래에서만 성립하는 이론이었다. 이에 통계적 검증과 현실적 가정을 도입하여 무역이론을 현대화하려는 노력이 계속되어 왔다.

한편, 주류 자유주의 무역이론에 대항하여 비주류의 보호주의 무역이론도 18세기 중엽 이래 꾸준히 발달해 왔음을 지적해 둔다.

2 국제무역이론의 분석적 토대

Essentials of Trade, ch. three

2.1 생산가능곡선

국제무역이론에서 선택의 문제와 희소한 자원의 효율적인 배분문제를 시각적으로 쉽게 이해할 수 있도록 보여주는 그림으로 생산가능곡선

그림 3-1

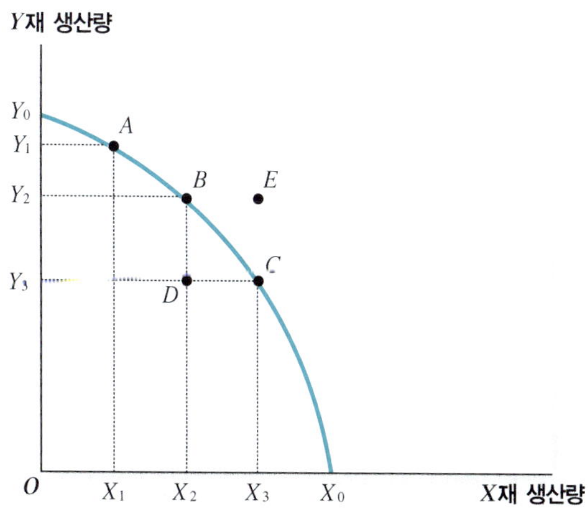

생산가능곡선
한 사회의 자원과 기술이 주어져 있을 때 그 사회가 모든 자원을 효율적으로 사용하여 생산할 수 있는 두 생산물의 여러 조합을 나타내는 곡선

이 있다. 생산가능곡선이란 한 사회의 자원과 기술이 주어져 있을 때, 그 사회가 모든 자원을 효율적으로 사용하여 생산할 수 있는 두 생산물의 여러 조합을 나타내는 곡선이다. 일반적인 생산가능곡선은 우하향하면서 원점에 대해 오목하게 그려진다.

앞의 〈그림 3-1〉에서 보듯 한 사회가 가지고 있는 모든 자원을 Y재 생산에만 사용하면 Y재 생산량은 OY_0가 되고 X재 생산량은 O가 된다. 이제 X재를 OX_1만큼 생산하고자 한다면 Y재 생산에만 사용되어 온 자원 중에서 일부를 X재 생산에 돌려야 한다. 이 경우 자원의 일부가 Y재 생산에서 빠져나가게 되고, 나머지 자원만으로 Y재를 생산하면 Y재는 OY_1만큼만 생산하게 된다. 따라서 A점은 Y_0점과 같은 생산가능곡선 상에 있게 된다. 이와 같은 방법을 되풀이하면 Y_0ABCX_0의 생산가능곡선을 얻게 된다.

생산가능곡선이 오른쪽으로 갈수록 내려간다는 것, 즉 우하향의 곡선이라는 것에서 자원의 희소성이 나타난다. 예를 들어 주어진 자원으로 X재를 더 생산하려면 Y재 생산량을 줄여야 한다. 자주국방과 국민복지가 국정운영에서 서로 상충하는 목표가 되는 것도 이 때문이다.

생산가능곡선이 주어졌을 때 생산가능곡선 상의 점들은 주어진 자원과 기술수준으로 달성 가능한 효율적인 점들을 나타낸다. 반면에 생산가능곡선 안쪽에 있는 D점은 자원의 일부를 낭비했거나 사용하지 않았거나 최상의 기술을 사용하지 않은 비효율적인 점이다. 생산가능곡선 바깥쪽에 있는 E점은 주어진 자원과 기술 수준으로는 달성될 수 없는 점이다.

그런데 생산가능곡선에서 X재 생산량을 계속 늘리면 감소되는 Y재의 수량은 점점 커진다. 예를 들어 X재를 OX_1만큼 생산하려면 Y재 생산량을 Y_0Y_1만큼 감소시켜야 한다. 그리고 X재 생산량은 X_1X_2, X_2X_3로 늘려감에 따라 Y재 생산량은 Y_1Y_2, Y_2Y_3로 더 많이 줄여야 한다. 그 이유는 무엇인가? Y재만을 생산하다가 X재를 조금 생산하기 시작할 때 Y재 생산에는 별로 기여하지 않지만 X재 생산에 크게 기여하는 자원만을 빼내어 생산할 수 있다. 따라서 X재 생산을 위해 감소되는 Y재의 수량은 상대적으로 적다. 그러나 X재 생산을 계속 늘리면 Y재 생산에 적합한 자원까지 X재 생산으로 전용해야 한다. 그 결과 감소되는 Y재의 수량은 점점 커진다. 경제학에서는 이것을 X재 생산의 '기회비용체증의 법칙' 이라 부르며, 이 때문에 생산가능곡선은 원점에 대해 오목하게 그려진다. 여기서 기회비용이란 그 활동을 함으로써 포기해야 하는 다른 활동 중 가장 가치가 큰 것을 의미한다. 따라서 어떤 선택의 기회비용이 클수록 그 선택은 큰 대가를 치러야 하므로 갈수록 선택이 어려워진다.

2.2 수요

2.2.1 기본 개념

한 상품에 대한 수요를 분석하기 위해서는 우선 수요량, 수요가격, 그리고 수요의 개념을 알아두어야 한다.

수요량이란 일정 기간에 어느 한 가격수준에서 소비자가 구매력을 갖추고 구입하고자 하는 최대수량이다. 수요량의 개념은 다음의 세 가지 개념을 모아 놓은 것이다. 첫째, 일정한 기간을 명시하는 유량 개념이다. 둘째, 소비자가 상품을 구입할 수 있는 능력, 즉 구매력이 뒷받침된 유효수요량 개념이다. 셋째, 사전적이고 계획적인 개념이다.

수요량 일정 기간에 어느 한 가격수준에서 소비자가 구매력을 갖추고 구입하고자 하는 최대수량

수요가격이란 일정 기간에 소비자가 필요로 하는 그 상품의 수량을 구입하기 위하여 지불할 용의가 있는 최고가격이다. 만약 생산자가 부르는 가격이 소비자의 수요가격보다 높으면 소비자는 필요한 수량만큼 그 상품을 구입하지 않을 것이다.

수요가격 일정 기간에 소비자가 필요로 하는 그 상품의 수량을 구입하기 위하여 지불할 용의가 있는 최고가격

결국 수요란 일정 기간에 있을 수 있는 모든 가격과 수요량 사이에 존재하는 일련의 대응관계를 말한다. 따라서 수요량은 수요의 부분집합이다.

수요 일정 기간에 있을 수 있는 모든 가격과 수요량 사이에 존재하는 일련의 대응관계

2.2.2 개별수요표와 개별수요곡선

개별수요표란 한 상품의 가격과 어떤 소비자의 그 상품수요량 사이에 존재하는 일련의 관계를 숫자로 표시한 것이다.

개별수요표 한 상품의 가격과 어떤 소비자의 그 상품수요량 사이에 존재하는 일련의 관계를 숫자로 표시한 것

표 3-1 **사과에 대한 개별수요표**

조합	사과 가격(원)	한달간 사과 수요량(개)
A	400	20
B	350	25
C	300	30
D	250	35

위의 개별수요표는 가격을 먼저 읽고 수요량을 나중에 읽는 것이 일반적이다. 만약 사과 1개의 가격이 350원이라면 소비자가 한 달 동안에 구매하고자 하는 사과 수요량은 25개이다. 그런데 사과의 가격이 개당 300원으로 하락하면 사과 수요량은 30개로 늘어난다.

개별수요표는 수요량을 먼저 읽고 수요가격을 나중에 읽을 수도 있다. 예를 들어, 한 달 동안에 필요한 사과 수요량 25개를 구입하기 위하여 소비자가 지불해도 좋다는 수요가격은 350원이다. 그런데 사과 수요량이 30개로 늘어나면 소비자의 수요가격은 300원으로 하락한다.

한편 개별수요곡선이란 일정 기간에 있을 수 있는 그 상품의 여러 가격수준과 수요량의 조합들을 연결한 곡선이다. 개별수요곡선은 개별수

그림 3-2

사과의 개별수요곡선
일정 기간에 있을 수 있는 그 상품의 여러 가격수준과 수요량의 조합들을 연결한 곡선

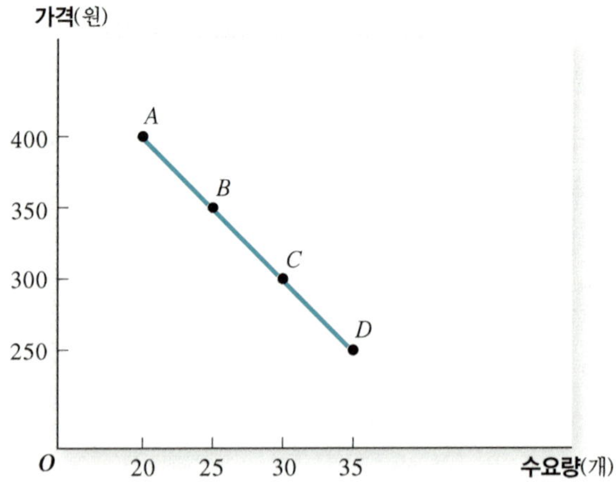

요표를 직각 좌표에 옮겨 놓은 것이다.

2.2.3 개별수요와 시장수요

개별수요란 소비자 한 사람 한 사람의 수요를 의미하며 시장수요란 시장 전체의 수요를 의미한다. 개별수요와 시장수요는 서로 밀접한 관계가 있다.

시장수요 시장 전체의 수요

사과시장에 두 사람의 소비자 갑과 을만이 존재한다고 가정하자. 다음의 표는 사과에 대한 갑과 을의 개별수요를 합계하여 시장수요를 산출하는 과정을 보여준다.

표 3-2 **사과의 개별수요표와 시장수요표**

시장가격(원)	한달간 사과 수요량(개)		
	갑의 수요량	+ 을의 수요량	= 시장수요량
400	20	25	45
350	25	30	55
300	30	40	70
250	35	55	90

소비자들의 수요가 상호 독립적이라고 가정하면 각각의 가격수준에서 갑과 을의 수요량을 합계하여 각각의 가격수준에 대응하는 시장수요량을 구할 수 있다. 예를 들어, 사과 가격이 350원일 때 사과에 대한 시장수요량은 갑의 수요량 25개와 을의 수요량 30개를 합한 55개이다. 같은 방법으로 계산하면 사과 가격이 300원으로 하락할 때 시장수요량은 70개로 늘어난다.

개별수요표와 시장수요표를 그림으로 그리면 〈그림 3-3〉의 개별수요곡선과 시장수요곡선을 도출할 수 있다. 시장수요곡선은 개별수요곡선의 수평적 합계에 의하여 구한다. 여기서 수평적 합계란 각각의 가격수준에서 모든 소비자의 개별 수요량을 합하는 것을 의미한다. 일반적으로 시장수요곡선은 개별 수요곡선보다 완만하게 그려진다.

그림 3-3

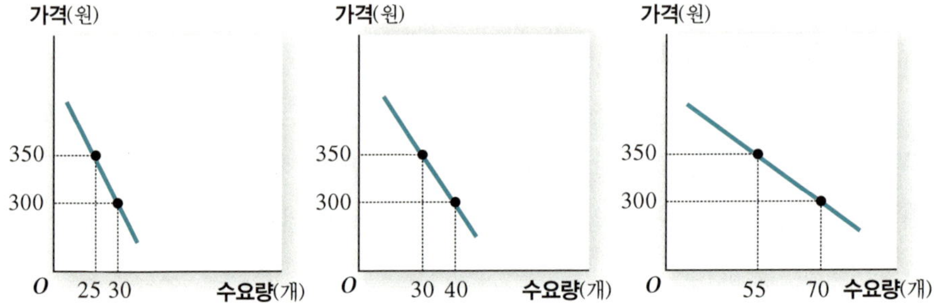

갑의 개별수요곡선 | 을의 개별수요곡선 | 시장수요곡선

개별수요곡선과 시장수요곡선

시장수요곡선은 개별수요곡선의 수평적 합계에 의하여 구한다. 여기서 수평적 합계란 각각의 가격수준에서 모든 소비자의 개별 수요량을 합하는 것을 의미한다. 일반적으로 시장수요곡선은 개별 수요곡선보다 완만하게 그려진다.

tips

시장수요곡선의 수리적 도출

Q 사과에 대한 소비자 갑의 수요곡선이 $P = 500 - 10Q_{갑}$이고 소비자 을의 수요곡선이 $P = 500 - 5Q_{을}$이라면 시장수요곡선은?

A 시장수요량은 각각의 가격수준에서 소비자 갑과 을의 개별수요량을 합해서 구한다.

▶ 우선 갑과 을의 수요곡선을 수요량에 대해 다시 정리하라.

갑 : $P = 500 - 10Q_{갑} \rightarrow Q_{갑} = 50 - 0.1P$

을 : $P = 500 - 5Q_{을} \rightarrow Q_{을} = 100 - 0.2P$

▶ 이어서 갑과 을의 수요량을 합계하라.

$Q_{갑} + Q_{을} = (50 - 0.1P) + (100 - 0.2P)$

$= 150 - 0.3P = Q =$ 시장수요량

▶ 마지막으로 시장수요곡선을 P에 대해 재정리하라.

$Q = 150 - 0.3P \rightarrow P = 500 - \frac{10}{3}Q$

2.3 공급

2.3.1 기본 개념

한 상품의 공급을 분석하기 위해서는 수요의 경우와 마찬가지로 공급량, 공급가격, 그리고 공급의 개념을 알아두어야 한다.

공급량이란 일정 기간에 어느 한 가격수준에서 생산자가 판매 능력을 갖추고 판매하고자 하는 최대수량이다. 공급량의 개념은 다음의 세 가지 개념을 모아 놓은 것이다. 첫째, 일정한 기간을 명시하는 유량 개념이다. 둘째, 생산자가 실제로 팔 수 있는 능력을 갖춘 상태에서 판매하고자 하는 유효공급량 개념이다. 셋째, 사전적이고 계획적인 개념이다.

공급량 일정 기간에 어느 한 가격수준에서 생산자가 판매 능력을 갖추고 판매하고자 하는 최대수량

공급가격이란 일정 기간에 생산자가 그 상품의 일정량을 판매하면서 받고자 하는 최소한의 가격이다. 만약 소비자의 수요가격이 생산자의 공급가격보다 낮다면 생산자는 원하는 수량만큼 그 상품을 판매하지 않을 것이다.

공급가격 일정 기간에 생산자가 그 상품의 일정량을 판매하면서 받고자 하는 최소한의 가격

결국 공급이란 일정 기간에 있을 수 있는 모든 가격과 공급량 사이에 존재하는 일련의 대응관계를 말한다. 따라서 공급량은 공급의 부분집합이다.

공급 일정 기간에 있을 수 있는 모든 가격과 공급량 사이에 존재하는 일련의 대응관계

2.3.2 개별공급표와 개별공급곡선

개별공급표란 한 상품의 가격과 어떤 생산자의 그 상품공급량 사이에 존재하는 일련의 관계를 숫자로 표시한 것이다.

개별공급표 한 상품의 가격과 어떤 생산자의 그 상품공급량 사이에 존재하는 일련의 관계를 숫자로 표시한 것

[표 3-3]의 개별공급표는 가격을 먼저 읽고 공급량을 나중에 읽는 것이 일반적이다. 만약 사과 1개의 가격이 300원이라면 한 달 동안에 판매하고자 하는 사과 공급량은 320개이다. 그런데 사과의 가격이 개당 350원으로 상승하면 사과 공급량은 360개로 증가한다.

개별공급표는 공급량을 먼저 읽고 공급가격을 나중에 읽을 수도 있다. 예를 들어, 한 달 동안에 사과 320개를 판매하고자 할 때 생산자가 최

표 3-3 사과의 개별공급표

조합	사과 가격(원)	한달간 사과 공급량(개)
A	250	280
B	300	320
C	350	360
D	400	400

소한 받고자 하는 공급가격은 300원이다. 그런데 사과 공급량이 360개로 증가하면 생산자의 공급가격은 350원으로 상승한다.

한편 개별공급곡선이란 일정 기간에 있을 수 있는 그 상품의 여러 가격수준과 공급량의 조합들을 연결한 곡선이다. 개별공급곡선은 개별공급표를 직각 좌표에 옮겨 놓은 것이다.

그림 3-4

사과의 개별공급곡선
일정 기간에 있을 수 있는 그 상품의 여러 가격수준과 공급량의 조합들을 연결한 곡선이다. 개별공급곡선은 개별공급표를 직각 좌표에 옮겨 놓은 것이다.

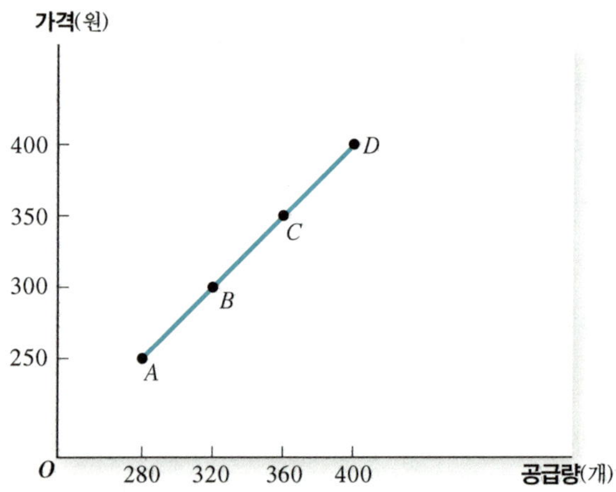

개별공급 생산자 한 사람 한 사람의 공급을 의미

시장공급 시장 전체의 공급을 의미

2.3.3 개별공급과 시장공급

개별공급이란 생산자 한 사람 한 사람의 공급을 의미하며, 시장공급이란 시장 전체의 공급을 의미한다. 개별공급과 시장공급은 서로 밀접한 관계가 있다.

사과시장에 두 사람의 생산자 병과 정만이 존재한다고 가정하자. [표 3-4]는 사과에 대한 병과 정의 개별공급을 합계하여 시장공급을 산출하는 과정을 보여준다. 생산자들의 공급이 상호 독립적이라고 가정하면 각각의 가격수준에서 병과 정의 공급량을 합계하면 각각의 가격수준에 대응하는 시장공급량을 구할 수 있다. 예를 들어, 사과 가격이 300원일 때 사과의 시장공급량은 병의 공급량 320개와 정의 공급량 420개를 합한 740개이다. 같은 방법으로 계산하면 시장가격이 350원으로 상승할 때 시장공급량은 820개로 증가한다.

표 3-4 사과의 개별공급표와 시장공급표

사과 가격(원)	한달간 사과 공급량(개)		
	병의 공급량	+ 정의 공급량	= 시장공급량
250	280	380	660
300	320	420	740
350	360	460	820
400	400	500	900

그림 3-5

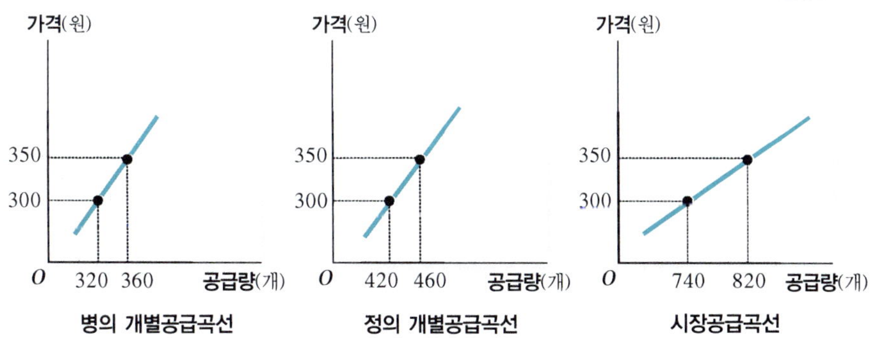

개별공급곡선과 시장공급곡선

사과 가격이 300원일 때 사과의 시장공급량은 병의 공급량 320개와 정의 공급량 420개를 합한 740개이다. 같은 방법으로 계산하면 시장가격이 350원으로 상승할 때 시장공급량은 820개로 증가한다.

개별공급표와 시장공급표를 그림으로 그리면 〈그림 3-5〉의 개별공급곡선과 시장공급곡선을 도출할 수 있다. 시장공급곡선은 개별공급곡선의 수평적 합계에 의하여 구한다. 여기서 수평적 합계란 각각의 가격수준에서 모든 생산자의 개별공급량을 합하는 것을 의미한다. 일반적으로 시장공급곡선은 개별공급곡선보다 완만하게 그려진다.

tips 시장공급곡선의 수리적 도출

Q 사과에 대한 생산자 병의 공급곡선이 $P = 100 + 2Q_{병}$이고 생산자 정의 공급곡선이 $P = 100 + 4Q_{정}$이라면 시장공급곡선은?

A 시장공급량은 각각의 가격수준에서 생산자 병과 정의 개별공급량을 합해서 구한다.

▶ 우선 병과 정의 공급곡선을 공급량에 대해 다시 정리하라.

병 : $P = 100 + 2Q_{병} \rightarrow Q_{병} = -50 + \frac{1}{2}P$

정 : $P = 100 + 4Q_{정} \rightarrow Q_{정} = -25 + \frac{1}{4}P$

▶ 이어서 병과 정의 공급량을 합계하라.

$$Q_{병} + Q_{정} = \left(-50 + \frac{1}{2}P\right) + \left(-25 + \frac{1}{4}P\right)$$

$$= -75 + \frac{3}{4}P = Q = \text{시장공급량}$$

▶ 마지막으로 시장공급곡선을 P에 대해 재정리하라.

$Q = -75 + \frac{3}{4}P \rightarrow P = 100 + \frac{4}{3}Q$

2.4 소비자잉여와 생산자잉여

소비자잉여 소비자가 어떤 상품을 소비하기 위하여 지불할 용의가 있는 수요가격과 실제로 지불한 시장가격의 차액을 상품소비량에 걸쳐 합계한 것을 의미

2.4.1 소비자잉여

소비자잉여란 소비자가 어떤 상품을 소비하기 위하여 지불할 용의가 있는 수요가격과 실제로 지불한 시장가격의 차액을 상품소비량에 걸쳐 합계한 것을 의미한다. 결국 소비자잉여란 소비자가 평가하는 한 상품의

그림 3-6

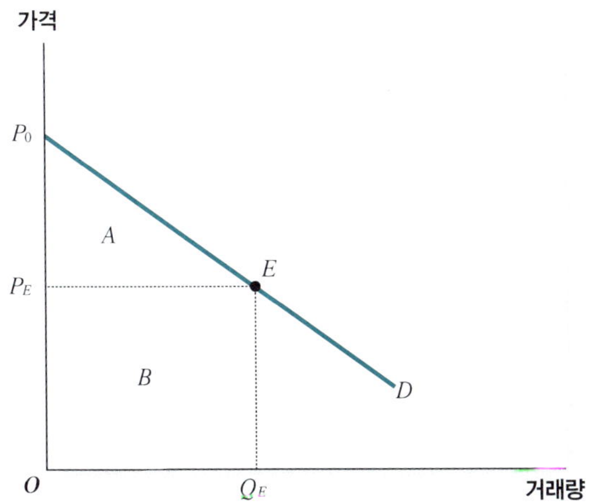

소비자잉여
소비자가 상품 Q_E를 구입하기 위하여 지불할 용의가 있는 수요가격 총액은 면적 $A+B$이고 시장에서 실제로 지불한 시장가격 총액은 B이다. 따라서 소비자잉여는 수요가격총액과 시장가격총액의 차이인 삼각형 A가 된다.

주관적인 가치와 소비자가 그 상품을 구입하면서 실제로 지불한 액수의 차이를 의미한다.

〈그림 3-6〉에서 소비자가 상품 Q_E를 구입하기 위하여 지불할 용의가 있는 수요가격 총액은 면적 $A+B$이고 시장에서 실제로 지불한 시장가격 총액은 B이다. 따라서 소비자잉여는 수요가격총액과 시장가격총액의 차이인 삼각형 A가 된다.

2.4.2 생산자잉여

생산자잉여란 생산자가 어떤 상품을 판매하여 얻는 시장가격과 생산자가 그 상품을 판매하여 꼭 얻어야겠다고 생각한 공급가격의 차액을 상품공급량에 걸쳐 합계한 것을 의미한다. 결국 생산자잉여란 생산자가 한 상품을 판매하면서 실제로 받는 액수와 생산자가 그 상품을 만들면서 투입하는 생산비의 차이를 의미한다.

생산자잉여 생산자가 어떤 상품을 판매하여 얻는 시장가격과 생산자가 그 상품을 판매하여 꼭 얻어야겠다고 생각한 공급가격의 차액을 상품공급량에 걸쳐 합계한 것을 의미

〈그림 3-7〉에서 생산자가 Q_E를 시장에서 판매하여 실제로 얻는 시장가격 총액은 면적 $C+D$이고 꼭 얻어야겠다고 생각한 공급가격 총액은 D이다. 따라서 생산자잉여는 시장가격 총액과 공급가격 총액의 차이인

그림 3-7

생산자잉여

생산자가 Q_E를 시장에서 판매하여 실제로 얻는 시장가격 총액은 면적 $C+D$이고 꼭 얻어야겠다고 생각한 공급가격 총액은 D이다.

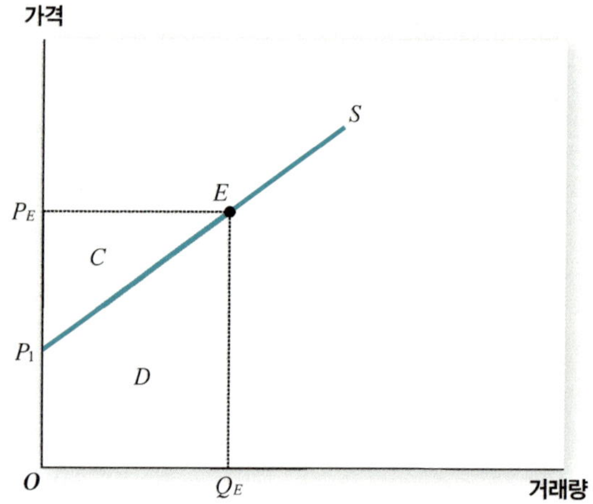

삼각형 C가 된다.

2.5 사회 전체의 총잉여

총잉여 소비자잉여와 생산자잉여를 합한 것

총잉여란 소비자잉여와 생산자잉여를 합한 것이다. 어떤 상품이 자유시장 기구를 통하여 생산 · 교환 · 소비될 때 발생하는 총잉여만큼 사회 전체의 후생 수준은 증가한다.

〈그림 3-8〉에서 총잉여($A+C$)는 소비자잉여(A)와 생산자잉여(C)의 합이다. 총잉여가 극대화되도록 자원배분이 이루어질 때 자원배분은 효율적으로 이루어졌다고 말한다. 시장을 통해 수요와 공급이 이루어지면 소비자와 생산자는 모두 가격이란 '보이지 않는 손' 에 의해 잉여를 얻을 수 있다. 즉 소비자와 생산자의 시장거래는 제로섬 게임(zero-sum game, 다른 사람의 손실을 통해 내가 이익을 얻는 것)이 아닌 윈윈게임(win-win game, 모든 사람이 이익을 얻는 것)이 된다.

그림 3-8

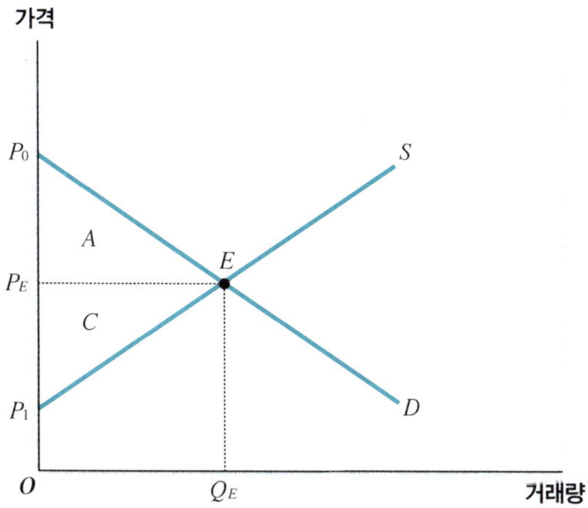

총잉여

총잉여($A+C$)는 소비자잉여(A)와 생산자잉여(C)의 합이다.

총잉여 = 소비자잉여 + 생산자잉여
= (소비자가 평가하는 가치 − 소비자가 실제 지불한 액수)
+ (생산자가 실제 받는 액수 − 생산자의 생산비)
= 소비자가 평가하는 가치 − 생산자의 생산비
= 수요가격 − 공급가격

2.6 무차별곡선

2.6.1 무차별곡선의 의의

무차별곡선이란 소비자에게 똑같은 만족(효용)을 주는 두 상품의 여러 조합들을 연결한 곡선이다. 예를 들어, [표 3-5]에서 X재와 Y재 9개를 소비했을 때 얻을 수 있는 효용과 X재 2개와 Y재 6개를 소비했을 때 얻을 수 있는 효용이 동일하다. 이 조합표를 이용하여 무차별곡선을 그리면 〈그림 3-9〉와 같다.

무차별곡선 소비자에게 똑같은 만족(효용)을 주는 두 상품의 여러 조합들을 연결한 곡선

표 3-5 **X재와 Y재의 조합표**

조합	*A*	*B*	*C*	*D*
*X*재의 수량	1	2	3	4
*Y*재의 수량	9	6	4	3

그림 **3-9**

무차별곡선

*X*재와 *Y*재 9개를 소비했을 때 얻을 수 있는 효용과 *X*재 2개와 *Y*재 6개를 소비했을 때 얻을 수 있는 효용이 동일하다.

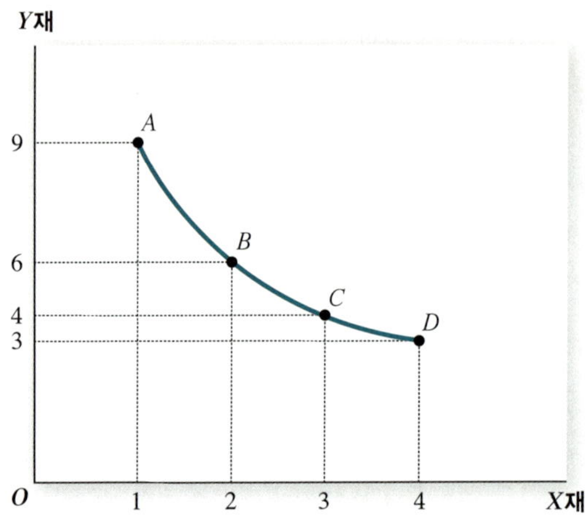

그림 **3-10**

무차별지도

한 직각좌표상에 여러 개가 나타날 수 있는데, 이와 같은 무차별곡선의 집합을 무차별지도라고 한다.

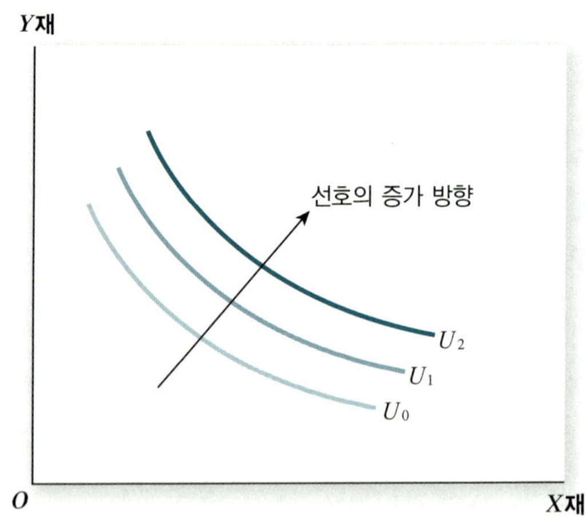

무차별곡선은 한 직각좌표상에 여러 개가 나타날 수 있는데, 이와 같은 무차별곡선의 집합을 무차별지도라고 부른다. 오른쪽에 위치하는 무차별곡선일수록, 즉 X재와 Y재를 더 많이 소비할수록 높은 만족 수준을 나타낸다.

무차별곡선은 다음과 같은 4가지 성질을 가지고 있다.

① 원점에서 멀리 떨어진 무차별곡선일수록 높은 만족 수준을 나타낸다.
② 무차별곡선은 우하향한다.
③ 무차별곡선은 서로 겹치거나 교차할 수 없다.
④ 무차별곡선은 원점에 대해 볼록한 형태를 취한다.

2.6.2 한계대체율

한계대체율(marginal rate of substitution ; MRS_{XY})은 X재 소비를 한 단위 증가시킬 때 종전과 같은 효용을 유지하기 위해서 감소시켜야 하는 Y재의 수량을 의미한다. 그런데 X재와 Y재는 대체재관계에 있으므로

한계대체율 X재 1단위에 대한 Y재의 주관적 교환 비율

그림 3-11

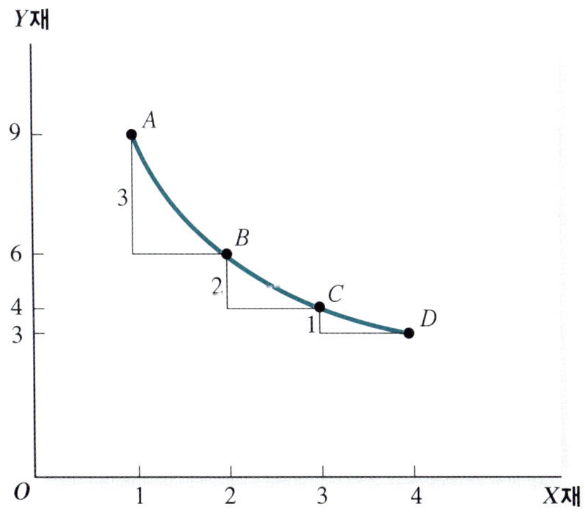

한계대체율체감의 법칙

X재 소비를 한 단위 증가시킬 때 종전과 같은 효용을 유지하기 위해서 감소시켜야 하는 Y재의 수량을 의미한다.

$\frac{\Delta Y}{\Delta X}$는 음(–)의 값을 가진다. 이것을 절대값으로 표시하기 위하여 앞에 – 부호를 붙여 놓았다.

$$MRS_{XY} = MRS = -\left.\frac{\Delta Y}{\Delta X}\right|_{\bar{U}}$$

한계대체율은 X재 1단위에 대한 Y재의 주관적인 교환비율이며 무차별곡선 기울기의 절대값으로 측정할 수 있다. 그런데 동일한 효용수준을 유지하면서 Y재를 X재로 대체해 나가면 한계대체율이 점점 감소하는 현상이 나타난다. 이것을 '한계대체율체감의 법칙' 이라고 한다. 다음의 그림에서 $A \rightarrow B \rightarrow C \rightarrow D$로 이동하면서 X재를 1단위에서 2단위, 3단위, 4단위로 늘려갈 때 포기할 용의가 있는 Y재의 수량은 각각 3단위, 2단위, 1단위로 점점 감소한다. 이것이 무차별곡선을 원점에 대해 볼록하게 만드는 원인이 된다.

2.7 예산선

2.7.1 예산선의 형태

예산선 주어진 소득 또는 예산을 전부 사용해서 구입할 수 있는 상품의 여러 조합을 나타내는 직선

예산선이란 주어진 소득 또는 예산을 전부 사용해서 구입할 수 있는 상품의 여러 조합을 나타내는 직선이다. 예산선은 소비자의 구매능력 또는 소득제약 조건을 그림으로 나타낸 것이다.

소비자가 주어진 소득(I)과 가격조건(P_X, P_Y) 하에서 X재와 Y재를 구입한다면 다음과 같은 소득제약조건이 나타난다.

$$P_X X + P_Y Y = I$$

위의 소득제약조건식을 Y재에 대하여 정리하면 다음과 같다.

$$Y = \frac{I}{P_Y} - \frac{P_X}{P_Y}X$$

그림 3-12

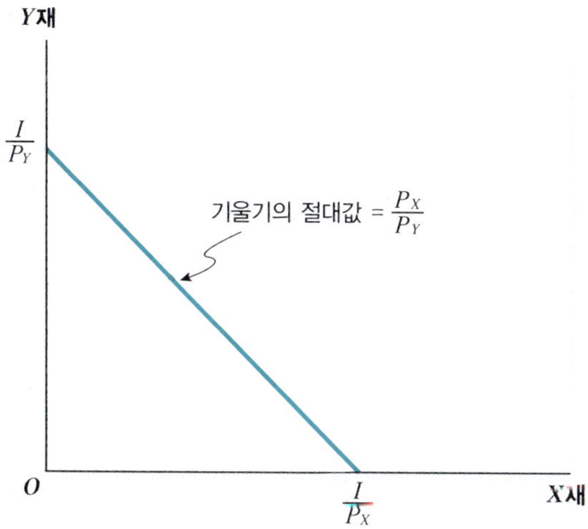

예산선
주어진 소득 또는 예산을 전부 사용해서 구입할 수 있는 상품의 여러 조합을 나타내는 직선이다.

이것을 두 상품의 구입량을 양축으로 하는 평면에 그리면 우하향하는 직선의 예산선이 된다. 예산선 밑의 삼각형으로 그려지는 예산집합은 소비자가 주어진 소득을 가지고 구입할 수 있는 모든 상품 묶음의 집합을 의미한다.

2.7.2 객관적 교환비율

예산선 기울기의 절대값 $\frac{P_X}{P_Y}$를 두 상품의 가격비 또는 객관적 상대가격이라고 한다. $\frac{P_X}{P_Y}$는 시장에서 X재 한 단위와 교환되는 Y재의 수량을 의미하며 예산선 기울기의 절대값으로 측정할 수 있다.

2.7.3 예산선의 이동

예산선의 방정식 $Y = \frac{I}{P_Y} - \frac{P_X}{P_Y}X$에서 소득($I$)과 두 상품의 가격($P_X$, P_Y)이 변화하면 예산선이 이동한다. 소득이 변화하면 예산선의 수직절편($\frac{I}{P_Y}$)이 이동하고, X재의 가격이 변화하면 예산선의 기울기($-\frac{P_X}{P_Y}$)가 변화하며, Y재의 가격이 변화하면 예산선의 수직절편($\frac{I}{P_Y}$)과 기울기($-\frac{P_X}{P_Y}$)가 동시에 변화하게 된다. 그런데 무차별곡선이론에서 주로 이용하는 것은 소득의 변화와 X재 가격의 변화 등이다.

첫째, 두 상품의 가격이 일정한 상태에서 소득이 증가(감소)하면 예산선은 오른쪽(왼쪽)으로 평행이동을 한다.

둘째, 소득과 Y재의 가격이 일정한 상태에서 X재 가격이 하락(상승)하면 예산선은 Y축 절편을 기점을 오른쪽(왼쪽)으로 회전이동을 한다.

그림 3-13

소득의 변화

두 상품의 가격이 일정한 상태에서 소득이 증가(감소)하면 예산선은 오른쪽(왼쪽)으로 평행이동을 한다.

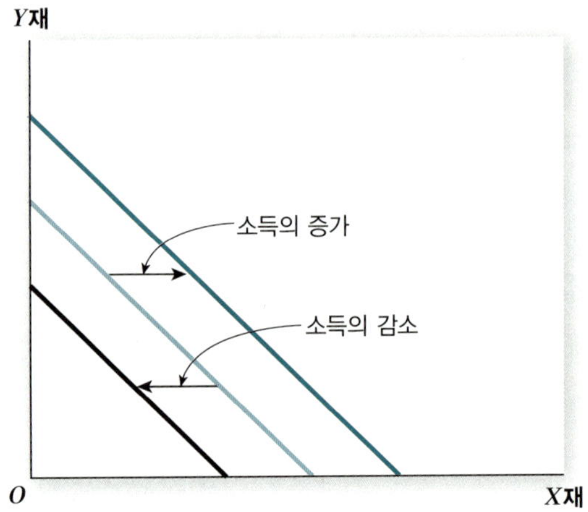

그림 3-14

X재 가격의 변화

소득과 Y재의 가격이 일정한 상태에서 X재 가격이 하락(상승)하면 예산선은 Y축 절편을 기점을 오른쪽(왼쪽)으로 회전이동을 한다.

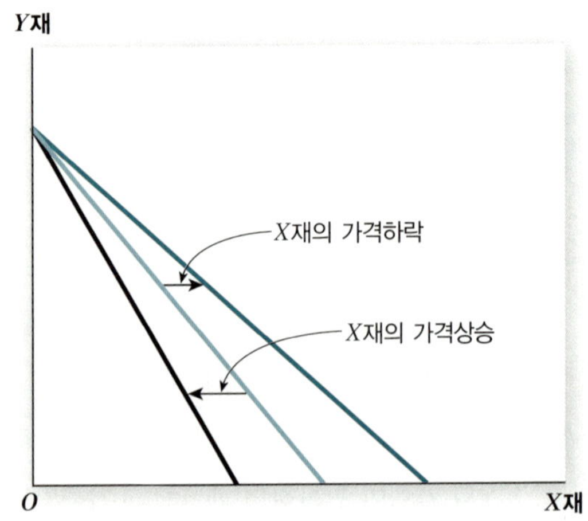

그림 3-15

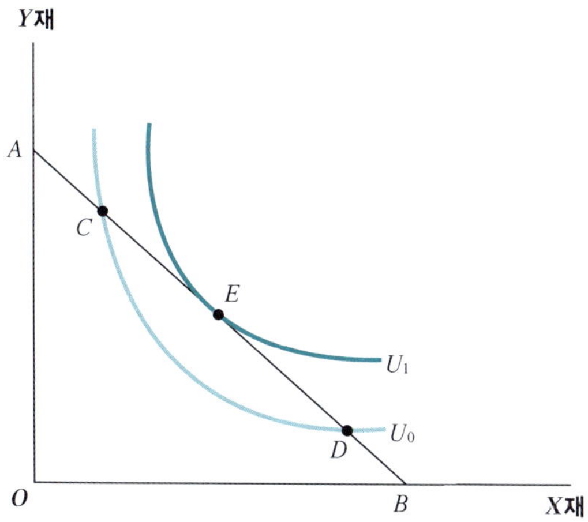

소비자균형

예산선이 AB로 주어져 있을 때 예산선상의 세 점 C, D, E는 주어진 소득과 상품가격 조건 하에서 구입 가능한 점들이다. 그런데 C점과 D점을 지나는 무차별곡선 U_0보다는 E점을 지나는 무차별곡선 U_1이 원점에서 멀리 떨어져 있다. 따라서 예산선상의 다른 점들보다 E점이 효용극대화를 달성할 수 있는 소비자균형점이 된다.

2.8 무차별곡선이론과 소비자균형

2.8.1 소비자선택의 균형조건

소비자균형점은 주어진 소득과 상품가격의 제약조건 하에서 효용을 극대화할 수 있는 두 상품의 조합점을 의미한다. 소비자균형은 무차별곡선과 예산선이 접하는 점에서 결정되는데 이때 무차별곡선 기울기의 절대값(MRS_{XY})과 예산선 기울기의 절대값($\frac{P_X}{P_Y}$)이 같다.

다음의 〈그림 3-15〉에서 예산선이 AB로 주어져 있을 때 예산선상의 세 점 C, D, E는 주어진 소득과 상품가격조건 하에서 구입 가능한 점들이다. 그런데 C점과 D점을 지나는 무차별곡선 U_0보다는 E점을 지나는 무차별곡선 U_1이 원점에서 멀리 떨어져 있다. 따라서 예산선상의 다른 점들보다 E점이 효용극대화를 달성할 수 있는 소비자균형점이 된다.

소비자균형이 달성되는 E점에서는 다음의 조건이 충족된다.

$$MRS_{XY} = \frac{P_X}{P_Y}$$

주관적인 교환비율 = 객관적인 교환비율

소비자가 평가한 가치 = 시장에서 평가된 가치

2.8.2 소비조합의 재조정 과정

다음의 〈그림 3-16〉에서 만약 소비점이 C점이었다고 하자. 그러면 C점에서는 $MRS_{XY} > \frac{P_X}{P_Y}$가 될 것이다. 즉, 소비자가 평가한 X재의 주관적 가치가 시장에서 평가된 X재의 객관적 가치보다 더 큰 경우이다. 그렇다면 소비자 입장에서는 X재를 더 소비하고 Y재를 덜 소비하려 할 것이다. 소비자가 X재를 더 소비하면 한계대체율체감의 법칙에 따라 MRS_{XY}가 감소하여 결국 MRS_{XY}점에서 $MRS_{XY} = \frac{P_X}{P_Y}$의 등식이 회복될 것이다.

이와 반대로 소비점이 D점에 있으면 $MRS_{XY} < \frac{P_X}{P_Y}$가 되어 소비자가

그림 3-16

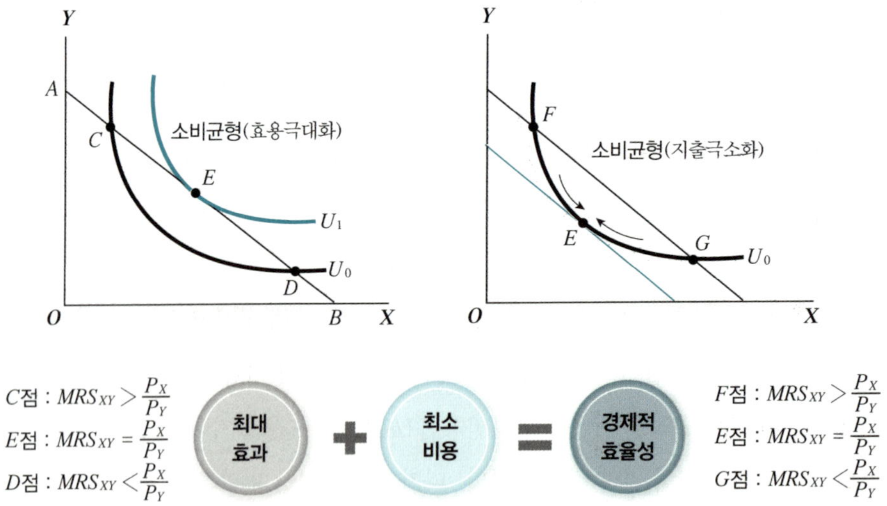

소비조합의 재조정 과정

만약 소비점이 C점이었다고 하자. 그러면 C점에서는 $MRS_{XY} > \frac{P_X}{P_Y}$가 될 것이다. 즉, 소비자가 평가한 X재의 주관적 가치가 시장에서 평가된 X재의 객관적 가치보다 더 큰 경우이다. 그렇다면 소비자 입장에서는 X재를 더 소비하고 Y재를 덜 소비하려 할 것이다.

평가한 X재의 주관적 가치가 시장에서 평가된 X재의 객관적 가치보다 작아진다. 따라서 소비자는 X재 소비를 줄이고 Y재 소비를 늘리려 할 것이다. 소비자가 X재를 덜 소비하면 한계대체율체감의 법칙에 의하여 MRS_{XY}가 증가하고 결국 E점에서 $MRS_{XY} = \frac{P_X}{P_Y}$의 등식이 회복될 것이다.

요컨대 MRS_{XY}와 $\frac{P_X}{P_Y}$가 일치하지 않으면 소비지출을 더 늘리지 않아도 상품간 소비의 비율을 변경시킴으로써 소비자의 효용이 증가하게 된다. 물론 소비의 재조정과정에서는 한계대체율체감의 법칙이 중요한 역할을 하게 된다.

3 고전적 무역이론

Essentials of Trade, ch. three

3.1 기본 가정

경제이론을 전개하기 위해서는 제한적이고 경우에 따라서는 비현실적인 가정도 필요하다. 국제무역이론 역시 그 과제를 해결하기 위해 필연적으로 이론 전개를 설정해야 하는데, 이는 다음과 같은 표준적인 가정이 전제되어야 한다.

3.1.1 정태적 분석

국제무역이론에서는 일반적으로 시간의 흐름을 무시한다. 즉 시간이 경과한다 하더라도 인구 · 자본 · 기술 등의 여건은 일정불변하다고 가정한다.

정태분석 stock 개념

동태분석 flow 개념

비교정태분석 시점간 비교분석

3.1.2 2국 · 2재 · 1생산요소

현실과 동떨어진 가정이지만 이론의 분석을 용이하게 하기 위하여 국제무역의 세계에서는 단 두 국가만 존재하며 농산품과 공산품 같은 두 가지 상품만 생산한다는 것을 전제로 한다. 또한 고전학파이론에서는 노동가치설에 근거하여 생산요소를 노동 한 가지만을 설정하여 분석하기도 한다.

3.1.3 요소의 동질성과 불변생산비 가정

대표적 생산요소 중 하나인 노동의 경우 숙련노동과 비숙련노동과 같이 여러 가지로 구분할 수 있다. 그러나 국제무역이론에서는 각각의 질적 차이를 두지 않고 동일한 요소로 간주한다. 이들 생산요소의 질은 국가간에 같고 또한 동일상품에 대한 생산비도 동일하다고 가정한다.

3.1.4 상품의 상이한 요소집약도

두 가지 요소를 사용하여 생산하는 두 상품은 각각 다른 요소집약도를 갖게 된다는 것인데, 이에 관한 예를 들면 농산품은 노동집약재, 공산품은 자본집약재임을 가정한다.

3.1.5 생산요소의 지역간 이동 불가능

생산요소가 더 높은 보수를 받을 수 있는 곳으로 이동하려 하는 것은 필연적인 사실이다. 그러나 국제무역이론에서는 생산요소가 지역간 이동할 수 없다고 가정한다.

3.1.6 완전경쟁과 완전고용

국내거래뿐만 아니라 국제거래에 있어서도 시장 형태는 완전경쟁만 존재하는 것이 아니다. 국제무역에 있어서의 대표적인 불완전경쟁 형태로는 독점 · 과점 · 독점적경쟁 등이 있다. 그러나 불완전경쟁은 국제무역을 축소시키는 경향이 있다. 예를 들면 독점과 과점은 독점이익, 규모의 경제, 기술혁신 등을 통하여 그리고 독점적경쟁은 비가격경쟁을 통하여 무역에 영향을 미친다. 그런데 무역이론에서는 무역을 왜곡시키는 요인을 배제하므로 완전경쟁을 가정하게 되고 또한 각국의 희소한 자원을 모두 투입함으로써 실업이나 자원과 설비의 유휴가 없음을 전제로 한다.

3.1.7 완전한 자유무역 및 이전비용 등 무시

상품이 한 국가에서 다른 국가로 이동하게 되면 필연적으로 이전비용이 나타난다. 이러한 이전비용은 크게 ① 상품 자체의 수송비와 ② 무역에 대한 정부의 규제 때문에 나타나는 파생비용으로 구분할 수 있다. 전자는 상품의 포상 · 수송 · 취급에 따른 비용을 말하며, 후자는 수입관세 · 수량제한과 같은 정부규제로부터 야기되는 비용을 말한다. 그런데 무역이론에서는 이러한 비용들을 무시하는데 그 이유는 다음과 같다.

이전비용 상품의 포장 · 수송 · 취급에 따른 비용과 수입관세 · 수량제한과 같은 정부규제로부터 야기되는 비용

첫째, 이전비용 때문에 수입가격이 상승함으로써 무역의 기회가 감소될 수 있기 때문이고, 둘째, 이전비용으로 인하여 상품의 생산이 한 지역 또는 한 국가에 편중되거나 산업구조가 왜곡될 수 있기 때문이다. 따라서 국제무역이론에서는 무역을 위축시키는 장벽이 없는 완전자유무역을 가정하는 것이다.

3.2 아담 스미스의 절대우위론

경제학의 아버지인 영국의 아담 스미스(A. Smith)는 중상주의의 일방적인 보호무역주의에 대항하여 자유무역을 하면 각국이 모두 이익을 얻게 된다는 사실을 최초로 이론화하였다. 즉, 스미스는 국내에서 서로 다른 사람들끼리 상호 이익을 얻기 위해서 자발적인 교환거래가 이루어지는 것과 마찬가지로 국제적으로도 서로 다른 나라들끼리 상호 이익을 얻기 위해서 자유무역을 실시해야 된다고 보았다. 스미스는 각국이 다른 나라보다 생산비가 저렴한 상품 만 생산(절대우위)해서 서로 교환하면 각국 모두가 이익을 얻게 된다고 주장하였다.

예를 들면, 한국과 미국 두 나라가 각각 옷과 밀 두 상품을 생산하고 두 상품을 생산하는 데 사용되는 생산요소는 오직 노동 하나뿐이라고 하자. 그러면 다음의 표에서 보는 바와 같이 옷 1단위를 생산하는 데 있어서는 한국의 생산성이 미국의 생산성보다 높아 한국의 생산비가 미국의 생산비보다 싸다. 반면에 밀 1단위를 생산하는 데 있어서는 미국의 생산성이 한국의 생산성보다 높아 미국의 생산비가 한국의 생산비보다 싸다. 따라서 한국은 옷 생산에 절대우위를 가지고, 미국은 밀 생산에 절대우위를 가진다.

표 3-6 절대우위

	상품단위당 노동투입량	
	옷	밀
한국	8단위	20단위
미국	10단위	1단위

이 경우, 한국은 절대우위를 가지는 옷만을 생산하고 미국은 절대우위를 가지는 밀만을 생산하여 서로 무역을 하면 두 나라가 이익을 볼 수 있다. 만약 한국이 옷 1단위를 미국에 수출하면 미국으로부터 밀 1단위를 수입할 수 있다고 가정하여 무역으로부터 얻을 수 있는 양국의 이익을 계산해 보자.

우선 한국은 무역이 있기 전에는 밀 1단위를 생산하기 위하여 노동 20단위를 사용하였는데 무역이 있게 되면 노동 8단위 사용 → 옷 1단위 생산 → 미국에 수출 → 미국으로부터 밀 1단위를 수입하면 된다. 따라서 무역의 결과로 한국은 옷 1단위와 밀 1단위를 얻는 데 노동 12단위(=20단위－8단위)를 절약하게 된다. 한편 미국은 무역이 있기 전에는 옷 1단위를 생산하기 위하여 노 등 10단위를 사용하였는데 무역이 있게 되면 노동 1단위 사용 → 밀 1단위 생산 → 한국에 수출 → 한국으로부터 옷 1단위를 수입하면 된다. 따라서 무역의 결과로 미국은 옷 1단위와 밀 1단위를 얻는 데 노동 9단위(=10단위－단위)를 절약하게 된다.

이와 같이 스미스의 절대우위론은 두 나라가 각각 절대우위를 가지는 상품이 있는 경우에는 무역이 이루어지고 두 나라 모두 이익을 얻게 된다는 것을 보여준다. 그러나 한 나라가 두 상품 모두에 대해 절대우위를 가지고 있고 다른 나라는 두 상품 모두에 대해 절대열위를 가지고 있는 경우에는 스미스의 절대우위론이 설득력을 잃는다. 왜냐하면, 이 경우에는 무역 자체가 이루어지지 않을 것이기 때문이다. 이와 같은 스미스의 절대우위론의 문제는 리카르도의 비교우위론에 의해 해결되었다.

읽을거리 3-1

아담 스미스(Adam Smith)

- **출생지** : 영국
- **생존연대** : 1723. 6. 5 ~ 1790. 7. 17
- **주요 저서** : 국부론, 도덕감정론
- **특징** : 경제학의 시조.
- **인물설명** :

영국에서 논리학, 도덕철학 교수로 재직하던 아담 스미스는 1764~1766년까지 프랑스 귀족의 가정교사로 일하게 되면서 프랑스로 이주하였다. 이곳에서 아담 스미스는 케네 등의 중농주의 학자, 볼테르 등의 계몽주의 철학자들과 교류할 수 있는 기회를 갖게 되었다.

이를 계기로 아담 스미스는 국가의 부, 자유 등에 대한 성찰의 기회를 갖게 되었고 이후 고향에 돌아온 아담 스미스는 이 시기의 깨달음, 자신의 생각과 경험 등을 바탕으로 10년간 『국부론』의 집필에 매달려 마침내 1776년에 이를 출간하였다.

아담 스미스가 이 책을 출간한 당시는 사욕을 추구하는 것을 비윤리적인 것으로 간주하는 분위기가 팽배한 시기였다. 그러나 아담 스미스는 오히려 사욕을 충족시키는 행위가 궁극적으로 '보이지 않는 손'의 작용에 의해 사회적 공익을 달성하는 데 도움이 된다고 주장하였다. 즉, 아담 스미스는 경제적 자유를 인간이 기본적으로 타고난 권리로 보아 경제적 결정을 개인에 맡김으로써 개인의 부는 물론 국가의 부도 증대될 수 있다고 주장한 것이다.

또한 아담 스미스는 국가의 부는 모든 생산물이며 생산물의 증대는 분업을 통한 생산성향상에 의해 달성될 수 있다고 하여 생산에서의 분업을 중시하였다.

아담 스미스 그 자신이 논리학, 도덕철학 교수로서 생업을 유지한 데서 알 수 있듯이 아담 스미스 이전에는 "경제학"이라는 학문이 없었다. 그러나 아담 스미스는 국부론을 통해 선구적 경제이론을 제시함으로써 이후 경제학이 이론적 체계를 갖춘 학문으로서 사회현상을 경제적으로 연구하는 데 초석을 마련하였다.

3.3 리카르도의 비교우위론

영국의 경제학자 리카르도(D. Ricardo)는 한 나라가 두 상품 모두에 대해 절대우위를 가지고 있고 다른 나라는 두 상품 모두에 대해 절대열위를 가지고 있는 경우에도 두 나라가 무역을 하게 되면 두 나라 모두 이익을 얻을 수 있다는 비교우위론을 제시하였다.

예를 들면, 한국과 미국 두 나라가 각각 쌀과 밀 두 상품만을 생산하고 두 상품을 생산하는 데 사용되는 생산요소는 오직 노동 하나뿐이라고 가정하자. 그러면 다음의 표에서 보는 바와 같이 쌀 1단위와 밀 1단위를 생산하는 데 있어서 미국이 더 적은 노동량으로 생산할 수 있기 때문에 두 상품을 생산하는 데 있어서 미국의 생산성이 한국보다 높고 생산비도 한국의 생산비보다 싸다. 이때 미국은 두 상품 모두에 대해 절대우위를 가진다. 반면에 한국은 두 상품 모두에 대해 절대열위를 가진다.

표 3-7 절대우위

	상품단위당 노동투입량	
	쌀	밀
한국	10단위	20단위
미국	8단위	1단위

표 3-8 비교우위

	상품단위당 노동투입량	
	쌀	밀
한국	밀 $\frac{1}{2}$단위	쌀 2단위
미국	밀 8단위	쌀 $\frac{1}{8}$단위

주 : 한국에서 쌀 1단위의 기회비용은 밀 $\frac{1}{2}$단위이다. 왜냐하면, 쌀 1단위 생산에 필요한 10단위의 노동을 밀 생산에 투입한다면 $\frac{1}{2}$단위의 밀을 생산할 수 있기 때문이다. 반면에 한국에서 밀 1단위의 기회비용은 쌀 2단위이다. 왜냐하면, 밀 1단위 생산에 필요한 20단위의 노동을 쌀 생산에 투입한다면 2단위의 쌀을 생산할 수 있기 때문이다. 같은 논리로 미국에서 쌀 1단위의 기회비용은 밀 8단위이고, 밀 1단위의 기회비용은 쌀 $\frac{1}{8}$단위이다. 참고로, 한국과 미국에서 쌀의 기회비용은 밀의 기회비용의 역수이다.

그러나 이 경우에도 미국뿐만 아니라 한국도 비교우위를 가지는 상품이 있다. 이때 비교우위는 두 나라 사이의 쌀과 밀 생산의 기회비용을 비교함으로써 나타난다. 이제 위의 표를 기회비용 개념으로 다시 작성해 보자.

[표 3-8] 의 표에서 볼 수 있듯이 한국은 쌀을 생산하는 기회비용이 미국보다 작고(밀 $\frac{1}{2}$단위 대 밀 8단위), 미국은 밀을 생산하는 기회비용이 한국보다 작다(쌀 $\frac{1}{2}$단위 대 쌀 2단위). 따라서 한국은 쌀 생산에, 미국은 밀 생산에 비교우위가 있다.

기회비용 특정 대안을 선택함으로써 포기되어지는 다른 대안 중 최선의 가치

리카르도의 비교우위론은 각국이 비교우위를 가지고 있는 상품을 생산하여 서로 무역을 하면 두 나라 모두 이익을 볼 수 있다는 것이다. 위의 예에서처럼 쌀 생산에 비교우위가 있는 한국과 밀 생산에 비교우위가 있는 미국이 서로 무역을 한다면 상호 어떤 이익이 발생할까? 분석의 편의를 위해 한국과 미국은 모두 각각 40단위의 노동을 보유하고 있다고 가정하자. 그러면 한국은 40단위의 노동을 사용하여 쌀만 생산하면 쌀 4단위(= 40단위÷10단위)를 생산할 수 있고, 반면에 밀만 생산하면 밀 2단위(= 40단위÷20단위)를 생산할 수 있다. 같은 논리로 미국은 40단위의 노동을 사용하여 쌀만 생산하면 쌀 5단위(= 40단위÷8단위), 밀만 생산하면 밀

그림 3-17

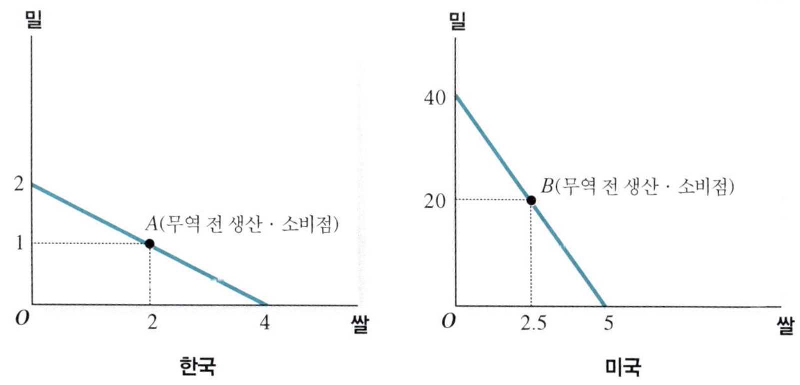

한국과 미국의 무역 전 생산 · 소비점

한국은 40단위의 노동을 사용하여 쌀만 생산하면 쌀 4단위(= 40단위÷10단위)를 생산할 수 있고, 반면에 밀만 생산하면 밀 2단위(= 40단위÷20단위)를 생산할 수 있다. 같은 논리로 미국은 40단위의 노동을 사용하여 쌀만 생산하면 쌀 5단위(= 40단위÷8단위), 밀만 생산하면 밀 40단위(= 40단위÷1단위)를 생산할 수 있다.

그림 3-18

한국무역의 무역 후 생산 · 소비점

40단위의 노동을 전부 투입해서 A′점에서 쌀 4단위를 생산한 뒤, 이 중 1단위를 미국에 수출하면 밀 3단위를 수입할 수 있다. 결국 한국은 무역 전에는 A점에서 쌀 2단위와 밀 1단위를 생산 · 소비할 수밖에 없었는데 무역 후에는 A″점에서 쌀 3단위와 밀 3단위를 소비할 수 있게 되어 사회 전체의 후생이 증가한다.

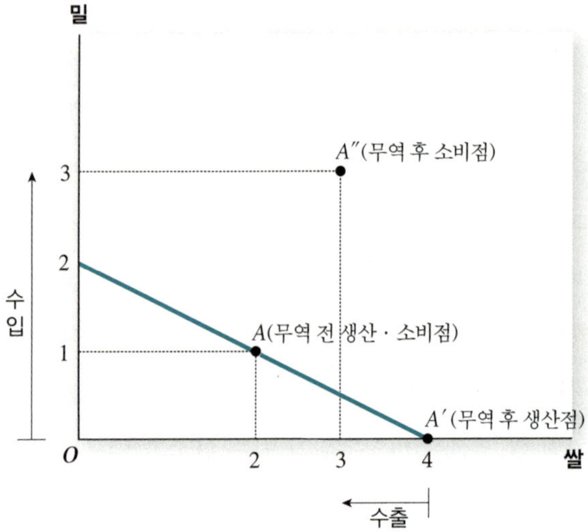

40단위(= 40단위÷1단위)를 생산할 수 있다. 이처럼 40단위의 노동으로 생산할 수 있는 쌀과 밀의 조합을 그림으로 표시하면 〈그림 3-17〉과 같은 한국과 미국의 무역 전 생산곡선을 얻을 수 있다. 만약 무역 전에 한국과 미국의 생산 · 소비점이 각각 A점과 B점이라면 이 점에서 한국은 쌀 2단위와 밀 1단위를 생산 · 소비하고 미국은 쌀 2.5단위와 밀 20단위를 생산 · 소비하게 된다.

이제 쌀과 밀의 국제적 교환비율이 양국의 기회비용 사이에서 결정된 1:3이라고 하자. 그러면 한국은 비교우위가 있는 쌀 생산에 완전특화하기로 하고 〈그림 3-18〉에서 보는 것처럼 40단위의 노동을 전부 투입해서 A′점에서 쌀 4단위를 생산한 뒤, 이 중 1단위를 미국에 수출하면 밀 3단위를 수입할 수 있다. 결국 한국은 무역 전에는 A점에서 쌀 2단위와 밀 1단위를 생산 · 소비할 수밖에 없었는데 무역 후에는 A″점에서 쌀 3단위와 밀 3단위를 소비할 수 있게 되어 사회 전체의 후생이 증가한다.

반면에 미국은 비교우위가 있는 밀 생산에 부분특화하기로 하고, 40단위의 노동 중 24단위는 밀 생산에, 16단위는 쌀 생산에 투입하면 B′점에서 밀 24단위와 쌀 2단위를 생산할 수 있다. 이 중 밀 3단위를 한국에

그림 3-19

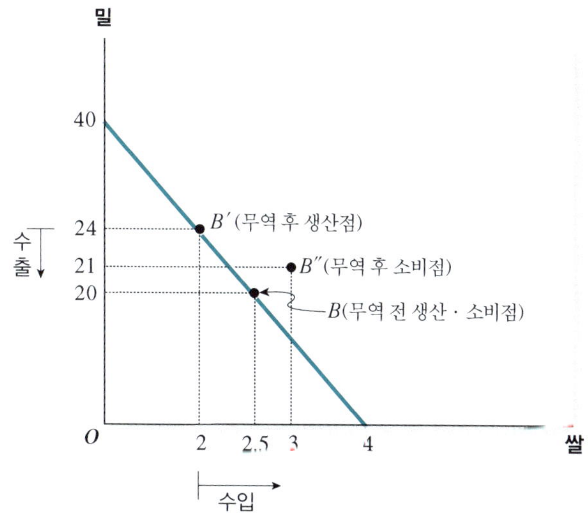

미국의 무역 후 생산 · 소비점

미국은 비교우위가 있는 밀 생산에 부분특화하기로 하고, 40단위의 노동 중 24단위는 밀 생산에, 16단위는 쌀 생산에 투입하면 B'점에서 밀 24단위와 쌀 2단위를 생산할 수 있다. 이 중 밀 3단위를 한국에 수출하여 쌀 1단위를 수입하면 B''점에서 밀 21단위를 소비할 수 있어 사회 전체의 후생이 증가한다.

수출하여 쌀 1단위를 수입하면 B''점에서 밀 21단위를 소비할 수 있어 사회 전체의 후생이 증가한다.

이상의 논의를 표로 정리하면 다음과 같다.

표 3-9 무역의 이익

	무역 전	무역 후			
	생산 · 소비	생산	누역	소비	무역의 이익
한국	쌀 2단위	쌀 4단위	쌀 1단위 수출	쌀 3단위	쌀 1단위
	밀 1단위	밀 0단위	밀 3단위 수입	밀 3단위	밀 2단위
미국	쌀 2.5단위	쌀 2단위	쌀 1단위 수입	쌀 3단위	쌀 0.5단위
	밀 20단위	밀 24단위	밀 3단위 수출	밀 21단위	밀 1단위

결국 무역을 통해서 한국과 미국은 상대적으로 기회비용이 작은 상품에 특화함으로써 양국의 총생산량은 증가하게 되고 이 증가된 생산으로 인한 이득을 양국 모두가 누릴 수 있다. 다시 말해 양국의 기회비용이 같지 않다면 무역을 통해 각국의 국내상대가격보다 낮은 국제상대가격으로

상품들을 구입함으로써 서로에게 이득이 된다는 것이다.

리카르도의 비교우위론은 19세기 자유무역주의의 이론적 근거가 되었으나 다음과 같은 이론적 한계를 가지고 있다. ① 생산요소를 노동 하나뿐이라고 가정함으로써 상품생산에 있어서 생산요소들(노동 · 자본)간의 대체관계를 전혀 감안하지 않았다. ② 노동의 한계생산물이 일정하다 또는 상품생산의 기회비용이 일정하다고 가정함으로써 생산가능곡선을 우하향하는 직선으로 만들고, 이에 따라 한 나라가 비교우위를 가진 상품만을 생산한다는 완전특화의 결과를 가져왔다.

읽을거리 3-2

데이비드 리카르도(David Ricardo)

- **출생지** : 영국
- **생존연대** : 1772. 4. 18 ~ 1823. 9. 11
- **주요 저서** : 정치경제학 및 과세의 원리, 금의 가격 등
- **특징** : 지대이론과 비교우위이론을 제시한 갑부 과격분자.
- **인물설명** :

리카르도는 주식거래를 통해 막대한 부를 축적하여 사회적 지위와 신분이 높았음에도 불구하고 금융개혁, 빈민구제, 언론자유 등의 사회제도 개혁 운동에도 깊이 관여하였다. 또한 의회에 진출하여 이의 정치적 실현을 위해 노력하기도 하였다.

이러한 리카르도의 개혁적 성향이 경제적 분석으로 이어져 리카르도는 지대이론을 주창하였다. 이를 통해 리카르도는 상품의 가치를 창출하는 것은 오직 노동뿐이며 토지에 대한 지대는 노동과는 무관하게 생산요소의 공급제한에 의해 생기는 불로소득일 뿐이라는 점을 분명히 밝혔다.

한편 리카르도가 활동하던 당시의 유럽에는 각국이 수출을 크게 확대하고 수입을 적극적으로 억제하여 국부를 늘리고자 하는 중상주의가 크게 팽배하고 있었다. 그런데 리카르도는 이러한 분위기 속에서 자유무역을 통해 각국이 서로 이익을 볼 수 있다는 이른바 비교우위설을 주장하여 각국의 중상주의 정책을 통렬하게 공박하였다. 이러한 비교우위설을 통해 리카르도는 자발적 교환에 의한 전체의 이익극대화가 가능하다는 자유주의적 경제학자로서의 신념을 보여주었다.

이와 같은 리카르도의 지대이론과 비교우위이론은 아담 스미스로부터 시작된 경제학의 학문체계가 이른바 고전경제학으로 확고하게 자리잡는 데 기여하였다. 또한 리카르도가 주장한 비교우위이론의 영향력은 200년의 세월이 흘렀음에도 불구하고 오늘날 이른바 세계화의 주요한 이론적 근거로 작용하고 있다.

4 근대적 무역이론

Essentials of Trade, ch. three

4.1 일반적인 비교우위론

4.1.1 기본 가정

① 생산요소는 노동과 자본 등 두 가지이며 생산요소간 대체가 가능하다.

② 한 상품생산의 기회비용은 체증하므로 생산가능곡선이 원점에 대해 오목하게 그려진다.

③ 사회구성원들의 상품에 대한 선호가 똑같다고 가정하여 대표적인 소비자의 무차별곡선을 사회무차별곡선으로 사용한다.

④ 생산요소의 국제간 이동은 불가능하다.

4.1.2 무역 전 생산 · 소비점

한국이 미국과 무역을 하기 전에 생산가능곡선(PPC_K)과 사회무차별곡선(U_0), 국내가격선(P_K)이 접하는 E_0점에서 생산과 소비를 하고 있다고 하자. E_0점에서는 생산물 구성의 최적성이 성립한다.

한편 미국도 한국과 무역을 하기 전에 생산가능곡선(PPC_A)과 사회무차별곡선(U_1), 국내가격선(P_A)이 접하는 E_1점에서 생산과 소비를 하고 있다고 하자. E_1점에서도 생산물 구성의 최적성이 성립한다.

이제 쌀 생산에 비교우위를 가진 한국과 밀 생산에 비교우위를 가진 미국이 무역을 한다고 하자. 한국은 쌀을 미국에 수출하고 미국은 한국에 밀을 수출한다. 그러면 쌀의 국제상대가격$\left(\frac{P_X}{P_Y}\right)_T$는 한국의 국내상대가격$\left(\frac{P_X}{P_Y}\right)_K$보다 높아지지만 미국의 국내상대가격$\left(\frac{P_X}{P_Y}\right)_A$보다 낮아진다. 이에 따라 한국에서는 국제상대가격선 P_T가 국내상대가격선 P_K보

그림 3-20

한국의 무역 전 생산 · 소비점

무역을 하기 전에 생산가능곡선(PPC_K)과 사회무차별곡선(U_0), 국내가격선(P_K)이 접하는 E_0점에서 생산과 소비를 하고 있다고 하자. E_0점에서는 생산물 구성의 최적성이 성립한다.

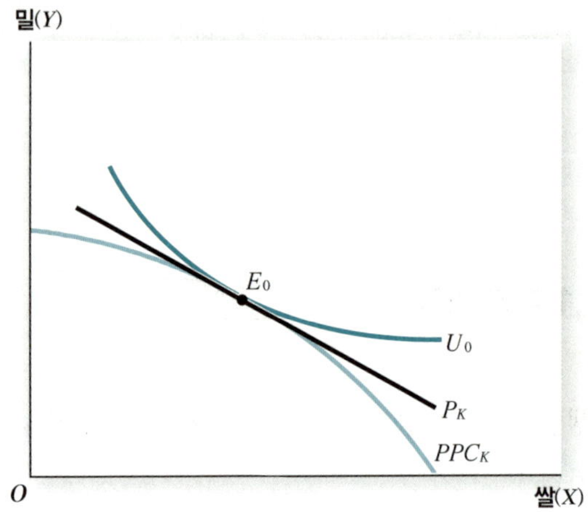

그림 3-21

미국의 무역 전 생산 · 소비점

미국도 한국과 무역을 하기 전에 생산가능곡선(PPC_A)과 사회무차별곡선(U_1), 국내가격선(P_A)이 접하는 E_1점에서 생산과 소비를 하고 있다고 하자. E_1점에서도 생산물 구성의 최적성이 성립한다.

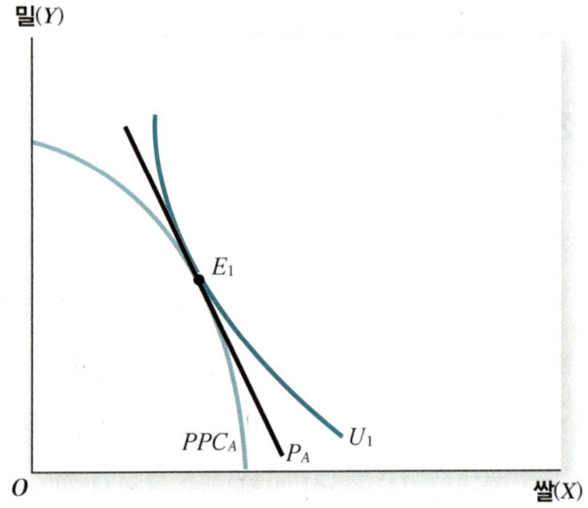

다 그 기울기가 가팔라지고, 미국에서는 국제상대가격선 P_T가 국내상대가격선 P_A보다 그 기울기가 완만해진다. 단 자유무역의 결과 한국과 미국에서 국제상대가격이 같아지므로 두 나라가 직면하는 국제상대가격선 P_T의 기울기도 같아진다.

그림 3-22

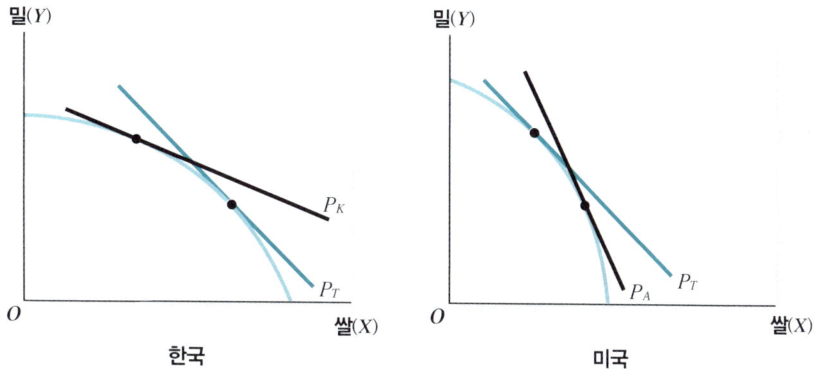

무역 후 상대가격선의 변화

한국은 쌀을 미국에 수출하고 미국은 한국에 밀을 수출한다. 그러면 쌀의 국제상대가격 $\left(\frac{P_X}{P_Y}\right)_T$는 한국의 국내상대가격 $\left(\frac{P_X}{P_Y}\right)_K$보다 높아지지만 미국의 국내상대가격 $\left(\frac{P_X}{P_Y}\right)_A$보다 낮아진다. 이에 따라 한국에서는 국제상대가격선 P_T가 국내상대가격선 P_K보다 그 기울기가 가팔라지고, 미국에서는 국제상대가격선 P_T가 국내상대가격선 P_A보다 그 기울기가 완만해진다.

무역이 이루어지면 한국은 생산가능곡선(PPC_K)과 국제상대가격선(P_T)이 접하는 E_0'점에서 생산을 하고, 국제상대가격선(P_T)과 사회무차별곡선(U_0')이 접하는 E_0''점에서 소비를 하게 된다. 결국 한국은 KE_0'만큼의 쌀을 미국에 수출하고 대신 KE_0''만큼의 밀을 미국으로부터 수입함으로써 무역을 하지 않을 때보다 더 높은 사회적 효용을 누리게 된다.

한편 무역이 이루어지면 미국은 생산가능곡선(PPC_A)과 국제상대가격선(P_T)이 접하는 E_1'점에서 생산을 하고, 국제상대가격선(P_T)과 사회무차별곡선(U_1')이 접하는 E_1''점에서 소비하게 된다. 결국 미국은 AE_1'만큼의 밀을 한국에 수출하고 대신 AE_1''만큼의 쌀을 한국으로부터 수입함으로써 무역을 하지 않을 때보다 더 높은 사회적 효용을 누리게 된다.

일반적인 비교우위론을 통해 우리는 무역으로부터의 이익을 다음과 같이 정리할 수 있다.

① 기회비용이 체증하는 일반적인 경우에는 생산가능곡선이 원점에 대해 오목하게 그려지면서 부분특화가 이루어진다. (예 : 각국은

그림 3-23

한국의 무역 후 생산 · 소비점

한국은 생산가능곡선(PPC_K)과 국제상대가격선(P_T)이 접하는 E_0'점에서 생산을 하고, 국제상대가격선(P_T)과 사회무차별곡선(U_0')이 접하는 E_0''점에서 소비를 하게 된다. 결국 한국은 KE_0'만큼의 쌀을 미국에 수출하고 대신 KE_0''만큼의 밀을 미국으로부터 수입함으로써 무역을 하지 않을 때보다 더 높은 사회적 효용을 누리게 된다.

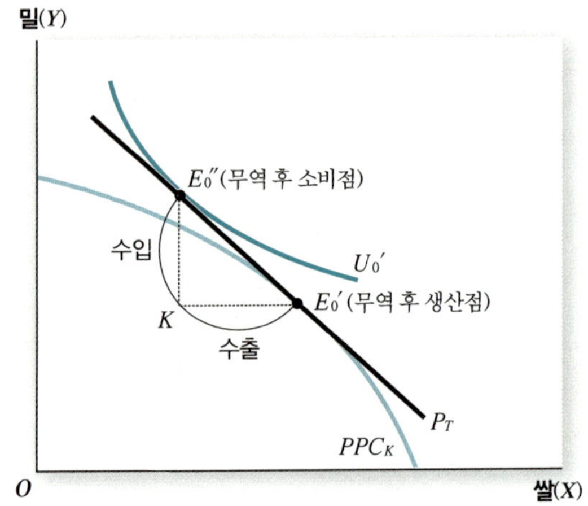

그림 3-24

미국의 무역 후 생산 · 소비점

미국은 생산가능곡선(PPC_A)과 국제상대가격선(P_T)이 접하는 E_1'점에서 생산을 하고, 국제상대가격선(P_T)과 사회무차별곡선(U_1')이 접하는 E_1''점에서 소비하게 된다. 결국 미국은 AE_1'만큼의 밀을 한국에 수출하고 대신 AE_1''만큼의 쌀을 한국으로부터 수입함으로써 무역을 하지 않을 때보다 더 높은 사회적 효용을 누리게 된다.

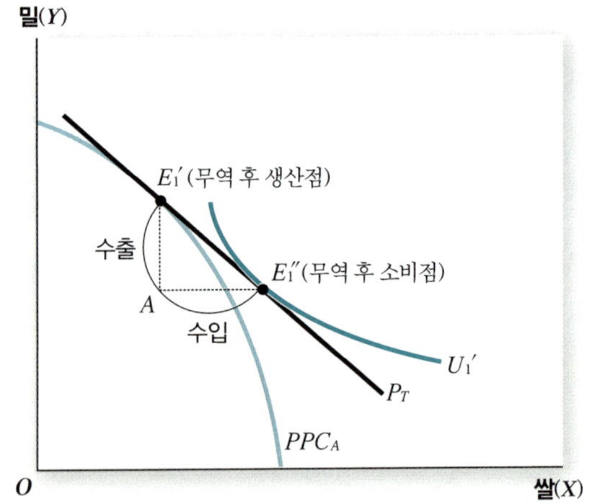

비교우위를 가지는 상품을 상대적으로 더 생산하고 비교열위를 가지는 상품을 상대적으로 덜 생산한다.)

② 비교우위를 가진 상품생산에 생산요소가 상대적으로 더 많이 투입되는 등 자원의 재분배효과가 나타난다.

③ 서로 다른 각국의 국내상대가격을 국제상대가격으로 일원화함으로써 궁극적으로는 '국제적 1물 1가의 법칙' 을 달성하게 한다.

④ 교역 상대국 모두가 무역을 하기 전보다 더 높은 사회적 후생을 누리게 된다. 따라서 자발적인 무역을 통하여 양국이 모두 이득을 얻는 파레토 우위의 국제적인 자원 배분을 달성할 수 있다.

4.2 헥셔-올린 정리

1930년대에 스웨덴의 경제학자 헥셔(E. Heckscher)와 그의 제자 올린(B. Ohlin)은 기존의 비교우위론의 미비점을 보완하면서 자유무역이론을 집대성하였다. 기존의 비교우위론은 비교우위의 원인이 생산비의 차이에 있다는 것을 설명하고 있지만 그 생산비의 차이가 왜 발생하는가에 대해서는 아무런 설명을 하지 못하였다. 이에 헥셔와 올린은 두 나라간에 생산함수가 똑같다 하더라고 생산요소의 부존량에 차이가 있으면 상품생산에 투입된 요소집약도 $\left(\frac{K}{L}\right)$에 차이가 나기 때문에 생산비의 차이가 발생한다고 보았다. 따라서 비교우위의 원인이 생산요소 부존량의 차이와 요소집약도의 차이에 있다고 보는 무역이론이 헥셔-올린 정리이다.

헥셔-올린 정리는 다음과 같은 기본 가정하에 이론을 전개하고 있다. ① 2국-2재화-2요소의 무역모형을 사용한다. ② 두 나라의 생산기술, 즉 생산함수가 동일하다. ③ 생산함수는 규모에 대한 보수 불변의 생산함수이고 생산요소에는 수확체감의 법칙이 작용한다. ④ 생산의 기회비용이 체증하고 생산가능곡선이 원점에 대해 오목하게 표시되므로 두 나라는 어느 한 상품에 완전특화하지는 않는다. ⑤ 생산물시장과 생산요소시장은 완전경쟁이다. ⑥ 누 나라 사이에 생산요소의 집약도는 서로 다르다. ⑦ 두 나라 사이에 생산요소의 이동은 불가능하다. ⑧ 상품의 무역은 자유롭게 이루어지며 운송비는 없다. ⑨ 양국간에 수요의 패턴은 같다. 이와 같은 가정하에 헥셔-올린정리는 2가지 명제를 제시하고 있다. 제1명제는 무역 당사국간에 존재하는 생산요소의 상내적인 부존량의 차이와 요소집약도의 차이 때문에 생산비의 차이가 발생하고 무역이 일어난다는 것이다. 따라서 각국은 풍부한 생산요소를 많이 사용하여 생산하는 상품에 비교우위가 있다.

예를 들어, 한국은 상대적으로 노동이 풍부하고 반면에 미국은 상대적으로 자본이 풍부하다고 하자. 그러면 한국은 임금이 낮아서 노동집약적 상품에 비교우위를 가지고 미국은 이자가 낮아서 자본집약적 상품에 비교우위를 가진다. 이때 한국은 노동집약적 상품생산에 특화하고 미국은 자본집약적 상품생산에 특화하여 서로 무역을 하면 두 나라 모두에게 이익이 된다.

표 3-10 헥셔-올린 정리의 제1명제

한국	노동 풍부	저임금 → 노동집약적 상품생산에 비교우위 → 노동집약적 상품생산에 특화 → 노동집약적 상품의 수출
	자본 희소	고이자 → 자본집약적 상품생산에 비교열위 → 자본집약적 상품생산의 축소 → 자본집약적 상품의 수입
미국	자본 풍부	저이자 → 자본집약적 상품생산에 비교우위 → 자본집약적 상품생산에 특화 → 자본집약적 상품의 수출
	노동 희소	고임금 → 노동집약적 상품생산에 비교열위 → 노동집약적 상품생산의 축소 → 노동집약적 상품의 수입

제2명제는 생산요소가 한 나라에서 다른 나라로 이동하지 않더라도 그 생산요소를 사용해서 만든 상품의 무역에 의하여 생산요소의 상대가격은 국제 간에 같아지는 경향이 있다는 것이다. 한국과 미국 사이에 무역이 이루어지면 [표 3-11]에서 보듯 생산요소시장에서 변화가 발생한다.

표 3-11 헥셔-올린 정리의 제2명제

한국	노동집약적 상품생산에 특화 → 노동에 대한 수요 증가 → 임금의 상승 자본집약적 상품생산의 축소 → 자본에 대한 수요 감소 → 이자의 하락	생산요소의 상대가격 $\left(\frac{w}{r}\right)$ 상승
미국	노동집약적 상품생산에 특화 → 자본에 대한 수요 증가 → 이자의 상승 노동집약적 상품생산의 축소 → 노동에 대한 수요 감소 → 임금의 하락	생산요소의 상대가격 $\left(\frac{w}{r}\right)$ 하락

무역이 이루어지면 궁극적으로 한국의 임금과 미국의 임금, 한국의 이자와 미국의 이자, 한국의 생산요소의 상대가격과 미국의 생산요소의 상대가격이 같아진다.

4.3 헥셔-올린 이론의 확장이론

4.3.1 립친스키 정리

립친스키 정리(Rybczynski Theorem)란 상품의 상대가격이 일정할 때 어떤 한 가지 생산요소의 부존량이 늘어나면 그 요소를 집약적으로 사용하는 상품의 생산이 절대적 · 상대적으로 증가하고, 다른 요소를 집약적으로 사용하는 상품의 생산은 절대적 · 상대적으로 감소한다는 것이다.

예를 들어, 1960년대에 한국은 상대적으로 노동력이 풍부하여 노동집약적 상품생산에 특화하였고, 자본은 희소하여 자본집약적 상품생산은 축소하였다. 그런데 1970년대 들어 외자도입이 대폭 이루어지면서 자본의 부존량이 늘어나자 자본집약적 상품생산을 늘렸고, 노동집약적 상품생산을 줄이게 되었다.

4.3.2 스톨퍼-사무엘슨 정리

스톨퍼-사무엘슨 정리(Stolper-Samuelson Theorem)란 헥셔-올린 정리를 이용하여 자유무역의 소득재분배효과를 분석한 것이다. 즉 무역을 통해 이루어진 한 상품의 상대가격 인상은 그 재화생산에 집약적으로 사용된 생산요소의 가격을 재화가격 인상에 비해 더 높게 인상시키며, 다른 생산요소의 가격은 절대적으로 하락하게 된다는 것이다.

예를 들어, 노동이 상대적으로 풍부한 한국에서는 노동집약적 상품생산에 비교우위가 있고 그것을 생산 수출하는 과정에서 노동자의 실질소득은 증가하고 자본가의 실질소득은 감소하게 된다. 반면에 자본이 상대적으로 풍부한 미국에서는 자본집약적 상품생산에 비교우위가 있고 그

것을 생산 수출하는 과정에서 자본가의 실질소득은 증가하고 노동자의 실질소득은 감소하게 된다. 결국 무역이 이루어지면 부존량이 풍부한 생산요소의 실질소득은 증가하지만 부존량이 희소한 생산요소의 실질소득은 감소한다는 것이다.

4.4 레온티에프 역설

4.4.1 통계적 검증 결과

미국의 경제학자 레온티에프는 1947년의 미국의 산업연관표를 이용하여 다른 나라에 비해 상대적으로 자본이 풍부한 나라로 생각되는 미국이 헥셔-올린 정리의 제1명제와는 정반대로 자본집약적 상품을 수입하고, 노동집약적 상품을 수출한다는 통계적 결과를 얻었다. 이를 레온티에프 역설(Leontief Paradox)이라고 부른다.

4.4.2 역설의 원인

역설의 원인에 대해서는 많은 경제학자들이 나름대로 통계적 근거를 제시하였다. 그런데 역설적 결과를 얻은 레온티에프 자신은 그 원인을 각국간 노동생산성의 차이에서 찾았다. 즉 헥셔-올린 정리에서는 생산요소를 노동과 자본으로 나누고, 각국간 생산요소의 질도 같다고 보았다. 그런데 현실적으로 미국의 노동자는 다른 나라의 노동자보다 생산성이 높으므로 미국은 양적으로 보면 자본 풍부국이지만, 질적으로 보면 숙련노동 풍부국이다. 따라서 생산요소를 숙련노동, 비숙련노동, 자본 등 세 가지로 나누면 미국은 상대적으로 풍부한 생산요소인 숙련노동을 집약적으로 사용하여 생산하는 상품에 비교우위가 있다는 것이다.

결국 레온티에프 역설은 역설이 아니며 생산요소를 질적으로 세분화하면 헥셔-올린의 제1명제가 타당하다는 것을 보여준다. 그 밖에도 역설이 나타난 원인에 대해서 다양한 설명이 전개되어 왔다.

① 미국에서 이자율이 상승할 때 생산에 투입된 자본-노동 비율이 감소하면서 자본집약적 상품생산이 노동집약적 상품생산으로 전환될 수도 있다.

② 미국 정부는 노동집약적 상품수입에 대해 높은 무역장벽을 쌓아왔다. 이로 인해 미국은 자본집약적 상품을 상대적으로 더 많이 수입해 왔다.

③ 미국 국민은 다른 나라 국민에 비해 자본집약적 상품에 대한 수요가 상대적으로높다. 그때문에부족한 자본집약적 상품을외국에서 대량으로 수입해 왔다.

이 론	내 용
립친스키 정리 (Rybczynski theorem)	상품의 상대가격이 불변일 때 어떤 생산요소의 부존량이 증가하면 그 요소를 집약적으로 사용하는 상품생산이 절대적 · 상대적으로 증가하고, 다른 요소를 집약적으로 사용하는 상품의 생산은 감소한다.
스톨퍼-사무엘슨 정리 (Stolper-Samuelson theorem)	무역을 통해 이루어진 한 상품의 상대가격인상은 그 재화생산에 집약적으로 사용된 생산요소의 가격을 재화가격인상에 비해 더 높게 인상시키며, 다른 생산요소의 가격은 절대적으로도 하락하게 된다. ▪ 즉 무역이 이루어지면 부존량이 풍부한 생산요소의 실질소득은 증가하지만, 부존량이 희소한 생산요소의 실질소득은 감소한다.
레온티에프 역설[1] (Leontief Paradox)	레온티에프는 1947년의 미국의 산업연관표를 이용하여 다른 나라에 비해 상대적으로 자본이 풍부한 나라로 생각되는 미국이 헥셔올린 정리의 제1명제와는 정반대로 자본집약적 상품을 수입하고, 노동집약적 상품을 수출한다는 통계적 결과를 얻었다. 그 원인에 대해서는 경제학자들마다 다른 견해를 제시하고 있다. ▪ 국가간 생산요소의 생산성 차이(W. Leontief) ▪ 요소풍부성에 대한 측정기준의 차이(R.E. Jones) ▪ 생산요소가격 변동에 따른 요소집약도의 역전현상(B. Minhas) ▪ 인적자본의 포함여부(P. Kenen) ▪ 자원집약적 상품수입의 분류기준(J. Vanek) ▪ 노동집약적 상품에 대한 미국의 무역장벽(R. Baldwin) ▪ 자본집약적 상품에 대한 수요편향

주 : 1) 레온티에프 역설은 역설이 아니며, 상대적으로 풍부한 생산요소를 사용하여 생산하는 상품에 비교우위를 가진다는 헥셔-올린의 제1명제가 타당하다는 것을 나타낸다.

5 현대적 무역이론

Essentials of Trade, ch. three

5.1 등장 배경

대표적인 비교우위론인 헥셔-올린 정리는 기본적으로 시간이 흘러도 주어진 여건이 변하지 않는다는 정태적 가정하에서 각국간 기술수준이 같다고 가정하였다. 그뿐만 아니라 무역은 수직적 분업에 의해 노동집약적 상품과 자본집약적 상품 간에만 이루어진다고 보았다.

그러나 현실에서는 시간이 흐름에 따라 각국간 기술수준은 동태적으로 변하고 있으며, 유사한 품목이나 동일한 품목도 무역거래의 대상이 되고 있다. 이와 같은 현실을 반영하기 위해서 발달된 이론들을 현대적 무역이론이라고 부른다.

5.2 제품사이클이론 : R. Vernon

신제품은 생물의 경우와 마찬가지로 신생기 · 성장기 · 성숙기라는 3단계의 사이클을 거치는데 각 단계에 대하여 선진국 · 신흥공업국 · 저개발국이 대응하는 바가 다르기 때문에 국제무역이 이루어진다. 3단계의 사이클과 각 단계에 대한 선진국(미국)과 신흥공업국(한국)이 보이는 대응관계를 추적하면 결국에는 무역패턴의 역전현상이 나타난다는 것을 알 수 있다.

예를 들어, 미국에서 반도체의 신규생산이 이루어지면 미국에서의 생산능력 확대 → 한국으로의 수출 → 반도체가 표준화되면서 한국에서도 생산 시작 → 한국과 미국 경쟁 격화 → 상대적으로 임금이 싼 한국이 비교우위 확보 → 한국이 미국으로 반도체를 수출하게 된다.

그림 **3-25**

Step 1

신제품 단계

- 신제품이 개발된 국가에서 생산, 판매
- 기술우위가 주요 요인
- 고객 가까이에 생산시설
- 가격과 무관한 수요 → 신제품 가격 높음
- 생산 및 소비가 혁신국(미국)에서 주로 발생

Step 2

성숙제품 단계

- 혁신국과 선진국에 수요 급증
- 개발도상국에도 수요 시작
- 혁신국의 수출극대화
- 기술모방과 경쟁자 출현
- 가격 인하의 필요성
- 기술우위 + 생산비우위
- 혁신기업은 직접투자를 통한 현지생산 고려

Step 3

표준화제품 단계

- 경쟁심화로 가격경쟁 치열
- 생산비 조건만이 우위요소
- 저렴 노동력을 제공하는 개발도상국이 생산입지로 부상
- 혁신국의 국내생산 중단
- 선진국에서의 생산 감소
- 역수출(개발도상국 → 선진국)

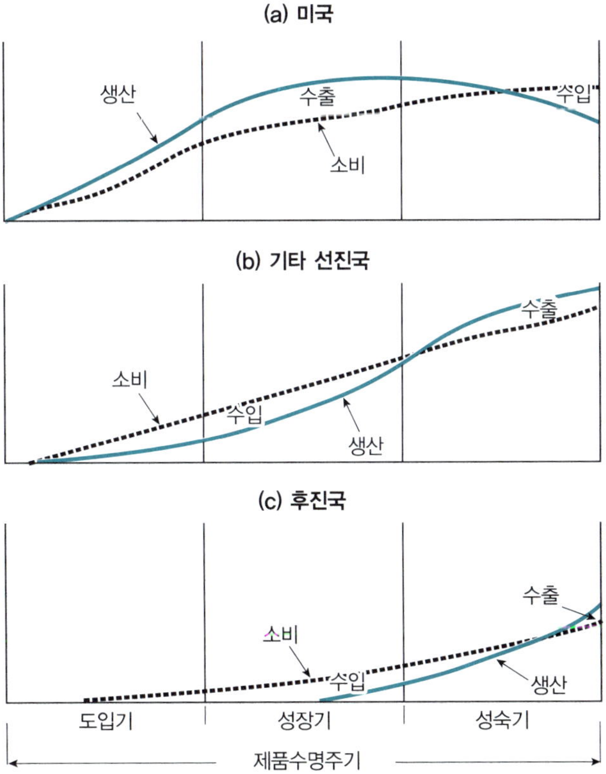

자료 : Raymond Vernon & Louis T. Wells, Jr., *Manager in International Economy*, 4th ed., New York : Prentice Hall, 1981, p.94.

5.3 기술격차이론 : M. Posner

국가 간에 존재하는 기술격차가 무역을 발생시킨다. 예를 들어, 한 나라가 개발한 새로운 생산기술을 다른 나라들이 습득하기까지는 상당한 기간이 소요되므로 기술상 우위를 가지고 있는 나라는 그 시차 동안 새로운 상품생산에 비교우위를 가지게 된다. 기술격차모형을 한 상품에 국한시켜 보면 제품사이클이론과 유사한 무역패턴을 시사한다. 즉, 기술수준이 뒤떨어졌던 나라가 특허권 등 산업재산권을 도입하고 외국인 직접투자를 유치하면서 기술의 이전이 이루어지면 기술격차가 사라지면서 나중에는 역수출까지 하게 된다는 것이다.

기술격차모형은 일단 기술상의 비교우위를 확보한 나라는 계속적으로 그와 관련된 부문에서 새로운 기술우위를 가지게 된다고 가정함으로써 선진국이 후발국보다 무역의 이익을 상대적으로 더 많이 향유하고 있는 현실을 잘 설명해 준다.

5.4 대표적수요이론 : S. B. Linder

제조업 부문에서 한 나라의 비교우위는 그 나라의 대표적 수요에 의해 결정되고, 대표적 수요는 그 나라의 1인당 국민소득 수준에 의해 결정된다. 그런데 특정 상품이 수출상품이 되기 위해서는 먼저 그 상품이 자기 나라에서 수요되어야 한다. 즉 국내수요를 통해 규모의 경제를 달성해야 국제경쟁력이 생겨 수출이 가능해진다.

결국 대표적수요이론은 수출산업화과정에서 해외시장에만 관심을 기울이지 말고 국내시장도 중요하게 다루어야 한다는 정책적 시사점을 주고 있다.

5.5 산업내무역이론

독점적경쟁 하에서는 소비자 수요의 다양성을 반영하여 동일산업 내에서도 차별적 상품을 생산한다. 이때 무역을 실시하여 시장규모가 확대되면 해당 기업들은 더욱더 차별화된 상품생산에 특화하게 된다. 이에 따라 다양한 상품의 공급이 이루어지면서 상품의 가격은 하락하고 각국은 사회적 후생의 증가를 누리게 된다.

결국 독점적경쟁 하에서는 헥셔-올린 정리가 상정하는 산업간무역이 아니라 산업내무역이 이루어진다. 즉, 한국의 의류산업과 미국의 의류산업 사이에서 이질적인 의류가 수출 · 수입되는 것이 바로 산업내무역이다.

그림 3-26

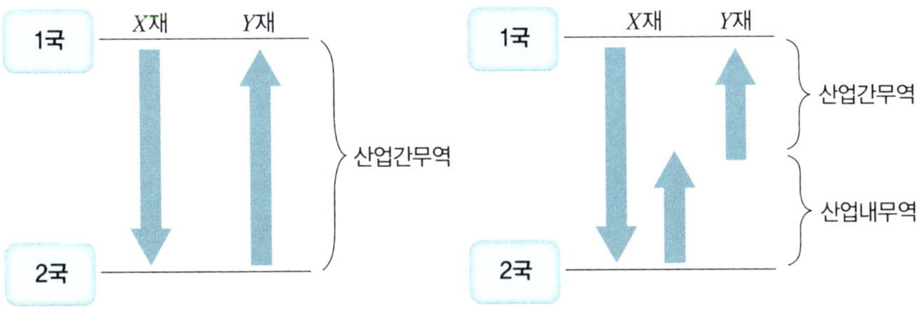

〈헥셔-올린에서의 무역〉 〈산업내무역이 이루어지는 경우〉

산업간무역과 산업내무역

헥셔-올린 이론에서의 무역 및 기술이론들에서는 X재와 Y재 간의 무역만을 의미하지 않고 전술적으로는 X재와 Y재 간의 산업 간 및 Y재 간의 산업내무역이 같이 이루어지고 있다.

아울러 산업내무역에 대한 분석을 위해 무역구조 분석의 한 수단인 GL(Grubel-Lloyd)지수가 주로 사용된다. GL지수는 총 무역에서 산업내무역(Intra-Industry Trade)이 차지하는 비중을 나타내는 수치로 0에서 1

$$\text{산업내 무역지수} = \left(1 - \frac{|X_i + M_i|}{(X_i + M_i)}\right)$$

의 값을 가진다. 특정 산업에서 수출과 수입이 동일하면 산업내무역만 발생하여 1이 되며, 수출만 혹은 수입만 이루어지면 0이 되어 산업내무역은 이루어지지 않고 산업간무역(Inter-Industry Trade) 또는 일방적인 무역이 이루어진다는 것을 의미한다.

6 국제무역과 소득분배

Essentials of Trade, ch. three

6.1 국제무역의 결정

국제무역이 없는 상태에서 한국의 어떤 상품시장(자동차시장)은 한국의 소비자와 생산자만으로 형성된다. 만약 한국의 자동차시장이 완전경쟁이라고 가정하면 시장균형은 국내수요곡선과 국내공급곡선이 만나는 E점에서 이루어진다. 이때 소비자잉여와 생산자잉여의 합은 무역이 없는 경우 한국의 소비자와 생산자가 국내 자동차시장에서 얻는 총이득을 나타낸다.

이제 한국은 개방소국으로서 국제경제에서 가격 수용자로 행동한다고 가정하자. 그러면 한국은 자동차의 국제가격을 주어진 것으로 받아들여 국제가격과 국내가격을 비교해서 자동차를 수출하거나 수입할 수 있다. 자동차의 국내가격이 국제가격보다 낮다는 것은 한국의 자동차 생산의 기회비용이 낮다는 것을 의미하며, 이에 따라 한국은 다른 나라에 비

그림 3-27

무역 전 시장균형
한국의 자동차시장이 완전경쟁이라고 가정하면 시장균형은 국내수요곡선과 국내공급곡선이 만나는 E점에서 이루어진다. 이때 소비자잉여와 생산자잉여의 합은 무역이 없는 경우 한국의 소비자와 생산자가 국내 자동차시장에서 얻는 총이득을 나타낸다.

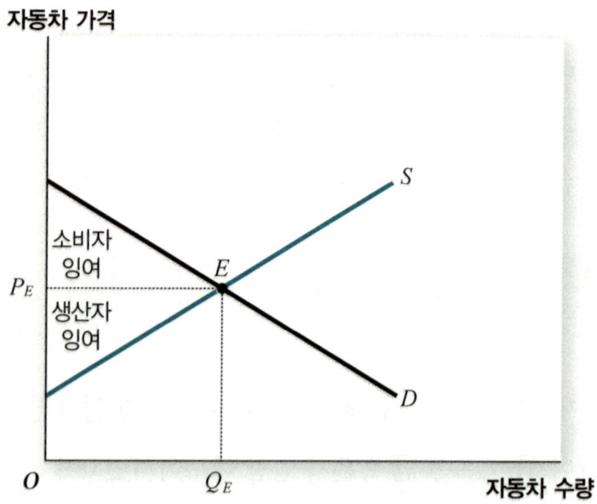

해 자동차 생산에 비교우위를 가지게 된다. 반면에 자동차의 국내가격이 국제가격보다 높다는 것은 한국의 자동차 생산의 기회비용이 높다는 것을 의미하며, 이에 따라 한국은 다른 나라에 비해 자동차 생산에 비교열위를 가지게 된다. 만약 자동차의 국내가격이 국제가격보다 낮으면 한국은 자동차의 수출국이 될 것이고, 반대로 자동차의 국내가격이 국제가격보다 높으면 한국은 자동차의 수입국이 될 것이다.

6.2 수출국의 이득과 손실

무역 전 한국의 자동차의 국내균형가격이 국제가격보다 낮았다고 하자. 자유무역이 허용되면 한국은 가격 수용자로서 주어진 국제가격을 그대로 받아들이기 때문에 한국의 국내가격은 상승하여 국제가격과 같아진다. 자동차의 국내가격이 국제가격 수준으로 상승함에 따라 자동차에 대한 국내수요량은 감소하고 반면에 국내공급량은 증가하여 국내에서는 자동차의 초과공급량이 발생한다. 이제 한국은 이 초과공급량만큼을 외국에 수출하게 된다.

그렇다면 자동차 수출로 인한 이득과 손실은 무엇인가? 자유무역으

그림 3-28

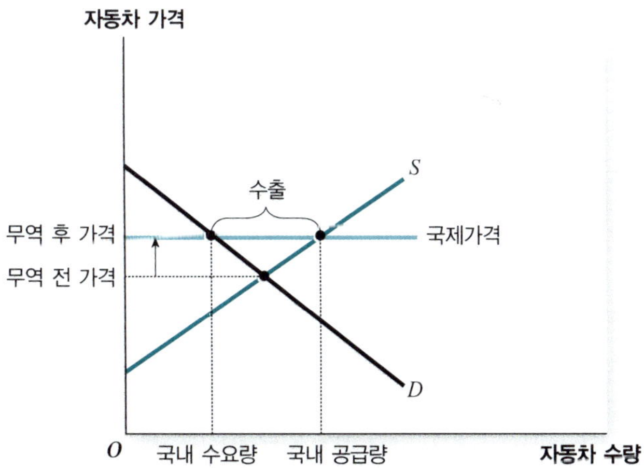

수출국의 경우
자유무역으로 인해 무역 전보다 비싼 가격으로 자동차를 팔 수 있게 된 생산자들은 이득을 본다.

그림 3-29

수출국의 이득과 손실

무역 전보다 비싼 가격으로 자동차를 구입해야 하는 소비자들은 손해를 본다.

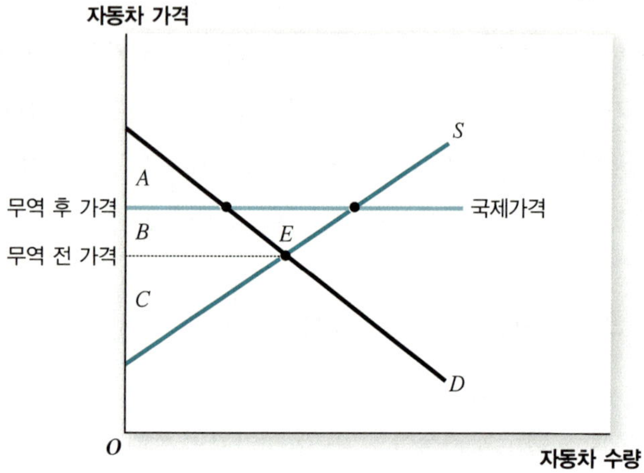

로 인해 무역 전보다 비싼 가격으로 자동차를 팔 수 있게 된 생산자들은 이득을 보고, 반면에 무역 전보다 비싼 가격으로 자동차를 구입해야 하는 소비자들은 손해를 본다. 이와 같은 소비자의 손실과 생산자의 이득을 소비자잉여와 생산자잉여의 변화를 통해 측정해 보자.

표 3-12 수출국의 이득과 손실

	무역 전	무역 후	변화분
소비자잉여	$A+B$	A	$-B$
생산자잉여	C	$B+C+E$	$B+E$
총잉여	$A+B+C$	$A+B+C+E$	$+E$

한국이 자유무역 하에서 자동차의 수출국이 되면 자동차의 국내생산자는 이득($B+E$)을 보고 국내소비자는 손실($-B$)을 입는다. 그런데 무역으로 인한 국내생산자의 이득이 국내소비자의 손실보다 크기 때문에 무역을 통해 국가 전체의 경제적 후생은 증가($+E$)한다.

6.3 수입국의 이득과 손실

무역 전 한국의 자동차의 국내균형가격이 국제가격보다 높았다고 하자. 자유무역이 허용되면 한국은 가격 수용자로서 주어진 국제가격을 그대로 받아들이기 때문에 한국의 국내가격은 하락하여 국제가격과 같아진다. 자동차의 국내가격이 국제 수준으로 하락함에 따라 자동차에 대한 국내수요량은 증가하고 국내공급량은 감소하여 국내에서는 자동차에 대한 초과수요량이 발생한다. 이제 한국은 이 초과수요량만큼을 외국에서 수입하게 된다.

그렇다면 자동차 수입으로 인한 이득과 손실은 무엇인가? 자유무역으로 인해 무역 전보다 싼 가격으로 자동차를 구입할 수 있게 된 소비자는 이득을 보고 반면에 무역 전보다 싼 가격으로 자동차를 팔아야 하는 생산자는 손실을 입게 된다. 이와 같은 소비자의 이득과 생산자의 손실을 소비자잉여와 생산자 잉여의 변화를 통해 측정해 보자.

한국이 자유무역 하에서 자동차의 수입국이 되면 자동차의 국내소비자는 이득($B+E$)을 보고 국내생산자는 손실($-B$)을 입는다. 그런데 무역

그림 **3-30**

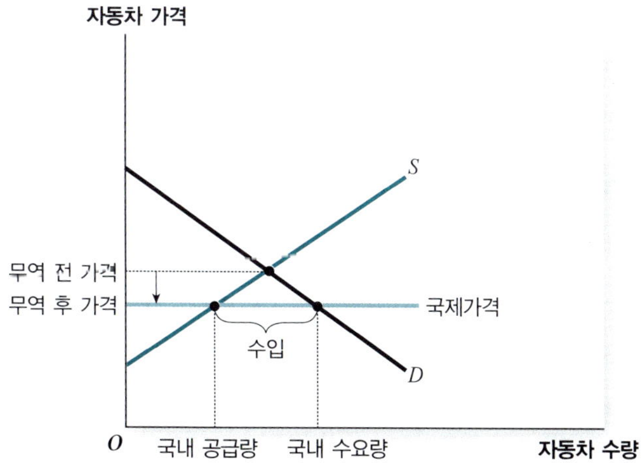

수입국의 경우
수입국이 되어 가격인하로 인해 국내 소비자잉여가 늘어난다.

그림 3-31

수입국의 이득과 손실

생산자는 가격인하로 인해 생산자잉여가 *C*로 축소되는 만큼의 손해를 본다.

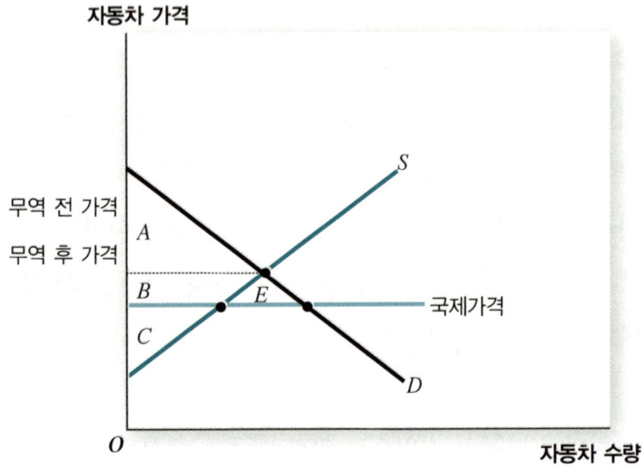

으로 인한 국내소비자의 이득이 생산자의 손실보다 크기 때문에 무역을 통해 국가 전체의 경제적 후생은 증가(+*E*)한다.

표 3-13 **수입국의 이득과 손실**

	무역 전	무역 후	변화분
소비자잉여	A	$A+B+E$	$B+E$
생산자잉여	$B+C$	C	$-B$
총잉여	$A+B+C$	$A+B+C+E$	$+E$

6.4 정책적 함축성

자유무역으로 수출국이 되었는가 또는 수입국이 되었는가에 따라 국내소비자와 국내생산자에게 서로 다른 영향을 미칠 수 있다. 그러나 수출국이 되었든 수입국이 되었든 무역으로 인한 수혜자의 이득이 피해자의 손실보다 크기 때문에 국가 전체의 경제적 후생은 증가한다.

만약 이득을 보는 사람들이 손실을 입는 사람들에게 보상해 줄 수 있다면 자유무역은 모든 사람들에게 이득이 될 수 있다. 그러나 그러한 보상은 현실적으로 실현되기 어렵다. 따라서 자유무역은 국가 전체의 사회적 후생을 증가시키면서도 일부 경제주체들이 받는 몫은 종전보다 줄어들게 만드는 양면성을 지닌다.

7 비주류 보호무역이론

Essentials of Trade, ch. three

7.1 등장 배경

지금까지 살펴본 고전적 · 근대적 · 현대적 무역이론은 자유무역을 강조하는 주류 무역이론이었다. 즉, 국가가 무역을 제한하지 않고 자유롭게 방임하는 것이 이익이 된다는 것이다.

그러나 현실적으로는 보호무역을 채택하는 국가들도 많고, 지금의 선진국들도 초기 개발단계에서는 보호무역을 선호했던 것이 사실이다. 그들은 국가산업을 보호 · 육성하기 위하여 국가가 적극적으로 수입을 규제해야 한다고 주장하고 있다.

원래 보호무역이론은 아담 스미스가 주창한 자유무역이론보다 먼저 등장한 중상주의(mercantilism)에서 그 근원을 찾을 수 있다. 중상주의는 15세기부터 18세기에 걸쳐 유럽에서 중앙집권적 절대군주국가 체제가 성립되면서 근대적 산업 체제를 확립하기 위해 채택한 국가본위의 간섭정책이라고 할 수 있다. 중상주의자는 국가의 안보를 지키고 독립을 유지하는 것이 국가의 기본적인 책무라고 간주한다. 그러나 안보의 유지에는 막대한 비용이 수반되어야 한다. 또한 절대군주국가 건설을 위해서는 중앙집권적인 국가제도의 확립과 유지를 위해 많은 관리를 두어야 하므로 많은 금액의 국고지출이 필요했다. 결국 국가 안보의 핵심 요소는 부유한 국가가 되는 것이다. 강화된 국력은 다시 국부를 축적하고, 증가한 국부는 다시 국가를 번영시키고 안전하게 만든다. 국부와 국력 사이에 선순환

중상주의 국가본위의 간섭정책으로 중금주의, 무역차액주의라고도 함

(virtuous cycle) 관계가 형성되는 것이다. 그러나 국부와 국력은 악순환(vicious cycle)에 빠질 수도 있다. 자국의 국부를 획득하고 축적하는 행위는 다른 나라의 희생이 수반된다고 생각했다. 이들은 국가의 힘이 강력한 국가는 국가의 안보를 지키지만 국력이 약한 국가는 재난에 빠지게 된다고 보았다. 이러한 중상주의 시대에 상인들은 대외무역을 통하여 국가의 이익을 증진시켰고, 이에 대응해서 국가는 특정한 산업에 대해서는 상인들의 독점적인 위치를 부여함으로써 무역상인 계층의 영향력은 점점 커졌다.

중상주의는 충분한 국부와 국력을 창조하고 유지하기 위한 책임은 국가에 있다고 간주한다. 중상주의 정책의 목표는 국가의 번영과 국력의 신장이다. 이를 위해 국가의 목표는 국부를 증대시키는 데 두고 있다. 국부는 국가적 견지에서 필요한 재화로 금 · 은과 같은 귀금속을 의미한다. 이를 위해 화폐(금 · 은)에 대한 국가의 수요가 증대되었고 화폐 소재로써의 금 · 은을 국부와 동일시하게 되었다. 중상주의 시대에 금 · 은 같은 귀금속의 상실은 국가의 손해로 귀금속의 획득은 국가의 이익으로 간주하여 국가가 직접적으로 귀금속의 유출을 금지하고 그 유입을 장려해서 귀금속의 국내보유량을 늘려야 한다고 보았다. 귀금속의 국내보유를 증대시키는 방법은 국내생산과 해외로부터의 유입을 고려할 수 있다. 중상주의의 초기에는 금 · 은의 채굴을 장려했지만 시간이 지나감에 따라 해외로부터의 유입을 강구했다. 금 · 은의 해외로부터의 유입은 국제통상을 통해 가능하므로, 통상정책의 목표는 귀금속 획득을 위한 상권 확장에 두고, 그 방법으로 수입을 억제하고 수출을 장려하는 일련의 보호간섭정책인 중상주의가 대두되었다. 중상주의가 국부를 증진하기 위해 수출을 촉진하고 수입을 억제해 무역수지 흑자 유지를 목표로 한다는 협의로 정의되는 이유가 여기에 있다.

상인들은 대외무역을 통하여 국가의 이익을 증진시켰고, 이에 대응해서 국가는 특정한 산업에 대해서는 상인들의 독점적인 위치를 부여함으로써 무역상인 계층의 영향력은 점점 커졌다. 중상주의 정책으로는 수출을 증대하기 위한 보조금지급정책, 관세와 비관세 장벽을 통한 수입억제정책이 중상주의 정책의 근간이 되었다. 또한 국가의 군사력에 바탕을 둔 식민지 확장주의는 중상주의 무역을 제패하는 중요한 수단이었다. 중상주의자들은 식민지를 확보함으로써 값싼 노동력과 원자재를 확보하고 이를 바탕으로 생산한 완제품의 판매시장을 독점적으로 확보했다. 중상주의자들은 경쟁 상대국보다 낮은 비용으로 생산하기 위해 노동자의 임금이나 식량, 원자재 가격의 인상을 최대한 억제했다. 이에 따라 노동자나 농부들의 소득은 생존수준에 겨우 미치는 정도였다. 중상주의자들은 하층 계급에게 여유로운 소득이나 자유로운 시간을 주거나, 교육기회를 제공하는 것은 이들을 악덕과 나태에 빠지게 하여 궁극적으로 경제에 해악을 주게 될 것이라고 주장했다.

7.2 경제국가의 건설

중상주의 사조는 시간이 경과하면서 변화했고, 이에 따라 정치 및 경제 환경의 변모를 가져왔다. 이 가운데 중요한 변화는 18세기 말과 19세기에 걸쳐 중상주의가 경제국가주의(economic nationalism)의 형태로 전개된 점이다. 고전적 중상주의가 경쟁적(제로섬)인 국제무역을 통하여 부와 권력의 획득에 초점을 두는 것과는 대조적으로 경제국가주의는 국가경제 발전의 원동력을 내부에서 찾았다. 정치적으로 독립적인 지위를 유지하기 위해서는 경제력도 독립적 위상을 확보해야 한다. 그러나 국내시장이 국제적으로 연결되어 있는 상태에서는 독립적인 경제력의 확보는 거의 불가능하다. 독립적 경제력의 관점에서 보면 중상주의는 경제력의 독립에 위협적인 요인으로 작용할 수도 있다. 경제력의 외부 의존성 심화를 억제하는 방법은 모든 시장이 국내에서 충분히 연결될 수 있도록 국가가 시장을 통제하고 육성하는 것이다. 즉 정부가 외부와는 독립적인 국내 경제망을 조성하여 국내 산업을 국부와 권력의 성장 엔진으로 육성하는 것이다. 이를 위해서 개인의 경제적 이익보다 국가의 경제적 이익이 우선해야 하고, 국가의 개입을 통해서 이를 추진해야 한다는 주장이 경제국가주의의 핵심으로 국가적 차원의 보호무역이론의 성립이라고 할 수 있다. 경제

경제국가주의 중상주의적 사고 하에서의 국가중심적 경제정책을 의미

경제국가주의를 주창한 미국의 해밀턴
출처 : Wikipedia

국가주의를 주창한 대표적인 사람은 미국의 해밀턴(Alexander Hamilton)과 독일의 경제학자 리스트(Friedrich List)이다. 해밀턴은 18세기 후반에 강한 제조업과 국가산업의 기반을 위해서는 미국의 유치산업을 보호하기 위한 보호무역정책과 함께 강력한 정부가 필요하다고 주장했다. 해밀턴은 다른 나라의 중상주의적 정책으로 인해 미국의 안보가 위협되고 있다고 믿고 외국 경쟁자를 이길 수 있는 국가의 정책이 당분간 필요하다고 주장했다. 그는 구체적으로 미국 산업이 국내와 해외에서 경쟁력을 갖도록 정부가 보조금 지급 정책을 추진할 것을 요구했다. 그러나 그는 수입상품을 제한하기 위한 관세정책은 제한적이어야 한다고 믿었다.

7.3 유치산업보호론

19세기 독일의 역사학파 경제학자인 리스트는 경제적 국가주의를 더 강하게 주장하며 영국의 고전적 자유무역이론에 대항하여 유치산업보호론(1841년)을 주장하였다. 리스트는 교육, 기술개발, 산업정책을 통하여 생산력을 증가시킬 수 있는 정부 정책이 필요하다고 강조했다. 그는 일시적으로 국가가 부유한 것보다 강한 생산력이 지속되는 것이 더 중요하다고 지적했다. 리스트는 농업보다는 제조업이 국부와 국력의 원천이 된다고 주장했다. 제조업이 인적 기술을 개발시키고 경제발전의 기회를 제공한다는 리스트의 주장은 오늘날에도 널리 받아들여지고 있다.

독일의 역사학파 경제학자 리스트
출처 : Wikipedia

특히 리스트는 설립된 지 얼마 되지 않아 유아기에 있는 국내 산업을 일정 기간 관세나 비관세 장벽으로 보호해 주어야 한다는 주장이다. 왜냐하면, 비교우위론을 내세워 처음부터 자유무역을 하면 후진국의 유치산업은 선진국의 경쟁력에 눌려 성장할 수 없기 때문이다.

그러나 보호로 인한 생산자의 이득이 소비자가 치루어야 하는 비용보다 커야 하는데 이것을 사전에 정확히 측정하기란 매우 어려운 일이다. 아울러 유치산업을 선정할 때 정치적 입김과 해당 산업의 로비력이 의사결정에 중요한 변수가 된다면 일정 기간이 지나도 보호막을 치우기가 어려워진다.

7.4 교역조건론

일국이 수입관세를 부과함으로써 자국의 교역조건을 개선시켜 무역의 순이익을 증대시킬 수 있다는 이론이다. 이와 관련하여 관세부과의 논리를 살펴보면 다음과 같다.

7.4.1 국내시장왜곡을 교정하기 위한 관세

국내시장에 외부효과가 존재하면 시장실패가 나타나고, 그로 인해 자유무역으로부터의 이익은 발생하지 않는다. 이때 정부가 관세를 부과하여 시장왜곡을 교정해야 한다는 주장이다. 그러나 관세를 부과하면 국내시장에서 생산이 증가되어 생산왜곡은 어느 정도 해결되지만, 소비의 감소에 따른 소비왜곡과 사회후생의 순손실이 나타날 수 있다.

7.4.2 국내고용안정을 위한 관세

자유무역을 하면 국내시장에서 수입상품의 가격이 하락하고 이에 따라 생산과 고용이 감소하므로 관세를 부과하여 그 역효과를 상쇄해야 한다는 주장이다. 그러나 관세를 부과하면 관세로 보호된 산업에서는 생산과 고용이 증가하겠지만, 나머지 산업에서는 생산과 고용이 감소할 수도 있다.

7.4.3 국제적인 불공정경쟁을 방지하기 위한 관세

무역상대국이 자국 수출산업에 막대한 보조금을 지급하여 수출가격을 낮추었다면, 우리나라도 그에 내응하여 그 보조금 혜택을 상계할 수 있는 관세를 부과해야 한다는 주장이다. 그러나 이 경우에 우리나라 생산자들은 손실을 입지만 소비자들은 낮은 수입가격으로 인해 이익을 볼 수 있으므로 반드시 관세를 부과해야 할 필요는 없다.

7.4.4 '과학적' 관세론

무역상대국의 생산비가 상대적으로 낮아 국내산업이 비교열위를 가진다면, 국내기업들이 공정한 경쟁을 할 수 있게 두 나라 간 생산비의 차이만큼 관세를 부과해야 한다는 주장이다. 그러나 관세부과를 통해 두 나라 사이에 생산비를 일치시킨다면 비교우위 또는 비교열위가 사라지면서 무역이 발생하지 않는다.

7.4.5 기타 목적에 따른 관세

여러 가지 국내적인 이유, 예를 들어 국민경제의 안정이나 자주국방, 특정 생산물의 자급자족, 사치품 수입억제 등을 위해서도 관세를 부과해야 한다는 주장이다. 아울러 국제무역협상을 자국에 유리하게 전개하기 위해 협상전략 차원에서 관세를 부과하겠다고 위협하는 경우도 있다.

7.5 교역조건과 경제성장

7.5.1 교역조건의 추세적 악화

교역조건이 무역발생 이전보다 악화된다면 오히려 무역은 득이 아니고 독이 될 수 있다. 이러한 가능성을 처음으로 제시한 경제학자는 프레비시(R. Prebisch)이다. 그는 1950년에 UN에 제출한 보고서에서 1차산품의 가격이 공산품의 가격에 비해 장기적으로 하락했음을 통계를 이용하여 제시했다. 또한 영국의 경제학자 싱거(H. W. Singer)도 1950년 미국경제학회지에 발표한 논문에서 1870년대 이후 식량과 천연자원의 가격이 공산품의 가격에 비해서 불리하게 변동한 것은 하나의 역사적 사실이라고 지적했다. 그는 이러한 1차산품 가격의 추세적 악화가 선진국과 후진국 사이의 소득 격차를 확대시킨 중요한 요인이라고 주장했다.

이와 같이 1차산품의 가격이 장기적으로 공산품의 가격에 비해서 하락하는 현상을 교역조건의 추세적 악화라고 하며, 이를 싱거-프레비시 가설이라고 한다.

싱거-프레비시 가설
1차산품의 가격이 장기적으로 공산품의 가격에 비해서 하락하는 현상을 교역조건의 추세적 악화라고 함

싱거-프레비시 가설은 이론적 혹은 실증적으로 한계점을 내포하고 있기는 하지만 선후진국 사이의 소득격차를 설명하는 데 유용하다. 즉 과거 오랜 기간 선진국의 생활수준이 후진국에 비해 월등하게 높아진 역사적 사실에 대한 부분적인 설명으로 선진국들이 생산한 공산품을 비싼 가격에 후진국에 수출하고, 후진국이 생산한 농산품과 천연자원을 싼 값으로 수입하는 이중적인 혜택이 존재했었음을 완전히 부정하기는 어렵다.

이러한 1차산품의 가격이 추세적으로 악화될 수 있는 이유에 대하여 프레비시는 생산성의 증가가 1차산품과 공산품에 미치는 가격변화의 차이가 다르다는 점과, 소득증가에 따른 수요의 증가가 1차산품과 공산품은 다르다는 점을 지적했다. 기술진보의 속도가 크고 빠른 공산품의 가격은 1차산품의 가격보다 인하의 폭이 커야 한다. 그러나 현실에서는 1차산품의 가격은 하락하는 반면에 공산품의 가격은 오히려 상승하는 경향을 보이고 있다. 이는 1차산품과 공산품의 시장구조가 다르다는 점과 선진국과 후진국의 경제 여건이 다르기 때문에 발생하는 현상이다. 우선 농산물과 같은 1차산품의 시장구조는 완전경쟁적이다. 기술혁신의 결과로 농업 부문에서 생산성이 향상되면 생산원가가 절감되는 만큼 가격은 하락한다. 원자재의 가격도 기술진보로 인하여 가격이 하락한다. 반면에 공산품 시장은 완전경쟁이 아닌 독과점 시장에 가까우므로 공산품 생산의 기술혁신에 따른 원가절감이 그대로 가격 하락으로 귀착되지 않는다. 기술혁신에 따른 생산성 증가는 임금인상과 이윤증대로 흡수된다. 이에 따라 공산품 가격은 하방경직적이고 때에 따라서는 가격이 상승하기도 한다.

7.5.2 궁핍화 성장

산업화와 신기술의 발달로 소득이 증가했지만 농산품에 대한 수요는 그리 크게 증가하지 않았다. 따라서 소득 증가에 따른 농산물 가격의 인상은 기대하기 어렵다. 반면에 소득이 증가하면 공산품의 수요는 증가하는 경향이 있다. 예를 들어 살림에 여유가 생기면 집 안의 가전제품 수는 늘어난다. 전화기, 컴퓨터, 자동차 모두 마찬가지이다. 즉 공산품에 대한 소득탄력도는 농산품에 비해서 훨씬 높다. 따라서 소득이 증가함에 따라 공산품의 가격은 증가하는 경향을 보여준다.

무역의 증대로 교역조건이 악화된다면 실질성장은 오히려 저해된다. 무역자유화를 경제성장의 엔진으로 간주하는 바그와티(Jagdish Bhagwati) 교수는 이러한 형태의 성장 가능성을 1958년에 제시하고, 이를 궁핍화 성장이라고 불렀다. 궁핍화 성장이 발생할 수 있는 가능성은 특정상품에 과도하게 특화하여 수출하는 경우와 수출상품이 세계시장에서 차지하는 몫이 큰 경우, 그리고 수출상품의 해외수요가 비탄력적인 경우이다. 예를 들어 브라질이 커피에 과도하게 특화하여 세계시장에 수출하는 경우에 세계시장에서 커피 가격이 하락하면 브라질의 경제성장은 오히려 저해될 수도 있다. 브라질이 커피수출에 수출관세를 부과하는 이유 가운데 하나는 아마도 이러한 가능성을 경계하기 때문일 것이다.

궁핍화 성장 무역의 증대로 교역조건이 악화된다면 실질성장은 오히려 저해됨

국제무역정책

04

1. 국제무역정책의 의의

2. 관세장벽

3. 비관세장벽

1 국제무역정책의 의의

Essentials of Trade, ch. four

1.1 국제무역정책의 개념

국제무역정책이란 개방경제체제 하에서 한 나라가 국제분업에 참가하여 국제거래로부터 발생하는 이익을 극대화하기 위한 정책을 의미한다. 따라서 국제무역정책을 통해 정부는 국제수지의 개선, 국내산업의 보호, 자원의 효율적 배분, 고용의 증대, 물가의 안정을 도모하면서 경제성장을 촉진할 수 있다. 그런데 국제무역정책은 재정정책, 금융정책, 고용정책 등 국내경제정책과 밀접한 관련이 있을 뿐만 아니라, 그 효과가 교역상대국에게 정반대로 나타나는 경우가 많아 정책수립 시 제약조건이 많다.

1.2 국제무역정책의 종류

국제무역정책은 크게 자유주의와 보호주의 등 두 가지로 나뉜다. 자유주의란 국가가 국제교류를 제한하지 않고 자유롭게 방임하는 것이 국가적으로나 국제적으로나 다 같이 이익이 된다는 것이다. 반면에 보호주의란 국가산업을 보호 육성하기 위하여 국가가 적극적으로 수입을 규제해야 한다는 것이다.

그런데 현실적으로 볼 때 완전한 자유주의를 택하거나, 또는 완전한 보호주의를 택하는 국가는 없다. 규제의 정도가 약하면 자유주의, 강하면 보호주의를 택했다고 판단할 뿐이다.

17세기에 보호주의를 주장한 중상주의 이후 현대에 이르기까지 세계 각국의 국제무역정책 기조는 자국의 상황과 국제시장의 변화에 따라 자유주의와 보호주의를 번갈아 채택하였다.

첫째, 세계경제의 선진국은 자유주의를 통해 자국의 이익을 극대화하려는 경향이 강했다. 19세기 산업혁명 이후의 영국이나 1990년대 이후의 미국이 이에 속한다.

둘째, 현재는 선진국이라 하더라도 경제발전 초기에는 보호주의를 채택하는 국가가 많았다. 19세기 독일과 미국이 그 대표적인 사례이다.

셋째, 전쟁이나 대공황, 석유파동 등 경제에 불리한 충격이 발생하면 선진국, 개발도상국 가리지 않고 거의 모든 국가가 보호주의를 채택하였다. 1910년대의 제1차 세계대전, 1930년대의 대공황, 1970년대의 석유파동 등이 그 사례가 될 수 있다.

1.3 국제무역정책의 수단

자유주의의 경우에는 별도의 정책수단이 필요 없지만 보호주의의 경우에는 국제경제거래에 개입하기 위해 보조금 지급, 환율의 조정, 제도나 법규의 변경, 관세 및 비관세장벽 등의 정책수단을 사용한다. WTO가 출범한 이후 이와 같은 정책수단은 크게 축소되었지만 그래도 관세 및 비관세장벽은 많은 국가에서 광범위하게 실시하고 있는 정책수단이다.

2 관세장벽

Essentials of Trade, ch. four

2.1 관세장벽의 의의

관세는 관세영역을 출입하는 물품에 부과되는 조세로 부과대상 물품의 성격에 따라 수출물품에 부과되는 수출관세와 수입물품에 부과되는 수입관세로 구분되는데 우리나라의 경우 수입관세만을 부과하고 있다. 아울러 그 부과 방법에 따라 종가세와 종량세로 구분할 수 있다.

관세장벽(tariff barriers)이란 일반적으로 수입을 억세하기 위하여 높은 관세율을 부과하는 것을 말한다. 관세장벽은 소비억제를 목적으로 사

관세장벽 일반적으로 수입을 억제하기 위하여 높은 관세율을 부과하는 것

용되기도 하지만 일반적으로 수입을 억제하여 국내산업을 보호하기 위해 많이 사용된다.

표 4-1 **관세 산출 방식**

종가세 적용물품	종량세 적용물품
거래가격 × 과세환율 = 과세가격 과세가격 × 관세율 = 관세액	수입물품의 수량 × 단위당 관세액 = 관세액

주 : 과세환율은 관세청장이 수입신고일의 전주 외국전신환 매도율을 기준으로 지정고시한다.

2.2 관세장벽의 종류

관세장벽은 재화의 이동방향, 관세부과의 목적, 과세표준, 세율결정 등에 따라 여러 가지로 분류할 수 있다.

그런데 관세장벽은 일반적으로 국민경제의 변화에 따라 민감하게 대응할 수 있도록 관세율의 범위를 정해 놓고 필요에 따라 관세장벽의 높이를 변경할 수 있는 탄력관세제도를 주로 사용하고 있다. 탄력관세제도에는 다음과 같은 관세장벽들이 있다.

2.2.1 덤핑방지관세

상대국이 생산원가 이하로 덤핑 수출할 때 이에 대응하여 국내산업을 보호할 필요가 있을 경우 부과하는 관세이다.

2.2.2 보복관세

상대국이 우리나라의 수출상품에 대하여 차별대우를 하는 등 우리나라의 무역이익을 침해하는 경우 상대국으로부터 수입되는 물품에 대하여 피해상당액의 범위 안에서 보복적으로 부과하는 관세이다.

2.2.3 긴급관세

특정 상품의 급격한 수입증가로 인하여 국내산업이 심각한 피해를 받거나 받을 우려가 있을 때 부과하는 관세이다.

2.2.4 조정관세

물품 간 세율불균형 해소, 국민보건, 환경보전, 소비자 보호, 국내시장 및 산업기반 보호 등을 목적으로 부과하는 관세이다.

2.2.5 농림축산물에 대한 특별긴급관세

국내외 가격차에 상당한 세율로 양허한 농림축산물의 수입물량이 급증하거나 수입가격이 하락하는 경우 양허한 세율을 초과하여 부과하는 관세이다.

2.2.6 상계관세

교역상대국이 자국의 수출산업에 수출장려금이나 보조금 등을 지급한 경우 이를 상계하기 위해 부과하는 관세이다.

2.2.7 편익관세

관세에 관한 조약에 의해 관세상의 편익을 받지 아니하는 특정 국가에서 생산된 특정 물품이 수입될 때 기존 외국과의 조약에 의해 부과하고 있는 편익의 한도 내에서 관세에 관한 편익을 부여하는 관세이다.

2.2.8 계절관세

가격이 계절에 따라 현저하게 차이가 있는 물품으로서 동종물품, 유사물품, 대체물품의 수입으로 인해 국내시장 및 산업이 피해를 받거나 받을 우려가 있을 때 부과하는 관세이다.

2.2.9 할당관세

특정 물품의 수입촉진, 수입가격이 급등한 물품의 국내가격 안정, 세율불균형 해소를 목적으로 특정 물품의 수입에 대하여 일정한 수량의 쿼터를 설정하여 놓고 그 수량 또는 금액만큼 수입되는 분에 대하여는 무세 내지 저세율을 적용하고 그 이상 수입되는 분에 대하여는 고세율을 적용하는 관세를 의미한다.

그림 4-1

관세율의 종류

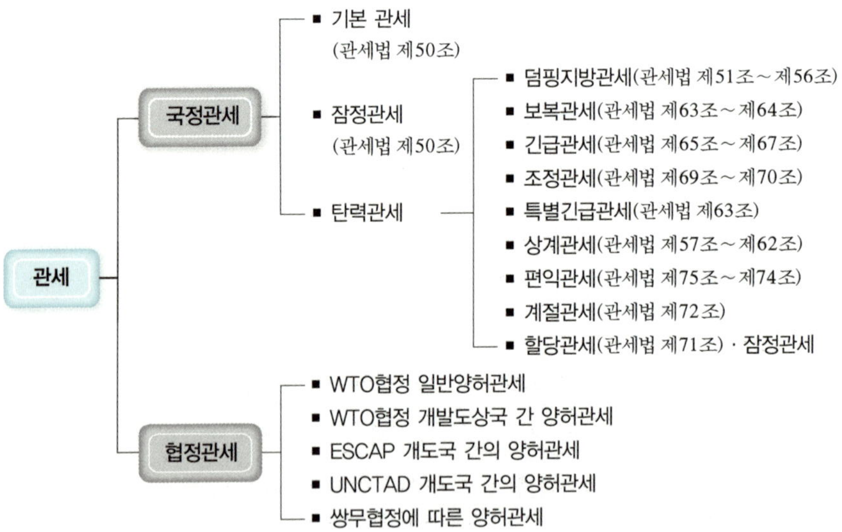

자료 : 관세청 홈페이지

2.3 관세장벽의 효과

경제규모가 작은 경제소국이 어떤 특정 상품에 대해 수입관세를 부과하면 수입품의 국내가격은 단위당 관세액만큼 상승하게 된다. 이에 따라 ① 국내생산의 증가, ② 국내소비의 감소, ③ 수입의 감소, ④ 국제수지의 개선, ⑤ 재정수입의 증가 등이 나타나면서 국내산업 보호효과와 고용안정효과 및 국제수지 개선효과 등을 거둘 수 있다.

그러나 관세장벽으로 인한 문제점도 적지 않다. 즉 ① 해당상품의 과다생산과 과소소비로 사회후생의 손실이 나타나게 되고, ② 관세로 보호된 산업에서는 기술진보와 생산성 증가 노력을 기울이지 않을 수도 있으며, ③ 교역상대국이 보복 관세로 대응할 수도 있다. 앞서 언급한 관세의 효과를 도식화하면 〈그림 4-2〉, [표 4-2]와 같다.

따라서 관세장벽의 효과를 정확히 측정하기 위해서는 실효보호율과 최적관세율의 개념을 이해해야 한다. 우선 실효보호율은 관세장벽의 국내산업 보호효과를 측정하는 수단으로 사용되는데 관세장벽으로 인한 부가가치의 상승률로 표시된다. 한편, 최적관세율은 관세장벽으로 인한 긍

그림 **4-2**

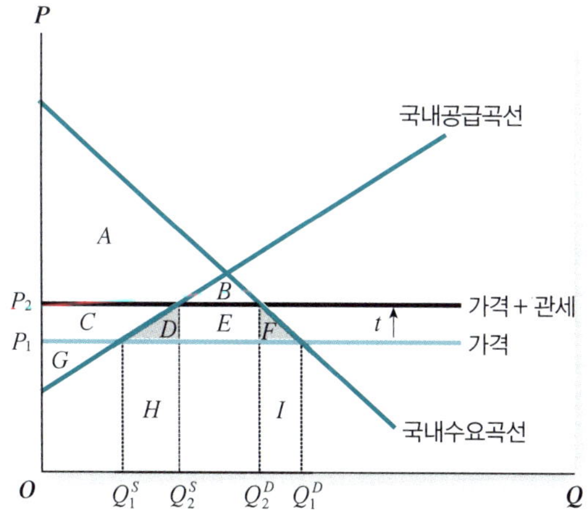

관세의 경제적 효과 1

어떤 특정 상품에 대해 수입관세를 부과하면 수입품의 국내가격은 단위당 관세액만큼 상승하게 된다. 이에 따라 ① 국내생산의 증가, ② 국내소비의 감소, ③ 수입의 감소, ④ 국제수지의 개선, ⑤ 재정수입의 증가 등이 나타나면서 국내산업 보호효과와 고용안정효과 및 국제수지 개선효과 등을 거둘 수 있다.

정적 효과가 부정적 효과보다 커서 그 나라 전체의 사회적 후생수준이 극대화되는 관세율 수준을 의미한다.

표 4-2 **관세의 경제적 효과 2**

	관세부과 전	관세부과 후	변화	관세부과의 경제적 효과
소비자 잉여	$A+B+C+D+E+F$	$A+B$	$-(C+D+E+F)$	
생산자 잉여	G	$C+G$	$+C$	
정부 수입	–	E	E	재정수입증가
총잉여	$A+B+C+D+E+F+G$	$A+B+C+E+G$	$-(D+F)$	자중손실 (사회적 후생순손실)
국내생산량	Q_1^S	Q_2^S	$+(Q_1^S\ Q_2^S)$	생산증가효과
국내소비량	Q_1^D	Q_2^D	$-(Q_2^D\ Q_1^D)$	소비억제효과
수입량	$Q_1^S\ Q_1^D$	$Q_2^S\ Q_2^D$	$-(Q_1^S\ Q_2^S + Q_2^D\ Q_1^D)$	국제수지개선 효과 $(H+I)$

3 비관세장벽

Essentials of Trade, ch. four

3.1 비관세장벽의 의의

비관세장벽 수입을 억제하기 위하여 동원하는 관세 이외의 여러 수단을 총칭

비관세장벽(non-tariff barriers)이란 각국이 수입을 억제하기 위하여 동원하는 관세 이외의 여러 수단을 총칭한다. 1970년대 이후 각국은 GATT의 다자간 협상으로 인해 관세장벽에 의한 수입억제 효과를 크게 기대할 수 없었고 이에 더해 석유파동과 신보호무역주의가 대두되면서 비관세장벽이 대폭 늘었다.

3.2 비관세장벽의 종류

각국이 채택하고 있는 비관세장벽의 종류는 무수히 많은데 그중 몇 가지만 살펴보면 다음과 같다.

3.2.1 수입할당제

특정 상품의 수입에 대해 일정량 이상의 수입을 허가하지 않는 수량 제한제도로 수입허가제나 수입금지제도 등과 유사한 비관세장벽이다.

3.2.2 수입과징금

수입상품에 대해 관세 이외에 추가적으로 일정액(수입부가세 또는 통관수수료)을 부과하는 것이다.

3.2.3 수입담보금

정부가 수입을 승인할 때 수입업자로 하여금 수입신청액의 일정 비율에 해당하는 금액을 외국환은행에 적립하도록 하는 제도이다.

3.2.4 수출입 링크제

정부의 상품수출을 전제로 그 상품의 원료수입을 허가하는 제도이다.

3.2.5 구상무역

한 나라가 자국의 수출범위 내에서 상대국의 수입을 허가하는 것으로 대금지급 없이도 무역을 할 수 있는 바터 방식이다.

3.2.6 협정무역

무역당사국 상호 간에 교역상품의 종류나 수량을 협정한 뒤 그 범위 내에서 교역하는 것이다.

회색지대조치 수출 자율규제와 시장질서 유지 협정 등을 총칭하여 부름

3.2.7 수출 자율규제

수출국이 자율적으로 수출물량을 일정 수준 이하로 억제하도록 하는 것이다.

3.2.8 시장질서유지 협정

수입국 국내시장 점유율을 일정 수준 이하로만 유지하도록 하는 것이다.

3.2.9 국영무역

정부가 중요한 물자를 독점적으로 수입함으로써 수입을 제한하는 것이다.

3.2.10 정부구매

정부가 산하기관에서 필요한 물자를 구입하면서 국산품을 우선적으로 구입하여 수입을 제한하는 것이다.

3.3 비관세장벽의 효과

비관세장벽은 관세장벽과 달리 비공개적인 성격을 가지는데다 복잡하기 때문에 그 효과를 정확히 파악하기 어렵다. 그러나 일반적으로 비관

세장벽은 무역을 왜곡시켜 교역량을 감소시키고 사회적 후생을 감소시키는 악영향을 미친다. 더욱이 비관세장벽은 주로 선진국이 개발도상국 상품수입을 억제하기 위해 취하는 수단이기 때문에 개도국에는 차별적 파급 효과가 더 크게 나타날 수 있다.

무역과 외환시장

05

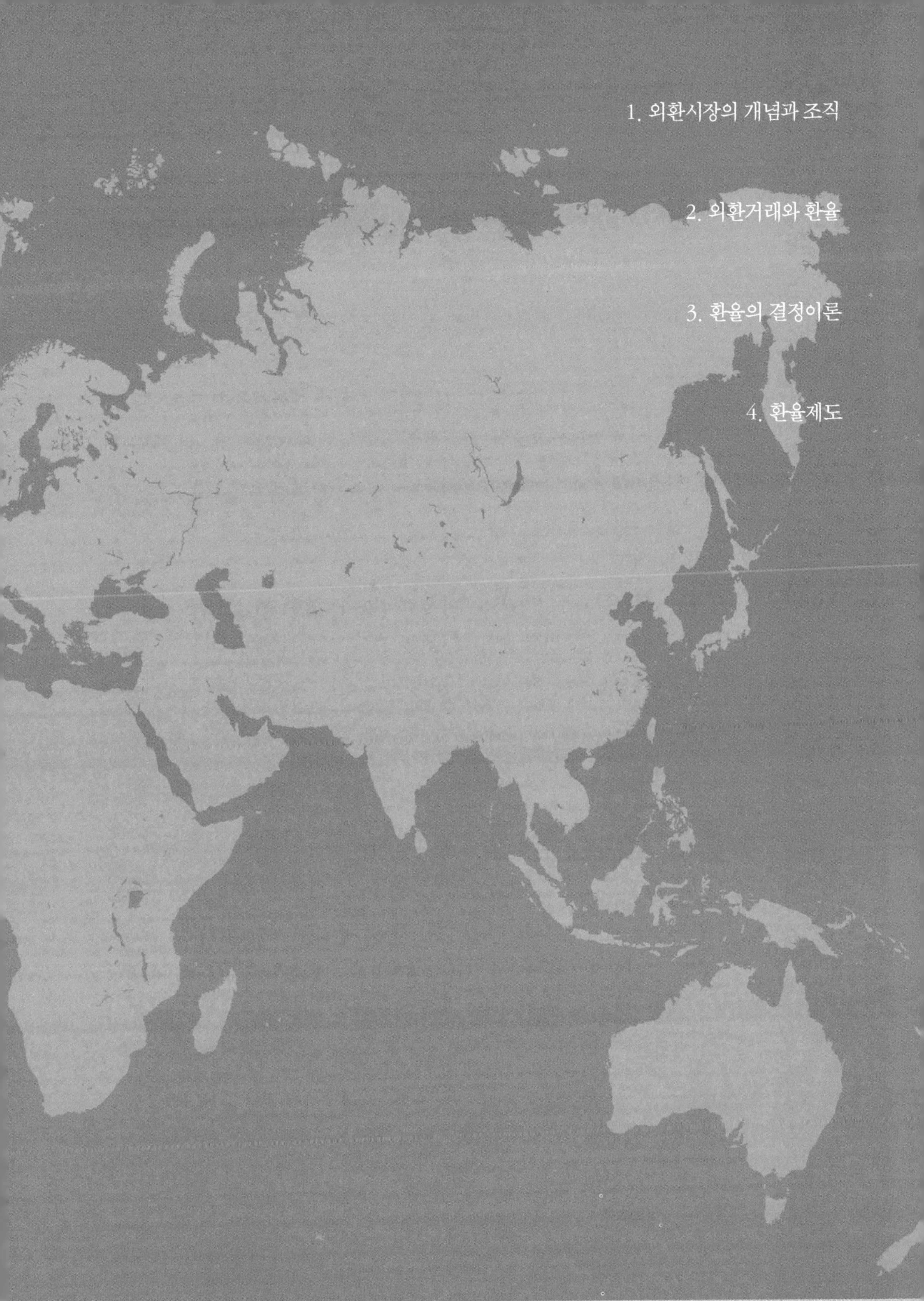

1. 외환시장의 개념과 조직

2. 외환거래와 환율

3. 환율의 결정이론

4. 환율제도

1 외환시장의 개념과 조직

Essentials of Trade, ch. five

1.1 외환시장의 개념

무역거래가 이루어지면 당사자들 사이에 대금결제가 뒤따른다. 그 과정에서 외환이 필요한데, 외환은 크게 두 가지 의미를 가진다. 넓은 의미에서는 한 나라 통화와 다른 나라 통화 사이의 교환을 의미하고, 좁은 의미에서는 대외지불수단으로 사용할 수 있는 외국의 현금, 수표, 환어음 등을 뜻한다.

외환시장은 이러한 외환이 거래되는 시장이다. 외환시장은 외환거래가 이루어지는 전체 메커니즘을 뜻하기도 하고 외환거래가 이루어지는 구체적인 장소를 의미하기도 한다.

1.2 외환시장의 종류

현물환시장 외환의 매매계약 후 2영업일 이내에 인도가 이루어지는 시장

선물환시장 외환의 매매계약 후 2영업일 이후, (예를 들어 3개월 또는 6개월 후에) 외환의 인도가 이루어지는 시장

외환시장은 외환매매의 계약과 인도 시점을 기준으로 현물환시장(spot exchange market)과 선물환시장(forward exchange market)으로 구분할 수 있다. 현물환시장이란 외환의 매매계약 후 2영업일 이내에 인도가 이루어지는 시장이고, 선물환시장은 외환의 매매계약 후 2영업일 이후, (예를 들어 3개월 또는 6개월 후에) 외환의 인도가 이루어지는 시장이다.

1.3 외환시장의 구성

전통적으로 외환시장은 ① 외환의 실수요자 및 투기자인 일반 고객, ② 외화 자산과 부채를 관리하고 직접 환차익을 얻기 위해 거래하는 외국환은행, ③ 외환거래를 중개하고 수수료를 받는 외환브로커, ④ 외환시

그림 5-1

외환시장의 구조

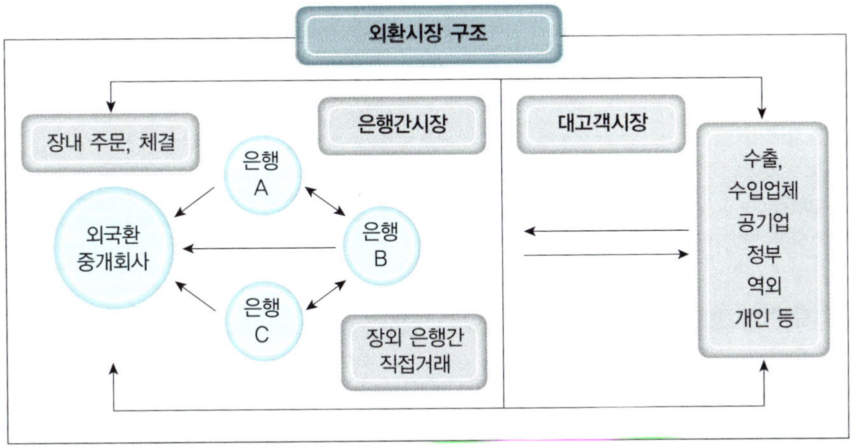

출처 : 박래형, 『환율과 외환시장의 이해』, 한국은행외환자금국, 2008. 10.

장의 안정을 위해 시장에 개입하는 중앙은행으로 구성된다.

그런데 최근 들어서는 증권 · 보험 · 투자신탁회사 같은 비은행금융기관과 다국적기업들이 외환거래 규모와 거래 기법 면에서 중요한 외환시장 참가자로 떠오르고 있다.

1.4 외환시장의 특징

외환시장은 ① 하나의 세계시장으로서의 성격을 갖는 범세계적인 시장이고, ② 세계 주요국을 연결하면서 거래할 수 있는 24시간 거래시장이며, ③ 전화나 텔렉스, 컴퓨터를 이용하여 거래가 이루어지는 장외시장의 성격을 가지고 있다.

그림 5-2

외환시장의 특징

2 외환거래와 환율

Essentials of Trade, ch. five

2.1 환율의 개념

외환거래에서 가장 중요한 것은 두 나라 통화 사이의 교환비율이다. 환율이란 이와 같이 외국 돈과 우리 돈을 바꿀 때 적용되는 교환비율을 말하고, 이 환율에 의거해서 나라와 나라 사이의 결제가 이루어진다.

2.2 환율의 종류

환율은 필요와 분석 목적에 따라 명목환율과 실질환율로 나뉘며, 이를 세부적으로 보면 명목환율에는 현물환율과 선물환율이 있고, 현물환율은 다시 지급환율과 수취환율로 나뉜다. 우리가 일반적으로 환율이라고 말할 때는 명목환율이면서 현물환율이며 지급환율을 의미한다. 그러나 한 나라 상품과 다른 나라 상품이 교환되는 비율인 실질환율은 국제경제이론에서 명목환율보다 더 중요한 가격변수로 취급된다.

그림 5-3

환율의 종류

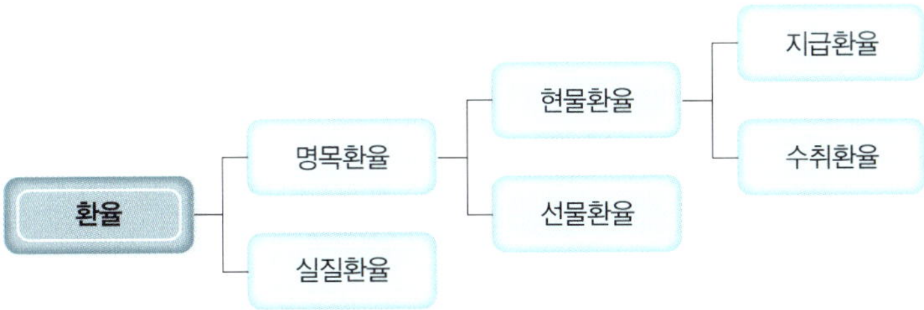

2.2.1 명목환율

명목환율이란 한 나라 통화와 다른 나라 통화의 교환비율 또는 한 나라 통화의 대외가치를 의미한다. 명목환율에는 현물환율과 선물환율이 있으며 현물환율은 다시 지급환율과 수취환율로 나누어 볼 수 있다.

명목환율 한 나라 통화와 다른 나라 통화의 교환비율 또는 한 나라 통화의 대외가치를 의미

명목환율 중에서 지급환율을 중심으로 환율변동의 의미를 살펴보면 다음과 같다. 만약 명목환율이 상승(하락)하면 이것은 미 달러화에 대한 우리나라 원화의 가치가 하락(상승)했다는 것을 뜻한다. 이와 같은 현상을 고정환율제도 하에서는 우리나라 통화의 평가절하(평가절상)라고 부르고, 변동환율제도 하에서는 우리나라 통화가 절하(절상)되었다고 표현한다.

2.2.2 실질환율

실질환율이란 한 나라의 상품이 다른 나라의 상품과 교환되는 비율을 말한다. 예를 들어, 미국 쌀 1가마가 200달러이고 한국 쌀 1가마는 12만원이라고 하자. 지금 미화 1달러는 1,200원에 거래된다. 그러면 미국 쌀 1가마의 원화가치는 24만원(= 200달러 × 1,200원)으로 한국 쌀 2가마의 가치가 있다. 즉 실질환율은 우리나라 상품의 수량으로 표시한 외국상품의 가치를 나타낸다.

실질환율 한 나라의 상품이 다른 나라의 상품과 교환되는 비율

$$\text{실질환율} = \frac{\text{명목환율} \times \text{외국가격}}{\text{국내가격}}$$

$$= \frac{1{,}200\text{원} \times 200\text{달러}}{12\text{만원}}$$

$$= \frac{24\text{만원}}{12\text{만원}}$$

$$= \text{미국 쌀 1가마당 한국 쌀 2가마}$$

실질환율을 중심으로 환율변동의 의미를 살펴보자. 만약 실질환율이 상승(하락)하면 이것은 우리나라 상품의 가격이 외국 상품에 비해 상대적으로 싸진다(비싸진다)는 것을 뜻한다. 따라서 우리나라의 수출은 증가(감소)하고 수입은 감소(증가)하여 경상수지가 개선(악화)된다.

2.2.3 매입률과 매도율

매입률과 매도율은 은행 입장에서의 환율로서 고객 입장에서는 거래비용적 성격도 함축하고 있다. 일반적으로 외국환을 사고자 하는 환율을 매입률(bid or buying rate)이라고 하며 외국환을 팔고자 하는 환율을 매도율(offer or asked rate)이라고 한다. 또한 매입률과 매도율의 차이를 스프레드(bid-asked spread)라고 하며 이것은 외국환은행의 수익원 역할을 한다.

매입률 외국환을 사고자 하는 환율

매도율 외국환을 팔고자 하는 환율

스프레드 매입률과 매도율의 차이

일반적으로 외환시장에서 환율 제시를 요청받은 은행은 요청자의 매입, 매도 의사를 묻지 않고 매입, 매도율(bid-offer rate)을 동시에 two-way 방식으로 제시해 준다.

US$/₩ : 1,200 - 1,250
(bid rate) (offer rate)
매매율차(spread) : 50 ..... pips bid-asked spread

이와 같은 매매율차이는 시장상황에 따라 수시로 변동되지만 일반적인 매매율차의 결정요인으로는 ① 거래통화의 유동성, ② 시장의 불확실성, ③ 거래의 빈도와 규모, ④ 거래의 시간대, ⑤ 딜러의 포지션 상황 등에 의해 결정된다. 특히 환율 전망이 불투명한 경우 시장거래 규모가 축소되면서 매매율차는 확대되는 경향을 보이게 되는데 이러한 이유로 외환시장에서 유능한 딜러가 제시하는 우수한 매매율 고시(good quotation)는 ① quick quotation, ② small spread를 가져야 한다고 일반적으로 얘기한다.

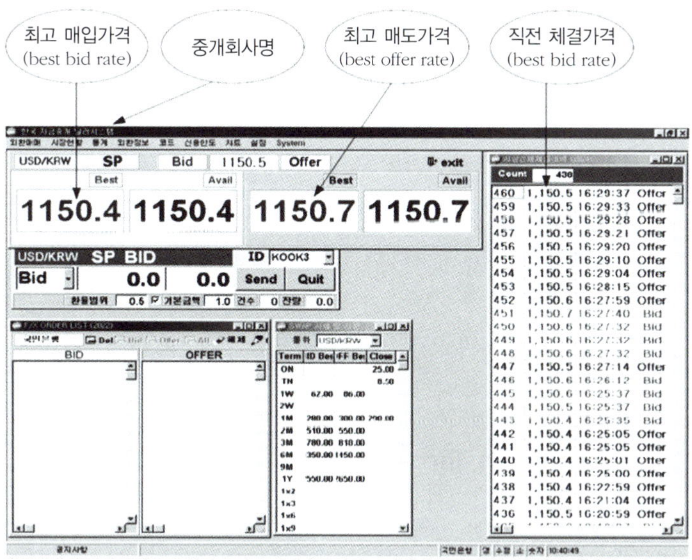

출처 : 이환호저, 『외환의 이론과 실제』, 경문사, 2010. 7. 20.

2.3 환율의 표시 방법

2.3.1 자국통화 표시환율

외국 돈을 기준으로 하여 환율을 나타내는 방법인데, 미국의 1달러 = 한국의 1,000원으로 표시한다. 즉 외국 돈 1단위를 얻기 위해서 우리나라 돈을 얼마나 지급해야 하는가를 나타내는 방법으로 지급환율이라고도 한다.

- **자국통화 표시법** : 외국통화 1단위와 교환되는 자국통화 단위 수
  - 1U$(외국통화) = 950원(자국통화). 1U$ = 110.00￥
    ☞ 우리나라 등 많은 나라에서 사용

2.3.2 외국통화 표시환율

우리나라 돈을 기준으로 하여 환율을 나타내는 방법인데, 한국의 1원 = 미국의 0.001달러로 표시한다. 즉 우리 돈 1단위로 외국 돈을 얼마나 받을 수 있는가를 표시하는 방법으로 수취환율이라고도 한다.

- **외국통화 표시법** : 자국통화 1단위와 교환되는 외국통화 단위 수
  - 1원U$(자국통화) = 1/950U$(외국통화).
    1￡ =1.8792U$(영국 파운드화 환율표시)
    ☞ 유로화, 영국 파운드화, 호주 달러화 등에서 주로 사용

2.3.3 European Terms

미국의 1달러에 대한 외국 돈의 교환비율로, 미국의 1달러 = 일본의 100엔으로 표시한다. 실례로 ￥/U$, Can$/U$, ₩/U$ 등과 같이 표기된다.

2.3.4 American Terms

외국 돈 1단위에 대한 미국 달러화의 교환비율로, 일본의 1엔 = 미국의 0.01달러로 표시한다. 실례로 U$/€, U$/￡ 등과 같이 표기된다.

2.3.5 이론과 현실에서의 환율 표시 방법

제2차 세계대전 이후 미국의 달러화가 세계의 기축통화 역할을 담당하면서 외환거래는 주로 미국 달러화의 매매를 통해 이루어지고 있다. 따

라서 이론적으로나 현실적으로나 환율의 표시 방법은 대부분 자국통화 표시환율 또는 European Terms를 이용하고 있다.

표 5-1 환율의 표기방법

사 례		ISO ticker에 의한 표기방법	통화기호에 의한 표기방법
Europeam terms	엔화환율(1달러당 엔화비율)	USD/JPY	¥/$
	원화환율(1달러당 원화비율)	USD/KRW	₩/$
American terms	유로화환율(1유로당 달러화비율)	EUR/USD	$/€
	파운드화환율(1파운드당 달러화비율)	GBP/USD	$/£

2.4 환율변동의 의미

2.4.1 의미

환율이 변동하면 그 나라의 대외가치가 변동하게 된다. 예를 들어, 자국통화 표시환율을 기준으로 할 때 환율이 1달러당 1,000원에서 1,200원으로 상승하면 이것은 미국 달러화에 대한 우리나라 원화의 가치가 하락한 것, 즉 원화가 절하되었음을 의미한다. 반면에 환율이 1달러당 1,000원에서 800원으로 하락하면 이것은 미국 달러화에 대한 우리나라 원화의 가치가 상승한 것, 즉 원화가 절상되었음을 의미한다.

한편, 국제외환시장에서는 환율이 각국의 정치 · 경제 상황에 따라 수시로 변동하고 있는데 돈의 가치가 올라가는 통화를 강세통화, 돈의 가치가 떨어지는 통화를 약세통화라고 부른다.

2.4.2 환율변동의 이유

환율 변동 이유는 상품시장에서의 균형가격 결정 원리와 동일하다. 즉 환율은 외환시장에서 외환의 수요와 공급에 따라 결정되므로 해당 화폐에 대한 수요가 커지면 그 화폐의 가격이 오르고 그 수요가 작아지면 가격은 떨어진다. 공급 면에서는 그 반대이다. 따라서 화폐의 수요와 공급에 영향을 주는 요인들이 바로 환율변동 요인이라고 할 수 있다.

외환시장에서 외환의 수요와 공급에 영향을 주는 요인은 다양하다. 각국의 경제활동 수준, 즉 경기의 좋고 나쁨이 외환수요에 영향을 주는데, 국내 경기가 좋아지면 수입이 증가되고 따라서 수입결제에 필요한 외환수요가 증가하는 반면 외국의 경기가 좋아지면 수출이 증가하므로 외환의 공급이 증가하게 된다. 수출과 수입의 차이인 경상수지가 흑자이면 자국통화가 강세로 되어 환율이 하락하고, 적자이면 그 반대로 상승한다. 즉 우리나라의 경상수지가 흑자인 경우 벌어들인 달러가 사용한 달러보다 많게 되어 외환시장에 달러의 공급을 늘리므로 달러 가치가 떨어지고 원화 가치는 올라간다. 예를 들어 환율은 1,100원/달러(1달러당 1,100원)에서 1,000원/달러(1달러당 1,000원)로 내려가게 된다.

자본자유화가 본격화되기 이전에는 수출입 등 실물거래와 관련된 달러의 수요와 공급이 외환시장 거래의 대부분이어서 환율 결정에 있어 경상수지가 가장 중요한 요소였으나, 최근에는 자본거래가 더 큰 비중을 차지함에 따라 각국의 주식이나 국공채 등을 사고팔기 위한 외화의 수요와 공급이 많아서 자본이동이 경상수지 변동보다 환율에 영향을 더 크게 미치고 있다. 따라서 균형환율을 이야기할 때는 경상수지뿐만 아니라 자본계정을 포함한 종합적인 입장에서 국제수지를 생각해야 한다.

이러한 자본이동을 설명하는 중요한 요인 가운데 하나는 국내외의 실질금리차를 들 수 있다. 자본이 아무런 규제 없이 자유롭게 움직일 수 있다면 당연히 금리가 낮은 나라에서 높은 나라로 흐르게 된다. 따라서 국내의 실질금리가 외국의 실질금리보다 더 높으면 국제자본이 들어와 국내 통화의 가치가 올라가고 자국통화표시법에 의한 환율은 내려가게 된다. 그러나 우리나라는 아직 채권시장이 규모가 작아 외국의 투자자금이 주로 주식시장을 통해 들어 오고 나감으로써 실질금리 차가 환율에 미치는 영향이 작아 이론과 다르게 움직이기도 한다.

예를 들어 국내금리를 올려 내외 간의 실질금리 차(差)가 더 커진다 하더라도 원화가 반드시 강세로 되지는 않는다. 인상된 금리가 지속될 것으로 예상되는 경우에는 기업의 이자부담 증가로 생산비용이 상승하여 결국 수익성이 떨어지게 되고 미래 수익에 민감한 주식시장에서 이것이 반영되어 주가가 하락하게 된다. 그러면 외국인들은 우리나라 주식을 매도해 국제통화로 교환하여 자본을 빼내갈 것이므로 원화가 도리어 약세를 보일 수 있다. 또한 환율변동은 장기적으로 국가 간의 물가상승률 차이를 반영한다고 할 수 있다. 물가상승은 경제성장률이나 경제정책과도 연관되어 있으므로 환율의 움직임은 참으로 다양한 요인으로 움직인다고 할 수 있다. 실제 외환시장에 참가하여 외환을 사고파는 사람들은 경제성장률, 물가상승률, 경상수지, 실질금리 차이 등과 같은 경제의 기초여건(fundamentals)뿐만 아니라 지정학적 위험 또는 컨트리 리스크(country risk)라고 하는 위험도를 고려하고 또 이러한 모든 변수들의 장래 움직임까지 고려한다. 이 밖에 투기적인 거래와 함께 외환시장 참여자의 심리적인 요인이나 루머 등도 환율의 움직임에 영향을 미친다. 그러한 이유로 단기적인 환율 움직임을 예측하는 것은 매우 어렵습니다. 더군다나 전문가가 아닌 일반인으로서는 미래의 환율 움직임을 예측하기 더더욱 어렵다.

그림 5-4

일반적 환율변동 요인

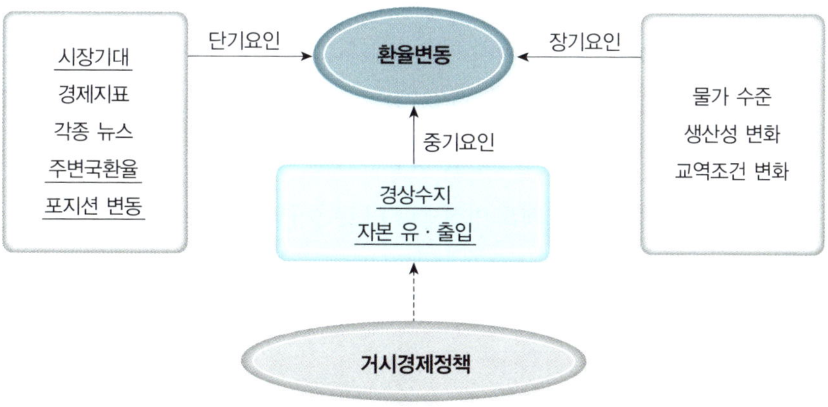

출처 : 한국은행

2.4.3 환율변동의 영향

환율은 수출입기업을 비롯한 경제주체들의 외국과 거래에 큰 영향을 미치기 때문에 많은 사람들은 환율변동에 큰 관심을 보인다.

먼저 일반적으로 환율이 오르면 경상수지가 개선된다. 환율이 오르면 수출에 있어 우리나라 제품의 가격경쟁력이 높아지게 된다. 예를 들어 달러당 1,000원이면 채산성이 맞는 상품을 제조 수출하는 기업 입장에서 달러당 1,100원이 되면 순이익이 전보다 더 많아지게 된다. 수출하는 상품의 단가를 낮추어도 물량 증가 효과는 더 크므로 수출액(수출물량 × 수출단가)이 증가하게 된다. 거기에 반해 수입액은 감소하게 된다. 달러표시 수입단가가 동일하더라도 환율이 오르면 원화로 환산한 수입품 가격이 오르게 되어 국내 수요자 입장에서는 수입품을 덜 사용하기 때문으로, 결국 수출에서 수입을 뺀 경상수지는 개선된다.

또한 환율이 오르면 원화로 환산한 수입 원자재 및 부품의 값이 올라 국내 물가수준이 높아지게 되고 반대로 환율이 하락하면 국내 물가수준이 내려간다. 한편 환율의 상승은 외채상환부담의 증가를 초래하기도 한다.

경제주체 개개인의 경우도 환율의 움직임에 영향을 많이 받게 됩니다. 예를 들어 원화환율이 오르면 수출업체의 채산성이 좋아지므로 수출기업과 관련된 업체의 근로자는 환율 상승의 수혜자가 될 수 있다. 반면에 수입업자는 일반적으로 환율이 오른 만큼 고스란히 국내 공급가격에 반영하기 어려워 자신의 이익에서 원가 인상 요인을 상당 부분 흡수할 수 밖에 없어 결국 수입상품을 소비하는 소비자와 함께 환율 상승의 피해자가 될 수 있다. 원화환율 상승은 또한 국외여행을 하거나 국외거주 가족에게 송금하는 데도 이전보다 더 많은 원화가 소요되어 불리하다.

그림 5-5

환율이 경제에 미치는 영향

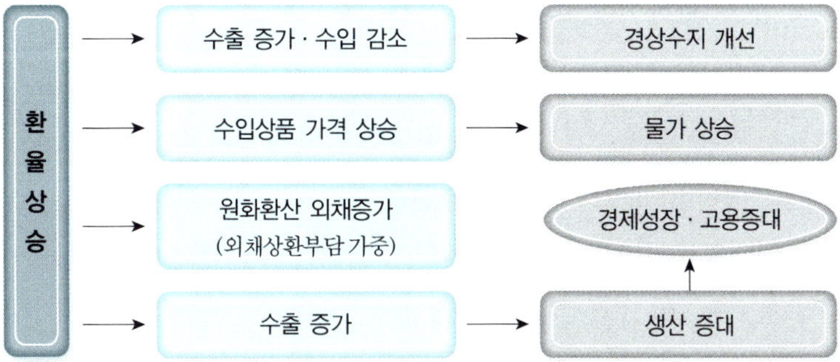

■ 환율↑ : 경상수지 개선, 생산 증대 vs 물가 상승, 외채부담 증가

출처 : 박래형, 『환율과 외환시장의 이해』, 한국은행외환자금국, 2008. 10.

3 환율의 결정이론

Essentials of Trade, ch. five

3.1 이론의 다양성

외국 돈과 우리나라 돈의 교환비율인 환율은 기본적으로 외환시장에서 외환에 대한 수요와 공급에 의해 결정된다. 그러나 현실적으로 환율은 물가상승률, 국내외 금리차이, 국제수지의 불균형, 경제성장률, 정부의 정책 등 복합적인 요인에 의해 큰 영향을 받는다. 따라서 이것을 설명하는 환율결정이론도 무수히 많다. 예를 들어 1960년대 이전에는 고전적 환율결정이론과 일반적 환율결정이론이, 1960년대에는 수출입과 환율의 관계를 분석하는 유량접근이론 이, 그리고 1970년대 이후에는 외환을 금융자산으로 보는 자산시장접근이론이 대두되었다. 그런데 이론적으로나 실증적으로 의미가 있는 환율결정이론은 일반적 환율결정이론(구매력평가이론 · 이자율평가이론)과 자산시장접근 이론(통화주의모형 · 과잉조정모형) 등이다.

3.2 구매력평가이론

구매력평가이론은 완전한 무역거래의 자유화를 기본 가정으로 한다. 즉 국제무역에 있어서 수송비나 거래수수료, 정보획득비용, 보호무역장벽 등 일체의 거래비용이 없다면 어떤 상품의 가격은 모든 나라에서 똑같아지며, 바로 그 과정에서 환율이 결정된다는 이론이다.

그런데 구매력평가이론은 절대적 구매력평가이론과 상대적 구매력평가이론으로 나눌 수 있다.

절대적 구매력평가이론 국내물가수준과 외국물가수준의 비율에 의해 환율이 결정된다는 것

① 절대적 구매력평가이론은 국내물가수준과 외국물가수준의 비율에 의해 환율이 결정된다는 것이다. 예를 들어, 2005년 8월 1일 맥도날드에서 판매하는 빅맥 1개의 가격이 한국에서는 2,600원이고 미국에서는 2.56달러였다면 절대적 구매력평가환율은 1달러당 1,016원(= $\frac{2,600\text{원}}{2.56\text{달러}}$)이 된다.

상대적 구매력평가이론 국내물가상승률과 외국물가상승률의 차이만큼 환율의 변동률이 결정된다는 것

② 상대적 구매력평가이론은 국내물가상승률과 외국물가상승률의 차이만큼 환율의 변동률이 결정된다는 것이다. 예를 들어, 한국의 물가가 10% 올랐고 미국의 물가가 5% 올랐다면 환율은 5%(= 10% − 5%) 상승한다. 여기서 환율이 상승한다는 것은 그만큼 원화의 구매력이 떨어져 원화절하가 발생한다는 의미이다.

이와 같은 구매력평가이론은 환율의 장기적인 변동추세를 비교적 잘 설명하는 것으로 알려져 있다. 그러나 각국의 실제 환율은 구매력평가에 의한 환율과 상당히 차이가 난다. 그 이유는 다음과 같은 두 가지 요인 때문이다.

① 완전한 무역자유화와 거래비용이 없다는 가정은 현실적으로 실현 불가능하다.

② 무역을 할 수 없는 상품들이 많아도 구매력평가는 성립하지 않는다.

3.3 이자율평가이론

이자율평가이론은 완전한 자본이동의 자유화를 기본 가정으로 한다. 즉 국제금융시장에서 외환거래와 자본이동이 자유롭게 이루어지고 일체의 거래비용이 없다면 어떤 금융자산의 궁극적인 수익률은 모든 나라에서 똑같아지며, 바로 그 과정에서 환율이 결정된다는 이론이다.

그런데 이자율평가이론은 환율변동에 따른 위험을 커버하지 않은 유위험 이자율평가이론과 선물환계약으로 그 위험을 사전에 커버한 무위험 이자율평 가이론으로 나눌 수 있다.

① 유위험 이자율평가이론은 국내이자율과 외국이자율의 차이만큼 환율의 기대변동률이 결정된다는 것이다. 예를 들어, 한국채권의 연이자율이 5%이고 미국채권의 연이자율이 3%라면 환율은 1년 후에 2%(= 5% − 3%) 상승할 것으로 예상할 수 있다. 왜냐하면 한국의 채권이자율이 미국보다 연 2% 높으므로 1년 후에 한국의 원화가치가 2% 절하되어야 한국과 미국의 궁극적인 채권수익률이 같아지기 때문이다.

유위험 이자율평가이론 국내이자율과 외국이자율의 차이만큼 환율의 기대변동률이 결정된다는 것

② 무위험 이자율평가이론은 국내이자율과 외국이자율의 차이가 선물환율을 결정한다는 것이다. 위의 예에서 한국의 채권이자율이 미국보다 연 2% 높다면 선물환율은 현물환율보다 2% 높아야 한다. 이것은 선물환율로 표시되는 미래의 환율이 2% 상승하면서 원화의 가치가 2% 절하된다는 의미이기도 하다.

무위험 이자율평가이론 국내이자율과 외국이자율의 차이가 선물환율을 결정한다는 것

이와 같은 이자율평가이론은 환율의 단기적인 변동 추세를 비교적 잘 설명하는 것으로 알려져 있다. 그러나 국제금융시장에서 자본이동의 완전성과 거래비용이 없다는 가정은 실현되기 어렵다. 대신 현실적으로 존재하는 거래비용, 이자소득에 대한 각국의 세율의 차이, 정치적 위험 등으로 인해 이자율평가이론은 많은 제약을 받고 있다.

3.4 통화주의모형

통화주의 모형 단기와 장기에 모두 물가수준이 신축적으로 변동한다고 가정하면서 화폐적 요인에 의해 환율이 변동할 수 있다고 봄

미국의 경제학자 프렌켈(J. Frenkel)과 무싸(M. Mussa) 등이 개발한 통화주의모형은 단기와 장기에 모두 물가수준이 신축적으로 변동한다고 가정하면서 화폐적 요인에 의해 환율이 변동할 수 있다고 보았다.

예를 들어, 우리나라의 통화량이 미국의 통화량보다 더 많이 증가하면 우리나라의 물가상승률이 미국의 물가상승률보다 높아지면서 환율이 상승한다는 것이다. 물론 이때 우리나라의 원화가치는 절하된다.

이와 같은 통화주의모형은 현실적으로 단기에서는 잘 적용되지 않는다. 왜냐하면 어느 나라든지 물가수준이 단기에 신축적으로 변동하기는 어렵기 때문이다.

3.5 과잉조정모형

과잉조정모형 단기에 물가수준이 신축적으로 변동하지 않으면 환율이 과잉변동할 수도 있다고 봄

통화주의모형의 문제점을 극복하기 위해 등장한 이론이 미국 경제학자 돈부쉬(R. Dornbusch)의 과잉조정모형이다. 돈부쉬는 단기에 물가수준이 신축적으로 변동하지 않으면 환율이 과잉변동할 수도 있다고 보았다.

예를 들어, 중앙은행이 일반 국민들이 예상하는 수준을 넘어 통화량을 크게 늘리면 금융시장에서는 이자율과 환율이 빠른 속도로 변동하면서 그 충격을 흡수한다. 그러나 시중에 돈이 많이 공급되어도 생산물시장에서 소비 · 투자 · 수출 · 수입이 변동하는 데는 상당한 시간이 걸린다. 따라서 생산물시장에서는 물가가 서서히 변동하게 되고, 통화량 변동의 충격을 흡수하기 위해 환율이 과잉으로 변동하게 된다.

한편, 과잉조정모형은 장기적인 경우 물가가 신축적으로 변동하면서 통화주의모형과 같은 결과가 나타난다고 보았다.

3.6 가격탄력도 접근

가격탄력도 가격이 변화할 때 수요량이 얼마나 변화하는가를 측정하는 척도

가격탄력도 접근방법이란 환율의 변동이 수출상품과 수입상품의 상대가격에 영향을 미쳐 수출량과 수입량의 변화를 유발하고 이에 따라 경상수지가 변동한다는 이론으로서 환율변동이 경상수지에 미치는 효과는 외국수입수요의 가격탄력도와 자국수입수요의 가격탄력도에 따라 결정된다는 것이다. 우선 외국수입수요와 자국수입수요가 가격탄력적일수록 환율변동은 경상수지에 큰 영향을 미친다. 환율이 상승하는 경우를 상정하여 이것을 설명하여 보면 환율의 상승은 원화가치의 절하를 가져오고 그 결과 달러표시 수출상품 가격의 하락으로 수출상품의 대폭 증가하고 이는 달러표시 수출액의 증가로 이어진다. 반면 원화표시 수입상품의 가격은 상승하여 수입량이 대폭 감소하여 이는 달러표시 수입액의 감소로 이어져 경상수지의 개선이 이루어진다고 할 수 있다.

반면에 외국수입수요와 자국수입수요가 가격비탄력적일수록 환율변동은 경상수지에 미미한 영향을 미친다. 환율이 상승하는 경우를 상정하여 이를 살펴보면 환율의 상승은 원화가치의 절하를 가져오고 그 결과 달러표시 수출상품 가격의 하락하였지만 수출량은 소폭 증가하고 이는 달러표시 수출액의 감소로 이어진다. 반면 원화표시 수입상품의 가격 상승으로 이어져 수입량이 소폭 감소하게 되어 이는 달러표시 수입액의 감소로 이어져 경상수지의 개선효과는 불투명하게 나타나게 된다.

이상에서 살펴본 가격탄력도 접근방법은 환율의 변동이 수출가격과 수입가격에만 영향을 미쳐 경상수지를 변동시킨다고 가정하는 이론이다. 따라서 국민소득이나 통화량, 물가와 같은 경상수지에 영향을 미치는 다른 거시경제변수들을 도외시하고 있다는 비판을 받고 있다.

tips 마샬-러너 조건 및 J-곡선 효과

▶ **마샬-러너조건**(Marshall-Lerner condition) : 환율변동에 의해 경상수지가 개선되기 위한 조건 또는 외환시장의 안정성조건을 말한다.

예 외국수입수요의 가격탄력도 + 자국수입수요의 가격탄력도 > 1

▶ ***J*-곡선효과**(*J*-curve effect) : 경상수지 적자 시 환율을 인상시키면 단기적으로는 경상수지 적자가 더 확대되지만 시간이 흐르면서 경상수지가 개선된다는 이론이다.

예 환율인상에 따른 수출입상품의 가격변동과 수출입물량변동 간에 시차가 존재하기 때문이다.

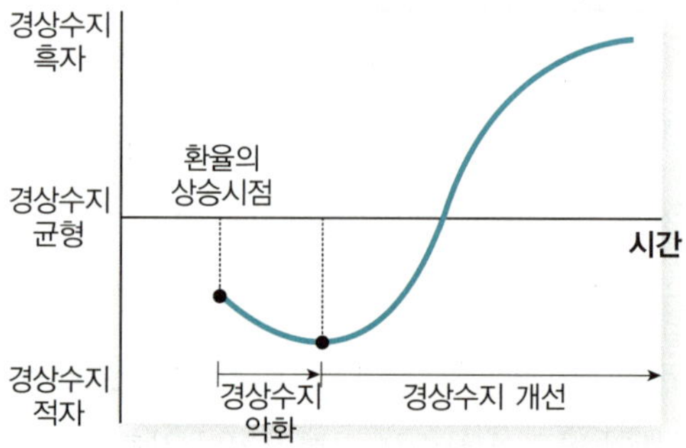

3.7 국내총지출 접근방법

국내총지출 접근법
실질국민소득결정모형을 토대로 환율변동에 의한 경상수지 개선효과를 분석

국내총지출 접근방법은 국내총생산(GDP)과 국내총지출(domestic absorption)의 차이를 경상수지로 보고, 개방경제 하에서의 실질국민소득결정모형을 토대로 환율변동에 의한 경상수지 개선효과를 분석하고 있다. 개방경제 하에서의 국내총생산은 다음과 같이 표시된다.

$$Y_D = C + I_D + G + X - Z$$

$$Y_D = Y$$

여기서, Y_D : 총수요, Y : 국내총생산, C : 민간소비지출,
I_D : 국내총투자, G : 정부소비지출, X : 수출, Z : 수입

앞의 식을 국내총생산, 국내총지출, 경상수지의 개념으로 다시 정리해 보면 다음과 같다.

$$Y = (C + I_D + G) + (X - Z)$$

$$X - Z = Y - (C + I_D + G)$$

여기서, $X - Z$: 경상수지(≒ 순수출), Y : 국내총생산,
$C + I_D + G$: 국내총지출

이제 국내총지출 접근방법에 의해 환율이 상승할 때 어떻게 경상수지 적자가 개선되는지 살펴보자. 우선 불완전 고용을 가정하여 살펴보면 환율의 상승은 수출상품의 가격하락과 수입상품의 상대적인 가격상승을 가져와 수출의 증가와 수입의 감소로 이어져서 국내총생산의 증가와 경상수지의 개선을 가져올 것이다. 그러나 완전고용 하에서의 경우는 환율의 상승은 수출상품의 가격하락과 수입상품의 상대적인 가격상승을 가져와 교역조건이 우선 악화될 것이다. 이후 실질소득의 해외유출이 발생하고 이에 따라 국내총지출의 감소를 가져와 경상수지의 개선으로 이어질 것이다.

3.8 기타 환율결정이론

3.8.1 균형접근방법

환율의 결정은 효용극대화 · 이윤극대화 같은 미시경제학적 기초 위에서 분석해야 한다는 가정을 하고 있는 이론으로서 화폐적 교란요인이 발생하면 명목환율과 실질환율이 거의 같이 움직이면서 환율의 영구적인 변화를 초래할 수 있다는 이론으로 경상수지 · 정부지출 · 이자율 등의 주요 거시경제변수들과 환율 간에는 명확한 관계가 없다고 주장하고 있는 이론이다. 그러나 주요 거시경제변수들과 환율 간에 명확한 관계가 없다는 것이 많은 변수들의 복합적인 작용 때문인지 아니면 실제로 아무런

관계가 없기 때문인지는 밝히지 못하고 있다.

3.8.2 불규칙보행가설(random walk hypothesis)

불규칙보행가설 내일 환율의 평균값은 오늘의 환율이다라고 주장하는 이론

내일의 환율수준을 예측할 때 다른 거시경제변수들은 아무 소용 없고 오로지 오늘의 환율수준만 알면 충분하다고 가정하고 있는 이론으로서 내일의 환율은 오늘의 환율과 평균적으로 같다. 즉 내일 환율의 평균값은 오늘의 환율이다라고 주장하는 이론이다. 실제로 이 이론은 지나치게 단순하지만 다른 복잡한 모형들보다 오히려 환율변동에 대한 예측력이 더 우월한 것으로 밝혀졌다.

4 환율제도

Essentials of Trade, ch. five

4.1 환율제도의 종류

4.1.1 고정환율제도

고정환율제도란 정부나 중앙은행이 개입하여 환율을 일정 수준 또는 일정 범위 내에 고정시키는 제도이다. 고정환율제도 하에서는 환율이 안정되어 환위험의 발생가능성이 적고, 국제투기자금의 이동도 적다. 아울러 국제무역과 투자가 나라 사이에 활발히 일어날 수도 있다. 그러나 고정환율제도는 국제수지가 적자 또는 흑자가 되었을 때 이를 자동적으로 조정할 능력이 없다. 즉 경제상황이 바뀌어도 환율이 고정되어 있으므로 경우에 따라서는 자국통화가 과대평가 또는 과소평가 될 수도 있다.

브레튼우즈체제 국제적인 통화제도 협정에 따라 구축된 국제통화체제로, 제2차 세계대전 종전 직전인 1944년 미국 뉴햄프셔주 브레튼우즈에서 열린, 44개국이 참가한 연합국 통화금융회의에서 탄생된 협정체제

이와 같은 고정환율제도에는 1870년대부터 1914년 사이에 주요국에서 채택했던 금본위제도(Gold Standard)와 1944년부터 1971년까지 계속되었던 브레튼우즈체제(Bretton Woods System)가 있다.

우선 금본위제도 하에서 모든 나라의 정부는 자국통화의 '금평가'를 설정하고 이를 고정시켜야 했다. 예를 들어, 미국에서는 금 1온스 = 35달러, 한국에서는 금 1온스 = 35,000원 등이 금평가 수준이다. 이와 같은 금평가를 이용하면 한국과 미국의 환율, 즉 1달러 = 1,000원이 간접적으로 결정된다. 왜냐하면 금 1온스 = 35달러 = 35,000원이기 때문이다. 그런데 금본위제도 하에서는 '금 평가'가 고정되어 있었으므로 각국 간 환율도 일정 수준에 고정되어 있었다.

이에 비해 브레튼우즈체제 하에서는 미국의 달러를 세계의 기축통화로 삼아 미국의 달러화만이 금과 '금평가'를 설정할 수 있게 하였다. 그리고 다른 나라의 통화는 미국의 달러화와 환율(IMF평가)을 설정할 수 있었다. 그런데 단기적으로 외환시장에 문제가 발생하면 'IMF평가'를 중심으로 상하 1%의 범위 내에서 환율을 조정할 수 있게 하였다. 따라서 브레튼우즈체제는 금환본위제도 또는 조정가능한 고정환율제도로 불린다.

4.1.2 변동환율제도

변동환율제도에는 자유변동환율제도와 관리변동환율제도 등 두 가지 종류가 있다. 우선 자유변동환율제도는 외환시장에서의 수요와 공급에 의해 환율이 자유롭게 결정되는 제도이다. 자유변동환율제도 하에서는 외환시장의 불균형이 환율변동에 따라 자동조정되면서 자국통화가 항상 적정 수준에서 평가된다. 그러나 자유변동환율제도 하에서는 환율변동에 따른 환위험과 환투기의 가능성이 높아지고 국제무역과 투자가 저해될 수도 있다.

자유변동환율제도
외환시장에서의 수요와 공급에 의해 환율이 자유롭게 결정되는 제도

한편, 관리변동환율제도는 고정환율제도와 자유변동환율제도를 복합한 것으로, 환율이 일정 범위를 벗어나면 정부가 개입하고 일정 범위 안에서는 외환시장에 의해 자유롭게 결정되도록 하는 제도이다. 관리변동환율제도 하에서는 정부와 중앙은행이 대외 여건 변화에 탄력적으로 대처할 수 있다는 장점이 있지만, 정책 당국이 상황판단을 잘못하여 외환시장 개입 시기와 환율변동 폭을 잘못 설정하면 부작용이 크게 나타날 수

관리변동환율제도
환율이 일정 범위를 벗어나면 정부가 개입하고 일정 범위 안에서는 외환시장에 의해 자유롭게 결정되도록 하는 제도

도 있다.

이와 같은 변동환율제도는 1970년대 들어 미국경제의 약화에 따른 달러화와 금의 교환정지, 제1차 석유파동을 거쳐 1976년에 출범한 킹스턴체제(Kingston System)에서 공식적으로 인정받게 되었다. 즉 킹스턴체제에서는 1973년 초부터 석유파동에 대응해서 주요 선진국들이 실시해 온 변동환율제도를 사후적으로 인정하였고, 다른 나라들에 대해서는 자기 나라 경제 여건에 알맞은 환율제도를 자유롭게 선택할 수 있는 길을 열어 놓았다.

표 5-2 고정환율제도와 자유변동환율제도의 비교

	고정환율제도	자유변동환율제도
환위험	작다.	크다.
국제투기자금의 이동	적다.	많다.
국제무역과 국제투자	활성화된다.	위축된다.
해외교란요인의 국내 파급	쉽게 파급된다.	쉽게 파급되지 않는다.
금융정책의 자율성	국제수지의 변화에 따라 국내 통화량이 변동하므로 금융정책의 자율성이 제약된다.	국제수지의 불균형이 환율변동에 따라 자동조정되므로 금융정책의 자율성이 확보된다.

4.2 우리나라의 환율제도

4.2.1 환율제도의 변화

우리나라의 환율제도는 고정환율제도(1945~1964), 단일변동환율제도(1964~1980), 복수통화바스켓제도(1980~1990), 시장평균환율제도(1990~1997), 자유변동환율제도(1997~현재)로 변천해 왔다.

그간 환율제도의 명칭은 다양했지만 1945년부터 1980년까지는 사실상 고정환율제도를 채택하였고, 1980년부터 1997년까지는 관리변동환율제도를 채택하였으며, 외환위기 발생 직후인 1997년 12월 16일부터는 자유변동환율제도로 이행하였다. 우리나라는 현재 자유변동환율제도를

채택하고 있지만 자본의 유출입이 증가하면서 단기에 환율이 크게 변동하면 한국은행이 외환시장 참가자로서 환율의 변동 속도를 조절하고 있다.

표 5-3 우리나라의 환율제도 변화

환율제도	시행기간	변천과정	
고정환율제도	1945.10~1964. 5	1945.10	고정환율제도의 시행
		1949. 6	정부보유외환의 환금에만 적용되는 공정환율과 일반외환의 환금에 적용되는 일반환율로 나뉘는 복수환율제도의 실시
단일변동환율제도	1964. 5~1980. 2	1964. 5	단일변동환율제도로 변경했으나 실제로는 1달러당 255원으로 고정시켜 운영
복수통화바스켓제도	1980. 2~1990. 3	1980. 2	복수통화바스켓제도의 실시
시장평균환율제도	1990. 3~1997.12	1990. 3	시장평균환율제도의 실시
자유변동환율제도	1997.12~현재	1997.12	기준환율의 일일변동제한폭 완전 폐지

4.2.2 환율의 구조

미국 통화 1달러에 대한 자국통화 표시환율을 기본으로 했을 때 우리나라에서 실제로 사용되는 환율은 매매기준율, 전신환매매율, 여행자수표매매율, 현찰매매율 등이 있다. 한편 미국 달러화 이외의 다른 나라 통화에 대한 자국 통화 표시환율은 재정환율로 산출하고 있다.

우선 대미달러환율 중 ① 매매기준율은 외환시장에서 외환중개회사를 통해 거래된 미국달러화의 거래량과 거래환율을 가중 평균하여 산출한다. ② 전신 환매매율은 전신에 의하여 1일 이내에 자금이 결제될 때 적용되는 환율이고, ③ 여행자수표매매율은 여행자수표를 사고팔 때 적용되는 환율이며, ④ 현찰 매매율은 외환을 현찰로 사고팔 때 적용되는 환율이다.

이와 같은 각종 환율은 매매기준율을 중심으로 약간씩 다르게 나타난다. 2004년 4월 30일 국내 모 은행의 환율구조를 예로 들어 살펴보자.

그림 5-6

외국환은행의 대달러 환율구조 (원/달러)

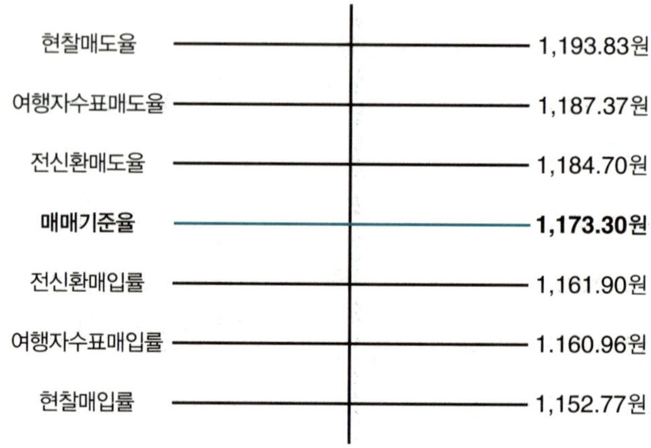

한편 미국 달러화 이외의 기타 통화에 대한 우리나라 원화의 환율은 원화의 대미달러환율(자국통화표시환율)을 국제시장에서 형성되는 기타 통화의 대미 달러환율로 재정하여 간접적으로 산출하고 있다.

예를 들어, 우리나라 원화와 미국 달러화의 환율이 1달러 = 1,181,50 원이고, 동경 외환시장에서 미국 달러화와 일본 엔화 간의 환율이 1달러 = 120.25엔이라면 원화와 엔화의 환율은 연쇄방식에 의해 100엔 =

그림 5-7

재정환율 산출 사례

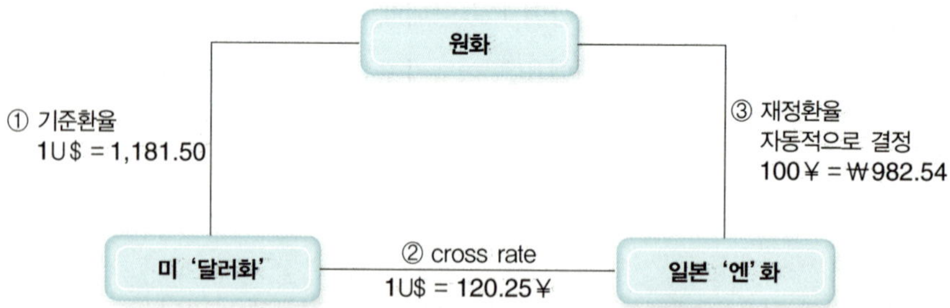

$$₩/100￥ = \frac{\text{매매기준율}(₩/U\$)}{\text{미 '달러' 화와 일본 '엔' 화의 환율}(￥/U\$)} \times 100 = \frac{1,181.50}{120.25} \times 100 = 982.54$$

982.54원이 된다. 이때 간접적으로 계산된 원화의 엔화에 대한 환율을 재정환율이라고 하며, 재정환율을 계산하기 위하여 사용된 미 달러화와 일본 엔화의 환율을 크로스 레이트(cross rate)라고 한다.

무역과 국제수지

06

1. 국제수지의 의의

2. 국제수지의 균형과 불균형

3. 국제수지의 조정

1 국제수지의 의의

Essentials of Trade, ch. six

1.1 국제수지의 개념과 정의

1.1.1 국제수지의 개념

우리는 대부분의 경우 자기가 필요로 하는 물건을 직접 만들어 쓰지 않고 남이 만든 것을 구입하여 사용한다. 이는 우리가 필요로 하는 모든 물건을 직접 만들 수 없을 뿐만 아니라 만들 수 있는 것이 있더라도 비용이 많이 들거나 질이 떨어지기 때문이다.

나라에 있어서도 마찬가지로 한 나라 경제가 필요한 모든 물건을 자기 나라 내에서 만들어 사용하는 것은 거의 불가능하기 때문에 대부분의 나라는 부족하거나 없는 물건은 외국에서 사고, 자기 나라에서 남는 물건은 외국에 팔게 되는데 이러한 나라와 나라 간에 일어나는 국제적인 거래를 무역이라고 한다. 무역을 할 때 다른 나라에 물건을 파는 것을 수출, 다른 나라로부터 물건을 사오는 것은 수입이라고 한다.

수출을 하게 되면 수출대금을 외국으로부터 받으므로 외화가 우리나라로 들어오게 되며 반대로 수입을 하게 되면 수입대금을 외국에 지급해야 하므로 외화가 우리나라 밖으로 나가게 된다. 우리가 해외여행을 하면 외국에 가서 물건을 사게 되므로 외화가 우리나라 밖으로 나가게 되고 외국인이 우리나라로 여행을 오면 외화가 우리나라로 들어오게 된다.

이와 같이 한 나라가 일정 기간 동안 다른 나라와 국제거래를 하다 보면 상품의 수출 · 수입이나 해외여행 등을 통해 외국과 주고받는 금액에서 차이가 발생하게 되는데 이를 국제수지라고 한다. 이때 나라 안으로 들어온 외화가 나라 밖으로 나간 외화보다 많을 경우 국제수지 흑자라고 하고, 반대의 경우에는 국제수지 적자라고 한다. 나라 안으로 들어온 외화와 나라 밖으로 나간 외화가 같을 경우 국제수지 균형이라고 한다. 국제수지 흑자나 적자 규모가 지나치게 크면 국민경제에 좋지 않은 영향을 미칠 수 있으므로 국제수지는 가급적 균형을 이루는 것이 바람직하다.

1.1.2 국제수지의 정의

국제수지(balance of payments)란 ① 일정 기간 동안에 ② 한 나라 거주자와 비거주자 사이에 이루어진 ③ 모든 경제적 거래를 ④ 체계적으로 정리한 통계이다.

국제수지의 정의에서 ① '일정 기간'이란 보통 1개월, 3개월, 1년을 의미하며 그 기간 동안의 거래를 집계한 유량(flow) 개념이다. ② '한 나라의 거주자와 비거주자'는 국제거래에 참여하는 개인이나 기업, 정부기관 등이 국적이 어디고 단순히 어디에 살고 있느냐가 아니라 경제활동에 있어서 이익의 중심이 어디에 있느냐를 기준으로 구분한다. ③ '모든 경제적 거래'란 재화 · 서비스 · 자본 · 외환의 거래와 국가 간의 증여 등 일체의 대외거래를 모두 포괄하는 개념이다. ④ '체계적으로 정리한 통계'란 복식부기의 원리에 토대를 둔 IMF의 국제수지 편제 매뉴얼에 따라 작성한다는 것이다.

국제수지
① 일정 기간 동안에
② 한 나라 거주자와 비거주자 사이에 이루어진
③ 모든 경제적 거래를
④ 체계적으로 정리한 통계

1.2 국제수지표의 구성

1.2.1 대외거래의 종류

국제수지표는 모든 대외거래를 특성에 따라 크게 경상수지와과 자본 및 금융계정으로 나누어 기록한 뒤, 오차 및 누락을 포함하여 대변과 차변의 합계를 일치시킨다.

경상수지에는 상품과 서비스를 외국에 팔고사는 거래와 외국에 투자한 대가로 벌어들이는 이자, 배당 등의 소득이 계상되고, 자본 및 금융계정에는 외국에 돈을 빌려 주거나 빚을 얻어 오는 거래가 기록된다. 한편,

경상거래와 자본거래를 하는 과정에서 우리나라 전체의 외환보유액의 변동을 가져올 수 있다. 이러한 외환보유액은 특정시점에 한국은행이 보유하고 있는 외화자산의 잔액(stock)이지만 외환보유액은 거래뿐만 아니라 환율변동 등에 의해서도 변동할 수 있다. 이에 국제수지통계에서는 기존 준비자산 증감 항목을 금융계정에 통합 준비자산 항목으로 거래 변동만을 기록하고 있다. 아울러 오차 및 누락은 통관통계, 외환수급통계 등 각 기초통계의 계상 시점과 평가 방법상의 차이, 기초통계 자체의 오류, 통계작성 과정에서의 보고 누락 때문에 발생하는 항목이다.

1.2.2 경상수지

경상수지는 국제수지에서 가장 중요한 부분으로 상품수지, 서비스수지, 본원소득수지, 경상이전소득수지 등 4부분으로 나뉜다.

① 상품수지란 재화의 수출과 수입의 차이를 일반상품, 중계무역순수출, 비화폐용금으로 분류하여 보여주고 있다. ② 서비스수지란 가공서비스, 유지보수서비스, 운송, 여행, 건설서비스, 보험서비스, 금융서비스, 지식재산권사용료, 통신 · 컴퓨터 · 정보서비스, 기타사업서비스, 개인, 문화, 여가 서비스, 정부서비스 등 서비스 분야에서 벌어들인 돈과 지급된 돈의 차이를 말한다. 또한 ③ 본원소득수지란 거주자와 비거주자 간의 근로소득 및 투자소득, 즉 우리나라 근로자가 외국에서 벌어들인 돈과 외국인 근로자가 우리나라에서 벌어 가는 돈의 차이, 그리고 우리나라가 외국에 투자해서 벌어들인 돈과 외국인이 우리나라에 투자해서 벌어들인 돈의 차이를 나타낸다. 아울러 ④ 경상이전소득수지는 거주자와 비거주자 사이에 아무런 대가 없이 주고받는 거래의 수입과 지급의 차이를 말한다.

1.2.3 자본수지

자본수지는 경상수지와 달리 민간기업, 금융기관, 정부가 외국으로부터 돈을 빌리거나 아니면 외국에 돈을 빌려줌으로써 발생하는 외화의 유입과 유출의 차이를 나타낸다. 자본수지는 크게 투자계정과 기타자본수지의 두 가지로 구분되며, 투자계정은 다시 직접투자, 증권투자, 파생금융상품, 준비자산, 기타투자로, 기타자본수지는 다시 자본이전과 비생산·비금융자산으로 나뉜다.

투자계정 중에서 ① 직접투자는 외국에 있는 기업에 대한 경영참여를 의미하고, ② 증권투자는 외국과의 주식, 채권 등의 거래를 말하며, ③ 파생금융상품은 선물, 옵션, 스왑 등 파생금융거래로 실현된 손익 및 옵션 프리미엄의 지급과 수취를 의미하며, ④ 기타투자는 직접투자, 증권투자, 파생금융상품 및 준비자산거래를 제외한 모든 대외금융 자산/부채 거래를 기록한다. ⑤ 준비자산은 중앙은행이 보유하고 있는 외환보유액의 거래에 의한 증감을 기록한다.

1.2.4 오차 및 누락

실제로 국제수지표를 작성하다 보면 경상수지, 자본수지, 준비자산 증감의 합계가 0이 되지 않는 경우가 대부분이다. 이것을 조정해 주는 항목이 오차 및 누락이며 통계상 불일치라는 명칭을 사용하기도 한다.

지금까지 살펴본 국제수지표의 항목들을 재정리하면 다음과 같다.

표 6-1 **국제수지표의 구성**

<table>
<tr><td rowspan="4">경상수지</td><td>상품수지</td><td>■ 일반상품
■ 중계무역순수출
■ 비화폐용금</td></tr>
<tr><td>서비스수지</td><td>■ 가공서비스
■ 유지보수서비스
■ 운송
■ 여행
■ 건설서비스
■ 보험서비스
■ 금융서비스
■ 지식재산권사용료
■ 통신 · 컴퓨터 · 정보서비스
■ 기타사업서비스
■ 개인, 문화, 여가 서비스
■ 정부서비스</td></tr>
<tr><td>본원소득수지</td><td>■ 급료및임금
■ 투자소득</td></tr>
<tr><td>이전소득수지</td><td></td></tr>
<tr><td rowspan="2">자본 · 금융계정</td><td>금융계정</td><td>■ 직접투자
■ 증권투자
■ 파생금융상품
■ 기타투자
■ 준비자산</td></tr>
<tr><td>자본수지</td><td>■ 자본이전
■ 비생산비금융자산</td></tr>
<tr><td>오차 및 누락</td><td></td><td></td></tr>
</table>

* BPM6 이행에 따른 국제수지표 체계 변경

출처 : 한국은행 보도자료(2013. 11. 15)

2 국제수지의 균형과 불균형

Essentials of Trade, ch. six

2.1 국제수지의 성격

국제거래에는 자율거래와 조정거래가 있다. 자율거래는 이익의 증진 등 독자적인 동기에 의해 발생하는 거래이고, 조정거래는 자율거래에 의해 유발되는 거래이다. 국제수지표상의 여러 거래 중 어디까지를 자율거래로 보느냐에 따라 경상수지를 국제수지로 간주할 수도 있고, 경상수지와 자본수지를 합한 것을 국제수지로 간주할 수도 있다.

2.2 국제수지의 균형과 불균형

국제수지표는 전체적으로 총수입(總收入)과 총지급(總支給)이 같다. 그러나 어디까지를 자율거래로 보느냐에 따라 수입과 지급이 일치할 수도 있고 불일치할 수도 있다. 결국 자율거래의 항목에서 수입과 지급의 크기에 따라 국제수지의 균형과 불균형이 나타난다. 예를 들어, 수입이 지급과 일치하면 국제수지가 균형이 되고, 수입이 지급보다 작으면 적자, 그리고 수입이 지급보다 크면 흑자가 된다.

2.3 경상수지의 적자와 흑자

국제수지에서 가장 중요한 것은 경상수지인데 그 이유는 경상수지의 적자, 흑자가 산업생산, 고용, 국민소득 등 국민경제 각 분야에 크게 영향을 미치기 때문이다. 우선 경상수지 적자가 되면 국민소득이 감소할 뿐만 아니라 상품수입 대금을 지급하기 위하여 외국으로부터 돈을 꾸어 옴으로써 그만큼의 외채가 증가하고 소비생활이 위축될 것이다.

반면에 경상수지 흑자가 되면 국민소득이 증대되고, 고용이 확대될 뿐만 아니라 벌어들인 돈으로 그동안 외국에 진 빚을 갚을 수 있다.

그러나 경상수지의 적자와 흑자는 그 원인을 잘 분석해야 올바른 결론에 도달할 수 있다. 예를 들어, 경상수지 적자가 발생하더라도 그 원인이 원자재와 자본재의 수입증가 때문이라면 오히려 장기적으로는 성장 잠재력이 확충되어 경상수지 흑자로 반전될 수 있다. 반면에, 경상수지 흑자가 발생하더라도 그 원인이 수출증가보다는 원자재와 자본재의 수입감소 때문이라면 오히려 장기적으로 성장 잠재력이 훼손되면서 경상수지

적자로 반전될 수 있다.

이와 같은 경상수지 개념의 한계 때문에 경상수지와 자본수지를 합한 보다 큰 의미의 국제수지 개념이 대두된 것이다. 특히 최근 들어서는 자본의 국제거래가 활성화되고 민간부문이나 금융부문의 자본거래가 조정거래 성격보다는 자율거래 성격을 띠게 되면서 자본수지도 경상수지와 아울러 중요한 의미를 가지게 되었다.

3 국제수지의 조정

Essentials of Trade, ch. six

3.1 국제수지 조정의 의의

한 나라의 경제는 대내균형과 대외균형이 동시에 이루어질 때 거시적 안정을 유지한다. 여기서 대내균형은 고용안정과 물가안정을 의미하고, 대외균형은 국제수지 균형을 의미한다. 그런데 대내균형과 대외균형은 서로 밀접한 관계에 있기 때문에 국제수지 불균형이 발생하면 고용안정과 물가안정도 동시에 깨지게 된다.

따라서 국제수지 불균형을 균형화하는 작업은 고용과 물가의 안정을 도모하는 일과 같아서 아주 중요한 과제이다. 국제수지의 조정은 시장에서 자동적으로 이루어지기도 하고, 만약 그렇지 못할 때에는 정부의 국제수지 조정정책이 필요하게 된다.

3.2 고정환율제도 하에서의 자동조정 메커니즘

고정환율제도 하에서는 국제수지의 조정이 주로 가격의 변동이나 소득의 변동을 통해 자동적으로 이루어진다고 보았다.

3.2.1 가격조정 과정

만약 한 나라에 수출보다 수입이 많아 국제수지 적자가 발생하면 국내통화량이 감소하게 된다. 그러면 국내물가의 하락 → 수출품의 상대가격 하락과 수입품의 상대가격 상승 → 수출의 증가와 수입의 감소 → 국제수지 적자의 축소가 나타난다.

물론 수출이 수입보다 많아 국제수지 흑자가 발생하면 국내통화량이 증가하고, 국내물가가 상승하면서 앞에서 언급한 국제수지 적자와 정반대 조정 과정을 거치게 된다. 이를 그림으로 나타내면 〈그림 6-1〉과 같다.

그러나 이러한 가격 조정에 의한 국제수지의 자동조정에는 너무 오랜 시간이 걸리기 때문에 그것에만 전적으로 의존할 수 없다. 아울러 국제수지 불균형과 함께 나타나는 대내불균형을 해결하기 위해 정부가 별도의

그림 6-1

가격조정 과정

정책을 통해 통화량을 변동시키면 가격조정 효과가 나타나지 않을 수도 있다.

3.2.2 소득조정 과정

만약 물가의 변동이 신축적으로 이루어지지 않는다면 국민소득의 변동을 통해서도 국제수지를 자동적으로 조정할 수 있다. 예를 들어, 수출이 감소하여 국제수지 적자가 되면 국민소득이 감소하면서 국내 소비와 수입이 줄어들고 그에 따라 국제수지 적자가 축소된다. 물론 수출이 증가하여 국제수지 흑자가 되면 국민소득이 증가하면서 위와 정반대의 조정 과정을 거친다. 이를 그림으로 나타내면 〈그림 6-2〉와 같다.

그러나 국민소득을 통한 국제수지의 자동 조정을 통해서 국제수지 불균형이 완전히 회복된다는 보장은 없다. 단지 소득 조정을 통해서는 국제수지 불균형의 일부가 해소될 뿐이다.

그림 6-2

소득조정 과정

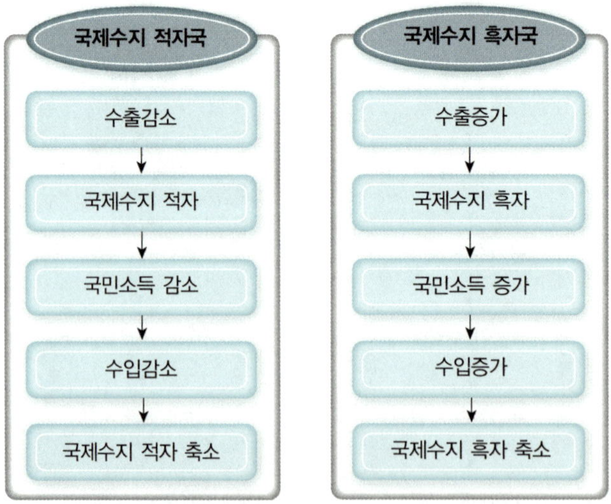

3.3 자유변동환율제도 하에서의 자동조정 메커니즘

자유변동환율제도 하에서는 국제수지 불균형이 발생하면 환율이 자동적으로 변동하여 국제수지를 균형으로 이끈다. 예를 들어, 국내물가가 상승하고, 국내경기가 호전되면 수출감소와 수입증가가 나타나면서 국제수지가 적자가 된다. 그러면 외환에 대한 수요가 증가하여 환율의 상승 → 자국통화가치의 절하 → 수출상품 가격의 상대적 하락 · 수입상품 가격의 상대적 상승 → 수출증가 · 수입감소 → 국제수지 균형이 자동적으로 이루어진다. 물론 국내물가가 하락하고 해외경기가 호전되어 수출증가 · 수입감소가 나타나면서 국제수지가 흑자가 되는 경우에는 위와 정반대의 조정 과정을 거친다. 이를 그림으로 나타내면 〈그림 6-3〉과 같다.

그림 6-3

환율조정 과정

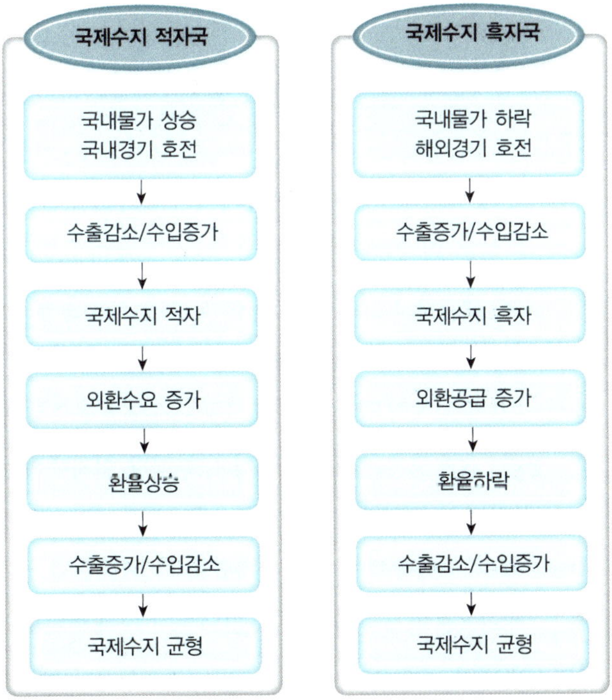

그러나 현실에서는 완전한 의미의 자유변동환율제도를 채택하는 나라가 거의 없다. 겉으로는 자유변동환율제도를 채택한다 하더라도 경우에 따라서 정부나 중앙은행이 외환시장에 개입하는 일이 종종 있으므로 환율의 조정 과정만으로 국제수지의 완전균형을 달성하기란 현실적으로 쉽지 않은 일이다.

3.4 정부의 국제수지 조정정책

현실적으로 자동조정 메커니즘은 제대로 작동하지 않는다. 이에 정부는 국제수지 조정정책을 실시하여 국제수지 불균형을 해소하고자 노력하게 된다. 국제수지 조정정책은 크게 지출변동정책과 지출전환정책으로 나뉜다.

3.4.1 지출변동정책

지출변동정책 재정정책과 금융정책으로 국민경제의 국내지출을 변동시킴으로써 수출과 수입을 조정하고 국제수지의 균형을 도모하는 정책

재정정책 정부가 재정지출이나 조세의 조정을 통해 국제수지를 조정할 수 있는 정책수단

금융정책 중앙은행이 통화량과 이자율의 조정을 통해 국제수지를 조정할 수 있는 정책수단

지출변동정책은 재정정책과 금융정책으로 국민경제의 국내지출을 변동시킴으로써 수출과 수입을 조정하고 국제수지의 균형을 도모하는 정책이다.

재정정책은 정부가 재정지출이나 조세의 조정을 통해 국제수지를 조정할 수 있는 정책수단이다. 예를 들어, 국제수지가 적자이면 정부는 재정지출의 감소와 조세의 증가를 통해 국내 지출과 수입을 줄이고 국제수지를 균형으로 이끌 수 있다. 반대로 국제수지가 흑자이면 정부는 재정지출의 증가와 조세의 감소를 통해 국제수지를 균형으로 이끌 수 있다.

한편, 금융정책은 중앙은행이 통화량과 이자율의 조정을 통해 국제수지를 조정할 수 있는 정책수단이다. 예를 들어, 국제수지가 적자이면 중앙은행은 통화량의 감소와 이자율의 인상을 통해 투자의 감소, 수입의 감소, 해외자본의 국내유입을 도모하면서 국제수지를 균형으로 이끌 수 있다. 반대로 국제수지가 흑자이면 중앙은행은 통화량의 증가와 이자율의 인하를 통해 국제수지균형을 꾀하게 된다.

3.4.2 지출전환정책

지출전환정책 관리변동환율제도 하에서 환율을 인상 또는 인하하여 수출과 수입을 변동시킴으로써 국제수지의 균형을 도모하는 정책

지출전환정책은 관리변동환율제도 하에서 환율을 인상 또는 인하하여 수출과 수입을 변동시킴으로써 국제수지의 균형을 도모하는 정책이다. 환율정책 이외에도 무역정책과 외환관리정책 등이 지출전환정책에 속한다.

관리변동환율제도 하에서 정부는 국제수지 불균형에 대응하여 제한된 범위 내에서 환율을 조정하게 된다. 환율변동의 효과는 자유변동환율제도 하에서의 환율 조정 과정과 유사하다. 즉, 국제수지 적자국은 환율의 인상을 통해 국제수지의 적자를 축소하고, 국제수지 흑자국은 환율의 인하를 통해 국제수지의 흑자를 축소하고자 한다. 그런데 환율의 인위적인 조정은 또 다른 파급효과를 가져올 수 있다. 예를 들어, 국제수지 적자를 축소시키려는 환율인상정책은 수입원자재 가격의 상승, 국내물가의 상승, 외채원리금 부담의 증가라는 부작용을 가져올 수 있다. 반대로 국제수지 흑자를 축소시키려는 환율인하정책은 수입원자재 가격의 하락, 국내물가의 하락, 외채원리금 부담의 경감이라는 또 다른 효과를 얻을 수 있다.

한편, 국제수지가 불균형 상태에 있는 국가들은 무역정책과 외환관리정책을 통해서도 그것을 해소하고자 한다. 예를 들어, 국제수지 적자국에서는 관세 및 비관세 장벽을 쌓아 수입을 규제하거나 외환거래를 규제하면서 수출입에 영향을 미칠 수 있다. 그러나 이와 같은 무역 및 외환통제는 세계무역기구(WTO)의 출범과 금융시장의 범세계적 통합화에 따라 실시가 사실상 어렵게 되었다.

그림 6-4

국제수지 조정정책의 목표

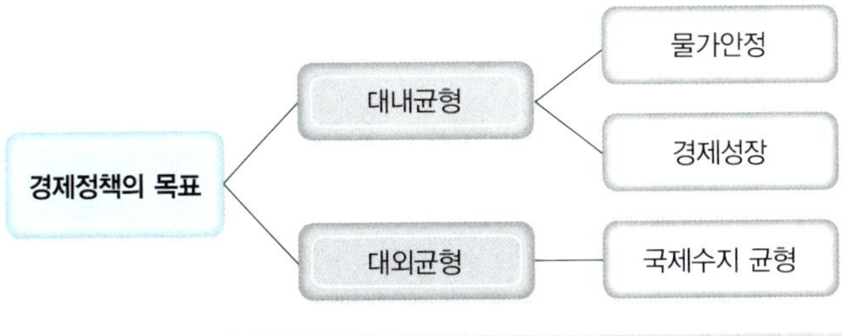

국제통상과 국제협상

II

국제통상의 개요

07

1. 국제통상의 의의

2. 국제통상정책의 특수성

1 국제통상의 의의

Essentials of Trade, ch. seven

1.1 국제통상의 정의

국제통상이란 국가 간 자유로운 경제활동이 이루어지게 함을 의미하는데, 여기서 통상(通商)이란 국가 간 '상거래'가 막힘없이 '통한다'는 의미로 해석할 수 있다.

따라서 국제통상이란 국가라는 주권 단위가 국가 간의 경제교류에 작용하는 제약요인을 제거하고 국가 간의 상거래를 통하게 만드는 여러 활동 및 과정을 의미한다. 그러나 현실적으로 국경을 넘어 이루어지는 상행위에 정부의 일정한 간섭이 존재하므로 경제주체의 합리적 의사결정과 이러한 의사결정에 따른 국가 간 상거래에 대한 제약요인을 완화해나가는 과정 및 활동이라고 할 수 있다. 보다 구체적으로 볼 때 국제통상은 유형적인 재화 거래는 물론이고 무형적인 서비스 거래와 지적재산권 그리고 노동과 자본의 국제적 이동을 원활하게 해주는 활동이라고 할 수 있다.

1.2 국제통상의 특징

상호주의(또는 호혜주의) 외교통상의 기본원리로서 서로 등가의 이익을 교환하거나 동일한 대우를 교환하는 것

1.2.1 상호주의(Reciprocity)

한 국가가 무역자유화정책을 추구한다면 그 국가와 무역을 하는 상대국가 또한 수출과 수입을 통해 이익을 얻을 수 있다는 것이 상호주의의 개념으로 현대무역이론에서는 이것을 수동적 상호주의와 공격적 상호주의 두 가지 개념으로 나눈다.

① 수동적 상호주의(passive reciprocity) **개념**

수동적 상호주의란 최혜국대우와 그 뜻이 다를 바 없다. 즉, 최혜국

대우는 어느 가맹국에 대해 부여하고 있는 관세상의 대우를 그 외의 모든 가맹국에 대해서도 동등하게 무차별적으로 적용하도록 요구한 것이다.

이와 같은 수동적 상호주의 전략을 추구하기 위해서는 한 국가가, 상대국과 자신들의 무역규제를 줄이는 것에 동의할 정도로, 자기 국가의 무역규제를 철폐하여야 한다. 그러나 만약 상대방 국가가 자유무역으로 인해 이득을 얻는 것을 원하지 않는다면 자국이 이득을 얻을 수 있음에도 자유무역을 추구하지 않을 것이다. 이는 전형적인 용의자의 딜레마(Prisoner's Dilemma) 문제인데, 무역자유화를 완전히 금지시키거나, 모든 사람들에게 나쁜 영향을 줄 수 있는 비효율적인 결과를 얻게 될 수 있다. 반면, 무역 상대국이, 수출부문의 생산자를 어느 정도 보호해 주는 제도적 뒷받침 없이 수입부문을 자유화하려 한다면 이것이 정치적 관점에서 어렵다는 것을 인식하게 될 것이다. 이러한 경우, 수동적 상호주의 전략은 무역자유화에 대한 상호조약을 이끌어 내는 것이 된다.

용의자 딜레마 게임 이론에서 이용되는 정학적(靜學的)인 비협력게임의 하나

② 공격적 상호주의(aggressive reciprocity) **개념**

공격적 상호주의 전략은 거의 모든 형태를 취할 수 있다. 예를 들어 상호주의 무역협정을 체결했던 두 무역당사국이, 협정을 강제할 초국가적인 권위나 협정 불이행 시 보복조치에 대한 두려움이 없기 때문에, 협정을 준수하는 가장 좋은 방법은 자발적인 이행이다. 국가들이 다른 국가들과 독자적으로 협상을 함에 있어서 tit-for-tat 전략(협력과 맞대응 전략)은 용의자의 딜레마 게임상황을 해소시켜 줄 것이다.

tit-for-tat 전략 협력과 맞대응전략(눈에는 눈, 이에는 이)

③ 공격적 상호주의의 전개 : 일방주의(unilateralism)

공격적 상호주의는 어느 나라가 통상 상대국에 대해 상품시장 및 서비스 시장 개방 등 유리한 통상정책적 조치를 시행할 경우 통상 상대국도 동등한 통 상상의 조치를 시행하도록 하는 것을 말하는데, 이에 불응하게 되면 통상보복조치가 따른다. 다시 말해 공격적 상호주의는 불공정한 무역에 대해 복수를 하겠다는 위협을 수반한다. 애덤 스미스는 '복수심(revenge)' 이란 상호주의 요구를 촉진시키고 일반적인 자유무역을 추구

할 수 있는 국가의 능력을 제한한다고 주장하였으며 이는 국내 소비자들에게 불필요한 비용을 강요한다고 생각하였다. 실례로 1988년 미국의 종합무역및경쟁력법(the Omnibus Trade and Competitiveness Act of 1988)에서 채택된 슈퍼 301조는 이미 자국시장 접근은 제한 없이 허용되어 있다는 전제 하에 다른 나라도 비슷한 수준으로 시장을 개방하도록 요구하는 전략인 쇠지레이론(crow-bar theory)과 같은 입장에서의 전략이었다.

과거 국가 간 경제교류가 그다지 활발하지 않던 시기에는 자국의 이익을 위해 자유무역을 택할 것인가 아니면 보호무역을 택할 것인가의 선택이 중요한 과제였다. 그러나 국가 간 경제장벽이 허물어지고 교역의 대상이 확대된 요즘, 국제통상은 상호주의와 공정무역에 그 초점을 두고 있다.

1.2.2 규범주의

국제통상에 있어서 국제교류의 규칙인 규범이 매우 중요하다. 일반적으로 국제통상규범이라고 하면 특정 국가 또는 특정 사안에 대한 협상의 결과로 얻어진 규범을 지칭하는 경우도 있고, 세계무역기구(WTO) 규범과 같이 무역활동 전반에 관한 각종 규범을 포괄하는 규범을 의미하는 경우도 있다.

국가 간의 경제적 관계를 규정하는 규범은 그 범위에 따라 크게 포괄적 규범과 개별적 규범으로 분류할 수 있다. 포괄적 규범이란 WTO 규범과 같이 국가 간 경제활동을 전반적으로 규정하는 규범을 의미한다. 개별적 규범이란 분야별 양자 협상과 같이 특정한 경제활동을 뒷받침해 주기 위한 규범들을 의미하며, 이는 포괄적 규범의 하부규범에 대한 별도의 협상뿐 아니라 독립적으로 체결되는 협정들까지 모두 포괄하는 개념이라고 할 수 있다.

포괄적 규범 국가 간 경제활동을 전반적으로 규정하는 규범

개별적 규범 분야별 양자 협상과 같이 특정한 경제활동을 뒷받침해 주기 위한 규범들

표 6-1 포괄적 통상규범과 개별적 통상규범의 예

포괄적 규범	개별적 규범
다자간 규범 : WTO(GATT) 지역 간 협정 : EU, NAFTA 등 복수국 간 경제기구 : APEC, OECD	상품별 시장개방협정 : 분야별 양자협상, 복수국 간 섬유협정(MFA), 다자간 철강협정(MSA) 등 주요 분야별 규율제정 : 반덤핑, 정부조달, 세이프가드 등

출처 : 강인수 외, 『국제통상론』(제5판), 박영사, 2009, p.61.

2 국제통상정책의 특수성

Essentials of Trade, ch. seven

2.1 국제통상의 주체와 대상

국제통상의 주체는 WTO협정에서 명시하고 있는 바와 같이 ① 국가와 ② 홍콩, 유럽연합(EU) 등 독자적인 관세영역을 포함한다. 한편 국제통상의 대상은 국가 간에 교역될 수 있는 모든 재화 · 서비스 · 생산요소와 그 교역관계에서 나타나는 각종의 문제들이다.

아울러 통상정책이란 국가가 통상과 관련된 자국이익의 극대화를 위하여 행하는 정책이다. 즉, 국가가 통상과 관련된 특정 목적을 달성하기 위하여 국내의 경제적 이해조정과 외국과의 이해조정을 통하여 행하는 정부의 활동이다. 대내적 경제정책과 대외적 경제정책을 포함한 개념이라고 할 수 있다.

통상정책 국가가 통상과 관련된 자국이익의 극대화를 위하여 행하는 정책

일반적으로 무역정책이라고 할 때는 무역과 관련된 국내제도를 변경하거나 수출과 수입을 장려 또는 억제하는 정책이 중심이 된다. 그러나 통상정책은 이러한 무역정책을 포함하여 통상에 대한 국가전략이나 대외관계를 포함하는 보다 넓은 의미로 사용되고 있다.

무역정책 무역과 관련된 국내제도를 변경하거나 수출과 수입을 장려 또는 억제하는 정책

통상정책은 그 국가가 처한 상황에 따라 달라지고 시대에 따라 변화하게 된다. 과거에는 물품의 수출입을 중심으로 통상정책이 수립되었다면, 현재는 상품, 서비스, 지적재산권, 생산요소, 화폐 등 전반적인 경제환경과 제도, 법률 등 국내제도까지 포함하고 있는 것이다.

그림 7-1

국제통상의 주체와 대상

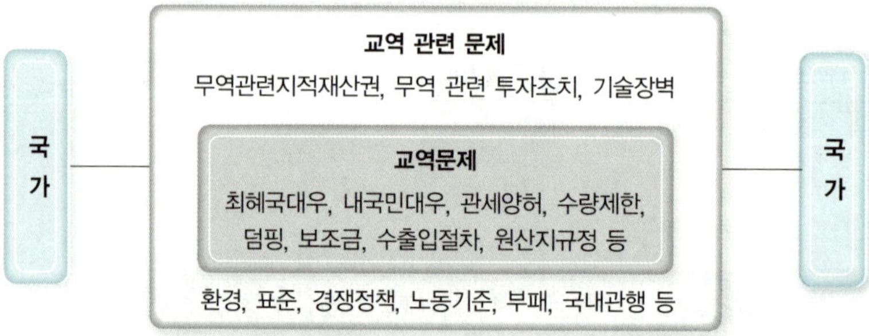

출처 : 조영정, 『국제통상론』, 법문사, 2009, p.9.

이러한 통상정책의 결정에는 국가의 경제정책, 국제경제환경, 국가의 정치, 사회적 이념, 국가의 이해관계자들의 관계, 국가의 정책결정 형태, 교역상대국과의 관계 등 다양한 요소가 작용한다.

2.2 정책의 특수성

2.2.1 상호성

국제통상정책은 항상 상대방을 고려하면서 수립해야 하므로 상대국의 정치 경제 · 사회적 여건과 상호 이해관계가 중요하다.

2.2.2 공유성

국제통상정책은 대외정책이면서 동시에 대내정책과 직결되어 있다. 따라서 국내의 이해당사자들의 입장을 조정하면서 정책의 타당성을 공유해야 한다.

2.2.3 포괄성

국제통상정책은 국제거래에 대한 규범을 정립하고 이와 관련된 마찰을 해소해 나가야 하므로 외교협상 전략까지 포괄해야 한다.

2.2.4 다중성

오늘날에는 WTO를 중심으로 한 다자간 자유무역의 흐름과 지역경제통합이라는 블록화 현상이 함께 나타나고 있다. 따라서 각국은 여러 통상협상에 사안별로 대응해야 하는 문제를 안고 있다.

2.2.5 복합성

통상정책은 대외정책이면서 동시에 대내정책으로서의 성격을 지니고 있기 때문에, 타국과의 관계조정뿐만 아니라 국내 이해관계자들 간의 이해조정도 수반된다. 따라서 산업정책과 같은 국내경제정책과 상호 보완적이면서 때로는 상호 갈등적인 면을 지닐 수도 있는 유기적 관계를 형성하고 있다.

국제통상 및 경제통합

08

1. 국제통상질서의 변화

2. 국제통상 관련 국제기구

3. 경제통합

1 국제통상질서의 변화

Essentials of Trade, ch. eight

1.1 GATT와 무역자유화

18세기 후반 이후 자유무역에 대한 이론이 활발하게 전개되어 왔지만 현실적으로 각국은 자국의 산업을 보호하기 위해 보호무역정책을 채택해 왔다. 특히 제1차 세계대전 직후에는 각국이 경쟁적으로 보호무역 장벽을 높였고, 그 결과 전 세계적인 교역량의 감소와 1930년대의 대공황을 맞게 되었다.

GATT 관세 및 무역에 관한 일반협정

이에 대한 반성에서 제2차 세계대전 이후 미국의 주도로 창설된 것이 관세 및 무역에 관한 일반협정(General Agreement on Tariffs and Trade ; GATT)이다. GATT는 자유무역을 촉진시켜 세계경제의 번영을 꾀하고자 1947년에 체결되고 1948년 1월에 발효된 국제협정이다.

1.1.1 GATT의 기본 원칙

최혜국대우원칙 협상당사자들만의 특혜조치를 금지하는 원칙

내국민대우원칙 회원국이 관세 이외에 내국세, 정부규제 등에서 수입품을 국산품과 동등하게 취급해야 한다는 원칙

GATT는 자유무역의 촉진을 위해 최혜국대우원칙, 내국민대우원칙, 수량제한철폐원칙 등 몇 가지 기본 원칙을 추구해 왔다. ① 최혜국대우원칙은 회원국들이 관세인하협정을 맺을 때 협상당사자들만의 특혜조치를 금지하는 원칙이다. ② 내국민대우원칙은 회원국이 관세 이외에 내국세, 정부규제 등에서 수입품을 국산품과 동등하게 취급해야 한다는 원칙이다. 마지막으로 ③ 수량제한철폐원칙은 관세 이외에 원칙적으로 수량할당 · 수입허가 등에 의한 어떠한 수량 규제도 두어서는 안 된다는 원칙이다.

tips **왜 '최혜' 인가?**

이 개념은 다소 모순이 있는 것처럼 들릴 수 있다. 특별한 대우를 연상시키는 것인데 WTO에서는 실제로 비차별, 즉 모든 이를 동등하게 대우한다는 것을 의미하기 때문이다. 하지만 사실이 그렇다. 각 회원국들은 다른 모든 회원국들을 '최혜' 국으로서 동등하게 대우한다. 어떤 국가가 다른 한 국가에게 특혜를 줄 경우, 이와 동일한 '최선의' 대우를 다른 모든 WTO 회원국에게도 부여하여 모든 국가들이 '최혜' 국이 될 수 있도록 하는 것이다.

최혜국(most-favoured nation ; MFN) 지위가 항상 동등한 대우를 의미했던 것은 아니다. 초기 양자간 최혜국 조약은 체약국들 간에만 특혜를 누리는 것이었기 때문에 이는 마치 배타적 클럽과 같았다. 그러나 GATT와 WTO에서 이와 같은 최혜국 클럽은 더 이상 배타적이지 않다. 최혜국대우원칙은 각 국가가 다른 1,402개 이상의 회원국들에 동등한 대우를 부여할 수 있도록 해준다. 그러나 예외는 있다.

출처 : 외교통상부, 『WTO 이해하기』, 외교통상부 세계무역기구과

1.1.2 GATT의 다자간 협상

GATT 체제 하에서는 무역환경이 변할 때마다 새로운 내용을 무역규범으로 정하기 위해 다자간 협상(Round)을 벌여 왔다. 협정 체결 이후 1962년까지 GATT는 5차례에 걸쳐 품목별 관세인하 협상을 진행하였다. 그 후 1964년부터 1967년에 걸쳐 케네디 라운드(Kennedy Round)를 실시하여 관세의 일괄 인하 방식 하에 평균 관세인하율을 35% 수준으로 확정지었다. 그 여세를 몰아 1973년부터 1979년까지 진행되었던 도쿄 라운드(Tokyo Round)에서는 평균 33%의 관세를 추가로 인하하였다.

그러나 1980년대 들어서는 무역환경이 급변하면서 새로운 국제무역질서가 요구되었다. 예를 들어 ① 선진국들을 중심으로 신보호무역주의가 강화되고, ② GATT의 기본 원칙을 교묘하게 회피하는 수출자율규제와 시장실서유지협정 등 회색지대조치(Grey Area Measures)가 유행하였으며, ③ GATT 또한 '국제기구' 가 아닌 '협정' 에 불과하다는 문제점들

표 8-1 GATT 하의 다자간 무역협상 개요

연도	협상분야	참여국수	장소/명칭	주요 내용
1947	관세	23	제네바	▪ 최초의 다자간 협상으로 당시 세계무역의 절반가량에 해당하는 45,000건의 관세양허 교환
1949	관세	13	앙시	▪ 1949~1951년 사이에 열린 두 차례의 다자간 협상으로 주로 신규 가입 신청국의 GATT 가입(accession)을 용이하게 처리하기 위한 다자간 협상의 성격을 띰 ▪ 앙시(Annecy) 라운드에서는 9개국이, 토르퀘이(Torquay) 라운드에서는 4개국이 추가로 GATT에 가입
1951	관세	38	토르퀘이	
1956	관세	26	제네바	▪ GATT의 운영방식 개선 및 GATT 조문 재검토를 목표로 하여 추진 ▪ "체약국단은 때때로 관세인하 협상을 주최한다"는 계획을 처음으로 GATT 조문에 명시, GATT 제2부의 일부분 수정
1960 ~ 1961	관세	26	제네바 (딜론 라운드)[1]	▪ 유럽경제공동체(EC) 출범을 배경으로 이로 인한 무역차별 및 무역전환 효과를 상쇄하기 위해 개최 - 미국과 EC 평균 10% 관세인하
1964 ~ 1967	관세, 반덤핑	62	제네바 (케네디 라운드)	▪ 품목별협상과 선형삭감방식(fromula approach)을 병행하여 진행, 선진국의 관세율을 평균적으로 35% 인하 - 반덤핑 및 관세평가에 대한 합의 도출
1973 ~ 1979	관세, 비관세, 기본 협정	102	제네바 (도쿄 라운드)	▪ 선진국들은 대부분 30% 이상으로 관세율 인하 ▪ 정부조달, 기술장벽, 보조금 및 상계관세, 관세평가, 수입허가, 반덤핑 등 6개 분야에 대한 협정(code) 제정 - 개도국 특별대우 제도화
1986 ~ 1994	관세, 비관세, 규범, 서비스, 지재권, 분쟁해결, 섬유, 농업, 농업, WTO 창설 등	123	제네바 (우루과이 라운드)	▪ WTO 설립 - 항구적이고 강렬한 국제무역기구의 설립 - 회원국의 국내법을 WTO 규정에 합치시키도록 규정함 ▪ 공산품 관세인하 및 비관세장벽 완화 - UR 협상 이전에 비해 1/3 이상 관세인하 - VER 등 회색조치의 철폐 ▪ 농산물 및 섬유류 무역의 GATT 편입 ▪ 기존 GATT 규범의 강화 - 반덤핑, 보조금, 상계관세, 세이프가드 등 ▪ 서비스무역에 관한 기본 규범 설정 및 양허교섭 완료 ▪ 지적재산권 보호 및 투자 관련 조치에 관한 규범 마련 ▪ 통합분쟁해결 절차 및 규칙(DSU) 합의

주 : 1) 종전에는 무역협상라운드가 개최된 지역의 이름을 따서 라운드를 명명하였으나, 1960년대의 두 차례 라운드는 그것의 개최에 가장 크게 공헌한 사람의 이름을 따서 명명하였음. Dillon Round는 아이젠하워 행정부 말기 국무성 차관(딜론 라운드에서의 미국 측 수석대표)으로 있다가, 케네디 행정부의 초대 재무장관을 지낸 C. Douglas Dillon의 이름을, Kennedy Round는 John F. Kennedy 대통령의 이름을 딴 것임. 1960년대 이후 다자간 무역협상라운드는 주로 제네바를 중심으로 진행되어 오고 있음.

출처 : 외교통상부, 『WTO 개황, 2005』, 외교통상부 통상교섭본부 다자간통상국 세계무역기구과, 2005.

이 대거 노출되었다. 이에 대응하여 자유무역을 확대하고 GATT의 영향력을 강화시키려 했던 것이 바로 GATT의 제8차 다자간 협상이었던 우루과이 라운드(Uruguay Round ; UR)이다.

1.2 우루과이 라운드의 타결

1986년 9월 우루과이에서 열린 GATT 각료회의에서 정식 출범시키기로 합의한 우루과이 라운드는 그로부터 7년 3개월 후인 1993년 12월에 타결되었다. 그리고 각국 정부의 서명과 비준을 거쳐 1995년 1월부터 발효되었다.

UR협정은 기존의 GATT 라운드에서 다루지 못했던 섬유, 농산물 등을 다자간 체제로 복귀시키고 서비스, 지적재산권과 같은 새로운 분야도 포괄하였다. 또한 UR협정을 관할하고 국제무역분쟁을 해결하는 세계무역기구(World Trade Organization ; WTO)를 설립하여 UR협정이 발효된 1995년 1월에 정식 출범시켰다. UR협정의 주요 내용을 9개 분야로 나누어 약술하면 다음 [표 8-2]와 같다.

표 8-2 UR협정의 주요 내용

분야	주요 내용
공산품	공산품에 대한 관세율을 33% 인하한다. 철강, 건설장비 등 일부 공산품에 대해서는 무관세화를 실시한다.
농산물[1]	예외 없는 관세화 : 모든 농산물의 교역에 관세 이외의 수입장벽은 인정하지 않는다. 관세화 유예와 최소시장접근 : 관세화를 유예받는 기간(예 : 한국-10년)에도 국내소비량 중 일정량(예 : 한국-1995년 1%, 2004년 4%)을 의무적으로 수입해야 한다.
서비스	서비스교역의 다자간규범인 일반협정을 제정한다.
반덤핑	선진수입국에 의한 자의적인 덤핑마진 산정의 여지를 축소한다. 반덤핑관세는 원칙적으로 5년 내에 폐지한다.
보조금	수출에 직접적인 왜곡을 가져오는 금지보조금은 3년 내에 철폐한다. 수입국에 심각한 피해가 생길 것으로 추정되는 상계가능보조금에 대해서는 수입국이 보복조치를 취할 수 있도록 허용한다. 연구개발 및 지역개발을 위한 허용보조금은 3년마다 그 목록을 제시해야 한다.

예외 없는 관세화 모든 교역에서 관세 이외의 수입장벽은 인정하지 않는다는 원칙

최소시장접근 국내소비량에 대한 일정 부분을 반드시 수입하도록 의무화한 것

긴급수입제한조치	긴급수입제한조치의 발동요건과 발동기간을 구체적으로 명시한다.
섬유	다자간 섬유협정에 의해 규제되어 온 섬유류를 10년에 걸쳐 단계적으로 GATT에 통합시킨다.
지적재산권	기존의 지적재산권 관련 국제협약을 바탕으로 내국민대우와 최혜국대우의 기본 원칙을 밝히고 보호수준을 강화시킨다.
분쟁해결 절차	국가 간의 모든 분쟁은 WTO 산하의 분쟁해결기구(Dispute Settlement Body; DSB)가 관장한다.

주 : 1) UR협정 10년 만에 다시 타결된 쌀 협상(2004년 12월 30일)결과, 우리나라는 관세화 유예기간을 10년 더 연장하면서 최소시장접근에 의한 쌀의 의무수입물량을 2014년까지 국내소비량의 7.96% 수준까지 늘리기로 합의하였다.

1.3 세계무역기구의 출범

시장접근(Market Access) 상품이나 서비스를 수요하고 시장에 접근할 수 있는 권리

WTO는 우루과이 라운드 협상의 결과 탄생한 국제기구로 4가지 주요 원칙을 가지고 있다. WTO는 ① 최혜국대우와 내국민대우원칙을 포함하는 차별 없는 무역의 보장, ② 예측 가능하고 안정적인 시장접근 보장, ③ 공정경쟁의 촉진, 그리고 ④ 경제개발과 개혁장려라는 4대 원칙 하에서 운영된다.

WTO가 갖는 주요 기능은 다자간 복수국 간 무역협정의 관리 및 이행과 다자간 무역협상의 주도, 회원국 간 무역분쟁의 해결 및 각 회원국의 무역정책 검토 기능을 수행하고 있다. 아울러 이러한 원칙과 기능을 수행하기 위해 WTO는 산하에 각료회의, 다수의 이사회와 위원회, 사무국을 두고 있을 뿐만 아니라 법적 구속력과 감시기능을 가진 분쟁해결기구(Dispute Settlement Body ; DSB)와 무역정책검토기구(Trade Policy

WTO의 4대 기본 원칙	▪ 무차별원칙: 최혜국대우원칙, 내국민대우원칙 ▪ 예측 가능하고 안정적인 시장접근의 보장 ▪ 공정경쟁의 촉진 ▪ 경제개발과 개혁의 장려
WTO의 주요 기능	▪ 다자간 복수국 간 무역협정의 이행과 관리 ▪ 다자간 무역협상의 주도 ▪ 회원국 간 무역분쟁의 해결 ▪ 회원국 무역정책의 검토

그림 8-1

WTO 조직의 구조

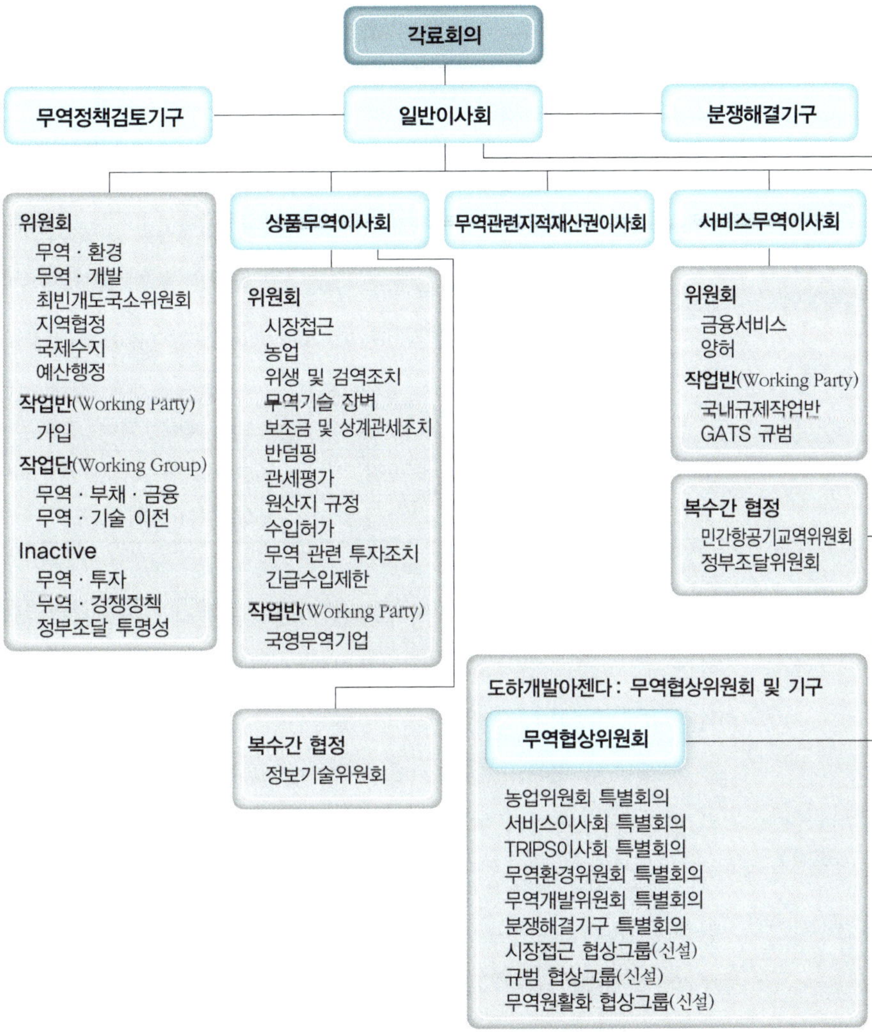

출처 : 외교통상부, 『WYO 이해하기』, 외교통상부 세계무역기구과, 2007.

Review Body ; TPRB)도 가지고 있다.

결국 WTO는 이와 같은 조직을 가동하여 투명하고 예측 가능한 세계무역규범을 규정 · 실시하고 이에 근거하여 국제통상마찰을 사법적으로 해결하겠다는 것이다. 또한 의사결정 방식도 GATT의 전원일치제에서 벗어나 다양한 다수결제를 도입함으로써 신속한 정책결정을 가능하게 하였다. 참고로, 과거의 GATT와 현재의 WTO를 비교하면 [표 8-3]과 같다.

표 8-3 GATT와 WTO의 비교

구분	GATT	WTO
공식출범 연도	▪ 1948년	▪ 1995년
성격	▪ 일반 협정	▪ 국제기구
규제 품목	▪ 주로 공산품	▪ 공산품, 농산물, 서비스, 지적재산권 등
무역장벽의 완화	▪ 관세인하 ▪ 비관세장벽 철폐에 대한 규범 정립	▪ 관세인하 및 일부 공산품에 대한 관세 철폐 ▪ 비관세장벽 철폐에 대한 시한 명시
무역규범의 설정	▪ 반덤핑조치에 대한 불분명한 규제 ▪ 보조금에 대한 불분명한 정의	▪ 반덤핑조치에 대한 구체적인 요건 명시 ▪ 보조금에 대한 명확한 정의
분쟁해결 절차	▪ 양국간 분야별 쌍무협정	▪ 분쟁해결기구의 설치 · 운영
의사결정 방식	▪ 전원일치제	▪ 다양한 다수결제

WTO는 기본적인 협정의 구조를 가지고 있는데, 우선 WTO를 총괄하는 WTO 설립협정으로 이는 우루과이 라운드를 통해 나온 마라케쉬 의정서에 기초를 두고 있다.

다음으로 기존의 GATT 체제에서 벗어나 WTO에서 상품무역 분야를 담당하는 협정이 있으며 서비스 분야와 관련한 일반협정인 GATS (General Agreement on Trade in Services) 그리고 지적재산권 분야와 관련한 TRIPs(Trade-related aspects of intellectual property rights)를 기본 골격으로 하여 추가적 사항과 나아가 GATT에는 없던 무역정책검토기구와 분쟁해결기구를 두어 그 권한을 강화하였다.

GATS 서비스 분야와 관련한 일반협정

TRIPs 지적재산권 분야 일반협정

1.4 우리나라와 GATT/WTO의 관계

우리나라는 1967년 GATT에 가입하였고 이후 우루과이 라운드 협상에 적극적으로 참여하여 1995년 1월 1일 출범한 WTO에 원회원국으로 가입하였다.

그림 8-2

WTO 협정 개관

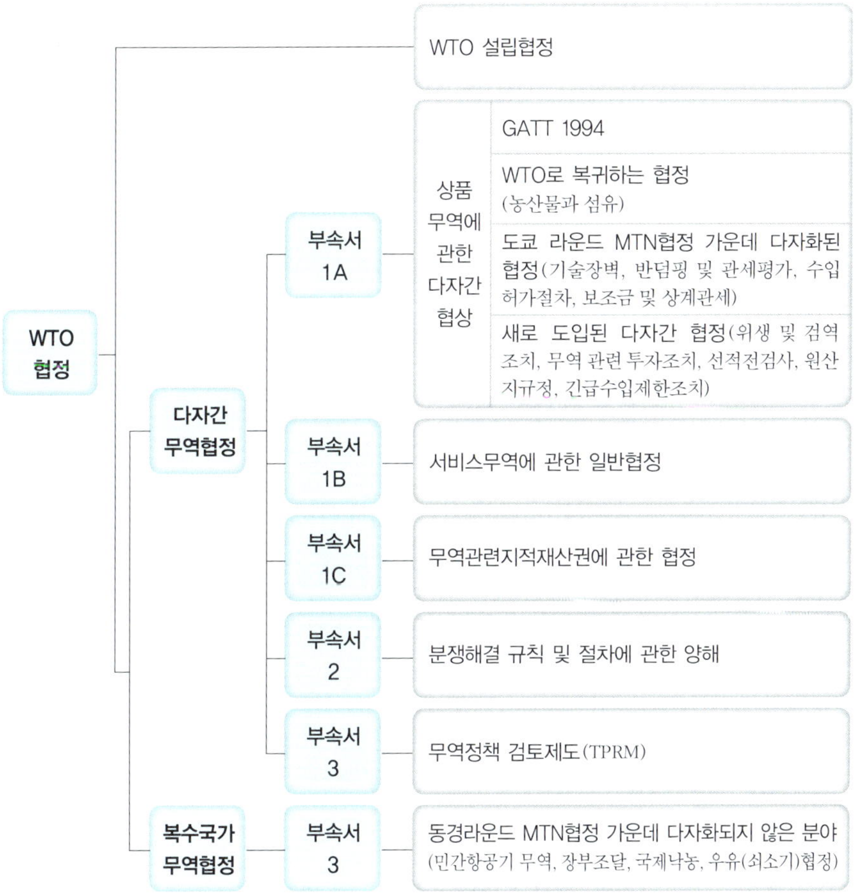

출처 : 외교통상부, 『WTO 개황, 2005』, 외교통상부 통상교섭본부 다자간통상국 세계무역기구과, 2005.

우리나라가 WTO에 가입한 배경을 3가지로 요약하여 살펴볼 수 있다. 첫째로 WTO는 회원국의 국내법을 다자규범에 일치시키도록 규정하는 등 일방주의 억제를 위한 제도적 장치를 마련함으로써 미국, EC 등 일부 선진국의 우리나라에 대한 일방적인 무역보복 가능성을 감소시키는 데 기여하고 있고, 둘째로 분쟁해결기구를 포함한 항구적이고 강력한 세계무역기구가 설립됨으로써 EC, NAFTA, AFTA 등 폐쇄적인 지역경제블록의 증가로 인한 불이익을 최소화할 수 있다. 셋째로 국내 각종 무역 관련 조치에 대한 무역상대국의 WTO 제소가능성에 대비, 기존의 각종 국내규정 및 새로운 규정에 대한 종합적 검토 및 국내의 비합리적인 제도 · 관행의 개선을 통해 우리나라의 세계화 · 개방화 정책 추진에 큰 기여를 한 것으로 평가된다. 이와 같은 배경 하에 우리 정부는 WTO 협정의 국내 이행을 위해 세계무역기구협정의이행에관한특별법(WTO 이행법)을 재정하고(1995년 1월), 대외무역법, 관세법 등 다수 법령을 개정하였다.

1.5 WTO의 도하개발아젠다

1.5.1 협상의 개요

세계무역기구(WTO) 도하개발아젠다 협상(Doha Development Agenda ; DDA)은 2001년 11월 카타르 도하에서 개최된 제4차 WTO 각료회의에서 출범하였다. DDA는 우루과이 라운드 협상에 이어 제2차 세계대전 이후 아홉 번째 시작된 9차 다자간 무역협상이며, WTO 출범 이후 첫 번째 다자간 무역협상이다. '개발' 이라는 이름이 붙은 것은 앞선 협상들과 달리 개도국의 개발에 중점을 두어야 한다는 개도국들의 주장을 반영하였기 때문이다.

일괄타결방식 최종적으로 모든 분야에 대해 합의를 추구하는 방식(Nothing is agreed, until everything is agreed)

NAMA(비농산물 시장접근) DDA 협상 분야의 하나로 농산물을 제외한 모든 품목에 대한 시장접근 협상

아울러 DDA 협상은 UR 협상과 마찬가지로 모든 의제에 대한 논의를 동시에 진행시키고, 나아가 동시에 모든 현안을 종결하고 각 의제에 대한 협상결과를 모든 참가국이 수용하는 일괄타결방식(single undertaking, package deal)을 채택하고 있다. 이는 특정 분야의 협상만을 미리 끝낼 수 있도록 하거나 일부 분야의 협상결과만을 선별적으로 받아들일 수 있게 한다면 협상 타결에 필수 불가결한 주고받기(give and take)가 어렵기 때문이다. 단, 모든 회원국이 동의한다는 전제 하에 만약 특정 사안에 대해 조기 협의가 이루어질 경우 합의된 결과를 조기에 시행하는 것도 가능하다.

실제 DDA 협상 대상은 크게 농업, NAMA(Non-Agricultural Market Access : 비농산물 분야 시장접근), 서비스, 규범(반덤핑, 보조금, 지역협정),

환경, 지식재산권, 분쟁해결, 무역원활화, 개발 등 9가지다. 2001년 협상 출범 당시의 계획은 2005년 이전에 협상을 일괄타결방식으로 종료한다는 것이었다. 그러나 농산물, 서비스, 지식재산권 등을 둘러싸고 회원국들 간 이해관계가 첨예하게 갈라지면서 협상은 난항을 겪었다. 2008년 미국발 금융위기, 2009년 가을 이후 본격화된 유럽의 재정위기로 인한 세계 경제 침체도 협상의 발목을 잡았다. 게다가 세계 주요국은 WTO 대신 FTA 체결에 열을 올렸다. 또한 환태평양경제동반자협정(TPP), 역내포괄적경제동반자협정(RCEP) 등 주요 지역 중심의 다자간 FTA를 추진하면서 다자간 협상의 위상은 급격히 떨어졌다. 이처럼 WTO 중심의 다자간 협상, 즉 DDA 협상이 난항을 거듭하자 WTO 각료회의는 2011년 12월 타결하기 쉬운 분야부터 우선 논의키로 협상 방식을 바꿨는데 그 결과가 바로 '발리 패키지'를 만들어냈으며 이를 계기로 2013년 12월 3일부터 12월 7일까지 인도네시아 발리에서 개최된「제9차 WTO 각료회의」에서 발리 패키지라고 불리우는 DDA 협상의제 중 조기수확 대상 3개 부문, 즉 ① 무역원활화, ② 농업, ③ 개발 · 최빈개도국 3개 부문에 대한 협상이 최종 타결되어 일차적으로 10개의 합의문이 채택되었으며 이번 협정은 2015년 7월 말까지 WTO 회원국의 동의 절차를 밟게 되며, 회원국 3분의 2 이상이 동의하면 해당 회원국에 한해 협정이 발효된다.

TPP 아시아태평양 지역 경제의 통합을 목표로 2005년 6월 뉴질랜드, 칠레, 브루나이, 싱가포르 간 체결된 다자간 무역협정

무역원활화 상품의 국경 간 이동의 장애가 되는 제반 절차를 단순화하여 무역흐름을 원활히 하자는 논의

tips 왜 'Round'라고 하는가

다자무역협상에 '라운드'라는 명칭이 붙는 이유에 대해서는 해석이 엇갈린다. 초기의 무역협상이 원탁에서 이루어진 데서 기인한다는 해석도 있으나, 권투 시합과 같이 회를 거듭하면서 무역자유화 협상을 벌이기 때문이라는 해석이 유력하다. DDA 협상은 1995년 WTO 출범 이후 첫 번째의 다자무역협상인데, WTO 회원국들은 과거의 DDA 협상에 대해서는 라운드들이 주로 선진국의 이익을 반영했다고 보는 개도국들의 입장을 반영하여 라운드라는 명칭을 사용하지 않기로 양해하였다. 그러나 여전히 언론에서는 DDA 협상을 도하 라운드라고 부르기도 한다.

출처 : 외교통상부 대외경제정책연구원, 『DDA의 득과 실』, 외교통상부, 2002, p. 2.

1.5.2 DDA 협상의 의제와 경과

DDA 협상은 과거의 어느 다자간 협상보다 폭넓은 의제를 다루고 있다. 특정 분야만을 다룬다면 각국과의 이익과 손실의 균형을 맞추기 어렵기 때문에 회원국들이 관심을 가지고 있는 모든 분야에 대하여 다루고 있다.

구체적으로 협상의제를 살펴보면 농산물, 농산물을 제외한 나머지 상품 및 서비스 시장의 개방과, 반덤핑, 보조금, 지역협정, 분쟁해결에 대한 기존 WTO 협정의 개선, 그리고 관세행정의 개선 등을 추구하는 무역원활화, 개발 그리고 지적재산권 등으로 나뉜다. 이에 따라 농산물, 비농산물(nonagricultural market access; NAMA), 서비스, 규범(반덤핑 및 보조금), 환경, 지적재산권, 분쟁해결, 무역원활화, 개발분야에 대해 협상 그룹이 설치되어 2002년부터 본격적인 협상이 진행되고 있다.

농산물과 비농산물에 대해서는 우선 관세와 보조금의 감축 정도와 같은 시장개방의 정도를 정하는 자유화세부원칙(modalities)에 합의하고, 이에 따라 각국이 구체적인 품목과 보조금 프로그램별 감축 수준을 제시

그림 8-3

DDA의 협상의 의제

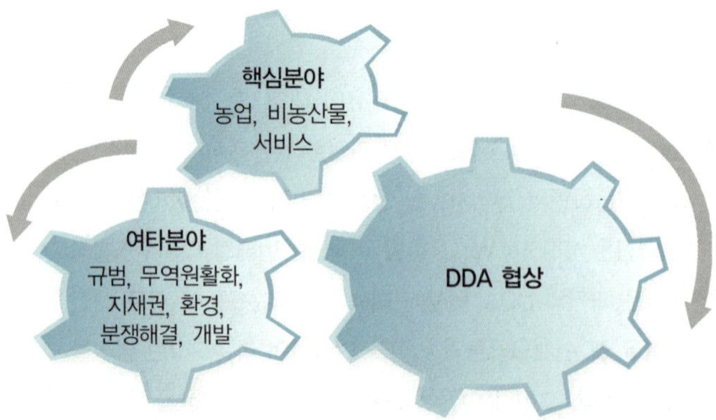

출처 : 외교통상부

하는 이행계획서(Country Schedule ; C/S)를 제출하여 이에 최종적인 합의를 도출하는 방식을 기초로 협상을 진행하였다.

협상세부원칙이 협상의 대강을 결정하는 만큼, 이에 대한 합의 도출이 계속 미루어지면서 2003년에 개최된 칸쿤 제5차 WTO 각료회의도 성과 없이 끝나 한동안 협상이 공전하기도 하였다. 그러나 2004년 8월 자유화세부원칙의 윤곽을 결정하는 기본골격합의(Framework Agreement)가 타결되면서 다시 협상은 본격적으로 진행되었다. 이때 소위 '싱가폴 이슈' 라고 불리던 투자, 경쟁정책, 정부조달투명성, 무역원활화 4개 이슈에 대한 개도국들의 반발을 수용하여 무역원활화를 제외한 나머지 이슈에 대해서는 논의를 중단하기로 결정했고, 무역원활화는 정식 협상의제로 다루기로 합의하였다.

2005년 12월 홍콩에서 제6차 WTO 각료회의가 개최되어 다시 한 번 진전을 위한 노력이 시도되었지만, 자유화세부원칙 타결에는 이르지 못하였다. 2007년부터 더욱 가속화된 DDA 협상은 농업, NAMA 및 규범 의장들이 각각 자유화세부원칙의 초안을 제출하고 이를 개정하면서 조금씩 진전을 이루었다. 2008년 7월 개최된 소규모 각료회의에서는 농

표 8-4 DDA의 협상의 의제

분야	주요 내용
서비스시장 개방	▪ 회원국들은 2002년 6월 30일까지 시장개방 양허안을 제출한다.
무역과 경쟁정책	▪ 2003년 제5차 WTO 각료회의에서 무역과 경쟁부문에 대한 협상 개시 여부를 결정한다.
반덤핑조치 남발 규제	▪ 반덤핑조치 남발에 따른 무역 왜곡 관행을 시정하는 데 노력한다. ▪ 미국은 반덤핑조치 남발을 규제하고 개발도상국들은 반덤핑 행위를 개선하기로 한다.
농산물시장 개방	▪ 농산물시장을 대폭 개방한다. ▪ 국내보조금을 대폭 감축한다.
공산품에 대한 관세인하	▪ 지적재산권 보호 · 지적재산권 보호대상품목을 확대한다.
정부조달시장의 투명성	▪ 투명성 확보를 위한 다자간 협상을 개시한다.
수산보조금의 감축	▪ 수산보조금의 감축 또는 폐지를 위한 다자간 협상을 개시한다.

출처 : 외교통상부

그림 8-4

DDA 협상의 주요 이슈와 경과

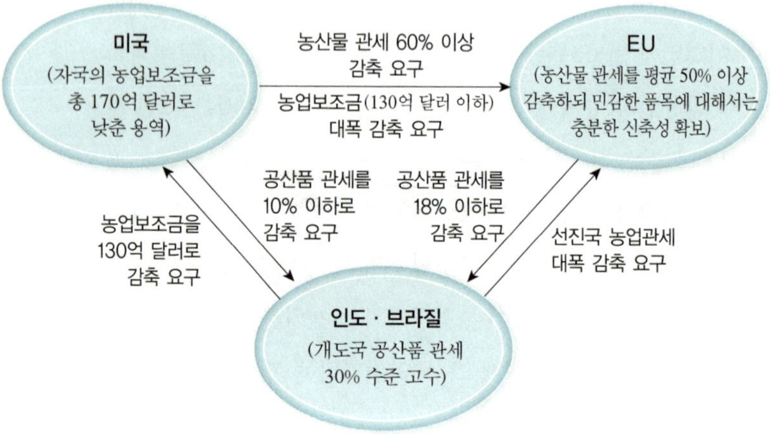

출처 : 정인교, 『FTA 통상론』, 율곡출판사, 2007, p. 17.

산물 및 NAMA 관세 감축 수준과 농업보조금 감축 수준을 포함한 잠정타협안에 의견이 수렴되는 듯한 모습을 보여 타결이 기대되기도 하였으나, 개도국의 농산물 수입 급증 시 긴급관세를 부과하는 메커니즘을 포함한 몇몇 쟁점에 대한 이견을 해소하지 못해 합의를 도출하지 못하였다.

이후 계속되는 협상에서도 별다른 성과를 보이지 못하였을 뿐만 아니라, 2010년 3월 고위급회의로 개최되었던 협상점검회의에서도 라미 WTO 사무총장의 향후 협상 진행방식에 대한 언급[1] 이외에 별다른 성과 없이 종료되었다. 이후 2010년 5월에 개최된 OECD 장관회의에서는 협상 프로세스와 관련, 기존의 다자 프로세스 및 양자협의 외에 새로운 방안으로 전체 협상 분야를 아우르는 수평적 접근(horizontal process)을 추

1. 이후의 회의에서는 그룹별 협상, 복수국 간 협의, 양자협의, 라미 사무총장과 협의 등 다양한 형태의 논의(cocktail approach)가 진행되었음. 아울러 '칵테일 접근법(cocktail approach)' 형태의 진행이 추진되었는데 이는 ① 협상그룹별 의장 주도 협상, ② 특정분야 또는 수평적 이슈에 관한 양자 및 소규모 협의, ③ 사무총장이 무역협상회의(TNC) 및 협상그룹과 빈번한 협의를 개최하는 등 다양한 형식의 협상을 동시에 진행하는 접근방법을 가리킴.

진해 나가야 한다는 데 공감대를 형성하였으며, 또한 협상시한에 대한 구체적 언급 없이 APEC 통상장관회의, 토론토 및 서울 G20 정상회의를 통해 지속적으로 정치적 의지를 결집해 나가는것이 중요하다는 데 전반적으로 지지를 얻어냈었다. 그러나 이후에도 DDA 협상이 난항을 거듭하자 WTO 각료회의는 2011년 12월 타결하기 쉬운 분야부터 우선 논의키로 협상 방식을 바꿨는데 그 결과가 바로 '발리 패키지' 를 만들어내기에 이르렀다. '발리 패키지' 는 무역원활화, 일부 농업 협상, 개도국 우대(최빈국 특혜) 등 3개 사항이 주요 내용으로 하고 있으며 이 가운데 특히 무역원활화는 통관절차 간소화, 무역규정 공표, 세관 협력 등이 주요 내용으로 대표적인 비관세 장벽으로 꼽혀온 통관절차를 크게 간소화함으로써 상품 교역 증가에 기여할 것으로 예상된다. 또 농업분야에서는 미국 일본 등 선진국이 수입 유제품이나 곡물류 등에 낮은 관세를 부과키로 하였으며 논란이 거셌던 농업 보조금 지급과 관련해서는 안보 차원에서 식량을 비축할 경우 개도국 정부가 보조한도를 초과해 농가에 보조금을 주었더라도 이를 인정키로 다. 또 최빈국 국가들이 선진국들에 수출할 때 관세를 깎아주고 쿼터(수출한도)를 완화해 주는 등의 항목도 포함되었다.

발리 패키지 DDA 협상이 난항을 거듭하자 WTO 각료회의는 2011년 12월 타결하기 쉬운 분야부터 우선 논의키로 협상 방식을 바꿨는데 그 결과로 만들어짐

1.5.3 발리패키지의 타결과 기대효과

2013년 9월 파스칼 라미 사무총장의 뒤를 이어 WTO 사무총장에 오른 아베제도 사무총장은 발리 패키지 타협안 도출을 위한 다양한 형태의 협의를 전개해 왔다. 대부분의 회원국들은, 발리 각료회의가 다자무역체제로서 WTO의 기능 · 신뢰를 회복하는 중요한 계기라는 점에 공감을 표명하면시, 발리 페키지 타결을 위해 정치적 결단을 비롯하여 가능한 모든 노력이 필요하다고 강조하였었고, 발리 패키지의 균형(무역원활화 vs 농업/개발)에 대한 개도국과 선진국 간 이견, 특히 식량안보 이슈와 관련한 인도와 미국 간 대립, 또한 일부 중남미, 아프리카 개도국들은 개도국이 무역원활화 분야에서 구속적 의무를 부담하고 있으나, 선진국은 농업 수출경쟁, 최빈개도국 이슈 등에서 구속적 의무를 부담하지 않고 있다고 비판

하면서, 이러한 불균형 시정을 지속 요구되는 등 협상의 어려움이 계속되자 사무총장은 주요 이해당사국과의 집중적인 협의를 거쳐 타협점(landing zone)을 모색한 사무총장 텍스트를 제출하여 수차례의 추가협의를 거쳐 수용됨으로써 협상 타결에 성공하였다.

'발리 패키지'는 세계 경제에 활력을 불어넣을 것이란 기대된다. 국제상공회의소(ICC)와 미국 피터슨연구소(PIIE)에 따르면 이번 협상의 타결로 세계 무역이 1조 달러가량 늘어나고 2,000만 개의 일자리가 생겨날 것으로 분석하였다. 대외경제정책연구원은 무역원활화 협정 발효로 무역 비용이 10% 줄어들 경우 장기적으로 한국의 국내총생산(GDP)은 8.74% 증가하고 후생과 수출은 각각 8.45%, 11.3% 늘어날 것으로 추산하였다. 발리패키지 타결로 인한 DDA 협상의 부분적인 타결은 WTO에 대한 국제적 신뢰의 불씨를 살려내면서 두 나라, 혹은 몇몇 지역 차원을 넘어 다시 세계가 동시에 교역자유화에 나섰다는 의미도 갖고 있다.

이와 같이 발리패키지의 타결로 DDA가 타결의 첫 발걸음을 뗐지만 갈 길은 여전히 멀다. FTA로 대변되는 새로운 통상 패러다임을 거스르기엔 역부족이라는 평가도 만만찮다. 그동안 협상이 선진국과 개도국 간 세력 다툼으로 변질해 지난 12년을 밀고 당기기만 하였다. 농산물 한 분야만도 관세 장벽, 보조금 지급 문제 등 10여 가지의 어려운 과제들이 남아 있다. 하지만 자유로운 교역은 세계경제를 성장시키고 인류의 삶의 질을 높이는 길이다. 이게 바로 DDA의 앞길이 험난하지만 가지 않을 수 없는 이유다.

1.5.4 협상의 의의와 우리의 입장

DDA 협상은 우루과이 라운드에 버금가는 대규모 통상협상이다. 특히 개도국의 개발문제를 중점으로 하고 있다는 것이 특징이다. 경제적으로도 DDA를 통해 무역장벽이 1/3 줄었을 경우 세계경제에 6,100억 달러의 이익을 가져다준다는 연구결과(미시간대학교)가 있으며, 완전한 무역자유화의 경우 장기적으로는 전 세계적으로 2조8,000억 달러의 후생증대

효과가 있다는 연구결과(세계은행)도 있다. 우리 연구기관(대외경제정책연구원)의 연구결과에 따르면, 국내생산이 공산품시장 확대를 통해 단기적으로는 최대 0.48%, 장기적으로는 4.21% 성장할 것으로 예측되며, 서비스시장 확대를 통해 국내생산이 최대 1.09% 증가할 것으로 전망된다.

우리는 대외무역의존도가 70% 이상에 이르는 국가로 자유무역체제의 확대와 강화가 우리 경제에 긍정적인 효과를 가져올 수 있다는 판단에 따라 공산품 및 서비스 분야에서 다른 국가의 실질적인 시장개방을 추구하고 있다.

다만, 농업분야와 같이 경제적인 관점을 넘어 비교역적 우려가 있고 국내적으로 어려운 분야에 대해서는 자유화의 폭과 속도를 적절히 조절하도록 점진적인 시장개혁이 필요하다는 입장을 표명해 왔다.

2010년 11월 서울에서 열린 G20 정상회의에서는 다음과 같은 정상합의문이 채택되었다. 여기서 세계 정상들은 2011년이 협상 타결을 위해 좁지만 중요한 기회의 창이라는 점을 염두에 두고, 협의과정 참여를 보다 강화하고 확대하여야 하며, 이제 막바지 협상을 마무리할 필요가 있음을 공감하고, 성공적이고 수준 높고 포괄적이며 균형 잡힌 DDA 협상의 조속한 타결을 위해 지금까지의 성과에 더하여 DDA 협상지침에 따라 협상담당자들이 모든 분야에 걸쳐 포괄적인 협상과정에 참여할 것을 약속한 상태이다. 나아가 협상이 타결되면 우리는 필요 시 각국이 국내 제도에 따라 비준을 추진할 것을 약속하였다.

한국이 그동안 양자간 무역체제인 FTA를 적극 맺어온 것은 바람직하다. 하지만 상대적으로 작은 나라가 미국, 중국 등 거대 교역국과 통상마찰에 대응하는 데는 양자보다 WTO와 같은 다자 무역체제가 훨씬 수월할 때가 많다. 실제로 2000년 중국과의 '마늘 분쟁'은 한국에서 WTO의 중요성을 일깨우는 계기가 되었다. 당시 국내 마늘 농가의 피해를 우려한 정부는 중국산 마늘의 관세율을 30%에서 최고 315%로 올리는 세이프가드(긴급수입제한) 조치를 취하였다. 이에 대해 중국은 즉각 한국산 휴대폰과 폴리에틸렌 수입을 잠정 중단한다는 보복 조치를 발표하였다. 이 같은 보복 조치는 국제 규정에 어긋나는 것이있지만 중국이 당시

WTO 회원국이 아니었기 때문에 제재할 방법이 없었다. 중국은 2002년 WTO에 가입하였다. 다자와 양자 협사 모두 우리 경제가 앞으로 나아갈 방향 설정에 있어 중요한 부분으로 어느 하나도 놓칠 수 없을 것이다.

1.6 기타의 다자간 통상협상

1.6.1 다자간 환경협상(Green Round)

무역 · 통상 문제를 직접적으로 규율하는 과거의 라운드에 이어 이른바 다자간 환경협상이 주요 쟁점으로 떠오르고 있다. 그린 라운드는 지구온난화 문제, 환경오염, 해양오염, 사막화, 동식물보호 문제 등에 이르기까지 광범위하게 펼쳐지면서 환경보존과 국제통상을 연계할 예정이라 전 세계의 현안으로 부각되고 있다.

특히 환경분야와 무역의 연계는 선진국과 개도국 간의 현격한 입장 차이를 보이고 있는데, 우선 선진국들의 입장은 자신들의 환경규제만으로는 지구의 환경오염문제를 해결할 수 없으므로 전 세계적인 공조가 필요하다와 환경오염에 대한 엄격한 규제 때문에 자국들이 국제시장에서 경쟁력이 약화될 수 있다는 이중적인 시각이 동시에 존재하고 있다. 아울러 환경기준에 못 미치는 국가나 산업으로부터 생산되는 상품에 대해서는 무역이라는 측면에서 규제해야 한다고 주장하고 있다. 그리고 개도국의 입장은 환경규제의 문제나 노동조건 등의 차이 문제 때문에 자유무역이 위협받고 보호주의로 회귀 가능하며, 각국의 고유한 문화나 역사의 차이 혹은 현 상황의 차이들을 무시하고 일률적인 기준을 적용하여 이를 무역에 대한 제재로 연결시키려는 것은 상당히 보호무역주의적인 발상이라고 주장하고 있다.

1.6.2 다자간 노동협상(Blue Round)

다자간 노동협상은 국제적으로 인정된 노동기준을 설정하여 동 기준

보다 낮은 노동기준 하에서 생산된 제품의 수출에 대해서 혹은 수출국에 대해 무역제재조치를 취할 수 있는 근거를 다자간 무역규범 내에 마련하려는 일련의 움직임으로서 핵심적 노동기준(Core Labor Standards), 즉 고용차별, 강제노동, 아동착취 등의 금지, 결사의 자유 등 핵심적 노동기준의 준수가 이루어지지 않는 상태에서의 무역에 대해서 규제를 해야 하는가 하는 것이 문제의 본질로서 이러한 문제에 대하여 국제통상협상에서 무역환경과 노동이나 근로조건을 연계시키자는 노력이다.

1.6.3 다자간 반부패협상(Corruption Round)

다자간 반부패협상은 국제통상에 있어서 관행시되고 있는 뇌물수수와 부패를 없애 국가 간에 공정한 통상질서를 확립하려는 국제적 노력을 일컫는다.

1.6.4 다자간 경쟁협상(Competition Round)

다자간 경쟁협상이란 국가 간 시장구조 및 경쟁조건의 차이를 제거하여 국내외 기업이 공정하고 자유로운 조건 하에서 경쟁할 수 있도록 하자는 취지에서 시작되었다. 이러한 주장은 결국 공정한 경쟁을 제한하고 있는 각국의 독특한 시장구조나 기업관행까지 바꾸자는 것이다.

1.6.5 다자간 인터넷협상(Internet Round)

다지간 인터넷협상은 초기에는 개인정보의 보호와 정보이동의 자유를 중심으로 진행되었다. 그러나 최근 들어 인터넷을 이용한 전자상거래가 활성화되면서 협상의 초점은 시장경쟁, 정부조달, 조세의 측면으로 확대되고 있다.

2 국제통상 관련 국제기구

Essentials of Trade, ch. eight

2.1 국제통화기금

IMF 1945년 세계교역의 안정을 목적으로 외환 및 통화 관련 업무를 수행하는 국제기구

국제통화기금(International Monetary Fund ; IMF)은 브레튼우즈(Bretton Woods) 협정의 결과 1946년에 설립된 국제경제기구이다. IMF는 외환자유화와 국제수지의 조정을 위해 설립되었으며, 이를 위해 IMF 규약 제8조에 속하는 국가들은 경상지급에 대한 외환제한을 철폐하고, 차별적인 통화조치도 철폐해야 하며, 자국통화 잔액에 대한 교환의무도 이행하여야 한다.

SDR 국제통화기금의 특별인출권

또한 IMF는 각 회원국들에게 출자금을 받아 국제수지 불균형을 겪는 국가들을 위해 신용제도를 운용하고 있다. 아울러 국제유동성의 부족을 보충하기 위해서 1967년 12월에 특별인출권(Special Drawing Rights ; SDR)을 창출하여 1970년부터 사용하고 있으며, 1976년에 자메이카의 킹스턴에서 열린 IMF 잠정위원회는 세계 각국이 그 나라 경제 여건에 알맞은 독자적인 환율제도를 채택할 수 있는 길을 열어 놓았다.

2.2 국제부흥개발은행

IBRD(국제부흥개발은행) UN 산하의 국제금융기관으로 국제적인 자금융자 및 기술제공 등의 업무를 수행하여 세계은행이라고도 불림

국제부흥개발은행(International Bank for Reconstruction and Development ; IBRD)도 IMF와 마찬가지로 브레튼우즈 협정의 결과 1947년에 출범한 국제경제기구이다. 속칭 세계은행(World Bank)이라고도 불리는 IBRD는 설립 초기에는 주로 각국의 전쟁피해복구자금의 융자를 주된 기능으로 삼았지만 1960년대 이후에는 개발도상국들에 대한 장기경제개발자금 제공을 주로 하고 있다. 아울러 IBRD는 개발도상국의 개발정책 수립과 기술지원 등의 업무도 담당하면서 국제통상 기반도 강화하고 있다.

2.3 경제협력개발기구

경제협력개발기구(Organization for Economic Cooperation and Development ; OECD)는 1961년에 설립된 일종의 선진국 모임이다. WTO가 주로 통상문제에 관심을 가진 데 비해 OECD는 자본자유화를 근간으로 회원국들의 거시경제문제에 관심을 가지면서 세계경제의 운용방향을 논의하는 국제경제기구이다.

OECD(경제협력개발기구) 제2차 세계대전 직후 유럽의 경제 부흥을 위한 미국의 마셜플랜에 따라 1945년 설립된 유럽 경제협력기구(OEEC)를 모태로 1961년 발족한 기구

OECD의 기본적인 정책방향은 ① 안정적 성장을 추진하여 생활수준의 향상을 도모하고, ② 무역외환자유화에 이어 자본자유화를 추구함으로써 국제 경제교류를 확대시키며, ③ 개발도상국들에게 개발원조를 촉진함으로써 개발도상국의 건전한 경제성장에 기여하자는 것이다.

2.4 UN무역개발회의

제2차 세계대전 이후 GATT에 의한 무역장벽 철폐는 선진국에게는 유리하지만 개발도상국에게는 불리하였다. 이에 개발도상국들은 GATT가 선진국의 이익만을 대변한다고 비판을 해왔다. 결국 GATT에 대한 반동으로 나타난 것이 1964년에 창립된 UN무역개발회의(United Nations Conference on Trade and Development ; UNCTAD)였다.

UNCTAD(유엔무역개발회의) 남북문제를 해결하기 위해 1964년 UN이 설립한 기구

UNCTAD는 주로 지구의 남반구에 있는 개발도상국들이 주동이 되어 설립한 국제기구로 선진국과 개발도상국의 대립되는 경제문제를 해결하기 위하여 다음과 같이 주장하였다. ① 선진국들은 개발도상국들에게 무상원조와 장기 저리의 원조를 해야 한다. ② 선진국들은 개발도상국 상품에 대해 수입관세를 철폐하거나 경감시키는 특혜관세제도를 실시해야 한다. 일부 선진국들은 이러한 UNCTAD의 주장을 부분적으로 수용하여 개발도상국 상품수입에 대해 1970년대 중반부터 일반특혜관세제도를 실시하고 있으나 정작 그 성과는 별로 없었다.

그림 8-5

국제경제기구의 체계

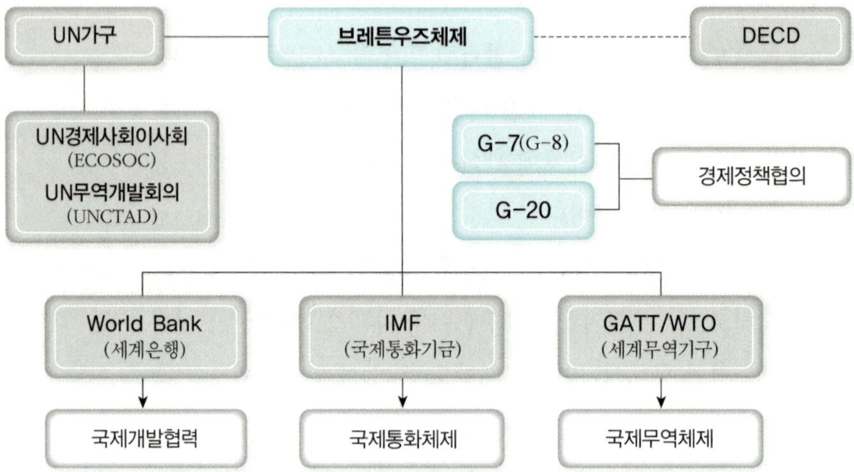

출처 : 강인수 외, 『국제통상론』, 박영사, 2009, p.81.

3 경제통합

Essentials of Trade, ch. eight

3.1 경제통합의 의의

3.1.1 경제통합의 정의와 결성동기

경제통합이란 각 나라 사이에 존재하는 부분적인 경제관계를 통일하여 하나의 경제권을 형성하는 것을 의미한다. 즉, 그동안 분리운영되어 오던 개별국가의 경제가 서로의 경제적 국경과 차별을 철폐하고 큰 경제블록 또는 공동체로 통합된다는 것을 의미한다.

특히, GATT/WTO에 의한 무역자유화가 추진되고 각국의 관세장벽이 낮아짐에 따라 오늘날의 지역별 경제통합은 무역장벽의 제거와 같은 시장적 요인뿐만 아니라 이에 더하여 다자주의의 기능을 보완하거나 자국의 국제적 위상을 높이고자 하는 정치적 · 경제적 동기에 의해 선호되고 있으며, 이러한 경제통합은 1990년대 이후 급속하게 확산되고 있는데 그 이유를 구체적으로 살펴 보면 다음과 같다.

첫째, 시장확대를 통한 경제적 효율성 추구를 들 수 있는데, 무역장벽 제거와 상호 간 국내시장 개방으로 인한 시장의 확대는 무역증대를 가져오고 이는 다시금 역내 기업 간 경쟁 격화시키며 이러한 경쟁을 통하여 생산의 효율성 개선, 기술혁신 촉진, 또한 대량생산과 규모의 경제 효과로 관련 지역 자원배분의 효율성 재고를 가져오기 때문이다. 둘째, 개방과 보호의 절충수단으로서의 동기를 들 수 있는데, 오늘날 세계화로 국민경제는 세계적 규모의 경쟁에 노출, 다른 한편으론 국민경제 내(內) 외국과의 경쟁에 위협을 느끼고 있는 산업이나 노동조합으로부터 국익우선의 보호정책을 요구받고 있는 현실이다. 그러나 보호주의 수용에는 한계가 있으며, 국제분업 기초도 훼손시킬 위험이 있다. 이러한 대외적 개방과 대내적 보호의 상반된 정책목표를 조정하기 위한 절충수단으로 각국은 경제통합을 선택하고 있다. 이러한 측면에서 볼 때 경제통합은 범세계적 규모의 국제경쟁과 이에 필요한 산업구조조정을 확보하기 위한 과도기적 조치로 볼 수 있다.

셋째, 다자주의의 한계점 보완 측면에서 경제통합의 결성 동기를 파악할 수 있다. 실제 GATT/WTO가 추구하는 세계 전체의 자유무역은 이상적 모델로 현실적으로 달성하기 어려운 모델이라고 할 수 있다. 실제로 WTO 체제 하에서 모든 회원국이 각종 무역장벽을 철폐하기까지는 상당한 시간과 노력이 소요되므로 일단 합의하기 쉬운 나라들끼리 지역적으로 경제통합을 이루자는 데 있다. 그 뒤 경제통합체끼리 다시 통합을 이루면 WTO 체제에 의존할 때보다 훨씬 빠른 속도로 자유무역을 실현할 수 있기 때문이다.

넷째, 대외신인도 제고 및 대외교섭력 강화를 들 수 있다. 경제통합은 개별 국가가 협상능력을 공동체규모로 확대하고 집단화할 수 있으므로 대외교섭력을 강화할 수 있으며 개별 회원국은 공동체가 추구하는 무역자유화, 국제환경 보호와 같은 국제협력질서를 존중하게 되므로 국세

사회에서 신뢰도를 높일 수 있다.

마지막으로, 세계경제의 주체는 국가가 아닌 개개 기업이라고 할 수 있다. 기업의 세계화로 인해 탄생한 다국적 또는 초국적 기업들은 전 세계적인 무역자유화보다는 자신의 거점국가의 관세인하나 무역장벽 철폐를 위한 자유무역협정에 더 많은 관심을 보이는 것이 당연하다고 할 수 있다.

3.1.2 지역무역협정의 현황

경제통합의 경우 주로 지역무역협정(Regional Trade Agreement ; RTA)의 형태로 나타난다. 특히, 지역무역협정의 여러 종류 중에서도 특정 국가 간에 배타적인 무역특혜를 부여하는 자유무역협정(Free Trade Agreement ; FTA)의 형태가 대종을 이루고 있다.

지난 1948년 GATT 창설 이후 1994년까지 누계기준으로 91건을 기록하였던 지역무역협정은 WTO 출범 이후 오히려 더욱 큰 폭의 증가 추세를 보여 2011년 1월 14일 현재 WTO에 통보된 지역무역협정(Regional

그림 8-6

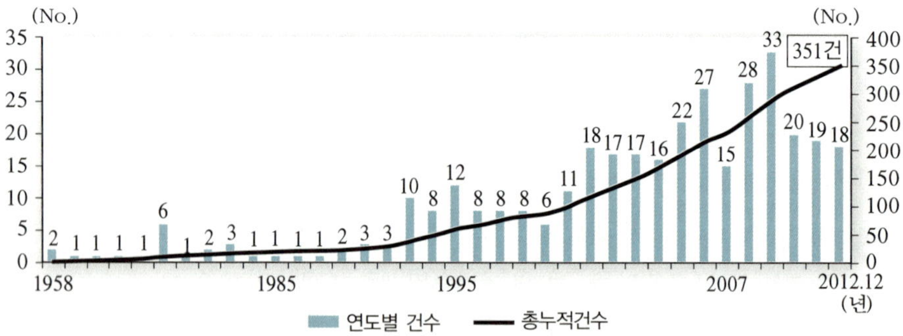

자료 : WTO(www.wto.org)>Trade Topics>Regional Trade Agreements
출처 : KITA 무역통상실

연도별 지역무역협정 현황

지난 1948년 GATT 창설 이후 1994년까지 누계기준으로 91건을 기록하였던 지역무역협정은 WTO 출범 이후 오히려 더욱 큰 폭의 증가 추세를 보여 2011년 1월 14일 현재 WTO에 통보된 지역무역협정(Regional Trade Agreement ; RTA) 발효 건수는 총 287건이며 이 중 자유무역협정(FTA)이 159건으로 가장 많은 비중을 차지한다.

그림 8-7

세계경제의 블록화 현황

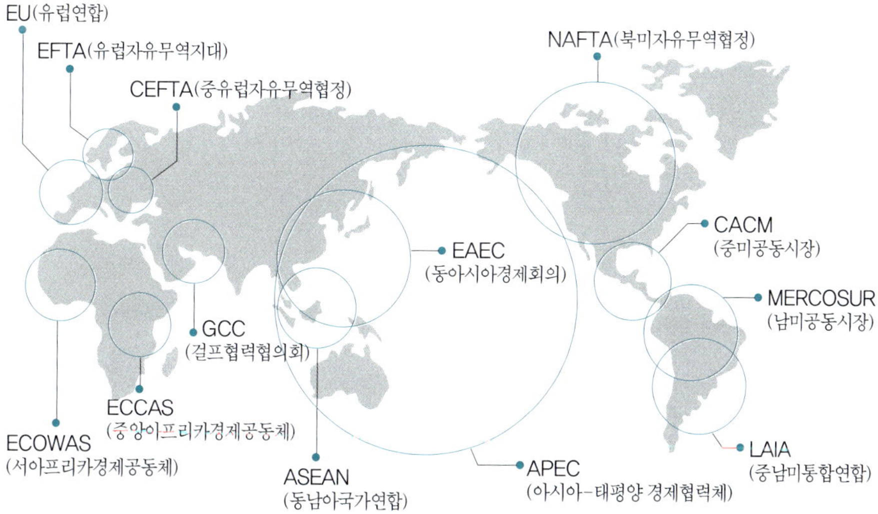

출처 : 산업통상자원부

Trade Agreement ; RTA) 발효 건수는 총 287건이며 이 중 자유무역협정(FTA)이 159건으로 가장 많은 비중을 차지하고 있고, 다음으로 서비스협정[2]이 83건, 개도국 간 특혜협정[3]이 31건, 관세동맹(Customs Union)이 14건이 체결되어 있다. 현재 발효 중인 287건의 지역협정을 체결시기별로 살펴보면, 지역주의가 대두되기 시작한 1995년 WTO 출범 이후 급증하기 시작하여 전체 287건의 협정 중 1995년 이후에만 전체의 85.0%에 해당하는 244건이 발효된 것으로 파악되고 있다. 이는 최근 지역주의의 광범위한 영향을 여실히 보여주며 전 세계 교역량의 50% 이상이 지역무역협정내 교역에 포함되는 것으로 추정된다.

2. FTA와 서비스협정 : 일반적으로 자유무역협정이 체결될 때는 서비스 협정도 동시에 체결되는 경우가 많으므로 WTO 통계에서는 각각 FTA와 서비스 협정으로 중복 집계됨. 예컨대 한-칠레 FTA의 경우도 FTA 1건, 서비스협정 1건 등 총 2건으로 집계됨.
3. 개도국 간 특혜협정 : 방콕협정과 같은 개도국 간 경제협력을 위한 지역협정으로 GATT 25조 혹은 GATS 5조의 조건, 즉 실질적으로 모든 무역 및 서비스의 자유화 조건을 충족하지 않아도 됨. 따라서 일부 품목에 대한 제한적 자유화도 가능.

그림 8-8

현재 아시아 · 태평양 지역에서 추진중인 자유무역협정

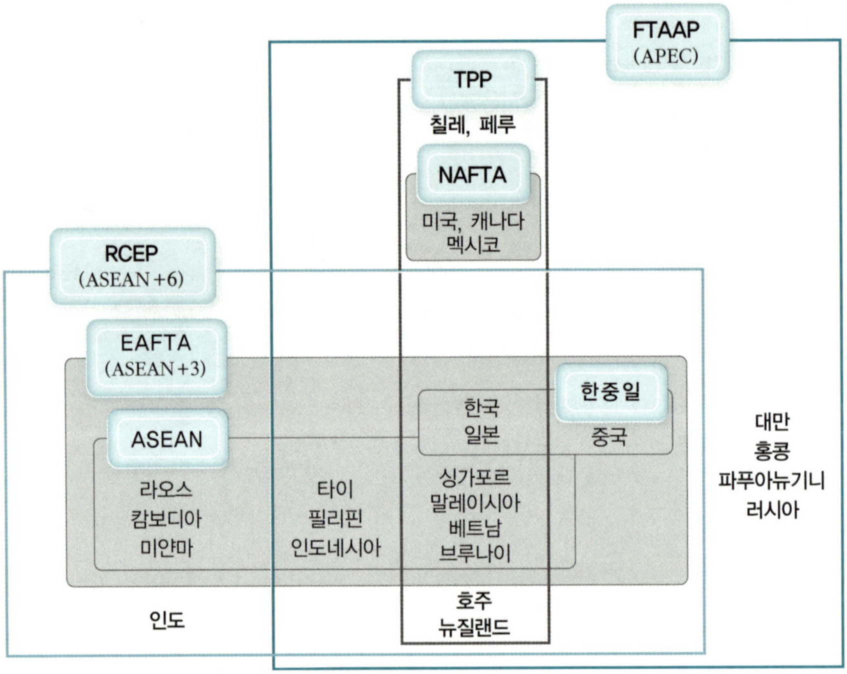

출처 : 한국은행, 「TPP(환태평양 경제동반자협정) 추진 현황과 주요국의 입장」, 국제경제리뷰(제2013-13호), 2013. 6.

3.2 경제통합의 유형

3.2.1 자유무역지대(Free Trade Area)

자유무역지대란 회원국 사이에는 관세 및 비관세 장벽을 철폐하되 비회원국에 대해서는 회원국 각자가 원래의 관세를 유지하는 제도이다. 자유무역지대의 예로는 한국-칠레자유무역협정, 북미자유무역협정(NAFTA), 중국-아세안자유무역협정(CAFTA) 등이 있다.

3.2.2 관세동맹(Customs Union)

관세동맹은 자유무역지대에서 한 걸음 더 나아가 비회원국에 대해서는 회원국들이 관세를 공동으로 부과하는 제도이다. 베네룩스 관세동맹이나 적도 아프리카 관세동맹 등이 이에 속한다.

3.2.3 공동시장(Common Market)

공동시장이란 관세동맹을 진일보시켜 회원국 사이에 노동과 자본 등 생산요소의 자유이동을 허용하는 제도이다. 공동시장의 예로는 남미공동시장(MERCOSUR)이나 안데스공동시장(ANCOM) 등이 있다.

3.2.4 경제동맹(Economic Union)

경제동맹은 공동시장을 더욱 발전시켜 회원국 사이에 사전에 긴밀한 연락을 통해 경제정책을 서로 조정할 수 있게 하는 제도이다. 유럽연합(EU)이 그 대표적인 사례로 꼽힌다.

3.2.5 완전경제통합(Complete Economic Integration)

완전경제통합이란 경제동맹이 목표로 하는 회원국 사이의 경제정책의 조정뿐만 아니라 모든 경제정책을 하나로 통일하자는 제도이다. 이를 위해서는 회원국들의 주권으로부터 독립된 행정기구의 설치가 요구된다. 굳이 예를 들자면, 미합중국(United States of America)이 이에 속하며, 유럽연합도 이를 목표로 통합 노력을 가속화하고 있지만 회원국들의 이해가 상충되어 다소 어려움을 겪고 있다. 경제통합의 유형별 특징을 요약하면 [표 8-5]와 같다.

표 8-5 지역경제통합 유형별 특징

유형	특징				
자유무역지대	회원국 간 관세·비관세장벽철폐				
관세동맹	회원국 간 관세·비관세장벽철폐	비회원국에 대해 역외공동 관세부과			
공동시장	회원국 간 관세·비관세장벽철폐	비회원국에 대해 역외공동 관세부과	생산요소의 자유이동 허용		
경제동맹	회원국 간 관세·비관세장벽철폐	비회원국에 대해 역외공동 관세부과	생산요소의 자유이동 허용	경제정책의 조정	
완전경제통합	회원국 간 관세·비관세장벽철폐	비회원국에 대해 역외공동 관세부과	생산요소의 자유이동 허용	경제정책의 조정	경제정책의 통일

3.3 경제통합의 효과

경제통합의 효과는 주로 관세동맹을 예로 들어 설명하는 경우가 많다. 관세동맹을 결성하면 회원국 사이에는 관세·비관세장벽이 철폐되면서 자유무역이 이루어지고, 비회원국에 대해서는 공동관세를 부과하게 된다. 그러면 단기적으로는 무역창출 효과와 무역전환 효과가 나타나고, 장기적으로는 규모의 경제 효과 등이 나타나게 된다.

3.3.1 무역창출 효과

관세동맹이 결성되어 회원국 간 자유무역이 이루어지면 회원국 중에서 생산비가 가장 싼 국가가 상품의 공급을 담당하므로 자원배분의 효율성과 무역이 증가하고 각국의 후생도 증가하게 된다.

3.3.2 무역전환 효과

관세동맹이 결성되어 비회원국에 대해 공동관세를 부과하면 회원국과 비회원국 상품가격이 역전될 수 있다. 이때 관세 부담 때문에 생산비가 싼 비회원국으로부터 생산비가 비싼 회원국으로 수입선을 전환할 수 있다. 이로 인해 자원의 효율적인 배분이 저해되고 세계 전체의 후생은 감소하게 된다. 따라서 관세동맹의 무역창출 효과가 무역전환 효과보다 클 때에 한해서 관세동맹이 세계후생을 증가시킨다고 말할 수 있다.

3.3.3 규모의 경제 효과

관세동맹이 결성되어 시장이 확대되면 경쟁의 심화, 투자의 증가, 기술향상과 생산성 제고 등이 나타나고 제품의 평균 생산비가 낮아지는 규모의 경제가 실현될 수 있다.

표 8-6 경제통합의 경제적 효과

내용		효과(가입국)	
무역 및 입지 효과	무역창출 효과	관세인하로 가입국 간 무역이 새로 발생	무역 발생으로 소비자잉여 증가하고 국가 전체로도 후생 증가
	무역전환 효과	관세인하로 효율성이 가장 높은 국가에서 역내국으로 수입이 전환	비효율적 국가로부터 수입 전환되어 후생감소
	생산설비 재배치	역내의 기업들이 기존 생산설비를 재배치	비교우위가 있는 역내국의 입지 증가, 일부 국가산업 이탈
시장 효과	규모 효과	무역장벽 제거로 시장이 확대되면 기업은 규모의 경제 발생	시장확대로 수출 기업의 생산이 증가하고 비용하락
	경쟁 효과	경쟁압력의 증가로 기업의 효율 및 생산성 향상, 규제완화, 구조개혁으로 산업구조 고도화	수입 개방으로 수입 대체 기업들은 경쟁압력에 지면
	투자유치 효과	제3국 기업들의 투자	역내 시장 지향의 제3국 기업 투자가 증가
정치적 효과	안전보장 효과	비회원국에 대항한 안전보장	안전보장 강화
	협상력 효과	소수 국가가 통합으로 협상력 증가	협상력 증가
	개혁 효과	개혁의 조류를 이용하는 정치적 목적	국내 기득권 세력에 대한 개혁 · 개방 목적 달성

3.4 경제통합의 주요 사례

3.4.1 유럽연합(European Union ; EU)

1993년 11월에 출범한 유럽연합은 이미 경제동맹의 단계를 넘어서는 포괄적인 경제통합체로 인정받고 있다. 그런데 EU는 여러 개의 지역공동체가 통합, 발전을 거듭한 후에 탄생한 강력한 경제통합체이다.

이미 유럽 지역에는 1950년대부터 여러 개의 지역공동체가 존재하고 있었다. 예를 들어, 유럽석탄철강공동체(European coal and Steel Communing ; ESCS), 유럽원자력공동체(European Atomic Energy Community ; EAEC 또는 EURATOM), 유럽경제공동체(European Economic Communitg ; EEC)가 바로 그것들이다. 이 독자적인 세 개의 공동체는 1967년에 유럽공동체(European Community ; EC)로 통합되었고, 1973년에는 세 개의 공동체에 참여하지 않으면서 유럽자유무역연합(European Free Trade Association ; EFTA)에 속해 있던 영국, 아일랜드, 덴마크가 가입하면서 그 위상이 높아졌다. 공동시장 단계의 경제통합에 성공한 EC는 마스트리히트 조약을 체결하여 경제동맹 단계로 한 단계 격상된 EU를 출범시켰다. EU는 유럽중앙은행을 창설하고 단일통화인 유로화를 도입하였을 뿐 아니라 1999년 5월부터 발효된 암스테르담 조약을 통해 외교 · 안보 · 사법 분야에 대한 협력도 적극 모색하였고 나아가 2000년 12월 프랑스 니스에서 기존 15개 회원국이 승인한 니스조약에 따라 2002년 12월 덴마크 코펜하겐에서 열린 EU 정상회담에서 10개 후보국의 가입이 공식 결정되었으며, 2004년 5월 1일 이들 10개 회원국이 가입하여 회원국은 25개국으로 늘어났다. 기존 회원국은 프랑스, 독일, 이탈리아, 벨기에, 네덜란드, 룩셈부르크, 영국, 아일랜드, 덴마크, 그리스, 스페인, 포르투갈, 핀란드, 오스트리아, 스웨덴 등 15개국이며, 2004년에 추가 가입한 10개국은 폴란드, 헝가리, 슬로바키아, 체코, 에스토니아, 리투아니아, 라트비아, 슬로베니아, 키프로스, 몰타 등이다. 그리고 2005년 4월 불가리아와 루마니아의 정상들이 유럽연합(EU) 외무장관회의가 열린 룩셈부르크에서 2007년 EU 가입 조약에 서명하였다.

그리고 2005년 프랑스와 네덜란드의 국민투표에서 부결되어 무산된 유럽 헌법조약을 대체하는 리스본조약이 2009년 12월 1일에 발효되었다. 리스본조약의 정식 명칭은 '유럽연합 개정조약(EU reform treaty)' 이다. 유럽연합 27개 회원국 정상들이 2007년 10월 포르투갈의 수도 리스본에서 열린 정상회담에서 최종 합의한 뒤 같은 해 12월 공식 서명하여 보통 리스본조약이라 부른다. 조약의 내용은 유럽연합의 내부 통합을 공고히 다지고 정치공동체로 나아가기 위한 일종의 '미니 헌법' 성격을 띤다. 먼저 유럽연합 회원국이 번갈아 맡던 순회의장국제도 대신 임기 2년 6개월에 1차례 연임할 수 있는 유럽연합 대통령직(상임의장)을 신설하고, 외무장관에 해당하는 임기 5년의 외교정책 대표직도 신설하였다. 이로써 진정한 형태의 경제통합체로 발전하였고 세계 최대의 경제권으로서 그 위상도 한층 높아졌다.

아울러 2013년 7월 1일 크로아티아의 EU 가입으로 회원국 수가 28개국으로 늘어났으며 2014년 현재 터키, 아이슬란드, 세르비아 등이 가입 희망국으로 협상이 진행 중에 있다. 이로써 그 영역은 한층 넓어지고 있다.

그림 8-9

EU의 경제통합 과정

	1952	1958	1967	1973	1981	1986	1993	1995	2004	2007	2009	2013
공동체	ECSC (석탄철강)	EEC (관세동맹)	EC (역내시장)				EU (단일통화유로)					
	파리조약	로마조약	브뤼셀조약				마스트리히트조약				리스본조약	
가입국	독일 프랑스 이탈리아 네덜란드 벨기에 룩셈부르크			영국 아일랜드 덴마크	그리스	스페인 포르투갈		스웨덴 핀란드 오스트리아	폴란드, 체코 슬로바키아, 헝가리 슬로베니아 이스토니아 라트비아 키프로스, 몰타 리투아니아	불가리아 루마니아		크로아티아
누적 가입국수 (개국)	6			9	10	12		15	25	27		28

3.4.2 북미자유무역협정
(North American Free Trade Agreement; NAFTA)

1994년 1월에 발효된 북미자유무역협정은 미국 · 멕시코 · 캐나다 등 3개국이 교역과 상호투자의 확대를 위해 관세 및 비관세 장벽을 철폐하려는 경제통합체이다. 경제통합의 제1단계인 자유무역지대에 속하는 NAFTA는 회원국인 3개국의 이해가 일치하였기 때문에 비교적 쉽게 협정을 체결할 수 있었다.

우선 미국은 1980년대 이후 계속되고 있던 만성적인 경상수지 적자를 탈피하고 자국산업의 경쟁력을 높일 목적으로 NAFTA 결성에 적극적으로 나섰다. 즉 미국은 멕시코의 값싼 노동력, 캐나다의 자원, 그리고 자국의 자본 및 첨단기술을 결합하면 유럽과 일본 경제에 대응할 수 있을 뿐만 아니라 향후 범미주 경제통합 추진에도 도움이 될 것으로 판단한 것이다. 멕시코는 막대한 외채문제를 해결하면서 안정적 성장을 달성하기 위해서는 미국 · 캐나다와의 자유무역과 그들로부터의 자본과 기술 도입이 시급하였다. 한편, 캐나다는 이미 1989년부터 발효된 미국-캐나다자유무역협정이 미국-멕시코의 또 다른 자유무역협정으로 침해되는 것을 방지하고, 멕시코 시장에서의 통상기회를 확대하기 위해서 NAFTA에 참여하였다.

NAFTA는 협정 발효 이후에 그 효과가 회원국 각각에게 다양하게 나타나고 있다. 특히 1995년 외환위기를 극복한 멕시코가 가장 큰 수혜자로 꼽히지만 세 나라 모두 교역증대와 고용증가를 경험하고 있어 일단은 성공적인 경제통합이라고 평가되고 있다.

3.4.3 중국-아세안 자유무역협정
(China · ASEAN Free Trade Agreement; CAFTA)

2005년 7월 1일부터 통합 작업이 본격화되는 중국-아세안 자유무역협정은 경제통합의 제1단계인 자유무역지대를 지향하고 있다. 세계 인구의 3분의 1에 해당하는 CAFTA는 EU와 NAFTA에 이어 세계 3대 경제권 건설의 신호탄을 의미한다.

중국과 아세안 국가들은 2005년 7월 1일부터 7,445개 품목에 대한 관세인하 및 폐지작업에 들어가 몇 년 안에 관세 없는 자유무역지대를 만들어 경제통합을 완성한다는 방침이다. 양측은 아세안 10개국 중 말레이시아, 인도네시아 등 선발 6개국은 2010년까지, 캄보디아, 라오스 등 후발 4개국은 2015년까지 중국과 무관세 교역을 실현한다는 계획을 세웠다.

관세 인하 및 폐지 대상으로 설정된 품목은 농수산물에서부터 첨단기술제품에 이르기까지 중국과 아세안 교역 물량의 90% 이상을 차지해 CAFTA는 시장통합의 큰 효과를 거둘 것으로 기대되고 있다. 2004년 11월 중국-아세안 상품무역 부문 자유무역협정 형태의 조기 철폐 프로그램(Early Harvest Programme ; EHP)이 실시되었고, 이후 2005년 7월 농산물 일부품목(교역액 기준 1.5%)의 관세 조기 철폐 등을 주요 내용으로 하는 상품협정이 발효되었다. 그리고 2007년 7월 서비스협정 발효, 2009년 8월 투자협정에 서명함으로써 동남아시아국가연합(the Association of Southeast Asian Nations ; ASEAN), 즉 싱가포르, 말레이시아, 필리핀, 브루나이, 인도네시아, 태국, 캄보디아, 라오스, 베트남, 미얀마 등 10개국과의 지역무역협정이 완료되었다.

3.4.4 우리나라가 체결한 주요 FTA

① 한국-칠레 FTA

세계 주요 무역대상국과의 FTA, 그리고 아태 지역 경제통합 움직임에 대비해야 하는 우리나라로서는 그 시발점으로서 1998년 11월 5일 대외경제조정위원회에서 자유무역협정(FTA) 체결을 추진하기로 하고, 첫 대상국으로 칠레를 선정하였다. 1998년 11월 APEC 정상회담을 계기로 양국 정상이 FTA 추진에 합의한 후 6차례의 협상을 거쳐 2002년 10월 25일 협상 타결을 발표하였다. 이 후 2004년 2월 16일 국회 본회를 거쳐 2004년 4월 1일 발효된 우리나라 최초의 FTA이다.

한국-칠레 FTA는 태평양을 사이에 둔(Trans-Pacific) 국가 간의 첫 FTA로서 유망시장인 중남미로 우리 기업의 활동반경을 넓히고 수출시장을 다변화하는 데 필요한 통상 인프라를 구축하게 되었다는 데 그 의미가 있다. 또한 남미권과의 FTA 체결을 추진하고 있는 아시아 각국 중 첫 성공 사례로 평가받고 있다. 아울러 우리나라 통상정책 수단의 다원화 계기로 WTO 체제의 다자간 협상을 통한 무역자유화와는 별도로 우리 스스로 무역자유화 상대국을 선택하고, 우리 실정을 적절히 반영한 무역자유화 방식을 채택한 FTA이다.

② 한국-싱가포르 FTA

한국과 싱가포르 양국 정상은 2003년 10월 개최된 정상회담에서 양국 정부 간 FTA 협상을 개시할 것을 선언하였다. 이에 따라 본격적인 협상을 진행하여 2004년 11월 라오스에서 개최된 ASEAN+3 정상회담 기간 중 개최된 양국 정상회담에서 FTA 협상을 실질적으로 타결하였다. 그 후 2005년 8월 4일 서울에서 협정문에 정식 서명하였다.

싱가포르와의 FTA의 의의를 살펴보면 다음과 같다. 첫째, 싱가포르가 동아시아의 무역센터이자 세계적인 물류 · 금융 및 비즈니스의 중심지로서 다국적기업의 유망 투자 대상 지역임을 감안 국제적 비즈니스 거점과의 전략적 연계로 경쟁력 강화 측면에서 의의가 있다. 둘째, 동북아와 동남아 허브를 연결하는 FTA로 우리 기업의 동남아 진출 기반 강화에 의의가 있다. 셋째, 최근 FTA 논의가 가장 활발한 동아시아에서 우리나라가 체결하는 첫 번째 FTA가 되었다. 넷째, 협정 자체가 포괄적인 FTA로 양국간 무역 · 투자 확대 및 원활화 측면에서 그 의미는 크다고 할 수 있다. 마지막으로 개성공단 등 북한 경제특구에서 생산된 제품이 우리나라를 거쳐 싱가포르로 수입될 경우 한국산과 마찬가지로 원산지 물품으로 인정되어 한국-싱가포르 FTA상의 특혜관세를 누리게 되었다.

③ 한국-EFTA FTA

스위스, 노르웨이, 아이슬란드, 리히텐슈타인으로 구성된 유럽자유무역연합체인 EFTA는 서유럽 국가 중 EU에 참가하지 않은 국가들로서 인구규모는 작지만 세계 최고 수준의 1인당 국민소득을 자랑하는 전형적인 강소국들의 자유무역연합체이다. 이러한 EFTA와 한국 간의 FTA는 2004년 12월 1일 양측 간 통상장관회의에서 정부 간 협상을 공식적으로 선언하였다. 이후 2005년 7월 서울에서 개최된 제4차 협상을 끝으로 협상이 실질적으로 타결되었고, 2006년 7월 1일부로 한국-EFTA FTA는 발효되었다.

④ 한국-ASEAN FTA

ASEAN(Association of South-East Asian Nations)은 동남아시아 지역의 경제적 · 사회적 기반을 강화하기 위해 1967년 창설된 동남아시아 국가연합으로 창설 당시에는 인도네시아, 말레이시아, 필리핀, 싱가포르, 태국 등 5개국으로 시작하여 이후 1980년대 브루나이와 1990년대 캄보디아, 라오스, 미얀마, 베트남이 회원국으로 가입하면서 오늘날의 10개국이 참여하는 ASEAN의 모습을 갖추게 되었다.

2005년 12월 13일 한-ASEAN 정상회의에서 한국과 ASEAN 10개 회원국 정상들은 「대한민국과 동남아시아국가연합 회원국 정부 간의 포괄적 경제협력에 관한 기본 협정」 및 「분쟁해결제도에 관한 협정」에 서명하였다.

상품자유화 방식에 대한 양측의 합의가 이루어진 후 2006년에 개최된 9차 협상부터는 품목별 양허안과 원산지규정 중 잔여 쟁점, 그리고 개성공단 생산제품에 대한 한-ASEAN FTA 특혜관세 부여 문제 등 상품협정 최종 타결을 위한 협상이 전개되었으며 동시에 서비스 및 투자협정에 대한 협상도 개시되었다. 2006년 4월 캄보디아 프놈펜에서 열린 제11차 한-ASEAN FTA 협상에서 상품양허안과 원산지규정을 포함하는 한-ASEAN FTA 상품무역협정에 대한 협상이 타결되었으며 2006년 8월 24일 말레이시아 쿠알라룸푸르에서 열린 한국-ASEAN 경제장관회의에서 포괄적 경제협력에 관한 기본 협정 하의 상품무역에 관한 협정에 대한 공식 서명을 완료하였다. 아울러 서비스협정의 경우는 2007년 11월 21일

서명되었고, 2008년 8월 현재 23차 협상까지 진행되었으며, 현재 한국-아세안 FTA 협상은 투자협정 협상과 상품 및 서비스협정 이행 협의를 중심으로 진행되고 있다.

⑤ 한국-인도 CEPA

한-인도 CEPA[4]는 신흥 거대경제권과의 첫 번째 FTA로, 향후 교역, 투자 및 인적교류 등을 활성화하기 위한 장기적 기반을 마련하는 데 의의가 있다.

인도와의 협상은 2006년 3월 제1차 협상 이후 그동안 총 12차례의 공식협상을 개최, 2009년 2월 9일 가서명을 거쳐 2009년 8월 7일 정식 서명, 2010년 1월 1일 발효되었다.[5] 이번 인도와의 CEPA를 살펴보면 한-인도 간 경제통상관계의 발전을 위한 발판 마련의 계기로 파악될 수 있는데, 상품무역 분야에서 한국은 90%, 인도는 85%(수입액 기준)에 대해 관세철폐 또는 감축하기로 하였다. 인도 측 관세철폐 또는 감축 대상에는 우리의 대(對)인도 10대 수출품이 모두 포함되어 있으며, 향후 인도 시장 개방속도 가속화 및 추가개방을 위한 재협의 메커니즘을 도입하였다. 다음으로 서비스 분야를 살펴보면 인도는 금융서비스 분야에서 우리나라 은행의 인도 지점 설치(발효 4년간 최대 10개)를 고려하기로 약속하였고, 우리는 일부 서비스 전문직 인력이동[6]을 상호개방하기로 하였다. 또한 원산지 관련 인도의 여타 FTA에 비해 완화된 기준을 채택하였고, 개성공단 생산제품에 대해 특혜관세 인정 조항(한-ASEAN FTA 방식)을

---

4. 포괄적 경제 동반자 협정(Comprehensive Economic Partnership Agreement ; CEPA) : 상품교역, 서비스교역 외에도 투자, 인력이동, 경제협력 등 경제관계 전반을 포괄하는 내용을 담고 있으며 명칭은 다르나 사실상 자유무역협정(FTA)과 같은 성격을 지님. 인도는 기 체결한 양자 협정에서도 FTA 외에 다른 용어를 사용한 바 있다. 이러한 예로 인도-싱가포르 CECA(Comprehensive Economic Cooperation Agreement) 등이 있으며, 무역수지 만성 적자 국가인 인도는 내용상의 차이가 없음에도 불구하고 FTA라는 용어를 기피하는 것으로 알려짐. 한-인도 CEPA 등의 예와 같이 한국이 검토 중인 사실상의 FTA 성격의 양자협정에도 한-러시아 BEPA(Bilateral Economic Partnership), 한-MERCOSUR TA(Trade Agreement)와 같이 FTA라는 명칭을 사용하지 않은 예가 있음.
5. 인도는 내각제로 내각에서 서명 승인 후 한-인도 정식서명(2009. 8. 07)을 거치면 발효절차가 완료됨. 그러나 우리는 정식서명 후 국회 비준동의를 거쳐 발효됨.
6. 컴퓨터 전문가, 엔지니어, 기계 · 통신 기술자, 영어보조교사(공립학교) 등 160여 개.

마련하였다. 그리고 투자 부분에 있어서도 인도 FTA 사상 최초로 완전한 네거티브(Negative) 방식의 자유화에 합의하였고, 인도 제조업 전반에 걸쳐 우리의 투자를 허용하였다. 나아가 양국간 경제협력 분야에 있어서도 양국은 시청각 콘텐츠, 에너지, 정보통신기술, 과학기술 등 13개 분야에 대해 협력하기로 합의하였다.

이와 같은 인도와의 CEPA를 통해서 우리나라는 첫째, 일본, 중국, EU 등 주요 경쟁국[7]에 앞서 FTA를 맺어 우리 기업의 신흥 거대경제권인 인도 시장 선점이 가능해졌다고 판단된다. 둘째, 관세철폐 및 감축으로 인한 가격경쟁력 제고, 반덤핑 조치 발동가능성 완화[8] 등을 통해 수출증대에 따른 생산증대와 고용증대 효과가 기대된다. 셋째, 인도에서 민감한 1차산업을 제외한 음식료품, 섬유, 의류 등 약 20개 분야를 개방하여 제조업 전반에 걸쳐 투자를 허용하였다. 넷째, 관세철폐 및 감축에 따른 수입제품 가격하락과 소비자의 상품 및 서비스 선택권 확대로 인한 소비자후생 증가가 기대되며, 마지막으로, 인도와의 경제통상협력관계를 구축,

추후 인접 국가들과 경제협력 관계를 형성할 수 있는 교두보를 마련하였다고 판단된다.

이와 같이 인도와의 CEPA 체결은 앞으로의 성장 잠재력이 큰 신흥거대경제권과 파트너십을 구축한다는 측면에서 매우 큰 의미를 지니고 있으며, 이와 맞물려 한-인도 CEPA를 계기로 수출 및 투자에 대한 시장다각화 및 시장선점을 위한 정책적 노력이 필요하다고 하겠다. 중장기적인 인도 경제의 발전가능성을 고려하면 한-인도 CEPA를 기반으로 우리 측의 노력 여하에 따라서 더욱 큰 효과를 기대할 수 있을 것으로 예상된다.

⑥ 한국-미국 FTA

2007년 6월 30일 서명된 한-미 FTA는 2008년 글로벌 금융위기에 따른 미국 내 정치 · 경제상황 변화 등의 요인으로 인해 한-미 FTA를 통

7. 인도는 EU, 일본 등과 FTA 협상을 진행 중이며, 중국과는 공동연구 완료.
8. 인도는 자국 산업보호를 위해 세이프가드, 반덤핑 등 비관세 무역규제 조치를 적극 활용 중[2008년 하반기, WTO 반덤핑 조사사례(120건) 중 인도가 신청한 조사가 1/3 이상(42건)으로 최대].

그림 8-10

한-미 FTA 협상 타결 진행 과정

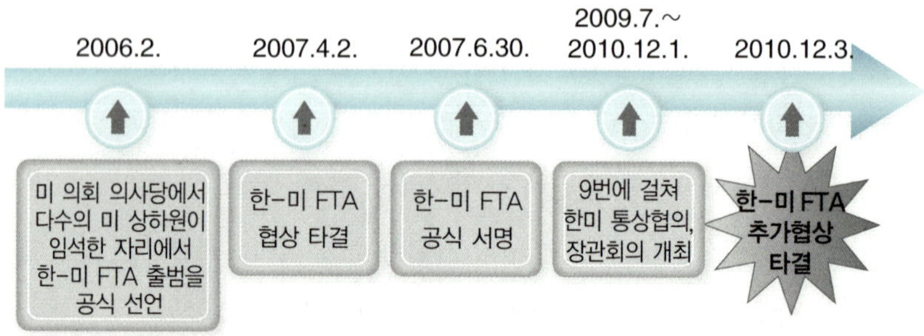

출처 : 곽수정, 「한-미 FTA 추가협상 타결 의미와 향후 과제」, 삼성경제연구소, 2010, p. 1.

해 실현될 것으로 기대하였던 대미교역 증가, 일자리 창출 등 경제적 효과가 현실화되지 못하는 상황이 지속되었다. 3년 5개월간 표류하였던 한국과 미국 간의 FTA가 2010년 12월 3일 대내외의 많은 논란 속에서 추가 협상을 통해 타결되었다.

한-미 FTA는 상품무역, 국제 투자, 서비스, 경쟁, 지재권, 정부조달, 노동, 환경 등 무역 관련 제반 분야를 망라하는 포괄적 FTA이며 북미자유무역협정(NAFTA) 이후 세계 최대의 FTA가 될 전망이다. 한-미 양국의 경제규모를 합치면 EU, NAFTA에 이어 세계 3위에 해당하며 한-미 FTA가 성공적으로 발효되면 우리가 전 세계적인 FTA 체결 경쟁에서 매우 유리한 고지를 선점하게 된다.

미국은 중국에 이어 우리나라의 제2위 수출대상국으로서 우리나라의 연간 대미 수출은 2004년 이후 400억 달러를 초과하여 2010년 1~10월 기간 동안 410억 달러를 기록하였고, 동 기간 동안 대미 무역수지는 75억 달러의 흑자를 기록한 우리의 중요한 경제 파트너라는 측면에서 볼 때, 최종 타결에 이르게 된 추가협상은 많은 논란을 야기하였지만 상호주의에 입각하여 우리가 수용 가능한 범위 내에서 미국 측 요구를 일부 받아들여 그동안 한-미 FTA가 표류함에 따른 불확실성을 제거함으로써, 우리 기업의 세계최대시장에 대한 접근성을 개선하고 미국 시장을 보다 안정적으로 확보할 수 있는 기반을 조성하였다고 평가된다고 할 수 있다. 아울러 우리 경제시스템 선진화의 촉진제가 되며 대외신인도제고를 통한 외국인투자유치 증대에도 크게 기여함으로써 우리 경제 전반에 새로운 성장 동력을 제공할 것으로 기대된다.

한-미 FTA협상 결과를 간략하나마 살펴보면 다음과 같다. 첫째, 상품 및 농수산물 분야의 경우 양측은 상품분야에서 90% 이상(금액기준) 조기철폐(즉시+3년 이내)에 합의함으로써 높은 수준의 개방을 달성하였다. 그리고 농산물의 경우 우리 측은 주요 민감 농산물에 대해 장기간의 이행기간 설정, 계절 관세 등 민감성을 최대한 확보하였다고 평가된다. 둘째, 서비스 및 투자 분야의 경우를 살펴보면 동 분야의 경우 공공성이 강한 부분은 개방하지 않는 대신 개방을 통해 경쟁력 제고가 필요한 분야는 단계적 · 부분적 개방을 하기로 타결하였다. 셋째, 기타 주요 분야를 살펴보면 다음과 같다. 우선 무역구제협력위원회 설치, 조사 개시 전 사전협의, 다자세이프가드 적용대상 제외 등 비관세장벽 완화를 통한 교역환경 개선하기로 하였다. 아울러 미 연방정부 조달시장에 대한 접근 개선, 통관절차 간소화, 원활화 등을 통한 비즈니스환경 개선 등에 합의하였다. 그리고 개성공단문제와 관련하여서는 한반도 역외 가공지역위원회를 설치하여 일정 요건 하에 개성공단 등 역외가공지역을 지정할 수 있도록 협정문에 명시하였다. 마지막으로, 지재권, 의약품, 노동, 환경 등은 제도개선 차원에서 접근하였다. 그 결과 저작권 보호기간을 50년에서 70년으로 연장, 특허권 존속기간 연장, 법정손해배상제도 도입, 그리고 공중의견제출제도 도입 등에 합의하였다. 다만, 정부의 정당한 정책권한은 확보할 수 있도록 하였다.

앞서 언급한 협상결과를 통한 거시적 효과를 살펴보면 한-미 FTA는 소득 증대와 소비자 후생 증가를 통해 우리 경제 전체의 후생을 증대하는 효과를 가져올 것으로 보인다. 이를 구체적으로 살펴보면 다음과 같다. 첫째, 한-미 FTA는 교역증진 및 자원배분 효율화, 국내투자 확대 그리고 경제 전반의 생산성 향상 등을 통해 소득 증대에 기여하며, 특히 우리의 대응에 따라 큰 폭의 파급효과 기대가 기대된다. 둘째, 기업 및 가계 등 소비자의 입장에서 물가 안정과 소비의 선택 폭 확대, 서비스 질의 향상 등으로 소비자 후생을 증가시키는 효과도 기대할 수 있다.

⑦ 한국-EU FTA

한-EU FTA는 세계 최대규모의 단일경제권과 맺는 FTA로, 향후 우리나라 경제성장을 위한 전략적 기반 마련하였다는 데 그 의미를 부여할 수 있다. 2007년 5월 제1차 공식협상이 개최된 이래 2009년 3월까지 총 8차례의 공식 협상, 11회의 통상장관회담, 13회의 수석대표회담 등을 통해 진행됐다. 이후 한-EU 양측은 일부 잔여 쟁점에 대한 절충안 마련을 위한 협의를 지속한 끝에 2009년 7월 13일 한-스웨덴 정상회담 시 협상의 실질적 타결을 선언하고, 2009년 10월 15일 벨기에 브뤼셀에서 한-EU 통상장관 간 협정문에 가서 명하였다.

당초 2010년 상반기 중 정식서명을 추진하였으나 EU 측의 번역 작업(영어본으로 21개 EU 측 공식 언어로 번역)과 22개 EU 측 언어본 사이의 법적 일치성 검토작업에 예상보다 시일이 소요됨에 따라, 2010년 10월 6일 벨기에에서 개최된 한-EU 정상회담에서 한-EU FTA 협정문에 정식 서명을 하였다. 한-EU 양측은 우리 국회의 비준동의 및 유럽의회의 동의 등 한-EU 양측의 국내절차 완료를 거쳐 2011년 7월 1일 한-EU FTA를 잠정 발효키로 합의하였다.

EU의 경우 유럽의회 측은 한-EU FTA의 EU 측 이행법안인 한-EU FTA 세이프가드 이행법안(Regulation implementing the bilateral safeguard clause of the Korea-EU FTA)을 처리한 이후에 한-EU FTA 동의안 처리를 추진하고 있다. 우리의 경우 올해 10월 25일 한-EU FTA 비준동의안을 국회에 제출하였으며, 유럽의회의 한-EU FTA 처리 동향을 감안하면서 가급적 2011년 초까지 국회 절차 완료를 추진할 계획이다.

EU와의 FTA는 크게 5가지 측면에서 우리나라에 긍정적인 효과가 있다고 사료된다. 첫째, 세계 최대 시장인 EU의 무역 빗장을 풀고, 우리나라 기업의 경제 영토를 넓히는 효과를 가져다준다고 할 수 있다. EU는 경제규모(GDP)가 18조 4,000억 달러(2008년 기준)로 미국(14조 3,000억 달러), 일본(4조 9,000억 달러)을 능가하는 세계 1위의 경제권으로서 한-EU FTA는 NAFTA 규모를 능가하는 시장을 형성한다고 볼 수 있다.

둘째, 국가의 인지도를 높이고 국제적인 협상력을 제고하여 우리나라의 위상이 강화시킬 수 있다. 특히 EU와 FTA를 체결하여 보호무역주의의 확산을 차단하고, 자유무역을 활성화하는 대표주자로서의 위상 정립하고 나아가 EU와 아시아 국가들 간 상품 · 자본의 교류를 위한 관문 역할을 함으로써 국제시장에 대한 영향력 확대시킬 수 있는 계기로 작용할 수 있다.

셋째, 현재 성장동력이 다소 위축되어 있는 우리 경제에 활기를 불어넣는 계기로 작용할 수 있다. 관세인하, 규제완화 등으로 EU 국가들과의 교역을 활성화함으로써 무역의존도가 높은 우리 경제의 성장기주를 회복시켜 경제규모를 키우고 고용확대의 기회로 작용할 수 있을 것이다.

넷째, 27개국으로 구성된 EU는 선진 경제국에서 신흥 경제국까지 다양한 시장이 함께 공존하므로 대기업뿐만 아니라 우리 경제의 중추인 중소기업에까지 다양한 시장과 투자기회를 제공할 수 있다. 특히, 최근 EU에 가입한 헝가리, 체코, 폴란드 등 중 · 동부 유럽국가들의 신흥시장을 선점할 수 있는 기회를 제공한다고 할 수 있다.

마지막으로, 생필품과 서비스의 가격이 하락하고 선택권이 넓어져서 국민생활의 질이 향상될 수 있다. 세계적으로 우수한 품질을 가진 EU산 식품 · 물품 등이 보다 싼 가격으로 수입되는 등 장바구니 물가가 내려가고 소비자 선택권이 확대될 뿐만 아니라 금융 · 법률 · 회계 시장 등의 개방을 통해 보다 낮은 가격으로 고품질의 전문직 서비스를 이용 가능할 것으로 보인다.

⑧ 한국-터키 FTA

한국과 터키는 전통적인 우방으로 정치 사회적 협력은 지속되어 왔으나 경제적 협력은 그동안 미진한 상태였다. 아울러 터키는 유럽과 중앙아시아를 연결하는 지리적 경제적으로 매우 중요한 국가이다. 이에 2008년 공동연구에 착수하여 4차례의 공식협상 개최 후 2012년 8월 기본 협정 및 상품무역 분야 협정에 공식서명하였고 2012년 11월 22일 국회 비준을 통과하여 2013년 5월 1일부로 발효된 한-터키 FTA는 한국으로서는 8번째, 터키로서는 17번째 FTA로 양국간 숙원사업이었던 경제협력의 물고를 트게 되었다.

양국간 교역은 2012년 52억 달러로 한국 총교역액의 0.5%, 터키 총교역액의 1.3%에 불과해 교역만을 놓고 보면 양국은 상호간에 무역파트너로서의 역할은 미미한 실정이지만 터키는 시장잠재력이 크고, 지리적 전략적 중요도가 매우 높을 뿐 아니라 농수산물 피해가능성이 작다는 측면에서 한국의 FTA 상대국으로서 중요한 의미를 찾을 수 있다. 한-터키 FTA는 추진 동기와 협정의 범위에서 한국이 체결한 타 FTA와는 다른 특징을 가지고 있는데, 터키와 EU 간에 체결한 관세동맹협정에 따르면, EU가 제3국과 FTA를 체결할 경우 터키도 동일한 조치를 취해야 한다는 의무조항이 있는데 한-터키 FTA는 이 의무조항의 이행 차원에서 이루진 것이라고 할 수 있다. 터키 · EU 관세동맹의 제16조에는 EU가 제3국과 FTA를 체결할 경우, 터키도 동 제3국과 FTA를 체결하도록 필요조치를 취해야 한다고 규정하고 있다. 한-터키 FTA는 한-ASEAN FTA와 마찬가지로 기본협정 및 상품무역협정을 우선 발효하고, 서비스 및 투자 협정은 2013년 5월 1일 이후 협상을 개시하여 1년 내 타결하기로 합의하였다. 터키는 지금까지 16개의 FTA를 체결하였는데 모두 상품분야에 한정하고 있고, 터키로서는 한-터키 FTA가 서비스시장 및 투자 자유화까지 염두에 둔 최초의 FTA라고 할 수 있다. 한-터키 FTA에서 양국은 거의 모든 품목에 대해 10년 내에 관세를 철폐하기로 하였고, 농산물은 양국이 동일한 수준의 양허를 하였으며, 특히 지금까지 한국이 맺은 FTA 중에서 최고 수준의 무역구제를 확보하였다.

협정의 내용을 구체적으로 살펴보면 우선 상품 양허와 관련하여 한국은 수입액 기준으로 99.6%, 터키는 100%를 10년 내 관세철폐(품목수 기준으로는 한국 92.2%, 터키 89.8%)하기로 하였다. 특히, 한국은 수입액의 92.9%, 터키는 53.8%를 즉시 개방하기로 하였고, 5년 내에 개방률은 한국 99.8%, 터키는 77.9%에 달하는 수준이다. 공산품은 양국 모두 7년에 걸쳐 전 품목에 대해 관세를 철폐하기로 하였으나, 한국의 주력 수출 품목인 자동차 및 자동차부품은 완전개방시기가 7년으로 타 품목에 비해 지연되었다.

다음으로 타 FTA에서 민감한 문제를 야기하였던 농수산물 분야는 10년 이내 관세철폐 품목 수 및 수입액 기준으로 동일한 수준의 양허를 달성하였다. 10년 이내 관세철폐 품목의 비중은 수입액 기준으로 한국이 96.7%, 터키는 96.8%로 양국간 농산물 교역 품목의 대부분을 10년 내 철폐하기로 합의(품목 수 기준으로는 한국 52.5%, 터키는 52.7%)하였다.

그리고 무역 구제와 관련하여서는 양자 세이프가드, 반덤핑/상계조치 발동과 관련하여 절차적, 실질적인 요건을 강화함으로써 한국이 이미 체결한 FTA 중 최고 수준의 무역구제를 확보하였다. 특히 주목할 점은 터키는 세이프가드 조치 부과 세계 1위 국가이며, 한국에 대해서는 제3위의 무역구제 조치 발동국이다. 2012년 3월까지 터키는 한국을 대상으로 총 8건의 세이프가드 조치를 발동한 만큼 무역구제 분야에서의 긍정적인 결과를 얻어낸 협상이라고 짐짓적으로 판단할 수 있다.

그림 8-11

우리나라의 FTA 현황 (2014년 1월 발효 기준)

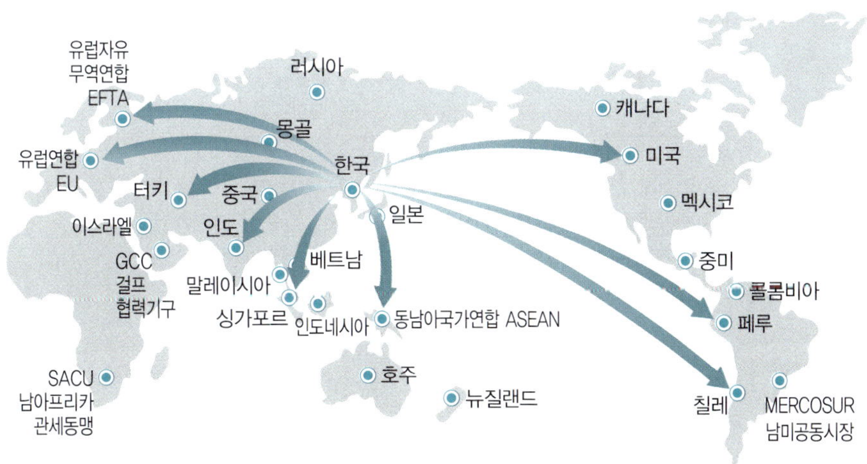

출처 : FTA 종합지원 포탈

표 8-7 **한국의 FTA 추진현황**(2015년 7월 현재)

진행단계	상대국	추진현황	의의
발효 (11건)	칠레	1999년 12월 협상 개시, 2003년 2월 서명, 2004년 4월 발효	최초의 FTA, 중남미 시장의 교두보
	싱가포르	2004년 1월 협상 개시, 2005년 8월 서명, 2006년 3월 발효	ASEAN 시장의 교두보
	EFTA (4개국)	2005년 1월 협상 개시, 2005년 12월 서명, 2006년 9월 발효 (*EFTA 4개국 : 스위스, 노르웨이, 아이슬란드, 리히텐슈타인)	유럽시장 교두보
	ASEAN (10개국)	2005년 2월 협상 개시, 2006년 8월 상품무역협정 서명, 2007년 6월 발효, 2007년 11월 서비스협정 서명, 2009년 5월 발효, 2009년 6월 투자협정 서명, 2009년 9월 발효 (*ASEAN 10개국 : 말레이시아, 싱가포르, 베트남, 미얀마, 인도네시아, 필리핀, 브루나이, 라오스, 캄보디아, 태국)	우리의 제2위 교역대상 (2013년 기준)
	인도	2006년 3월 협상 개시, 2009년 8월 서명, 2010년 1월 발효	BRICs국가, 거대시장
	EU (28개국)	2007년 5월 협상 출범, 2009년 7월 협상 실질 타결, 2009년 10월 15일 가서명, 2010년 10월 6일 서명, 2011년 7월 1일 잠정 발효 (*EU 28개국 : 오스트리아, 벨기에, 영국, 체코, 키프로스, 덴마크, 에스토니아, 핀란드, 프랑스, 독일, 그리스, 헝가리, 아일랜드, 이탈리아, 라트비아, 리투아니아, 룩셈부르크, 몰타, 네덜란드, 폴란드, 포르투갈, 슬로바키아, 슬로베니아, 스페인, 스웨덴, 불가리아, 루마니아, 크로아티아)	세계 최대경제권(GDP 기준)
	페루	2009년 3월 협상 개시, 2010년 8월 협상 타결, 2010년 11월 15일 가서명, 2011년 3월 21일 서명, 2011년 8월 1일 발효	자원부국, 중남미 진출 교두보
	미국	2006년 6월 협상 개시, 2007년 6월 협정 서명, 2010년 12월 추가 협상 타결, 2011년 10월 22일 "한 · 미 FTA 이행법" 미 의회 상 · 하원 통과, 2011년 11월 22일 비준동의안 및 14개 부수법안 국회 본회의 통과, 2012년 3월 15 발효	거대 선진경제권
	터키 (기본협정 · 상품무역협정)	2008년 6월~2009년 5월 공동연구, 총 4차례 공식협상 개최(2010년 4월 ~ 2012년 3월), 2012년 8월 1일 기본협정 및 상품무역협정 서명, 2012년 11월 22일 비준동의안 국회 통과, 2013년 5월 1일 발효	유럽 · 중앙아 진출 교두보
	호주	2009년 5월 한-호주 FTA 협상개시 선언, 총 7차례 협상 개최(2009년 5월, 8월, 11월 / 2010년 3월, 5월/ 2013년 11월, 12월), 2013년 12월 4일 협상 타결 선언, 2014년 2월 10일 가서명, 2014년 4월 8일 공식서명, 2014년 12월 2일 비준동의안 국회 본회의 통과, 2014년 12월 12일 발효	자원부국 및 오세아니아 주요시장
	캐나다	2005년 7월 협상개시 선언, 총 14차례 협상 개최(2005년 7월, 9월, 11월 / 2006년 2월, 4월, 6월, 9월, 11월 / 2007년 1월, 4월, 10월, 11월/ 2008년 3월/ 2013년 11월), 2014년 3월 11일 협상 타결 선언, 2014년 6월 12일 가서명, 2014년 9월 23일 정식서명, 2014년 12월 2일 비준동의안 국회 본회의 통과, 2015년 1월 1일 발효	북미 선진시장
타결 (5건)	콜롬비아	2009년 3월~9월 민간공동연구, 총 6차례 공식협상 개최(2009년 12월/ 2010년 3월, 6월, 10월/ 2011년 10월/ 2012년 4월), 2012년 6월 25일 협상 타결 선언, 2012년 8월 31일 한-콜롬비아 FTA 가서명, 2013년 2월 21일 한-콜롬비아 FTA 정식 서명	자원부국, 중남미 신흥시장
	터키 (서비스 · 투자협정)	2013년 8월~2014년 7월 서비스 · 투자협정 총 4차례 공식협상 개최, 2014년 7월 서비스 · 투자협정 실질타결, 9월 가서명. 2015년 2월 26일 서비스 · 투자협정 정식서명	유럽 · 중앙아 진출 교두보

	중국	2007년 3월~2010년 5월 산관학 공동연구 이후 민감분야 처리를 위한 실무협의, 2012년 5월 2일 협상개시 선언, 총 14차례 협상 개최(2012년 5월, 7월, 8월, 10월/ 2013년 4월, 7월, 9월, 11월/ 2014년 1월, 3월, 5월, 7월, 9월, 11월), 2014년 11월 10일 협상 타결 선언, 2015년 2월 25일 가서명, 2015년 6월 1일 정식 서명	우리의 제1위 교역대상 (2013년 기준)
	뉴질랜드	2007년 2월~2008년 3월 민간공동연구, 총 4차례 공식협상 개최(2009년 6월~2010년 5월) 후 잠정 중단, 2013년 12월 3일 공식협상 개시 선언, 총 5차례 협상 개최(2014년 2월, 3월, 6월, 8월, 10월), 2014년 11월 15일 협상 타결 선언, 2014년 12월 22일 가서명, 2015년 3월 23일 정식 서명	오세아니아 주요시장
	베트남	2011년 11월 공동연구보고서 완료, 2012년 8월 6일 협상개시 선언, 총 9차례 협상 개최(2012년 9월/ 2013년 5월, 10월/ 2014년 3월, 5월, 7~8월, 9~10월, 11월, 12월), 2014년 12월 10일 협상 타결 선언, 2015년 3월 28일 가서명, 2015년 5월 5일 정식 서명	우리의 제4위 투자대상국 (2014년 12월 기준)
협상 진행 (2건)	한·중·일	2003년~2009년 민간공동연구, 2010년 5월~2011년 12월 산관학 공동연구, 2012년 5월 3국 정상 회의시 "연내 협상개시 목표" 합의, 2012년 11월 20일 협상개시 선언, 총 8차례 협상 개최(2013년 3월, 7~8월, 11월/ 2014년 3월, 9월, 11월/ 2015년 4월, 7월)	동북아 경제통합 기반 마련
	RCEP	2011년 11월 ASEAN이 RCEP 작업계획 제시, 2012년 11월 20일 동아시아 정상회의 계기 협상개시 선언, 총 6차례 협상 개최(2013년 5월, 9월/ 2014년 1월, 3~4월, 6월, 12월) (*RCEP : 한국, 중국, 일본, 호주, 뉴질랜드, ASEAN)	동북아 경제통합 기여
협상 재개 여건 조성 (5건)	인도네시아	2011년 10월 공동연구보고서 완료, 2012년 3월 28일 한·인니 CEPA 협상개시 선언, 총 7차례 협상 개최(2012년 7월, 12월/ 2013년 5월, 7월, 9월, 11월/ 2014년 2월)	ASEAN 회원국 중 우리의 최대 교역국 (2013년 기준)
	일본	2003년 12월 협상개시, 2004년 11월 6차 협상 후 중단, 2008~2012년 협상 재개 환경조성을 위한 협의 총 9차례 개최	우리의 제4위 교역대상 (2013년 기준)
	멕시코	2007년 12월 기존의 SECA를 FTA로 격상하여 협상 재개, 2008년 6월 제2차 협상 개최 후 중단	북중미 시장 교두보
	GCC (6개국)	2008년 7월 협상 개시, 2009년 7월 제3차 협상 개최 후 중단 (*GCC 6개국 : 사우디, 쿠웨이트, 아랍에미레이트, 카타르, 오만, 바레인)	자원부국, 우리의 제3위 교역대상 (2013년 기준)
	중미(6개국)	2010년 10월 공동연구 개시, 2011년 4월 공동연구 보고서 완료, 2015년 6월 18일 협상 개시 공식선언 (*중미 6개국 : 파나마, 코스타리카, 과테말라, 온두라스, 엘살바도르, 니카라과)	북미와 남미를 잇는 전략적 요충지
협상 준비 또는 공동 연구 (4건)	MERCOSUR (5개국)	2005년 5월~2006년 12월 정부 간 공동연구 완료(2007년 10월 연구보고서 채택) (*MERCOSUR 5개국 : 브라질, 아르헨티나, 우루과이, 파라과이, 베네수엘라)	BRICs국가, 자원부국
	이스라엘	2009년 8월 민간공동연구 개시, 2010년 8월 완료	서부 중동지역 거점시장
	말레이시아	2011년 5월 한·말레이시아 FTA 타당성연구 개시, 2012년 12월 타당성연구 완료	한-ASEAN FTA Upgrade, 자원부국
	에콰도르 TA	2012년 4월 통상교섭본부장 에콰도르 통상차관 면담 계기 한·에콰도르 TA 타당성연구 진행 합의, 2012년 9월~2013년 6월 민간공동연구 실시, 2015년 2월 한·에콰도르 TA 추진가능성 검토 회의, 2015년 4월 한·에콰도르 TA 추진 관련 대국민 공청회	중남미 시장 진출을 위한 교두보 확보

출처 : http://www.fta.go.kr/main/situation/kfta/ov/

국제개발협력

09

Essentials of **Trade**, ch. nine

1. 국제개발협력의 개념과 목적

2. 국제협력개발의 유형

3. 국제적 차원의 국제협력

4. 국제개발협력의 역사

1 국제개발협력의 개념과 목적

Essentials of Trade, ch. nine

1.1 개관

ODA 공공기관이 개발도상국의 경제발전과 복지증진을 주목적으로 하여 개도국 또는 국제기구에 공여하는 증여(Grant) 및 양허적 성격으로 제공하는 차관

국제개발협력(International Development Cooperation)은 공적개발원조(Official Development Assistance ; ODA)보다 포괄적인 개념으로서 개발도상국의 빈곤퇴치와 경제 · 사회 개발을 지원하는 공공 · 민간 부문의 모든 활동을 포함하는 광범위한 국제사회의 협력을 의미한다. 이러한 국제개발협력에는 공적개발원조(ODA)는 물론, 기타공적자금(Other Official Flows), 수출신용, 민간투자와 같이 다양한 협력 방식이 포함된다. 개발"원조"가 아닌 개발"협력"이라는 용어의 사용은 공여국이 수원국을 일방적으로 돕는 시혜적 관점보다는 상호 파트너십을 강조하는 관점으로의 전환과 원조를 넘어서는 총체적인 협력방식의 필요성을 함축하고 있다.

1.2 국제개발협력의 목적

1.2.1 목적

개발원조를 핵심으로 하는 국제개발협력의 가장 보편적인 목적은 개발도상국의 빈곤문제 해결이라 할 수 있다. 공여국이나 기관에 따라서는 빈곤감소 외에도 경제성장, 민주주의 확산, 평화와 안정 유지, 지속 가능한 개발과 같은 다양한 상위 목적을 가지고 개발협력 활동을 수행한다. 그러나 가장 많은 공여국이 채택하고 있는 목적은 빈곤감소이며, 빈곤퇴

* 본 장은 외교부 홈페이지(http://www.devco.go.kr/index.do) 및 국무조정실 국제개발협력위원회(http://www.odakorea.go.kr/oz.main.ODAMain.do)를 중심으로 서술되었음.

그림 9-1

DAC 가이드라인 개관

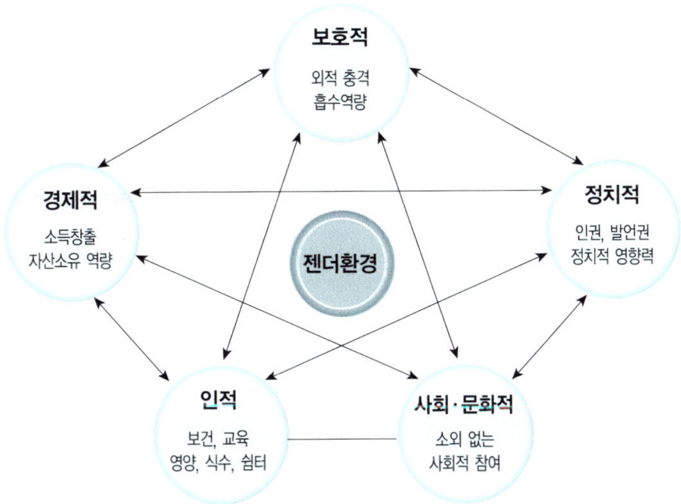

출처 : OECD(2001), "The DAC Guideline on Poverty Reduction"

치는 경제, 사회, 정치, 안보, 환경 측면 개발이 다각적으로 이루어져야 달성될 수 있다는 면에서 위와 같은 목적들은 서로의 달성에 긍정적인 영향을 미친다고 할 수 있다. 빈곤을 해결한다는 것은 인간의 경제적, 인적, 사회 · 문화적, 정치적, 보호적인 역량을 다차원적으로 강화하는 것을 의미하며, 이때 환경과 성평등의 요소 등도 고려의 대상이다.

DAC 개도국 원조를 위해 결성된 OECD 산하 개발원조위원회

1.2.2 UN 새천년개발목표(MDGs)

2000년 UN총회에서 189개국이 채택한 새천년개빌목표(Millennium Development Goals ; MDGs)는 국제적으로 가장 널리 합의된 개발협력 목표로서, 다차원적 빈곤 해결을 위한 공동의 청사진을 마련했다는 점에서 주목할 만한 성과라고 할 수 있다. 특히 절대빈곤과 기아, 교육, 보건, 환경, 개발협력 등을 포괄하는 8가지 목표와 60여 개의 측정 가능한 지표를 사용하고 달성 기한이 구체화되었다. 이러한 MDGs는 역사상 최초로

새천년개발목표(MDGs) UN에서 합의된 광범위하고 널리 알려진 개발협력목표

전 세계 정상들에 의해 대표적 국제기구인 UN의 틀 내에서 합의되었다는 점에 그 의의가 있으며, UN 기구 외 세계은행, 국제통화기금(IMF), 세계무역기구(WTO) 등도 각국의 MDGs 달성 노력에 동참하고 있다. 우리 정부도 국제사회의 MDGs 달성 노력에 기여하고자 노력 중이다. 2010년 7월 제정된 「국제개발협력기본법」은 우리나라 개발협력의 목표로 개도국의 빈곤감소 및 삶의 질 향상, 개도국의 발전 및 이를 위한 제반 제도 및 조건의 개선 등 MDGs의 핵심 내용을 포함하고 있다. 또한, 2010년 12월 채택된 「2011~2015년 분야별 국제개발협력 중기기본계획」을 통해 MDGs 달성을 양자원조 및 다자원조의 전략적 목표로 설정하고, 구체적인 추진 계획을 수립한 바 있다.

tips

MDGs 8대 목표 및 주요지표(목표년도: 2015년)

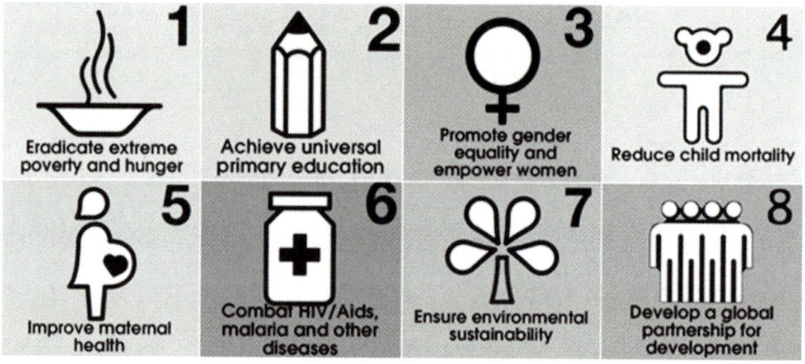

① 절대 빈곤 및 기아 퇴치(Eradicate extreme poverty & hunger)
   - 하루 1달러 이하의 소득으로 연명하는 절대 빈곤 인구를 절반으로 감축
   - 기아로 고통받는 인구를 절반으로 감축 등

② 보편적 초등 교육 달성(Achieve universal primary education)
   - 모든 어린이들에게 초등교육 실시

③ 남녀 평등 및 여성 인권 신장(Promote gender equality and empower women)
   - 여성에게 균등한 교육기회 보장

④ 아동 사망률 감소(Reduce child mortality)
   - 5세 이하 유아사망률을 3분의 2로 축소

⑤ 모성 보건 향상(Improve maternal health)
   - 산모 사망률을 4분의 3으로 축소

⑥ HIV/AIDS, 말라리아 및 기타 각종 질병 퇴치(Combat HIV/AIDS, malaria and other diseases)
- 말라리아와 후천성면역결핍증(AIDS) 확산을 절반으로 축소

⑦ 지속 가능한 환경보전(Ensure environmental sustainability)
- 안전한 식수와 위생환경 접근 불가능 인구를 절반으로 축소
- 2020년까지 최소 1억명 이상의 슬럼지역 거주자의 삶 대폭 개선

⑧ 개발을 위한 범지구적 파트너십 구축(Develop a global partnership for development)
- 예측 가능하고 비차별적인 개방무역과 금융시스템의 촉진
- 개도국에 대한 공적개발원조(ODA) 확대
- 최빈개도국 등에 대한 특별수요(수출품에 대한 관세-쿼터면제, 부채탕감)
- IT 등 신 기술에 대한 상호협력 등

1.2.3 Post-2015

2015년으로 정해진 유엔 새천년개발목표(Millenium Development Goals ; MDG) 달성시한이 다가옴에 따라, 2010년 유엔 새천년개발목표 고위급회의(2010 High-level Plenary Meeting of the General Assembly on the MDGs)에서는 유엔사무총장에게 2015년 이후의 개발협력 체제에 대한 구상을 시작할 것을 요청하였다. 지속 가능한 개발에 관한 Rio+20 회의(Rio+20 Conference on Sustainable Development) 결과에 따라 지속 가능한 개발 목표(Sustainable Development Goals ; SDG)를 준비하기 위한 논의 또한 별도로 진행되고 있는데, SDG와 MDG의 논의가 서로 밀접하게 연결되어야 한다는 점에 대해서 국제적인 공감대가 형성 중에 있다. 이러한 기조에서, 2012년 7월, 반기문 유엔사무총장은 전 세계 저명인사 27명을 Post-2015 개발의제에 관한 유엔고위급패널(High-level Panel of Eminent Persons on Post-2015 Development Agenda)[1]로 임명

1. Post-2015 고위급 패널 : David Cameron 영국 총리, Ellen Johnson Sirleaf 라이베리아 대통령, Susilo B. Yudhoyono 인도네시아 대통령이 공동의장직을 수행하며, 정부 인사, 민간 석학, 시민사회운동가 등으로 구성.

하여 Post-2015 개발의제 대한 권고보고서 작성을 요청하였다. 동 패널은 2013년 5월 말까지 5차례 회의를 갖고 패널 회의의 논의 결과를 바탕으로 유엔사무총장에게 보고서를 제출하게 하였고, 유엔사무총장은 2013년 9월 개최되는 유엔총회에서 Post-2015 개발의제에 관한 유엔사무총장보고서를 제출하게 되며, 이는 정부 간 협의의 참고자료로 사용되고 있다. 우리나라에서도 패널위원으로 참여하고 있다.

1.3 국제개발협력의 동기와 필요성

1.3.1 국제개발협력의 필요성

국제개발협력의 필요성과 공여국들의 원조 제공 동기는 인도적, 상호의존적, 정치 · 경제적 측면 등으로 다양하다. 먼저 인류의 보편적 가치 실현을 위해 개도국의 경제사회개발과 복지증진을 달성할 필요가 있다. 지구상에는 아직도 10억 명 이상의 사람들이 극도의 기아와 빈곤, 재해로 고통받고 있으며, 국제사회는 인도적 차원에서 이를 간과해서는 안되는 의무를 지녔다. 또한 오늘날 세계화(Globalization)가 심화되고 있는 국제사회는 전쟁과 테러, 기후변화와 환경문제, 전염성 질환, 국제금융위기 등 국경을 초월한 공통의 과제에 직면해 있으며, 이를 해결하기 위해서는 국제공공재(Global public goods)의 공급과 같은 전 지구적 공조가 요구된다. 이는 개도국의 빈곤문제를 포함한 지구적 과제의 해결 없이는 선진국의 번영과 안정도 달성될 수 없다는 인식에 기반하고 있다.

1.3.2 한국의 국제개발협력 동참의 필요성

한국은 한국전쟁 이후 2/3 가량의 국가 시설과 생산 능력이 파괴되었다. 폐허 속에서 절대빈곤국가였던 한국은 이후 1945년부터 1995년까지 약 120억 달러의 원조를 받았다. 오늘날 한국은 세계 10위권대의 경제대국으로서, IT기술, 자동차 등을 주요 수입원으로 하는 수출강국으로 자리

잡았고, 이와 같은 위치에 오르기까지는 국제사회의 도움이 컸다. 이제 한국은 OECD 내 개발원조위원회(DAC) 회원국으로 가입한 만큼, 그동안 받아왔던 국제사회의 기여에 적절히 보답하여야 한다는 책임과 의무를 가지고 있다. 공적개발원조(ODA)를 통해 국제개발협력에 동참하고 세계의 공동 선을 위해 노력하는 것은 앞으로 한국이 선진국가로 도약하는 데도 중요한 기여를 할 것이다.

2 국제협력개발의 유형

Essentials of Trade, ch. nine

2.1 공적개발원조

ODA(공적개발원조, Official Development Assistance)는 중앙 및 지방정부를 포함한 공공기관이 개발도상국의 경제발전과 복지증진을 주목적으로 하여 개도국 또는 국제기구(개발도상국에 대한 원조에 관여하는 국제기구)에 공여하는 증여(Grant) 및 양허적 성격으로 제공하는 차관(Concessional Loan)을 의미한다.[2] ODA는 OECD를 비롯한 국제사회에서 공식적으로 통용되는 용어이며 OECD 개발원조위원회(DAC)의 정의에 따라 다음과 같은 조건을 충족시켜야 한다. 첫째, 중앙정부와 지방정부를 포함한 공공부문 또는 그 실시기관에 의해 개발도상국, 국제기구 또는 개발 NGO에 공여되어야 하며 그 목적은 개발도상국의 경제개발 및 복지증진에 기여하는 것이 주목적이어야 하며 정부가 제공하는 차관일 경우, 양허성이 있는(Concessional) 재원이어야 하며 증여율(Grant Element)이 25% 이상이어야 한다. 둘째, OECD 개발원조위원회(DAC) 수원국 리스트에 속해 있는 국가 및 동 국가를 주요 수혜 대상으로 하는

2. ODA는 ① 정부기관이 ② 개도국의 경제개발 또는 복지증진을 목적으로 개도국에 제공하는 ③ 증여(Grant) 및 양허성 차관(Concessional Loan)으로 한정한다(증여는 무상원조라고도 하고, 양허성 차관은 유상원조라고도 함).

국제기구를 대상으로 하여야 한다는 기본 원칙에 부합하여야 한다.

2.2 국제협력

일반적으로 국제협력이란 국가 간 및 국가와 국제기관 간의 모든 유·무상 자본협력, 교역협력, 기술·인력협력, 사회문화협력 등 국제사회에서 발생하는 다양한 형태의 교류를 총체적으로 지칭하는 개념이다. 이 경우 국제협력은 원조나 경제협력에 비해 더욱 상호주의적이며 평등한 관계를 강조하고 아울러 협력분야를 경제영역으로 한정하지 않고 사회, 문화 분야로까지 확대하고자 하는 의지를 담고 있다. 또한, 국가 간에 재원이 이전되는 경우도 있지만 단순한 교류차원의 협력일 경우에는 실질적인 재원이 이전되지 않는 경우도 있다는 점에서 경제협력, 개발협력 및 개발원조와 차이점이 있다.

2.3 경제협력

경제협력은 보통 투자 및 자본협력 등을 일컫지만 광의로는 무역을 포함한 모든 경제교류를 지칭하는 개념으로 쓰이기도 하며, 때로는 대개도국 경제협력의 줄임말로 이해되기도 한다. 경제협력은 정부차원의 개발원조, 상업차관, 수출신용, 민간부문에 의한 직·간접투자, 해외건설, 무역, 해외이주 및 해외취업 등을 포함하며, 국가 상호간에 이전되는 재원을 포함한다. 따라서 선진국 간, 개도국 간 그리고 선진국과 개도국 간 경제 분야의 제반 협력관계를 경제협력이라 할 수 있다.

2.4 공적개발재원

공적개발재원은 개도국에 대한 자금 흐름을 측정하는 데 사용되는 개념이다. 이에는 ① 양자간 ODA, ② 다자간 증여 및 양허성·비양허성 차관, ③ 증여율이 낮아 ODA에 포함되지 않는 기타 공적 개발 자금 흐름

(리파이낸싱(Refinancing : 조달한 자금을 상환하기 위해 다시 자금을 조달하는 것) 포함) 등이 포함된다.

표 9-1 **개발재원의 형태**

구분	지원방법	지원형태	내용
공적개발원조 (Official Development Assistance ; ODA)	양자간	무상	증여, 기술협력, 프로젝트원조, 식량원조, 긴급재난구호, NGOs 지원
		유상	양허성 공공차관
	다자간	-	국제기구 분담금 및 출자금
기타공적자금 (Other Official Flows)	양자간	유상	공적수출신용, 투자금융 등
	다자간	유상	국제기관 융자
민간자본흐름(Private Flows at Market Terms)	-	유상	해외직접투자, 1년 이상의 수출 신용, 국제기관 융자, 증권투자 등
민간증여(Net Grants by NGOs)	-	유상	NGOs에 의한 증여

출처 : KOICA

3 국제적 차원의 국제협력

Essentials of Trade, ch. nine

3.1 UN 개발논의 및 활동

개발(development)은 유엔의 3대 목표(objectives) 중 하나로서, 이를 위해 유엔은 규범(normative) 측면과 이행(operational) 측면에서 국제개발목표달성에 기여 중이다.

3.1.1 규범적 측면

규범적 측면의 개발활동은 주로 유엔 총회(제2위원회, 제3위원회(인도적 지원))와 경제사회이사회(ECOSOC)를 통해 회원국 간 다양한 논의가 진행되고 있다. 다양한 개발목표, 개발과제, 개발재원 등 경제사회개발과

ECOSOC(UN 경제사회이사회) 안전보장이사회, 신탁통치이사회와 더불어 UN 3대 이사회의 하나

관련한 광범위한 의제가 논의되고 있으며 이를 통해 회원국의 지속적인 관심과 재원확대 등의 노력을 촉구하고, 유엔기구들의 보다 효율적인 활동을 위한 다양한 가이드라인을 제공하는 역할을 하고 있다. 이 중에서도 경제사회이사회는 유엔의 경제사회개발 분야 논의의 중심으로서 2005년 World Summit을 통해 ECOSOC 내에 개발협력포럼(Development Cooperation Forum)을 신설, DCF를 개최하기로 하고 2008년에 제1차 회의를 개최한 후 매 2년마다 회의를 개최 중이다. DCF는 새천년개발목표(MDGs)를 비롯하여 국제사회에 합의된 개발목표 이행을 촉진하고 개발활동의 효과성을 제고하는 방안에 대해 논의하는 것을 기본 임무로 하고 있다. 또한 '유엔기구 수장 협의체'(Chief Executive Board)를 구성, 유엔 내 경제사회개발 관련 기구들 간의 조직 및 본부 차원의 협력과 조화를 꾀하고 있다. 아울러 유엔개발그룹(UN Development Group)을 통해 개도국 국가 수준의 유엔 개발활동의 효과성을 제고하기 위한 기구 간 협력방안을 모색 중이다. UNDG는 개발활동과 관련한 다양한 유엔 산하기구, 전문기구, 지역 위원회 등이 참여 중이며 UNDP 총재가 의장을 맡고 있다.

UNDP(유엔개발계획) UN 전체의 개발원조 계획 조정기관

3.1.2 이행측면

WFP(World Food Program) UN 세계 식량계획

Unicef(유엔아동기금) 어린이 보호 및 구호를 위한 UN 상설 보호기관의 하나

WHO(세계보건기구) 보건 · 위생 분야 국제협력을 위한 UN 전문기구

유엔 개발시스템은 다자원조(정규재원 및 비정규재원 포함) 집행 채널로는 가장 큰 규모(32%)이며, 그 뒤는 세계은행그룹(26%), EC(23%), 여타(13%), 지역개발은행(6%)이 잇고 있다. 2010년 유엔 개발에 총 229억 달러를 집행하였으며, 이 중 33%는 인도적 지원활동이 차지하였다. 기구별로는 UNDP(24%), WFP(18%), UNICEF(15%), WHO(8%), UNHCR(8%) 등을 통해 집행되고 있다. 유엔의 개발활동에 대한 최대 공여국은 미국으로, EC, 일본, 영국이 그 뒤를 따르고 있다. 아울러 유엔의 상위 5대 수원국은 수단, 아프가니스탄, 파키스탄, 에티오피아, 팔레스타인이다.

3.2 OECD 개발원조위원회

3.2.1 성립과 현황

제2차 세계대전 이후 마샬플랜에 의한 미국의 서유럽국가에 대한 원조를 효율적으로 활용하기 위해 1948년 유럽경제협력기구(Organization for European Economic Cooperation ; OEEC)가 설립된 이후 점차 서유럽국가들도 개도국 원조에 참여할 필요성이 증대됨에 따라 1960년 개발원조그룹(DAG)이 설립되었다. 이후 1961년 9월 OEEC가 OECD(경제협력개발기구)로 개편되면서 개발원조위원회(Development Assistance Committee ; 이하 DAC)로 개칭되어 오늘날에 이르고 있다. 현재 유럽연합(EU)을 포함 총 24개 회원국으로 구성되어 있으며, 국제통화기금(IMF), 세계은행, UNDP 및 DAC 미가입 회원국들이 옵서버로 활동 중이다.

표 9-2 DAC 현황

회원국 현황	OECD 회원국 중 DAC 미가입국 현황
그리스, 네덜란드, 노르웨이, 뉴질랜드, 독일, 덴마크, 룩셈부르크, 미국, 벨기에, 스위스, 스웨덴, 스페인, 아일랜드, 영국, 오스트레일리아, 오스트리아, 유럽 연합, 이탈리아, 일본, 캐나다, 포르투갈, 프랑스, 핀란드, 한국	멕시코, 슬로바키아, 슬로베니아, 아이슬란드, 에스토니아, 이스라엘, 체코, 칠레, 터키, 폴란드, 헝가리

3.2.2 역할과 발전

DAC는 OECD 회원국 간 정책 대화를 통해 빈곤국에 대한 공적개발원조(ODA) 정책의 상호 조정 및 효과성을 높이기 위해 설립되었다. 개발협력은 경제성장, 무역확대와 함께 OECD의 3대 목적 중 하나로, DAC 회원국들은 개발도상국의 지속 가능한 경제 · 사회 개발을 지원하기 위한 원조규모의 확대와 원조활동의 효과성 제고를 위해 회원국 간에 정책을 협의 · 조정하고 있다. DAC는 선진공여국 간에 국제원조정책의 가이드라인을 제공하고 국제개발문제를 논의하는 정책 협의의 장으로 기능하고 있다. 구체적으로는 개발협력에 대한 정보와 경험의 교환, 상호협의와 조정, ODA 관련 통계 작성, 회원국의 개발협력 현황과 정책에 대한 동료평가(peer reivew) 등을 주로 하고 있다.

표 9-3 **DAC 회원국 확대과정**

창립연도 (1961년)	벨기에, 캐나다, 프랑스, 독일, 이탈리아, 일본, 네덜란드, 포르투갈(1974년 탈퇴 후 1991년 재가입), 영국, 미국, EU 집행위원회
1960년대	노르웨이(1962), 덴마크(1963), 스웨덴(1965), 오스트리아(1965), 호주(1966), 스위스(1968)
1970년대	뉴질랜드(1973), 핀란드(1975)
1980년대	아일랜드(1985)
1990년대	포르투갈(1991), 스페인(1991), 룩셈부르크(1992), 그리스(1999)
2000년대	한국(2010)

4 국제개발협력의 역사

Essentials of Trade, ch. nine

4.1 국제개발협력의 역사

국제개발협력이 본격화된 것은 제2차 세계대전 직후로, 이는 지구촌의 안녕과 번영을 위해 전쟁 피해국 및 신생독립국의 재건을 지원해야 한다는 인식이 확산되면서부터다. 이 당시는 빈곤과 개발문제의 주요 해결책으로 서구를 모방한 근대화 전략과 대규모 자본과 기술을 투입한 경제성장 방식이 제시되었다. 그 대표적인 예가 미국이 유럽재건을 위해 실시한 4년(1948~1952)간의 마샬플랜이며, 이것은 주로 인프라개발 및 기술협력중심으로 이루어졌다.

1960년대의 주요 전략은 경제성장과 현대적 기술전수가 도농, 빈부

격차 감소로 이어진다는 적하(Trickle down)이론에 기반한 것이다. 따라서 주요원조 형태로는 중앙정부와 협력하여 물리적 인프라 구축을 위한 프로젝트였으며, 이를 위해 재정 지원과 전문가 파견이 활발하였다. 또한 동서진영의 이데올로기 성향에 따른 원조를 실시하였으며, 남북문제 해결을 위해서 IDA(International Development Association), DAC (Development Assistance Committee), UNDP(United Nations Development Program) 등 주요 공여국 협의체와 국제기구가 설립되었다. 이 시기는 개발의 황금기로, 사하라 이남의 아프리카 및 개도국의 경제 성장률이 높았으며, 미국, 영국, 프랑스 등 주요 공여국과 세계은행의 원조규모도 증가하였다.

IDA(국제개발협회) 일반적으로 제2세계 은행이라고 불림

1970년대에, 처음으로 원조가 빈곤감소 및 실업감소라는 명확한 목적과 연결되기 시작하였다. 이는 경제성장이라는 간접적 방법으로는 빈곤감소 및 불평등이 해결되는 것이 불충분하므로, 빈곤퇴치를 위해 보다 더 직접적으로 빈곤층을 대상으로 해야 할 필요가 있다는 인식에 기반한 것으로, 세계은행은 "성장과 재분배"에, ILO 및 UNDP는 인간의 기본적 욕구(Basic Human Needs ; BHN) 충족에 초점을 맞추었다. 이러한 관점에 따라 소농을 대상으로 하는 지역 기반 통합농촌개발 프로젝트가 활성화되었고, NGO의 역할이 확대되었으며 봉사자가 파견되기 시작하였다. 그러나 이러한 지역중심 다부문 프로젝트는 복잡한 설계와 행정역량 부족 등 여러 이유로 어려움에 부딪혔다. 이 시대는 오일쇼크로 원조규모가 일시적으로 감소했으나, 개발도상국이 경제위기를 극복할 수 있도록 원조액이 다시 증가하였고, 원유수출국의 원조가 늘어난 것도 특징이다.

ILO 국제노동기구

1980년대에 원조 기관들의 주요 관심은 성장의 주요 걸림돌을 제거하는 것으로 바뀌었다. 선진국에서는 신자유주의적 시각에서 공공부문의 축소가 이루어졌고, 이는 개도국에 대해서도 비슷한 공공개혁을 요구하는 것으로 나타났다. 멕시코와 브라질의 국가지불유예 선언이 계기가 되어 민간부문 확장, 무역자유화, 정부지출 감소를 목표로 한 구조조정프로그램이 실시되었다. 이러한 프로그램은 교육, 보건과 같은 핵심적 공공서비스 제공의 축소를 야기하였고, 협력국의 개발 환경을 고려하지 않은

일률적인 처방이라는 비판이 일었다.

1980년대 중반 이후에는 공여국들의 경제 위기극복과 공공부문 확장, 저소득국의 상황악화로 인해 ODA가 다시 증가하였고, 일본이 가장 큰 공여국으로 부상하였다. 사하라 이남 아프리카에 대한 주요 보고서들이 출판되었고, 대규모 재난 사건이 급증하면서 NGO를 통한 긴급 구호가 크게 확대되었다.

1990년대에는 냉전이 막을 내리면서 이념적 경쟁 수단으로써의 원조에서 벗어나게 되었으며, 구소련 체제전환국들에 대한 관심도 커졌다. 이 시기는 민주화 지원과 같이 원조에 있어 정치적 차원이 강화되었으며, 1992년 유엔환경 개발에 관한 회의(리우회의)를 계기로 환경과 지속 가능한 개발에 대한 관심도 증가하였다. 세계화의 진전과 함께 고채무빈국 이니셔티브(HIPC Initiative)형성을 비롯하여, 인권, 인구, 아동, 여성, 식량 관련 국제 결의문이 채택되어 추후 국제개발협력의 기반을 다지게 되었고, 또한 이 시기는 섹터 프로그램, 정책 대화, 건전한 국가행정(Good Governance)을 갖춘 개도국에의 원조집중현상, 역량개발에 대한 관심증가가 특징이라고 할 수 있다. 이때는 선진국들의 재정적자, 원조효과에 대한 회의감, 환경분야로의 재원이동 등으로 원조액수가 감소했으나, 인도적 지원은 늘어났다.

2000년대 들어서는 새천년개발목표(MDGs)가 수립되면서 공적개발원조의 핵심목표가 절대빈곤퇴치임을 재확인하였다. 세계은행과 IMF도 부채탕감 및 양허성 차관 지원조건으로, 거시경제개혁, 구조조정, 사회정책전략을 포함하는 빈곤감소 전략 보고서를 요구하게 되었다. 이 시기에는 9-11 테러 이후 테러리즘, 대량 난민발생과 같은 문제가 대두되는 분쟁/취약국가에 대한 안보지원이 크게 증가했으며, 재난구호에 대한 관심도 확대되었고 몬테레이 UN 개발재원회의, 항공권연대기금 등 혁신적 개발재원 마련을 위한 회의들이 개최되었다. 원조효과성 향상에 체계적으로 기여할 수 있는 구체적 목표와 지표가 파리선언으로 도출되었으며, 이에 따라 국제사회는 예산지원 등의 프로그램형 접근법과 비구속성 원조를 강화하기로 하였다.

이후 2010년대에 들어서는 다시 원조가 무역, 투자, 송금 등 다른 재원과 함께 개발에 기여하는 바에 무게가 실리며 “원조와 원조 이상의(Aid and Beyond)” 논의로 나아가고 있습니다. 더불어 기후변화, 분쟁취약성, 공정무역 등 최근 부각되는 범지구적 과제를 효과적으로 다루기 위해 중국과 같은 신흥공여국 및 기업, 재단, CSO를 포함하는 민간개발자금의 비전통적 원조 주체를 효과적으로 활용하는 새로운 원조체제에 대한 구상도 진행되고 있다.

4.2 한국의 개발협력의 역사

4.2.1 수원국 입장

한국은 해방 이후 1990년대 후반까지 약 120억 달러의 공적개발원조를 받았으며, 특히 1946~1980년까지 미국의 가장 많은 원조를 받은 수원국 중 하나이다. 우리나라에 제공된 원조는 긴급구호부터 구조조정 프로그램까지 시대적 요구에 따라 성격을 달리하면서, 경제 사회 개발에 일조하였다. 한국전쟁 직후에 이루어진 원조는 전쟁으로 초토화되어 민간투자의 유인이 취약하던 우리나라로 유입되는 유일한 외국 자본이었다. 이 시기의 원조는 긴급구호 등 인도적 지원에 집중되었다.

1950년대 원조는 군사적 방어, 안정 및 재건에 초점을 맞추었으며, 의식주를 해결할 수 있는 물자 및 식량원조 중심의 소비재 지원이 주를 이루었고, 경공업 육성을 위한 중간재 지원도 있었다. 미국이 절대적인 주요 공여국이었으며, 한국은 높은 원조 의존도를 보였다.

1960년대에는 경제구조 전환기로서 성장 및 투자가 화두가 되었다. 무상원조가 대부분을 차지하였던 이전 시기와는 달리, 1960년대부터는 양허성 차관이 도입되어 대기업 등을 중심으로 사회간접시설 구축, 전략적 수출 및 수입대체 산업 육성을 위한 프로젝트 원조와 자본재 지원이 이루어졌다. 개발 재원으로서 원조의 상대적 중요성이 줄어들었으며, 공여국도 미국 외에 일본의 비중이 증가하였다.

1970, 1980년대에는 대규모 개발사업과 중화학공업 발전의 추진을 위해 도입된 과도한 외채부담에 대한 우려 속에서, 과거 단위사업 중심의 프로젝트 차관은 특정 부문의 종합적 개발을 위한 섹터차관 및 경제 및 산업 전반의 구조를 조정하기 위한 구조조정차관으로 전환되었다.

1970년대 후반부터 1980년대까지 한국이 지원받은 차관 중 비양허성 자금의 비율상승과 함께 원조규모가 감소하고, 미국을 대체하는 일본의 역할대두 및 독일, IBRD, ADB 등 공여기관의 다원화가 나타난 것이 특징이라고 할 수 있다. 1990년대는 원조지위 전환기로, 한국은 1995년 세계은행의 차관 졸업국이 되었으며 2000년 DAC 수원국 리스트에서 제외되었다.

4.2.2 공여국 입장

우리나라는 1960년대부터 원조공여국으로도 활동해 왔다. 한국의 성공적인 경제발전에 대한 국제사회의 관심에 따라 1963년 미국국제개발처(USAID)의 원조자금으로 개도국 연수생 초청사업을 시작한 이래, 1965년부터는 우리 정부의 자금으로 개도국 훈련생 초청사업을 실시하였으며, 1967년에는 해외로 전문가를 파견하기 시작하였다. 1968년에는 의료단 파견 사업을, 1969년에는 프로젝트형 기술협력 사업을 시작하였다. 1970년대 중반까지는 주로 유엔기구 등의 자금을 지원받아 개발원조를 실시하였으나, 우리의 경제가 성장함에 따라 개도국으로부터의 원조 수요도 매년 증가하자 점차 우리 정부 자체자금에 의한 원조규모가 확대되었다. 1977년 외무부가 최초로 9억원의 예산을 확보하여 우리 기자재를 개도국에 공여함으로써 물자지원사업이 시작되었으며, 1982년부터 한국개발연구원(KDI)이 개도국 주요 인사를 초청, 우리의 개발 경험에 대한 교육을 실시하는 국제개발연찬사업(IDEP)을 시작하였다. 1984년에는 건설부에서 현재의 개발조사사업에 해당하는 무상건설기술 용역사업을, 노동부에서는 직업훈련원 설립 지원사업을 시작하였다. 1986년 아시안게임과 1988년 서울올림픽에 즈음하여 외채 감축과 국제수지 흑자의 실현으로 우리나라의 개발원조가 본격화되었다. 우리의 경제규모 증가와 국제무대에서의 위상 제고로 그에 상응하는 국제적 책임 수행이 요청되었다. 이와 더불어 대외 무역의존도가 높은 우리나라로서는 ODA 증대를 통한 개도국과의 협력강화 필요성이 확대되었다.

우리 정부는 개발원조의 체계적 시행을 위해 대외경제협력기금(EDCF) 설치 및 한국국제협력단(KOICA)의 설립으로 본격적인 원조행시 체계를 확립하였고, 1987년 재무부가 300억원을 출연, 한국수출입은행에 대외경제협력기금(Economic Development Cooperation Fund ; EDCF)을 창설하였다. 1991년에는 무상원조 전담기관으로 외무부 산하 한국국제협력단(Korea International Cooperation Agency ; KOICA)을 설립하여 개도국에 대한 본격적인 원조제공 기반을 구축하였다.

한국은 1996년 OECD에 29번째 회원국으로 가입하여 빈곤 및 저개발 상태의 신생국 가운데에서 최초로 OECD 회원국에 합류하는 등 공여국으로서의 위상 정립에 한걸음 다가섰다.

2010년 한국은 선진 공여국 그룹인 국제개발위원회(DAC)의 24번째

그림 9-2

한국의 개발원조 공여 현황

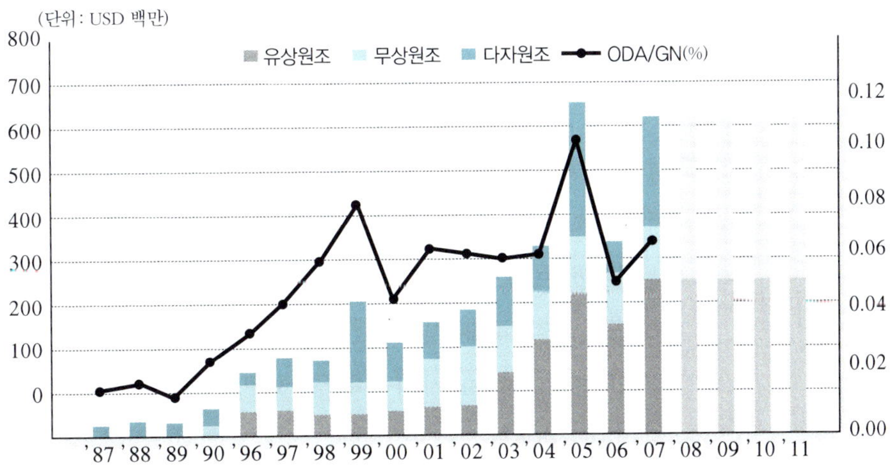

출처 : 외교부/OECD

회원국이 되었으며, G20 서울정상회의를 통해 서울개발컨센서스를 이끌어내는 데 주도적인 역할을 하였고, 또한 2011년 부산 세계개발원조총회를 주최함으로써 효과적인 개발을 위한 새로운 글로벌 파트너십 구축에 기여하였다.

4.3 개발협력정책의 방향과 목표

공적개발원조의 규모 확대 및 선진화를 통해 개도국의 빈곤감소와 지속 가능한 발전 및 인도주의를 실현하고 협력대상국과의 경제협력관계를 증진하여 국제사회의 평화와 번영에 기여를 기본적인 정책방향의 목표로 하고 있다.

우리나라는 MDGs 등 개발 관련 범지구적 과제 달성에 대한 지원을 통해 세계 평화와 번영에 기여하기 위하여 개발협력을 확대, 발전시켜 나가고 있다. 이를 위해 정부는 2010년 「국제개발협력기본법」을 제정하고 「ODA 선진화 방안」을 채택하였다. ODA 선진화 방안에 따라 우리나라는 ODA 규모를 점차 확대하여 2015년까지 국민총소득(GNI) 대비 ODA 비율을 0.25%로 높일 계획이며, ODA 시스템의 선진화도 지속적으로 추진해 나갈 예정이다. 또한, 정부는 국제개발협력 선진화의 일환으로 ODA의 선택과 집중을 강화하고자 유 · 무상 원조를 통합한 중점협력대상국을 선정하고 해당국에 대한 국별협력전략(Country Partnership Strategy)을 수립해 나가고 있다. 이와 함께 ODA 선진화를 지향한다는 차원에서 무상원조 시행기관들이 일관된 전략 하에 무상원조 사업을 추진할 수 있도록 「무상원조 관계기관 협의회」를 구성하였고, 현장 중심의 ODA를 실행할 수 있도록 「재외공관 현지 ODA협의체」를 ODA 협력대상국 재외공관에 설치하였다.

유엔개발계획(UNDP), 세계식량계획(WFP), 유엔아동기금(UNICEF), 국제적십자위원회(ICRC) 등 주요 개발기구와의 협력사업에 적극 참여하고, 자연재해와 분쟁 등으로 인한 국제사회의 인도적 위기 해소와 피해자들의 기본 생존권 보호를 위한 기여도 확대하고 있으며, 2007년 3월 「해

그림 9-3

한국형 ODA 모델 추진 전략

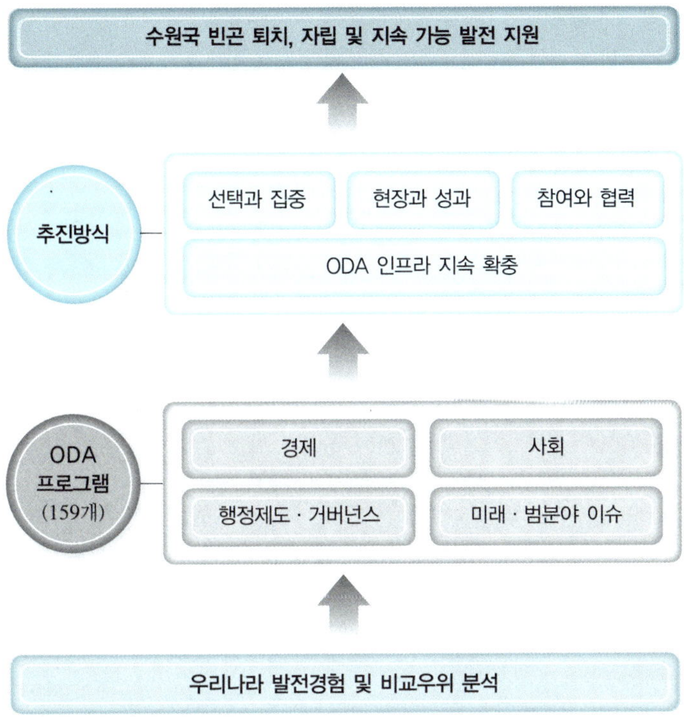

자료 : 국제개발협력위원회, 「한국형 ODA 모델 추진방안」; 관계부처 합동, 2012. 9.

외긴급구호에 관한 법률」 제정 및 2010년 5월 「해외긴급구호 선진화 방안」 마련을 통해 신속하고 효율적인 해외긴급구호 활동 기반을 구축하는 한편, 국제사회의 각종 인도적 메커니즘 및 협의체에 지속적으로 참여하여 국제사회의 인도적 지원 조율 및 원조 효과성 제고 노력에 기여하고 있다. 마지막으로 개발원조 관련 최대 · 최고 회의인 부산 세계개발원조총회(The Fourth High Level Forum on Aid Effectiveness ; HLF-4, 2011.11.29~12.1)의 성공적 개최와 G20 서울 개발의제(Seoul Development Consensus for Shared Growth)의 지속 이행 등을 통해 국제개발협력의 새로운 비전과 방향 구축 논의에도 적극 기여해 나가고 있다.

국제통상협상

10

1. 국제통상협상의 의의

2. 국제통상협상의 중요성과 특징

3. 국제통상협상이론에 관한 고찰

1 국제통상협상의 의의

Essentials of Trade, ch. ten

1.1 국제통상협상의 정의

국제통상협상이란 정부가 참여하는 공공협상 가운데 국제통상과 관련된 의제를 취급하는 협상이다. 따라서 국제통상협상은 무역장벽의 제거를 위한 시장개방, 경제통합 등 전통적인 의제뿐만 아니라 서비스 교역정책이나 다자간 투자협정 등 현대적인 의제를 포함한다.

1.2 국제통상협상의 종류

국제통상협상은 일반적으로 당사자 수에 따라 WTO의 도하개발아젠다와 같은 다자간 협상과 한-미 자동차협상과 같은 양자협상으로 나눌 수 있다.

2 국제통상협상의 중요성과 특징

Essentials of Trade, ch. ten

2.1 국제통상협상의 중요성

국제통상협상은 국제경제질서와 통상규범을 만들어 내는 중요한 과정이다. 예를 들어, WTO도 GATT의 UR협상을 통해 탄생되었고, EU도 회원국들의 오랜 시간에 걸친 협상의 결과로 출범하였다.

또한 국제통상협상은 협상에 참여한 모든 국가가 국제경제교류로부터 이익을 얻을 수 있다는 것을 공감하기 때문에 중요하다. 만약 협상이 실패로 돌아가 각국이 보호주의를 선택하면 모든 국가들이 손해를 보게 된다. 그 때문에 각국의 이해관계가 상충되기는 하지만 협상의 결과는 자유주의로 귀결되는 것이다.

2.2 국제통상협상의 특징

2.2.1 집단적 선호의 다양성과 정치적 요인

자유주의를 추구하는 국제통상협상의 경우 국내에서는 자유주의를 지지하는 이익집단과 보호주의를 지지하는 이익집단이 대립하게 된다. 정부는 이러한 양 집단의 로비 대상이 되며 설령 협상결과가 사회후생을 극대화하는 것이라 해도 정치적으로 수용하기 어려운 경우가 많다. 따라서 국제통상협상은 대외적인 협상과 대내적인 협상을 동시에 진행하는 경우가 많으며, 최종결론은 정치적으로 수용할 수 있는 대안 중에서 선택될 때가 많다.

2.2.2 다수의 협상의제와 윈-윈 게임

국제통상협상에서는 의제가 하나일 경우에는 협상이 결렬될 가능성이 크다. 예를 들어, 한 품목의 관세율 인하를 다루는 협상에서는 한 국가가 이익을 보면 다른 국가는 손해를 보는 제로섬(zero-sum) 게임이 될 수 있다. 반면에 의제가 다수인 협상에서는 상대방의 요구와 상대방에 대한 요구를 맞교환하면서 협상의 타결가능성을 높일 수 있다. 이 경우에 협상은 모두가 이익을 얻는 윈-윈(win-win) 게임이 될 수 있다.

2.2.3 다자간 협상, 중재자와 연합

국제통상협상에는 다수의 협상국이 참여하는 경우가 많다. 이 경우 협상과정이 복잡하고 타결 또한 쉽지 않은데 전원일치제를 채택한 GATT나 OECD의 경우에는 더욱더 그렇다.

이와 같은 다자간 협상의 어려움을 해결하기 위해 국제통상협상에서는 중재자가 개입할 때가 있다. 예를 들어, UR 협상이 교착상태에 빠지자 당시 GATT의 둔켈(Dunkel) 사무총장은 중재자의 입장에서 둔켈 초안을 만들어 협상국에게 제시함으로써 UR 협상 타결의 중요한 계기를 만들었다. 중재자 이외에도 일부 국가들은 연합을 만들어 협상결과를 자국에 유리하게 이끌려고 한다. 협상력은 대개 국력에 비례하기 때문에 특히 경제소국들이 협상을 성공적으로 이끌기 위해 같은 이해관계를 가진 국가들과 연합을 이뤄 협상에 임하곤 한다.

3 국제통상협상이론에 관한 고찰

Essentials of Trade, ch. ten

3.1 자유무역협상 관련 이론

3.1.1 협상의 본질

협상이란 타결의사를 가진 둘 또는 그 이상의 이해당사자 간에 양방향 의사소통을 통해서 상호 만족할 만한 수준으로의 합의에 도달하는 과정이라고 정의할 수 있다. 또한 협상은 이해당사자 간의 이해 충돌을 해결하는 과정을 의미하는 시간적인 개념을 포함한다고 할 수 있다.

이 같은 협상이 타결되려면 협상으로 인한 서로 간의 공동이익이 존재하여야 하며 협상 전의 이익보다 협상 후의 이익이 더 커야만 협상의 타결이 가능할 것이다. 국제통상 협상 문제는 대부분 이러한 구조 하에서 시작된다고 할 수 있다.

tips 협상의 본질과 주요 요소

1. 협상(Negotiation)의 정의

타결의사를 가진 둘 또는 그 이상의 당사자 간의 갈등을 양방향 의사소통(communication)을 통하여 상호 만족할 만한 수준으로의 합의(agreement)에 이르는 과정

(1) 갈등의 생성

갈등이란 불일치와 불화(discord)를 의미. 이는 두 사람 이상의 같은 목적을 추구하거나 상호 배타적인 목적을 동시에 추구하려고 할 때 또는 양립할 수 없는 역할을 하거나 서로 양립할 수 없는 수단을 동원하려고 할 때 생성됨

(2) 갈등의 해소

이는 조화, 통합, 융합으로써 갈등을 적극적으로 해소시킬 수 있음

(3) 협상 당사자의 입장

상대방과의 결합적 의사결정행위(jointly decided action)를 통해 자신의 본질적 이해를 증진시킬 수 있는 수단으로서 협상은 다수의 이해당사자들이 가능한 복수의 대안 중에서 그들 전체가 수용할 수 있는 특정 대안을 찾아가는 동태적 의사결정과정

(4) 협상 상황

협상은 사회적인 모든 분야에서 당사자 간의 이해관계의 상충으로 발생

※ 이해관계의 상충 : 당사자가 가용한 대안의 집합에 대해 양립하지 않는 선호를 가지고 있다고 믿는 상황을 말함

2. 협상의 주요 요소

(1) 협상의 기초 자료 : 근원적 이해(Real Interests)

① 협상당사자가 협상이라는 상호작용에 있어 진정으로 얻고 싶거나 달성하고자 하는 사항

② 비용, 이윤, 시점, 질적 수준 등 객관적이고 가시적으로 볼 수 있는 경우도 있으며, 관계, 협상과정의 특징, 협상이 남기게 될 선례, 공평성 개념, 합의의 지속가능성, 자신의 평판과 이미지에 미치는 효과, 협상을 통한 상호 신뢰의 증진 등 주관적이고 추상적일 수도 있음

※ 협상에서의 의제(issue) 및 입장(position)의 구분 : 의제는 명시

적 합의를 위해 협상 테이블에 상정된 사안을 말하며, 입장이란 상정된 사안에 대한 협상자의 태도를 말함

(2) 근원적 이해를 증진시키는 수단으로서의 협상

① BATNA와 협상

협상의 중단, 다른 협상 상대방으로의 전환, 법원의 판결에 호소, 파업의 강행, 다른 형태의 연합 또는 제휴 협상 등 포함

※ BATNA(Best Alternative To a Negotiated Agreement) : 협상에 의한 합의가 불가능할 경우 협상당사자가 취하게 될 다른 대안을 의미. BATNA는 협상당사자의 입장에서 합의를 수용하기 위한 근원적 이해의 한계 가치(Threshold)가 되며 합의 가능영역(Zone of Possible Agreement ; ZOPA)의 존재 여부를 결정

※ 합의 가능영역

(a) 합의 가능지역이 큰 경우

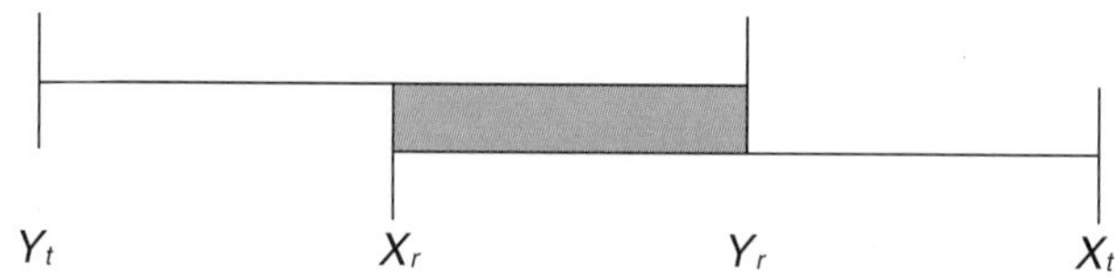

(b) 합의 가능 지역이 없는 경우

X_r : 판매자의 최소 수용가격(reservation price),
X_t : 판매자의 목표가격,
Y_t : 구매자의 최소수용가격,
Y_r : 구매자의 목표가격

② BATNA의 개선과 협상성과(협상의 역설)

- 협상당사자의 정보문제에 주목하여야 함
  ※ 협상당사자는 자신의 BATNA밖에 모르며 상대방의 BATNA에 대한 정보는 협상과정에서 추론하고 이를 계속 개선하여 나가야 함
- 협상 전략가가 협상테이블 밖(away from the table)의 합의 의외의 대안을 향상시키려는 노력이 협상테이블에서의 성과를 제공하기 위한 중요한 요인이 됨
  ※ 협상의 역설(Paradox of Negotiation)이 존재함을 명심

(3) 협상은 당사자 상호 간의 결합문제 해결과정

① 협상은 당사자 일반에 의한 독립적인 의사결정이 아닌 당사자 상호 간의 결합적인 문제해결과정(joint problem-solving processes)으로 결합적으로 결정된 행위를 창조하는 것을 목표로 함

※ 협상의 당사자 간 상호의존성을 그 특성으로 하고 있음을 시사

② 결합문제의 해결과정으로서의 협상에서 기본적인 문제는 합의 할 것이냐 아니면 협상 이외의 다른 대안을 찾을 것이냐 하는 선택의 문제 속에서 당사자가 어떻게 자신의 근원적 가치를 BATNA에 비하여 향상시키느냐 하는 데 있음

※ 감정이입(empathy)과 원활한 의사소통(communication)이 필요

3.1.2 자유무역협상이론

전 세계적으로 활발하게 진행되고 있는 국제무역협상은 대부분이 무역장벽을 철폐할 것인가 혹은 유지할 것인가를 주된 논의의 내상으로 하고 있다. 그러나 이러한 협상은 국제무역이론에 따르면 기본적으로 '용의자의 딜레마' 게임과 같은 상황을 보여주고 있다. 예를 들어 본국(H)과 외국(F)의 두 나라가 무역장벽 철폐를 위한 협상을 한다고 가정하자. 여기서 두 나라가 모두 무역장벽을 철폐하고 자유무역을 실시하거나, 무역장벽을 유지하고 자국산업을 보호하는 두 전략 중 하나를 선택하여야 한다.

표 10-1 자유무역협상에서 용의자의 딜레마 문제

본국(H) \ 외국(F)	자유무역(협력)	보호무역(배반)
자유무역(협력)	(10, 10)	(−10, 20)
보호무역(배반)	(20, −10)	(−5, −5)

출처 : Paul. P. Krugman & Maurice Obstfeld, *International Economics: Theory and Policy*(6th ed), Addison Wesley, 2002, p.236.

[표 10-1]에서 보는 바와 같이 이 게임의 균형은 최선이 아닌 차선의 선택으로 귀결된다. 두 나라 모두 자유무역을 실시하는 것이 사회적으로는 최선의 결과이지만 본국(H)과 외국(F) 두 나라의 입장에서는 자국산업을 보호하는 것이 개별적으로는 최선의 전략이기 때문에 결국 두 나라는 보호무역을 실시하는 것이 이 게임의 균형이다. 즉, 양국이 모두 자유무역을 하면 무역이익은 각국 모두 10이 되지만 외국만 보호무역을 하면 무역이익은 20, 본국의 이익은 -10이 된다. 아울러 양국이 모두 보호무역을 하면 각국의 무역이익은 -5가 된다. 다시 말해 양국이 보복관세를 부과하면 무역이익은 -5이나 양국이 자유무역협정과 같은 상호조약을 통해 자유무역을 하기로 한다면 무역이익은 10으로 +15만큼의 이익을 본다. 이는 무역이 경제적으로는 설명하기 힘든 정치경제적 요인에 의해서 결정되는 경우가 많다는 것을 보여준다고 할 수 있다.

위의 사례에서 보는 바와 같이 두 나라가 서로 협력해서 자유무역을 실시한다면 사회적으로 최선의 후생을 얻을 수 있으나 두 나라는 그렇게 할 수 없다. 이것은 두 나라가 서로 상대방을 속이도록 하는 유인이 존재하기 때문이다. 예를 들어 이 게임이 단 한 번 시행된다고 가정할 때 자유무역을 실시하기로 하였다가 그 약속을 어기는 쪽은 최대의 효용을 얻을 수 있기 때문이다. 그러나 게임이 한 번만 시행된다는 것은 상당히 비현실적이다. 일반적으로 국제사회에서 두 나라의 관계는 극히 특수한 상황이 아닌 한 무한히 계속될 것이다. 이 경우 두 나라 중 어느 한 나라가 상대방을 속일 경우 다음번에는 보복을 받을 것이다. 일종의 다수라운드 딜레마 상황에서 협력과 맞대응(tit-for-tat) 상황이 발생할 것이다. 실례로 본국과 외국이 무역장벽을 철폐하기로 합의 한 뒤 본국이 보호무역이라는 속임수를 쓸 때 다음번에 외국 역시 보호무역을 취한다. 두 나라가 취하게 될 전략은 각 전략에 따른 효용가치 크기에 따라 결정될 것이다. 보호무역을 하게 되는 본국(H)의 입장에서 자유무역을 계속해서 유지할 경우와 보호무역을 한 번 시도하고 그 이후로는 자유무역을 할 경우의 총효용을 계산해 보면, 즉 게임이 무한히 반복될 경우 할인율이 아주 크지 않은 경우 두 나라는 서로 상대방을 속이지 않고 협력하게 된다.

결국 국제기구는 단 한 번 이루어지는 게임을 무한히 반복되는 게임으로 바꾸어 주는 역할을 하는 것이다. 즉 국제기구는 두 나라가 자주 만나는 장을 제공해서 두 나라 사이에 협력이 가능하게 하는 분위기를 만들어 준다. 국제기구에서의 활동은 단 한 번으로 끝나는 무역문제가 있더라도, 다른 문제와 연결되기 때문에 쉽게 배신을 못하게 된다. 또한 국제기구는 무역상대국에 대해 제재조치, 즉 무역보복를 허용함으로써 약속을 지키게 하는 유인을 제공한다. 즉 보복의 가능성을 증가시킴으로써 배신보다 협력이 더 나은 선택으로 보장되는 것이다.

3.2 양면게임이론

2000년대 초의 한국-중국 마늘협상, 한국-칠레 자유무역협정 협상 등에서 볼 수 있듯이 통상협상의 경우 국내 이해집단의 반발과 정치권의 압력 등이 정부의 대외협상에 무시 못할 영향을 미친다. 또한 양국의 정부 간 합의에 의해 마련된 대외협상안이 국내 이해집단의 반발을 극복하고 국회의 비준을 받는 데 상당한 어려움이 따르며 심한 경우 국가 간에 맺은 협정의 파기까지 이르게 되기도 한다. 이러한 관점에서 양자간 통상협상에서 자주 거론되는 이론이 Putnam의 Two-Level Game 이론인데, 그에 따르면 국제협상은 잠정적인 합의를 위한 각국 대표들 간의 교섭단계인 Level 1과 각국 대표들의 전략과 Win-Set을 결정하기 위한 정부와 국내사회 세력 및 이익집단들 간의 교섭 및 협상 단계인 Level 2로 구분할 수 있다.

국제협상의 담당자는 타국의 대표와의 교섭에서 국가이익의 극대화를 위해 노력해야 하는 동시에 합의의 결과가 국내적으로 수락될 수 있도록 국내집단과의 절충을 계속해야 하는 것이다.

3.2.1 Win-Set의 개념과 사례

어떤 국제적 합의든 이것이 실현되려면 명시적 혹은 묵시적인 비준을

그림 10-1

당사국간 Win-Set이 작을 경우의 ZOPA

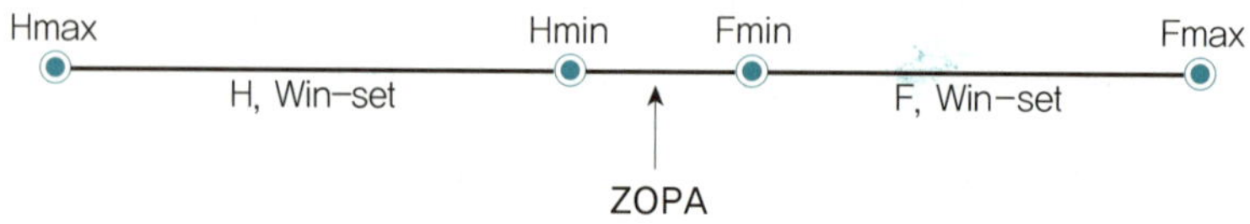

Hmax : 본국의 최대 협상성과
Hmin : 본국의 최소 협상성과
Fmin : 외국의 최소 협상성과
Fmax : 외국의 최대 협상성과

Win-Set 주어진 상황에서 국내적 비준을 받을 수 있는 모든 합의의 집합

필요로 한다는 전제 하에 Putnam이 정의한 Win-Set은 주어진 상황에서 국내적 비준을 받을 수 있는 모든 합의의 집합이다. 협상당사국이 가지고 있는 Win-Set은 각 국가 간 교차하는 부분이 있어야 협상이 타결될 수 있으며, 동시에 Level 2에서의 Win-Set의 상대적 크기는 국제협상에서 얻을 수 있는 이익의 크기에 영향을 준다.

즉, Win-Set이 작으면 강한 입장을 고수해 더 많은 이익을 얻을 수도 있다. 그러나 Level 2에서의 Win-Set이 작을 경우에는 대외협상의 결렬 가능성도 같이 가지고 있다. 국제협상에서 합의가능영역(ZOPA)이 존재하지 않게 되어 서로 간의 합의도출이 불가능한 것이다.

반면, Level 2 게임에서 Win-Set이 크면 협상파트너에게 양보할 여지가 많아져 입지가 약해질 수 있음을 의미한다. 그러나 Level 1 게임에서 Win-Set이 커지면 대외협상의 타결가능성은 한결 커진다고 할 수 있다. 실례로 한국-칠레 FTA 협상 사례를 통해 이를 살펴보면 협상이 진행됨에 따라 포도, 사과 등 국내 과수농가와 농민단체들이 강한 정치적 반발로 5차 협상시까지 한국 정부는 Kmax-Kmin의 Win-Set을 제시하였다.

Kmax는 한국의 최대협상성과를 가져다주는 Win-Set으로 공산품은 FTA 관세면제 대상에 모두 포함하고 농산물 개방은 모두 미루는 것이다. 이는 실제로 우리가 여타 국가와의 FTA, 특히 동아시아 국가들과의 FTA 체결에 있어서도 중요한 사항일 것으로 보인다. 그리고 Kmin은 한국 정

그림 10-2

한국 · 칠레 FTA 협상에서의 Win-Set 변화

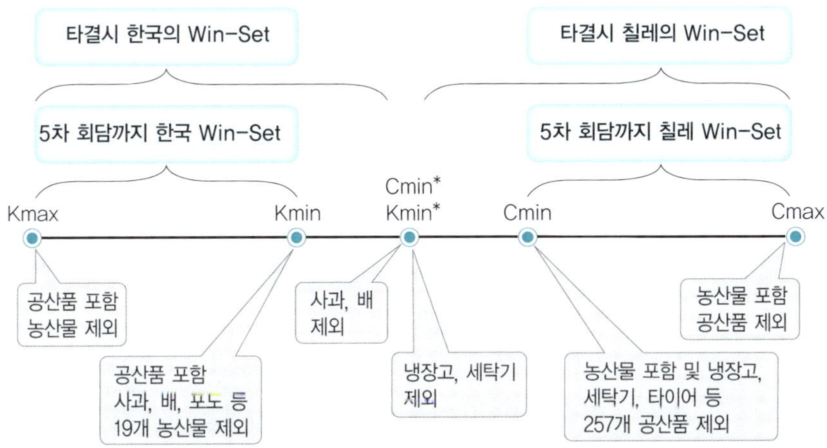

자료 : 안세영, 『글로벌협상전략 : 협상사례중심』, 박영사, 2003. 9. 20. p.464.

부가 농민들의 반대를 국내적으로 조정하지 못하고 2000년 사과, 배, 포도 등 19개 농산품을 관세면제 대상에서 제외시킬 것을 주장한 Win-Set이다. 한국과의 FTA에서 자국산 포도 등 과실류 수출증대 효과를 기대한 칠레가 한국 정부의 이 같은 제안을 받아들일 리는 없다. 한국이 자산 과실류를 제외시키면 칠레 수출 유망 품목인 냉장고, 세탁기, 타이어 등 257개 공산품을 제외시키겠다는 칠레 측의 안이 Cmin이다. 당연히 양국 간의 Win-Set이 겹치지 않아 협상은 타결되기 어려우며 진행 중인 협상은 난항에 빠질 것이 자명하다.

양국은 내부협상을 통해 서로의 Win-Set을 확대한 Kmin*, Cmin*를 내놓아 2002년 10월 합의에 도달할 수 있었다. 즉, 한국이 냉장고, 세탁기를 민감 품목으로 인정하는 대신 칠레도 사과와 배를 민감품목으로 하는 것을 인정하였다. 2002년 한국 정부로서는 냉장고와 세탁기를 양보하는 대신에 사과와 배의 개방을 막음으로써 거센 농민들의 반발을 어느 정도 완화시키고 외부 비준을 받을 수 있는 Kmin*의 Win-Set을 만들어 낸 것이다. 이는 향후 우리가 여타 국가와의 FTA 협상에서도 사전에 우리의 입장과 상대국의 산업에 대한 민감도를 미리 파악하고 이를 대비하여야 한다는 것을 시사한다.

3.2.2 Win-Set의 결정요인

Putnam은 Win-Set의 크기를 결정하는 요소로 국내 여러 집단의 이해 및 제휴관계, 국내제도, 그리고 국제교섭에 임하는 교섭담당자의 전략 등 세 가지를 들고 있다.

첫 번째 요소에 대해 Putnam은 이슈의 정책적 효과가 동질적 사안인가 혹은 이질적 사안인가에 따라 Win-Set의 크기가 결정된다고 말한다. 이슈가 이질적인 경우 국내의 여러 이해집단에 미치는 영향이 서로 상이하므로 각 집단은 정책에 대한 상반된 의견을 가질 수밖에 없고 이러한 경우 Win-Set은 좁아지게 된다는 것이다.

두 번째 요소에 대해서는 비준에 필요한 지지가 많아야 할수록, 국가가 사회 각 집단으로부터 자율성을 가지지 못할수록 Win-Set은 작아지며 이런 경우 협상자들의 협상능력은 증가하게 된다고 말하고 있다. 셋째 요소에 대해, Level 1 게임에 있어서 각 협상당사국들은 상대국의 Win-Set에 관심을 가지며, 자국의 Win-Set이나 상대국의 Win-Set의 조정을 통해 국제협상에서의 잠정적 합의에 이른다는 것이다.

이와 비슷한 분석 툴은 Grossman과 Helpman의 이익집단모형에 의해서도 이루어진 바 있다. FTA 체결이 정치적으로 가능하기 위해서는 각국의 정치적 경쟁이 정부와 정책선정 산업을 대표하는 다양한 이익집단의 상대적인 정치력의 힘겨루기 속에서 정부의 정책은 최대한의 유권자를 놓치지 않는 범위에서 형성된다는 것이다.

국제협상의 이 같은 구조를 보면 국내협상에서 비준을 할 것이라는 희망이 없다면 국제협상 수준에서의 협상은 불가능함을 알 수 있다. 현재 FTA 문제에 있어서 국내협상의 상황은 이와 크게 다르지 않다. 협상 막바지에 이르러 결렬될 위기에 놓이기도 하였던 한국과 칠레 간 FTA도 국내 농가의 극심한 반대에 부딪혀 정부가 절충 가능한 Win-Set를 제시하지 못하였기 때문이다.

향후 협상이 진행되거나 현재 진행 중인 FTA 협상과 동아시아 협력 방안 등에 대해서도 정부 부처의 입장이나 연구기관의 연구결과에서는 장밋빛 제안을 내놓고 있지만, 현실에서는 전통적으로 무역자유화 움직임에 반대해 온 많은 국내 이익집단의 경우 FTA 체결에 관해 강경한 반대 입장을 고수하고 있음을 알아야 할 것이다. 한국이 Level 1 게임에서 FTA를 어떤 국가 혹은 어떤 지역과 추진해야 하는가는 상대국과의 정치 및 경제 관계뿐만 아니라 그 추진안이 Level 2 게임과 연결되었을 때 얼마나 실현 가능한 것인지가 함께 고려되어야 한다.

3.3 Collective Action 이론

무역을 통해 얻을 수 있는 혜택은 수출과 수입의 확대를 통한 국가총생산의 증가 및 소비자의 혜택, 수출산업의 부흥 등을 포괄해 무역을 하지 않았을 때보다 크다는 사실은 고전경제학의 이론에서 증명된 바 있다. 그러나 무역을 통한 혜택이 국가경제의 모든 부문에 균등하게 배분되는 것이 아니기 때문에 기득권을 포기하고 구조적 변화에 응해야 하는 분야에서 자유화에 반대하는 목소리가 나오는 것은 당연하다.

2000년 우리나라 평균관세율은 13.8%였다. 수입품목 중 공산품의 관세율은 7.5%인 데 비해 농산물의 경우 50.3%에 달했다. 무역자유화에 대한 농업 부문의 반대는 농업의 개방 시 급격한 가격의 하락과 비교열위에 의한 농가부채의 심화와 농업부문의 투자율 감소에 근거를 두고 있다. 예를 들어 국내의 포도농업업자들이 수입품에 높은 관세를 부여하는 보호조치를 적용받기 원한다고 해보자. 포도농업업자들은 상대적으로 소수집단으로서 자신들의 목적을 관철시키기 위해서 로비활동을 하는 비용을 감수하더라도 적극적인 활동을 벌일 것이다.

그러나 이들의 주장이 관철되어 수입품이 높은 관세를 적용받을 경우 국내 포도소비자들은 원래 치러야 했을 포도 가격보다 많은 비용을 부담해야 하며 포도생산자들은 경쟁압력이 악화됨으로써 생산성제고의 열의가 식게 되어 제품의 질이 저하된다. 이러한 경제적 코스트에도 불구하고 보호정책이 실제로 운영되고 있는 이유는 실제로 농업부문에 대한 보호조치에서 보듯이 소수의 집단에 집중되기 때문이다. 이러한 손익 강도의 차이 때문에 자유무역으로 혜택을 받는 다수보다는 보호정책을 요구하는 소수가 정치적으로 더 큰 목소리를 내는 경향이 있다.

즉, 국익 차원에서 보호주의를 철폐해야 하는 경우에도, 손해를 감수해야 하는 농민단체와 같은 소수의 이익집단들은 단결력과 영향력에서 보이지 않는 혜택을 누리는 다수의 국민들보다 훨씬 강하기 때문에 정책결정과정에서 이들의 정치적 영향력이 현실적인 여론을 주도하는 경향이 강해 대다수의 침묵보다는 보호주의집단의 강력한 요구가 관철되는 경우가 많다는 것을 알 수 있다.

따라서 양면게임이론과 Collective Action 이론은 FTA 추진방향과 체결전략 등을 연구하는 데 매우 중요한 사고의 틀을 제공한다. 칠레와의 FTA 협상 당시 추가적인 농산물협상에 강한 반대의사를 보이고 있는 각종 농업 이익집단들과 시민단체들의 행보는 앞으로 여타 국가와의 새로운 FTA 협상뿐만 아니라 농업과 기타 1차산업에 비교우위를 가진 국가들과의 FTA 체결문제가 대두될 때마다 피할 수 없는 문제가 될 것이다.

제조업이나 서비스업에서도 우리나라보다 현격한 비교우위를 지닌 국가들과의 FTA 문제도 또 다른 이익집단들의 반대를 불러일으키리라고 짐작할 수 있다. 예상되는 가능한 국내 합의점을 고려함과 동시에 상대국과 실현가능성이 높은 FTA 추진전략을 논의한다는 것은 정책에 실질적인 조언이 될 수 있을 것이다.

세계화와 국제경영

III

Essentials of Trade

part three

기업의 세계화와 다국적기업

11

1. 국제경영의 의의

2. 기업의 세계화

3. 다국적기업

1 국제경영의 의의

Essentials of Trade, ch. eleven

1.1 국제경영의 개념

국제경영(International Business)이란 국경을 초월하여 이루어지는 공적 · 사적 상업활동을 의미하며 이에는 재화와 서비스뿐만 아니라 인력, 자본, 기술, 정보의 교류 등을 모두 포함한다.

1.2 국제경영의 특징

국제경영은 국내경영과 달리 다음과 같은 특징을 가지고 있다. 예를 들어, 국제경영은 ① 상이한 언어와 문화환경, ② 이질적인 시장 운영, ③ 다양한 거래관행, ④ 환율변동의 위험, ⑤ 정치환경의 변화, ⑥ 국내외 이해집단과의 갈등 속에서 국제거래를 원만히 수행해 나가는 역할을 한다.

2 기업의 세계화

Essentials of Trade, ch. eleven

2.1 지구촌의 세계화 현상

2.1.1 세계화의 개념

세계화 과거 국가 단위로 구성되었던 시장이 전 세계 시장으로 통합되는 현상

세계화(Globalization)란 과거 국가 단위로 구성되었던 시장이 전 세계 시장으로 통합되는 현상을 의미한다. 1990년대부터 빠른 속도로 진행되고 있는 세계화는 그 이전의 국제화(Internationalization)와도 비교되는

개념이다. 즉, 국제화는 국경이 존재하는 상황에서 한 국가에서 다른 국가로의 진출을 의미하는 데 반해, 세계화는 국경이 없어지면서 세계가 하나의 시장으로 변모하는 것을 의미한다.

2.1.2 세계화의 원인

최근 들어 세계화가 급격히 진행되고 있는 것은 기술, 제도, 생산방식 등의 측면에서 혁명적인 변화가 나타나고 있기 때문이다.

첫째, 기술진보는 세계를 동시생활권으로 만들어 놓았다. 특히 1990년대 이후 정보·통신의 발달로 전 세계의 경제주체들은 거의 동시에 정보를 획득하고 거래를 수행할 수 있게 되었다.

둘째, 무역·외환 자본자유화가 진행되면서 각종 국제거래에 있어서 국경의 개념이 무너져 버렸다. WTO의 출범에 따라 관세 및 비관세장벽이 제거되고, 이를 뒷받침하기 위해 IMF는 외환거래의 자유화를 강화하고 있으며, OECD를 중심으로 자본이동의 자유화도 진행되고 있다. 이에 따라 재화와 서비스에 대해서는 각국 간 소비자들의 기호가 비슷해지고 있고, 외환 및 자본거래가 실시간으로 이루어지면서 각국 시장 사이의 동조화 현상이 가속화되고 있다.

셋째, 주요국의 생산방식이 과거의 노동집약적 생산방식에서 자본·기술집약적 생산방식으로 변화하면서 시장이 대폭 확대될 수밖에 없었다. 왜냐하면 노동집약적 생산방식을 채택하면 생산비가 별로 소요되지 않지만, 자본집약적 생산방식을 채택하면 막대한 투자와 거액의 생산비가 요구된다. 이것을 회수하기 위해서는 전 세계 시장을 대상으로 생산물을 판매하지 않으면 안 된다.

2.2 기업의 세계화

2.2.1 기업의 세계화 목적

기업이 세계화의 물결을 타면서 기업활동의 지리적 범위 · 사업적 범위 · 기능적 범위를 넓히고자 하는 것은 다음과 같은 목적을 달성하기 위해서이다. 즉 해당 기업은 ① 기존시장을 유지하거나 새로운 시장을 개척하고, ② 임금이나 임대료가 싼 지역에 진출하여 생산원가를 절감하며, ③ 외국에서 자원을 개발 · 수입하고, ④ 외국의 첨단기술이나 선진경영기법을 습득하기 위해 세계화를 추진한다.

그 밖에도 경쟁기업을 견제할 목적으로 외국에 진출하는 경우도 있고, 국가별 제품 사이클의 차이와 경제발전단계 등을 고려하여 여러 나라에 단계적으로 진출하여 자기 기업 제품의 수명을 연장시키기도 한다.

2.2.2 기업의 세계화과정

모든 기업이 설립 초기부터 세계화를 추진할 수는 없다. 대신 처음에는 국내시장을 대상으로 기업활동을 추구하다가 점차 국제경쟁력을 확보하면서 외국으로 진출하는 것이 일반적이다.

예를 들어, 어떤 기업이든 제1단계에서는 국내시장에서 시장점유율을 높이고 이윤을 극대화하는 데 주력하다가, 제2단계에서는 수출을 통해 해외시장을 개척하게 된다. 이어 제3단계에서는 외국에 직접투자를 함으로써 무역규제를 피하고 유리한 입지조건을 활용하게 된다. 마지막 제4단계에서는 세계에서 가장 생산비가 저렴한 국가에서 생산하여 이를 전 세계 시장에서 판매하는 세계화전략을 추구하게 된다.

3 다국적기업

Essentials of Trade, ch. eleven

3.1 다국적기업의 개념

다국적기업(Multinational Corporation)은 유사한 용어도 많고, 그 용어의 뜻도 다양하다. 다국적기업이란 용어는 1970년부터 일반적으로 사용하게 되었는데 이와 유사한 용어로는 초국가기업(Transnational Corporation), 세계 기업(World Enterprise), 무국적기업(Stateless Enterprise) 등이 있다.

한편 학자들에 따라서 다국적기업의 개념도 여러 가지가 있다. 그 이유는 다국적기업을 평가할 때, 기업을 구조 면에서 보는가 혹은 성과 면에서 보는가 아니면 경영행태 면에서 보는가에 따라 그 개념이 달라질 수 있기 때문이다. 그러나 일반적으로 볼 때 다국적기업은 두 나라 이상에서 국제경영활동을 수행하면서 국제화를 거쳐 세계화를 지향하는 기업이라고 정의할 수 있다.

3.2 다국적기업이 현지국에 미치는 영향

다국적기업은 진출하는 현지국에 긍정적인 영향과 부정적인 영향을 모두 미칠 수 있다.

3.2.1 긍정적인 영향

다국적기업이 진출하면 자본과 기술, 경영 노하우가 이전되면서 현지국은 투자, 국민소득, 고용, 생산성이 증가할 수 있다. 또한 단기에는 현지국의 자본수지가 개선되고, 장기에는 수출이 증가하여 경상수지가 개선될 수 있다.

3.2.2 부정적인 영향

만약 다국적기업이 투자원금을 회수하거나 투자수익을 본국에 송환하면 현지국의 국부가 외국으로 유출될 수 있다. 또한 다국적기업이 현지국에 부적합한 기술을 이전하면 생산과정에서의 왜곡만 발생하게 된다. 아울러 다국적기업이 경제적 힘의 논리를 앞세워 현지국의 경제를 주도하면, 현지국 경제의 대외의존도가 높아지면서 경제종속이 심화될 수도 있다.

3.3 다국적기업에 대한 유인책과 규제책

다국적기업의 긍정적 · 부정적 영향 때문에 현지국에서는 유인책과 규제책을 병행 실시하게 된다.

다국적기업을 유치하기 위한 유인책으로는 ① 조세를 감면해 주거나 유예해 주는 방법, ② 공공서비스나 자금지원을 시장가격 이하로 제공하는 방법, ③ 투자보장협정의 체결 등 투자환경을 다국적기업에 우호적으로 조성해 주는 방법이 있다.

반면에 다국적기업에 대한 규제책에는 ① 사전심사제도와 투자업종 제한조치, ② 생산 · 판매활동에 대한 의무규정, ③ 이자배당금의 국외송금제한 등이 있다.

기업경영전략의 기초적 이해

12

Essentials of Trade, ch. twelve

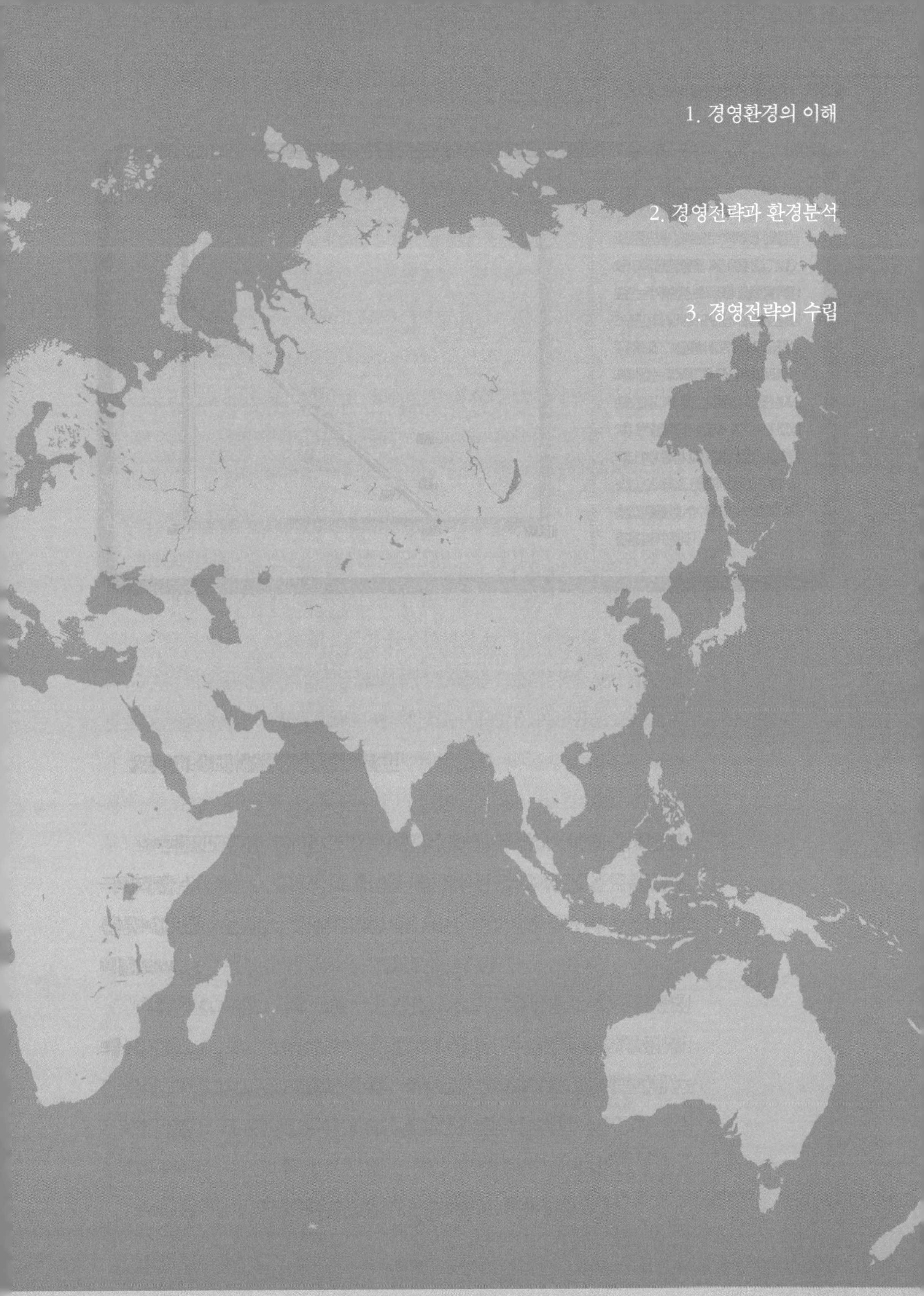

1. 경영환경의 이해

2. 경영전략과 환경분석

3. 경영전략의 수립

1 경영환경의 이해

Essentials of Trade, ch. twelve

1.1 경영환경과 경영전략개관

경영학에서는 경영행동을 직접 또는 간접적으로 규제하는 모든 외부 요인들을 경영환경(business environment)이라고 한다. 부가하자면, 기업의 내부 및 외부에 있어서 기업이나 기업의 활동에 영향을 미치는 모든 요인 또는 영역이라 할 수 있다. 경영환경의 변화는 기업이 발전하는 기회이기도 하지만 기업활동의 위험으로 몰아 넣는 장애가 되기도 한다. 그러한 측면에서, 오늘날 기업이 직면한 외부환경의 특성은 환경변화의 가속화, 복잡성 등에 기인한 불확실성의 증가이다.

이러한 기업적 현실 속에서 기업은 환경적응의 기능을 장기적이고 적극적으로 수행하여 경영목적을 달성하기 위한 포괄적 수단으로서 경영전략(strategic management)을 모색하고 탐구해야 하는 과제를 안고 있다. 그러한 경영전략은 기업수준이나 사업수준 혹은 기능수준에서, 즉 중요성 여부를 떠나 의사결정 계층 모두에서 수립되어지며, 그 기본적 전략형태는 성장을 위한 전략이냐 현상유지차원의 전략이냐, 아니면 축소전략이냐로 나뉘어질 수 있다.

그림 12-1

경영통제와 경영환경

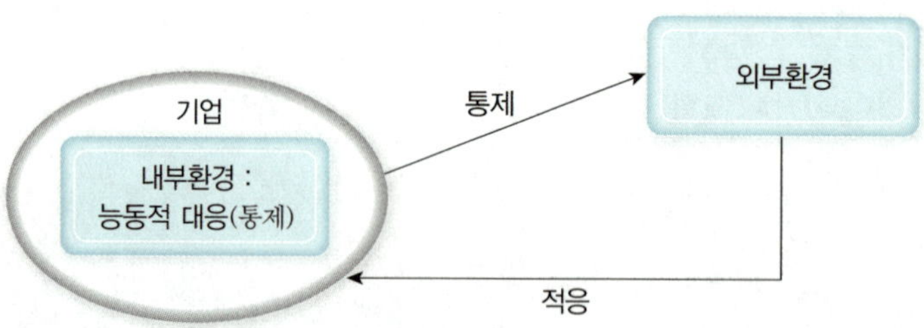

1.2 기업경영환경의 정의

기업경영환경의 정의는 기업의 내부 및 외부에 있어서 기업이나 기업 활동에 영향을 미치는 모든 것이라고 할 수 있으며, 이를 구성하는 요소는 그 범위가 넓고 다양하다.

환경은 기업에 대해서 사업기회를 제공하는 한편, 기업이 수행하는 활동에 대한 위협이 되기도 하므로 기업은 환경과 불가분의 관계를 갖는다. 기업은 환경으로부터 그들의 생존에 필요한 것을 얻는 대신 그것과 교환으로 무엇인가를 제공하는 상호작용을 통하여 서로 유기적으로 연결되고 있다.

조직과 환경과의 관계를 설명하기 위해서 가장 핵심적인 개념, 특히 기업환경의 대표적인 특성을 말하자면 그것은 환경의 불확실성(environment uncertainty)이다. 불확실성이란 일반적으로 의사결정자가 환경변화에 대한 충분한 정보를 가지고 있지 못한 상태를 의미한다.

불확실성 일반적으로 의사결정자가 환경변화에 대한 충분한 정보를 가지고 있지 못한 상태를 의미

기업환경에 대한 불확실성을 좀더 구체적으로 살펴보면 첫째, 환경변화에 대한 불확실성으로서, 이는 환경의 구성요소들이 어떻게 변할 것인지를 알지 못하는 것을 말한다. 예를 들면, 사회 · 문화적 추세, 인구 통계적 변화, 신기술의 변화, 주요 경쟁기업의 미래행동 등 환경의 전반적 변화내용 또는 환경변화의 발생 확률에 대해 확실히 알 수 없는 경우를 뜻한다. 둘째, 환경변화나 미래의 환경상태가 조직에 미치는 영향에 대한 불확실성이자 그 영향을 예측하지 못하는 것을 의미한다. 예를 들면 70세 연령의 노인들이 앞으로 10년 동안 증가할 것이라는 것을 확실하게 알고 있다고 하더라도, 이런 환경변화가 특정제품의 매출에 어떤 영향을 줄 것인지를 예측하지 못하는 경우를 말한다. 셋째, 대응불확실성이다. 이는 기업이 환경변화에 대응하여 어떤 대안을 사용하고 있으며 그 대안의 유용성은 있는가 이다. 즉, 대안의 결과를 예측할 수 있는 능력의 부재로 정의된다. 대응불확실성은 어떤 사건이나 환경변화가 기업에게 기회나 위험이 되고 있어서 이에 대해 어떤 행동을 취해야 하는지에 대한 불확실성을 말한다.

그림 12-2 기업경영환경 개관

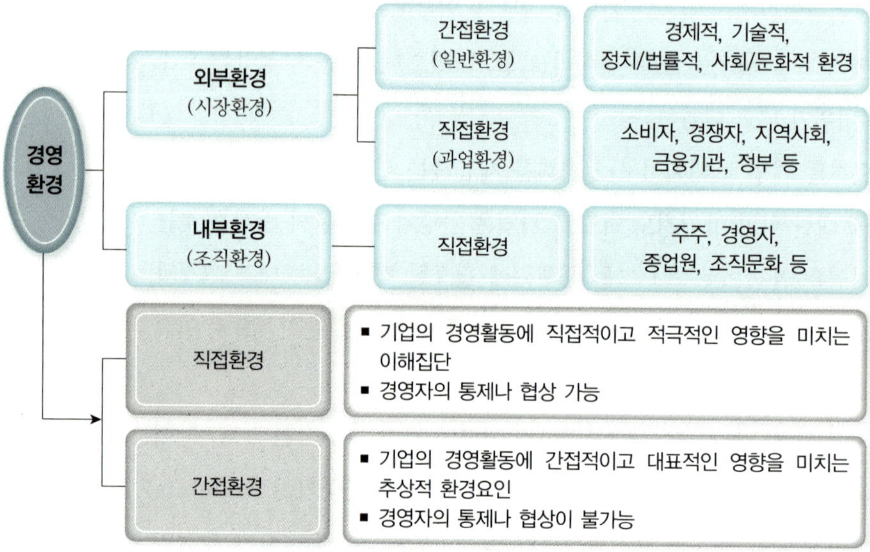

1.3 기업환경의 유형

기업환경의 유형은 크게 내부환경(internal environment)과 외부환경(external environment)으로 나눌 수 있다.

내부환경 조직의 통제가 가능한 조직문화, 경영스타일, 조직의 사명과 목표, 자원, 구조 등과 같은 조직 내부에 있는 요소

일반환경 기업의 거시적 외부환경

과업환경 기업과 관련된 이해관계자집단과의 관계

내부환경이란 조직의 통제가 가능한 조직문화, 경영스타일, 조직의 사명과 목표, 자원, 구조 등과 같은 조직 내부에 있는 요소를 뜻하고 이는 기업문화라는 단독 개념으로 확대되어 사용할 수 있다. 외부환경은 일반환경(general environment)과 과업환경(task environment)으로 나눌 수 있다. 일반환경은 경제, 정치, 사회, 문화 환경 등의 기업의 거시적 외부환경을 말하며, 과업환경은 기업과 관련된 이해관계자집단(interest group)과의 관계이다.

마지막으로 집행 및 평가 단계는 최종적으로 선택된 대체안에 대한 후속단계이다. 선택된 의사결정의 성패는 바로 집행을 통한 평가 단계에서 판명된다는 점에서 매우 중요하다.

그림 12-3

기업환경분석 프로세스

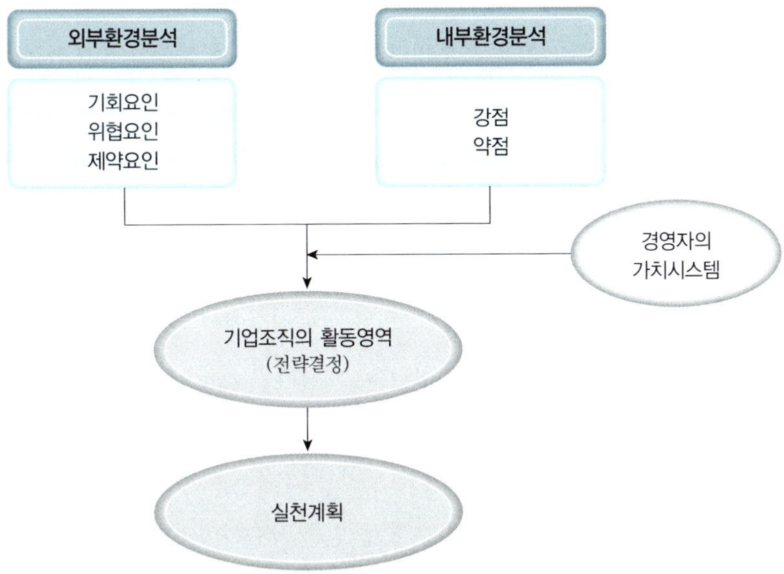

일반적 환경(general environment)은 거시환경 또는 사회환경이라고도 하며, 조직경영에 영향을 미치는 경제적 · 정치적 · 사회적 · 문화적 및 기술적인 요인들을 의미한다. 과업환경과 비교할 때, 일반적 환경조건들은 조직의 운영에 큰 영향을 미치지는 않지만 경영자는 이러한 조건들을 고려하여야 한다. 특히, 공해에 따른 환경오염 문제나 에너지 자원난에 따른 자연자원의 문제와 같은 자연적 · 생태적 환경요인들이 새로운 일반환경의 영역으로 주목받고 있다.

경제적 환경(economic environment)은 경제성장률, 환율, 이자율, 인플레이션율, 주식시장 등 조직의 경영실천에 영향을 미칠 수 있는 일반적 환경을 말하며, 많은 경제지표 중에서도 그러한 요인들이 특별히 중요한 경제적 요인들로써 우리나라 경제에 밀접한 영향을 미치고 있다.

첫째로, 경제성장률은 한 나라가 보다 나은 생활의 질을 영위하고, 경제의 규모를 성장시켜 나가는 속도를 의미하는 중요한 경제적 요인이라 할 수 있다. 세계에서 가장 빠른 속도로 경제성장을 이룩해 온 우리나라의 예는 대표적이라 할 수 있는데, 경제성장과 더불어 국민소득 증가와 소비의 증가는 이에 부응하는 제조산업, 서비스산업, 주택사업, 레져산업 등 모든 분야의 기업과 그 조직경영에 영향을 미치고 있는 것이다.

둘째로, 환율은 우리나라처럼 외국과의 교역이 중요한 비중을 차지하는 나라에서 중요한 경제적 요인이며 환율의 변화가 국민경제에 큰 영향을 미친다. 무역을 하는 기업은 물론 국내시장만을 상대하고 있는 기업에게도 직·간접적으로 영향을 미친다. 환율이 오를 경우 원화의 가치가 상대적으로 하락함으로서 수출업자나 혹은 외화를 많이 소유하고 있는 기업들은 유리하게 되며, 또한 국내시장에서 외국상품과 경쟁하는 국내상품들도 유리하게 될 것이다. 왜냐하면 환율이 오르면 원화로 표시되는 수입가격이 오르기 때문이다. 하지만 환율이 오르는 것이 반드시 기업에게 유리한 환경은 아니다. 우리를 극심한 고통으로 이끈 IMF 시절에도 원화의 환율은 상상할 수 없을 만큼 상승하였지만 우리 경제에는 엄청난 타격을 입혔던 기억은 좋은 예이다.

셋째로, 정부나 중앙은행은 경기가 과열되거나 혹은 인플레이션의 우려가 있을 때 이자율을 올리는 정책을 쓴다. 반대로 경기를 일으킬 필요가 있을 때는 이자율을 내린다. 이자율이 하락하면 일반적으로 통화량이 증가하고 주가는 상승하며 결과적으로 기업의 자금사정을 호전시켜 경기를 부추길 수 있다.

넷째로, 주식시장은 전문투자가들의 경기예측을 반영하고 있다. 주식시장이 호황일 경우 기업은 주식을 발행하여 시설을 넓히거나 자금의 조달을 쉽게 할 수 있다.

정치적 환경(political environment)은 법적 환경(legal environment)과 정부 환경(government environment)을 함께 포함하는 기업의 일반적 환경이라 볼 수 있다. 기업의 입장에서 보면, 행정부와 입법부의 태도나 활동은 밀접한 관계를 가지고 있다. 법률이나 규칙을 제정하고 이를 정책에 입안하여 실행하는 관계이기 때문이다.

법률이란 사회적인 압력이나 문제가 생긴 결과로 제정되는데, 이는 사회관계에서 비롯되는 여러 가지 분쟁이나 갈등을 중재·조정하는 데 목적이 있는 것이다. 그러므로 법률이란 사회질서를 확립하고, 분쟁을 조정하는 기능을 가지고 기업이 수행하는 활동의 옳고 그름을 판가름해 주는 최저한의 영향을 미친다.

이러한 법률을 바탕으로 행정을 펴나가는 정부는 한편으로는 공익을 대표하여 기업활동에 여러모로 제약을 가하거나 영향을 미치는 규제기관으로서의 성격을 가지고 있다. 그러나 정부는 기업에 이러한 제약만을 가하는 것이 아니라, 다른 기업에 대해 투자나 융자를 통해 자금지원을 해주거나, 연구개발 활동을 지원하거나, 세금을 감면해 주거나, 외국과 무역협상을 해줌으로써 수출기업에 편의를 제공한다거나 하는데 이바지한다. 게다가 정부는 기업이 생산한 제품과 서비스를 구매하는 고객이기도 하다.

사회적 · 문화적 환경(socio-cultural environment)은 경제적 환경이나 정치적 환경 속에서의 기업을 하나의 커다란 시스템으로서 지속하게 해주는 기업의 일반적 환경이다.

사회적 환경은 사회를 구성하고 있는 개인의 행동에 영향을 미치는 집단이나 가치관, 전통 및 관습, 가족 및 도시, 교통문제와 같은 사회적 제도나 실태를 의미한다. 이러한 요인들은 기업에 종사하는 종업원은 물론이거니와 소비자의 행위에 바탕이 되는 소비패턴에도 커다란 영향을 미치게 된다.

그리고 문화적 환경은 인간이 사회의 구성원으로 이룩한 지식, 신념, 예술, 윤리와 도덕 등을 포함한 인간 환경의 모든 면을 말하며, 물질문화(material culture)와 비물질적 문화(non-material culture)를 포함한다. 물질적 문화는 빠르게 변화하고 비물질적 문화는 상대적으로 느리게 변화한다.

기술적인 환경(technical environment)이란 기업에 영향을 미치는 한 국가 또는 산업의 기술수준이나 상태를 말한다. 기술이란 일정한 목적을 달성하기 위한 수단으로서 실제 문제의 해결에 과학적 지식을 응용한 것이다. 이러한 기술은 연구 · 개발(research and development ; R&D) 활동에 의해 변화되어 보다 개신된 기술이 생기게 될 수 있는데, 이는 곧 기술진보와 발전이며, 기술적인 한계를 뛰어넘어 기술진보가 단시일 내에 이루어지는 것을 가리켜 기술혁신이라고 한다.

기술적 환경이 기업의 경영에 영향을 미치는 예는 사무실의 디자인 등에서 찾아볼 수 있다. 사무실은 통신센터의 기능을 담당하고 있으며 경영은 통합된 시스템 내의 컴퓨터, 전화, 복사기 등과 연결이 가능해졌다. 모든 경영자에게 이러한 기술적 환경의 변화는 더욱 빠르고 적절한 의사결정능력을 갖추게 하였다.

한편, 과업환경(task environment)은 앞의 일반적 환경에 비해 보다 직접적으로 조직경영에 영향을 미친다. 대부분의 기업들에게 고객, 경쟁업자, 공급업자나 정부기관 등의 과업환경은 직접적으로 영향을 미치며, 또한 그러한 영향의 예측이 불확실한 환경으로 인지되는 것이다.

고객(customer)은 곧 기업이 존재하는 이유이다. 즉, 조직은 고객의 필요를 만족시키기 위해 존재하며, 이는 고객이 조직의 생산물들을 수용하기 때문이다. 하지만 고객은 기업에게 매우 높은 잠재적 불확실성을 띤 존재들이다. 고객들의 변덕스러움은 날이 갈수록 더해가고 그러한 그들의 취향을 맞추기 위해서 기업은 유행을 계속적으로 변화시키고 새로이 창조하는 작업을 하는 것이다. 그것도 조직의 성격에 따라 고객의 영향력의 크기가 다르다. 예를 들어, 병원의 고객과 옷가게 고객 간의 영향력과 그들에 대한 조직 의사결정의 불확실성의 차이는 매우 크다 하겠다.

경쟁업자(competitor)는 기업의 중요한 과업환경 중 하나이다. 모든 조직은 경쟁자를 가진다. 현대자동차에게는 GM사나 도요타가 경쟁자이며, 대한항공에게는 아시아나항공이, 한국통신에게는 SK텔레콤이나 데이콤 등이 주요한 경쟁자의 관계를 가진다고 할 수 있다. 경쟁사의 등장과 그들과의 선의의 경쟁은 기업의 긍정적 성장에 좋은 밑바탕이 될 수도 있지만, 때로는 경쟁자의 횡포나 위력에 엄청난 타격을 입고 회생불능의 상태로 빠질 수도 있다. 따라서 경영자는 경쟁업체의 상황과 전략 등을 항상 예의주시하여야 한다.

공급업자(supplier)는 조직에 투입물을 공급하는 자로, 일반적으로 원자재나 설비를 공급한다고 생각할 수 있다. 그러나 공급업자라는 단어는 그러한 하드웨어적인 것뿐만 아니라 재정적인 부분과 투입 노동력을 공급하는 자까지도 포함하는 개념이다.

주주와 은행 등은 자금을 계속적으로 공급하기 때문에 대단히 중요한 공급업자인 동시에 기업의 주요 과업환경인 것이다. 아무리 유망한 사업 아이템이 있다 할지라도 이를 뒷받침해 줄 은행의 자금 조달이 이루어지지 않는다면 이익은 그저 잠재적인 것으로 남을 뿐이다. 한편, 투입된 노동력은 노동시장과 현지의 노동시장에서 공급받는다. 경영진은 필요한 투입물을 가능한 한 저가로 확보하는 방법을 찾으려 노력한다.

대규모의 기업들이 판매부서, 재무부서, 인사부서 등을 갖는 이유가 이러한 기계, 설비, 자본, 노동력 등의 공급을 용이하게 받기 위한 방편인 것이다.

정부기관(government)이 조직의 행위에 영향을 미치는 것은 앞의 일반적 환경 하의 정치적 환경의 내용과 부합되는 요소라 할 수 있다. 즉, 정부기관은 그 자체로서 기업에 직접적으로 영향을 미치는 과업환경으로 작용할 수도 아니면 간접적이고 일반적인 환경으로 존재할 수도 있다는 의미이다.

근로자(employee)는 산업화가 추구되면서 필연적으로 발생하는 집단이며 기업조직의 주요 구성원이다. 그러나 근로자는 조직의 성원임과 동시에 근로자계층 혹은 노동자계층이라는 사회의 주요 이익집단이 되고 있다. 이익집단으로서 근로자들이 자신의 이익을 옹호하고 증진시키기 위해 집단적으로 조직화된 활동을 전개해 나가는 노동조합을 결성한다. 노동조합이 대변해 주는 근로자들은 오랫동안 기업에 대한 주요한 대항세력으로 존재해 왔으며 그 세력은 지속적으로 성장해 왔다. 따라서 최저임금제도, 표준작업시간 및 잔업에 대한 규정, 실업보험, 퇴직연금제, 재해보험 등과 같은 근로자를 위한 사회보장제도의 마련과 그러한 근로자들의 권리에 대한 수용은 기업이 마땅히 떠안아야 할 과업환경이라 아니할 수 없다.

지역사회(community)는 기업을 둘러싼 이익집단 중에서 최근에 중요성이 증가하고 있는 집단이다. 지역사회는 협의의 관점에서 보면 공장의 인근 주민들을 지칭하지만 우리나라와 같은 경우에는 대기업의 영향력으로 국가 전체에까지 확산되는 개념이기도 하다. 지역사회는 비교적 조직화되지 못한 산발적 형태로 특정의 문제가 발생할 때에만 기업에 대해 영향력을 행사한다. 그러나 이러한 일시적인 영향력의 행사가 기업의 전략적 의사결정에 커다란 영향을 미칠 뿐만 아니라 최근에는 공해문제, 자원문제 등과 같은 기업의 사회적 책임문제와 관련하여 지역사회문제의 중요성이 더욱 증가하고 있는 실정이다.

지역사회의 기업에 대한 요구는 공해문제의 해결뿐만 아니라 자원의 보존·유지, 자연환경의 보호, 더 나아가 지역사회의 개발, 지역문화에의 기여, 산학협동 등 실로 다양하다. 기업이 지역사회에 진출함으로써 지역사회의 소득의 증가와 고용의 창출이라는 긍정적 효과를 낳기도 하였으나 그에 못지않게 많은 부정적 효과를 가져왔다.

언론매체(speech medium)는 라디오, 텔레비전, 신문, 잡지 등을 소위 매스미디어라 부르는데 이들 언론매체들을 이용하여 기업은 더 많은 물건을 팔기 위해 적극적인 판촉활동을 전개하기도 하며 이들에 의해 기업이미지가 실추당하거나 공개적인 지탄을 받기도 한다.

오늘날과 같은 정보화시대에서는 소비자가 최종 구매의사결정을 행하기에 앞서 이에 필요한 여러 정보를 주로 언론매체를 통하여 입수하기 때문에 경영자는 매출을 늘리기 위해서 이들 언론매체를 활용하지 않을 수 없는 것이다. 텔레비전이나 라디오광고의 경우 방송시간과 광고대상의 제품성격을 합치시키는 배려도 있어야 한다. 즉, 이른 아침이나 저녁때에는 어린이 관련용품의 광고가, 스포츠 프로그램이 방영되는 일요일 오후나 기타 시간에는 스포츠용품 및 음료수 광고가, 연속극이 방영되는 저녁시간에는 여성을 대상으로 한 화장품 광고가 적격일 수 있다.

기업이 국민의 건강에 해가 되는 제품을 생산하거나 지나치게 높은 가격을 설정함으로써 부당하게 소비자를 착취한다거나 경영자들이 사회적 기대와는 상관없이 사리사욕을 충족시키기 위해 비윤리적 행위를 자행하는 경우에 언론매체들이 이들 악덕기업과 경영주를 비난하는 여론을 공개적으로 조성함으로써 언론매체와 기업 간의 관계는 협력관계가 아니라 적대관계로 일변할 수 있다. 특정기업에 대한 언론의 공개적 비난은 소비자가 그 기업과 기업의 제품을 불신하게 만들고 시장점유율을 떨어뜨리며, 경영성과를 나쁘게 하는 것은 물론 최악의 경우에는 기업이 도산하는 원인이 되기도 한다.

금융기관(banking facilities)은 중앙은행을 비롯한 시중은행, 보험, 증권, 단자, 종합금융, 신용금고 등의 자금의 수신 및 대출기능을 가진 각종 금융 매매기관을 일컫는다. 기업이 이들 금융기관과 깊은 관계가 형성되어 있으며 또한 잉여자금이 발생하였을 경우에는 이들 기관들을 잘 활용함으로서 회수가 확실하고 고율의 이자를 지급하는 금융상품에 투자하는 것이 가능하게 된다. 특히 시중의 자금사정이 극도로 악화되어 있는 불경기 하에서는 금융기관으로부터의 원활한 자금공급이 기업에게는 생명수와 같은 것으로서 금융기관과 소원한 관계에 있는 경쟁기업에 비해 절대적인 비교우위를 누릴 수가 있다.

1.4 기업환경의 변화

기업환경은 끊임없이 변화한다. 미래의 기업환경 변화는 새로운 사업기회를 제공해 주는 동시에 기업활동에 위험요인으로 작용할 수 있기 때문에 기업이 생존과 성장을 계속하기 위해서는 끊임없이 변화하고 있는 기업환경에 능동적으로 대처할 수 있는 적응능력을 갖추어야 한다.

21세기 기업환경을 설명해 주는 주요한 추세로는 다양화, 정보화, 국제화 그리고 규제완화를 생각할 수 있다.

다양화(diversity)는 산업사회에서 정보 · 지식사회로의 전환으로 인해 소비자들에게서 두드러지게 나타나고 있는 특징이라고 할 수 있다. 즉, 표준화, 집중화, 전문화로 대변되는 과거 산업사회와는 달리 정보 · 지식사회는 분산화, 다양화, 개성화의 특성을 갖고 있다.

이러한 다양화의 배경에는 산업사회에서 정보 · 지식사회로 이행됨에 따라 소비자 행동이 변화하고 여기에 사회 · 문화적인 요인이 영향을 주었다고 하겠다. 특히, 가치관의 변화, 새로운 세대의 등장, 여성의 지위

상승 및 소득수준 향상 등이 그 주요한 요인들이다.

첫째, 가치관의 변화가 소비자 행동에 있어 다양성을 나타내고 있는데, 농경사회의 근검 · 절약의 가치관에서 산업사회는 소비 · 유희적 가치관으로, 그리고 지식사회는 존재 · 자기개발을 추구하기 위한 가치관으로 변화되어 왔으며 이러한 변화는 가치 창조적이고 감성적인 소비로 나타나고 있다.

둘째, 1990년대 이후 다양한 세대들이 유행처럼 등장하였는데, 이들은 X세대, N세대, Z세대 및 386세대 등의 이름으로 유행을 선도하면서 독특한 트랜드를 만들고 있다. 이 세대들은 각각 자라온 환경과 문화가 달라 독특한 그들만의 특성을 가지고 있다. 또한 다양한 세대의 등장과 더불어 평균수명 증가로 인한 인구층의 고령화가 진행되고 기업의 실버산업에 대한 투자도 이러한 다양성의 범주에서 빼 놓을 수 없는 부분이다.

셋째, 여성의 고학력화, 핵가족화, 출산율의 저하, 가사의 분담 등의 사회 인식과 환경변화에 따라 직장을 갖는 여성들이 크게 증가하는 추세이다. 이들은 보다 많은 소득과 이에 대한 자유로움을 누리게 되면서 중요한 소비계층으로서의 지위를 차지하게 되었다.

넷째, 소득수준의 향상은 가계 소비지출 중 기초 생계형 소비지출보다 정신적 만족을 누리기 위한 교육, 교양, 오락, 문화, 외식과 관련한 지출이 다양하게 증가하게 된다.

정보화(digitalization)사회로의 전환은 정보의 폭발적 증대에 기인한 현상이다. 인터넷을 비롯한 과학기술의 폭발적인 성장에 따라 신제품 및 서비스 등의 수가 급격히 증가하고 있다. 또한 정보기술의 적절한 활용여부에 따라 기업의 경쟁력이나 생존성이 좌우되는 경우도 종종 나타나고 있다. 한때, 정부는 컴퓨터를 싼 가격에 대량 공급해 정보화를 촉진하고 저소득 가정에 인터넷을 가능케 하기 위해 150만원대의 컴퓨터를 90만원 정도로 대폭 낮추어 보급키로 한 적이 있다. 이러한 정부의 조치는 무엇 때문이었을까? 모든 정책을 결정할 때 늑장을 피우는 정부가 이러한 결정을 신속히 내렸다는 것은 그만큼 정보화의 중요성을 인식했다는 말이다.

지금까지 우리 경제는 정부의 수출촉진정책을 위주로 성장해 왔고 이에 기여하기 위해서 외국어 구사능력과 신시장을 개척하기 위한 개척정신이 가장 커다란 무기였음을 부인할 수 없다. 그러나 아무런 정보도 없이 직접 물건을 들고 몸으로 때우는 식의 마케팅은 막을 내리고 있다. 개인능력과 패기가 과거 비즈니스의 무기였다면, 이제는 정보능력과 네트워크를 바탕으로 한 마케팅의 시대가 된 것이다.

세계화(globalization)의 사전적 정의는 나라가 경제 · 환경 · 정치 · 문화적으로 다른 여러 나라와 교류하는 것을 의미한다. 특히 21세기를 바라보는 오늘날의 시점에서 말하는 국제화란 전지구화를 필두로하는 다차원적인 변화를 일컫는다.

우리나라를 예로 들어보면, 국제화가 가장 두드러지는 분야는 경제부문이다. 경제에서 무역이 차지하는 비율은 말할 것도 없고, 제조업부문의 생산과정에서 외국의 기계, 부품, 원료, 기술, 디자인 등이 차지하는 비율 또한 상당 수준이며, 자본의 대외의존도도 만만치 않다. 문화적 국제화 또한 쇄국의 울타리가 무너진 이래로 끊임없이 진행되어 온 것이다. 오늘날 정보 통신의 혁명으로 인하여 그 속도가 빨라지고 범위는 더욱 넓어진 것이 분명하다. 이른바 고급문화에 해당하는 학문과 예술 분야는 물론이고 대중문화도 국제적 동질화의 물결에서 벗어나지 못하고 있다. 요컨대 문화적 국제화는 기술 및 경제와도 밀접하게 맞물려서 가속화되고 있다. 이처럼 국제화는 세계화 · 지구촌화해 가는 오늘날의 국제환경에서 필수 불가결한 정책이라고 할 수 있다.

1.5 국제무역환경

1994년 세계무역기구(world trade organization ; WTO)의 출범과 함께 일반 상품의 무역 이외에 서비스, 지적재산권 등 소위 '눈에 보이지 않는 무역(invisible trade)'의 확대가 이루어져 왔으며 이에 따른 국제투자와 국제거래가 널리 사용되고 있다.

국제통상은 국내거래와 마찬가지로 상거래라는 공통점이 있으나 많은 점에서 차이점이 있으며 그러한 차이점은 곧 국제통상을 수행할 때의 유의점이기도 하다.

첫째, 국제거래는 기업이 통제할 수 없는 거래장벽이 존재하는데, 각국의 정치, 법뿐만 아니라 언어, 종교, 관습이 상이하고 지리, 기후 등의 차이가 존재한다.

둘째, 국제거래를 행할 때는 정해진 외국의 통화가 사용되는데 이를 국제기축통화라 부른다. 다른 나라의 통화를 사용하여 거래하는 우리나라의 입장에서 화폐의 교환비율인 환율의 차이를 매우 민감하게 관찰하여야 한다.

셋째, 국제무역을 할 때 운송과 보험은 매우 중요한 부분이다. 국내보다는 먼 거리에 계약물품을 전하기 위해서 안전한 운송수단, 운송기간, 운송방법 및 그러한 위험을 커버하기 위한 보험의 부보가 필수적이다.

규제완화 시장에의 정부개입에 따르는 문제점을 시정하기 위한 시장지향적 개혁방안

규제완화(deregulation)는 시장에의 정부개입에 따르는 문제점을 시정하기 위한 시장지향적 개혁방안이라고 할 수 있다. 우리 정부는 과거 국제경쟁력의 원천으로 이해해 왔던 시장에 대한 정부의 개입과 관리가 수반하는 부정적 측면을 절감하게 되었다. 비록 이러한 정부의 개입이 시장과 기업을 위한 전략적인 것이었다고는 하나, 실질적으로 정부의 개입은 지원 아니면 규제라는 양면적 성격을 가지고 있었다 .특히, 정부의 고질적인 규제정책들은 기업들의 국제경쟁력을 급속히 약화시켜온바, 기업의 경제활동의 규제완화를 통해 정부실패를 교정하는 작업이 정부의 주요 목표로 자리 잡게 되었다.

정부의 규제완화 추진 배경으로는 첫째, 규제와 개입이 경쟁력을 약화시킨다는 점이다. 정부의 시장개입과 규제의 결과 오히려 경제의 효율성이 저하되면서 경제구조와 경쟁력이 취약해지게 되었다는 인식이 확산되었다. 예를 들어, 정부규제의 역할이 퇴출시켜야 할 기업을 보호하고, 건전한 기업에 부담을 준다면 결국 소비자의 이익이 크게 침해될 수 있다.

둘째, 경제적 규제로 인한 기술개발의 필요성을 외면하거나 오히려 신기술 도입을 저지하려는 성향이 나타나고 있다는 비판이다. 정부의 규제는 이러한 새로운 경제활동과 그러한 산업의 진출을 저해하는 요인으

로 작용하기 때문이다.

셋째, 정부규제의 확대로 인한 경제적 성과는 낮은데 비해 정부기구는 급격히 팽창함으로써 그 비효율성이 대단히 높아진다. 소위 '작은정부'를 실현하기 위해서는 정부규제를 완화하는 것이 필요하다는 주장이 제기되었다. 또한 규제를 고리로 한 정부와 기업 간의 공생적 관계, 즉 정경유착현상이 사회적 비난의 대상이 되어 왔다.

넷째, 국제경제관계에서 시장개방 이후 국내 기업에 개입하고 규제하던 정부가 외국기업에 대해서도 그러한 차별적 규제를 하지 못함으로서 국내·외적인 마찰을 불러일으킬 수 있다.

모든 기업은 미래를 내다볼 수 있어야 하고 그들이 소속된 환경의 변화에 적응할 수 있는 장기적인 전략을 수립하여야 한다. 특히, 기업은 장기적 목표를 설정하고 이를 달성할 계획을 수립해야 하는데 만일 이러한 장기적 계획이 없다면 그 조직은 지도와 나침반 없이 망망대해를 헤매는 선박과도 같을 것이다.

2 경영전략과 환경분석

Essentials of Trade, ch. twelve

2.1 경영전략의 중요성과 수립절차의 이해

2.1.1 전략의 필요성

전략(strategy)이란 용어는 원래 그 어원을 희랍어의 장군의 기술(the art of the general)을 의미하는 strategos에서 찾을 수 있다. 그러나 이 전략의 개념이 경영학에서 경영전략이란 주제로 사용된 것은 1960년대 이후로 최근이라 할 수 있다. 비즈니스는 어떤 면에서 전쟁을 치루는 것과도 같다고 할 수 있는데 그래서 전략이란 개념이 기업경영에 도입되어 경영전략이라든지 전략경영이라는 용어가 널리 사용된 것이다.

경영전략 기업목표를 설정하고 이를 달성하기 위한 수단의 선택

경영전략(management strategy)의 공통적 정의는 '기업목표를 설정하고 이를 달성하기 위한 수단의 선택'이라는 것이다. 즉, 기업의 사명과 목표를 달성하고 환경과의 관계를 관리하고 경쟁우위를 확보하기 위하여 전략을 수립하고 실행하는 과정이라는 것이다. 챈들러(A.D.Chandler)는 경영전략을 기업의 기본적인 장기목적 및 목표를 결정하고 이들 목표의 달성에 필요한 활동방향과 여러 자원을 분배하는 것이라고 하였다. 전략경영은 지속적이고 반복적인 작업이며 전략수립과정은 결코 중단하거나 일회성으로 끝나는 작업이 되어서는 안 된다.

이러한 개념적 정의 측면에서 전략경영은 경영계획과 거의 동일한 것이라는 의문이 든다. 그러나 경영전략은 단순히 기업 내부의 어떤 특정부분의 계획을 의미하는 경영계획과는 달리 기업의 내부 및 외부의 모든 측면을 포함하는 총체적이고 환경지향적 개념이라고 할 수 있다.

한편, 전략과 유사한 개념으로서 전술(tactics)이 있다. 전략이 구체적인 전술을 찾아내기 위한 방향이라면, 전술은 전략을 달성하기 위한 구체적인 수단이다. 즉, 전략이 장기적 내지 전체적이고 목적 지향적이라면 전술은 단기적 내지 부분적이고 수단 지향적 성격이 강하다고 할 수 있다.

오늘날 경영전략의 중요성은 그 자체가 경영학의 중심적 위치를 차지할 정도로 부각되고 있다. 대부분의 현대 조직은 스스로의 장기적 성장과 성공에 있어서 전략적 경영이 미치는 영향을 잘 알고 있기 때문이다. 조직의 최고경영층은 그들 조직의 사명을 보다 정확하게 정의내리고 조직이 나아가야 할 방향을 뚜렷하게 제시할 수 있게 되었으며 조직의 목적을 달성할 계획과 활동을 더욱 효과적으로 집중할 수 있게 되었음을 인정한다.

전략경영이 경영자에게 중요한 또 다른 이유는 기업경영에 영향을 미치는 환경의 급속한 변화에 준비하고 대처할 능력을 부여한다는 것이다. 사실 오늘날에는 과거처럼 단순히 경험에만 의존하여 목적과 계획을 수립할 수 없고 다분히 미래에 발생할 문제와 기회에 합당한 전략을 개발해야 하는 것이다.

많은 기업들이 장기적인 성장과 경쟁력 확보를 위하여 효율적인 경영전략이 필요하다고 인식하고 있다. 경영전략에 의해 기업의 사명을 명확히 규정함으로써 구성원들은 기업이 추구해야 할 경영의 방향을 보다 잘 설정할 수 있으며 그것을 위한 활동에 초점을 맞출 수 있게 된다. 경영전략의 효과는 다음의 몇 가지 관점에서 집약될 수 있다.

첫째, 명확히 규정된 사업활동의 범위와 성과목표가 주어졌을 때 경영을 목표지향적으로 일관되게 유지할 수 있다.

둘째, 자원쇼크 등의 불안요인에서 탈피하여 경영을 보다 안전하게 유지할 수 있다.

셋째, 경영의 성장을 보다 적극적으로 유도하기 위해 결정룰(decisionrule)로서의 전략을 수립해서 경영활동을 전개할 때 기업은 경쟁우위 확보노력에서 유리한 고지를 점유할 수 있다.

넷째, 기술혁신 등 기업환경 변화에 전략적 차원에서 장 · 단기적으로 대처할 수 있을 때보다 안정된 경영활동을 추구할 수 있다.

다섯째, 기업경영이 새로운 기회의 탐구와 창조를 할 수 있도록 하기 위해서는 이를 추구할 수 있는 관리의 지침이 필요로 되는데 이는 전략을 통해서 비로소 가능하게 된다.

2.1.2 경영전략수립 프로세스

경영전략이란 기업이 나아가야 할 목표를 설정하고 이것을 위해 기업내, 외부 환경을 분석하여 기업의 자원을 가장 효율적으로 활용할 수 있는 행동방향을 설정하는 것이라고 할 수 있다. 이러한 경영전략의 수립 Process는 기본적으로 기업의 비전과 목표설정을 실행한 후 이를 근거로 기업을 둘러싸고 있는 내부 및 외부 환경분석을 실시하여야 한다. 이러한 환경분석을 토대로 실질적인 전략의 수립이 이루어져야 하며 전략수립은 다시 기업전략, 사업부전략 및 기능별 전략 형태로 수립이 되어진 후 이에 대한 지속적인 조정 및 통제 작업이 병행이라는 프로세스로 이루어진다.

2.2 비전과 목표의 설정

비전의 설정이란 기본적으로 기업이 미래에 도달하고자 하는 모습을 설정하는 단계로 기업의 목표를 명확히 함으로써 경영자의 주요 의사결정을 용이하게 하고 기업 및 기업 구성원의 활동에 명확한 방향을 제시할 수 있게 해준다. 아울러 비전은 기업의 핵심가치와 신조, 목적과 미션이라는 3가지 요소를 가지고 제시되어야 한다.

그림 12-4

비전의 3요소

구분	내용
핵심가치와 신조	▪ 기업이 지닌 철학으로, 양보할 수 없는 원칙 ▪ 예: 삼성전자 – "세계 제일, 기술 중시, 인간 중시"
목적	▪ 장기적인 기업의 방향을 인도하지만 완전히 성취되지는 않는 것 ▪ 예: 삼성전자 – "Digital convergence 혁명을 주도"
미션	▪ 의욕을 돋우는 목표로, 타겟과 시간 한계가 정해져 있다. ▪ 예: 삼성전자 – "세계 10대 회사가 되는 것"

출처 : 김정구 외, 『마케팅 관리』, 율곡출판사, 2010.

이러한 비전 정의는 몇 가지 혜택 및 장점을 부여해 주는데 첫째, 비전은 조직 구성원들에게 자부심을 제공해 비범한 노력을 경주하도록 동기를 부여한다. 둘째, 비전은 전략적 및 전술적 의사결정에 명확한 근거를 제공한다. 셋째, 비전이 공유되면 단결심과 팀워크, 그리고 커뮤니티가 강화되며, 특히 조직 구성원들의 조직몰입도가 증가할 수 있다. 마지막으로, 비전은 여러 세대에 걸쳐 이어질 수 있고, 기업이 속한 사회에 일관성 있는 공헌을 하게 한다.

기업의 경영전략 수립에 있어서 비전이란 우리 기업은 왜 존재해야 하며, 어떤 가치로 어디에 공헌하고자 하는지, 장기적으로 어떤 방향으로

그림 12-5

비전 정의의 혜택과 장점

1	2	3	4
▪ 비전은 자부심을 제공해 비범한 노력을 경주하도록 동기를 부여한다.	▪ 비전은 전략적 및 전술적 의사결정에 명확한 근거를 제공한다.	▪ 비전이 공유되면 단결심과 팀워크, 그리고 커뮤니티가 강화된다.	▪ 비전은 여러 세대에 걸쳐 이어질 수 있고, 기업이 속한 사회에 일관성 있는 공헌을 하게 한다.

나아갈 것인지에 대한 생각하게 해준다.

아울러 비전을 기반으로 기업은 목표의 설정단계로 들어가는데 여기서 목표라는 것은 기업이 미래에 도달하고자 하는 모습을 설정하는 단계로 기업의 목표를 명확히 함으로써 경영자의 주요 의사결정을 용이하게 하고 기업 및 기업 구성원의 활동에 명확한 방향을 제시할 수 있게 해준다. 이러한 목표수립은 기본적으로 구체성(Specific), 측정 가능성(Measurable), 행동 지향성(Action-oriented), 현실성(Realistic), 적시성(Timely)이라는 SMART 원칙 아래에서 목표가 제시되어야 한다.

SMART 원칙
구체성(Specific),
측정 가능성
(Measurable),
행동 지향성
(Action-oriented),
현실성(Realistic),
적시성(Timely)

2.3 환경 분석

기업의 환경은 기업을 둘러싸고 있는 경쟁자, 공급자, 소비자, 법과 규제, 정치적 환경, 경제적 환경 등의 외부 환경과 기업구조, 기업문화, 기업자원 등의 내부환경으로 크게 구분할 수 있다.

2.3.1 외부환경분석(O/T 분석 : Opportunity/Threat 분석)

외부환경분석은 기업을 둘러싸고 있는 경쟁자, 공급자, 소비자, 법과 규제, 정치적 환경, 경제적 환경 등의 외부환경이 기업의 전략목표를 달성함에 있어서 기업활동에 유리하게 영향을 미치는 기회요인(Opportunity)으로 작용할 것인가, 혹은 기업활동에 중요한 불이익을 미치는 위협요인(Threat)으로 작용할 것인가를 평가하는 것이다.

① 구조-행위-성과 모델(Structure-Conduct-Performance Model)

이 모형은 원래는 불공정 담합 행위를 막기 위해서 불공정 경쟁의 형태를 제시하기 위해 개발된 모형이지만 이후에 어떤 산업이 총체적으로 보통 이상의 이익을 낼 수 있는 조건을 평가하기 위한 모델로 이용되고 있으며 포터(Porter)의 다섯 가지 세력 모델(Five Forces Model)은 이 모델로부터 발전된다.

그림 12-6

SCP 분석

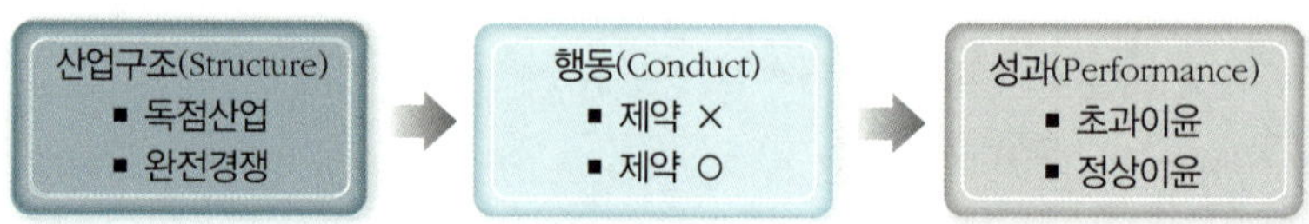

② Porter의 산업구조분석 기법

포터(Porter) 교수는 산업 환경의 경쟁강도에 영향을 미치는 요소로 i) 기존 경쟁 업체들 간의 경쟁의 정도, ii) 시장에 진입하려는 새로운 기업들의 진입가능성, iii) 상품이나 서비스의 대체가능성, iv) 고객이나 구매자 집단의 교섭력, v) 공급자 집단의 교섭력의 5가지를 주요 변수로 보았다. 이 다섯 요소의 힘이 강하면 기업의 협상력이 약해져서 그 기업에 위협(Threat) 요인으로 작용하게 되어 기업이 충분한 이익을 형성하기 어렵게 되고, 다섯 요소의 힘이 약하면 기업의 협상력이 강해져서 기업에 기회(Opportunity)요인으로 작용하여 초과 이윤을 얻을 수 있는 가능성이 증가하게 된다.

그림 12-7

포터의 산업구조분석모형(5 force model)

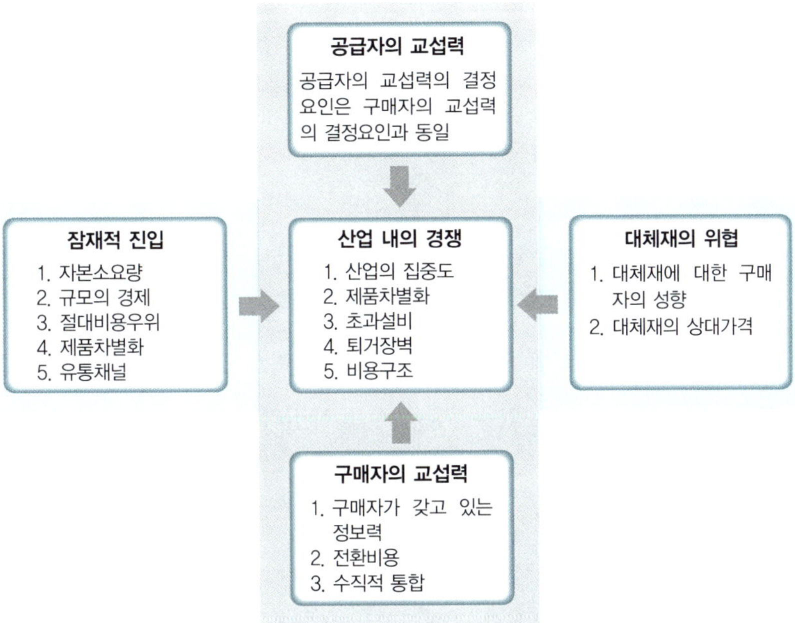

출처 : 김윤상, 『핵신 경영학 연습』, 웅진패스원, 2011.

i) 산업 내의 경쟁

산업의 수익률을 결정하는 가장 중요한 요인은 산업 내에서 경쟁하고 있는 기업들 간의 경쟁의 정도이다. 경쟁자가 많으면 기업들 간의 경쟁으로 인하여 가격이 생산원가 근처 혹은 이하에서 형성되므로 이윤이 크지 않을 것이다. 하지만 경쟁이 많지 않다면 또한 경쟁자들 간에 가격경쟁을 피하기 위하여 담합행위를 할 수 있다면 어느 정도의 이윤은 보장될 수 있을 것이다.

▪ 산업의 집중도

산업의 집중도 동일 산업에 속하는 기업의 수와 이들의 시장점유율의 관계

산업의 집중도란 동일 산업에 속하는 기업의 수와 이들의 시장점유율의 관계를 의미한다. 무선통신사업, 정유산업 등과 같이 산업의 집중도가 심할수록 전반적인 수익률은 높아지게 되며, 산업이 경쟁적일수록 산업

의 수익률은 낮아지게 된다.

■ 제품차별화

경쟁하는 제품들의 디자인이나 품질이 동일하면 가격경쟁이 심화되어 수익률이 낮아지게 되고 차별화가 많이 된 제품일수록 수익률이 높아지게 된다.

■ 초과설비

생산설비와 수요가 일치하면 기업의 수익률이 높아지게 되고 초과설비가 많아질수록 가격경쟁이 치열해져서 수익률이 낮아지게 된다. 호황기에 수요가 증가할 것으로 예상하여 초과설비를 구축한 회사는 불황기에 되면 불황에서 살아남기 위하여 가격경쟁을 치열하게 된다. 이러한 유휴설비로 인한 가격경쟁 현상은 산업의 수익률을 급격하게 악화시키게 된다.

■ 퇴거장벽

퇴거장벽이란 산업에서 철수하는 데 발생하는 어려움을 의미한다. 만약 기업들에게 퇴거장벽이 없다면 불황에 있는 기업들은 쉽게 다른 산업으로 진출하게 되어 산업 내의 과당경쟁은 쉽게 해소될 수 있을 것이다. 하지만 실제로 기업이 사용하는 설비들은 그 산업에만 이용될 수 있는 것들이 많기 때문에 산업 내의 퇴거장벽이 발생하게 된다. 따라서 설비에 많은 금액이 요구되는 사업같이 퇴거장벽이 높은 산업에 속해 있는 기업은 불황기에도 계속 시설을 가동해야 하므로 대대적인 가격인하를 통한 경쟁을 실시하게 된다. 따라서 퇴거장벽이 높은 산업은 수익률이 높지 않게 된다.

■ 비용구조

비용구조란 고정비와 변동비의 비중을 의미하는 것으로 고정비가 높고 변동비가 적은 비용구조를 갖고 있는 산업은 고정비의 유휴도를 낮추기 위하여 가격을 인하하려는 유인이 많기 때문에 수익률이 높지 않게 된다.

ii) 잠재적 진입자와의 경쟁

만약 특정 산업의 수익률이 상당히 높으면 많은 기업들이 해당 산업에 진입하여 초과이윤을 행사하려 할 것이다. 따라서 해당 산업에 진입하기가 용이하다면 초과이윤이 발생하는 기간이 길지 않을 것이지만 해당 산업에 진입하는 것이 용이하지 않다면 초과이윤이 지속될 수 있을 것이다.

기존기업들이 신규진입기업에 비하여 가지는 우위를 진입장벽이라고 한다. 진입장벽은 자본소요량, 규모의 경제, 비용우위, 제품차별화, 유통망 등이 있다.

■ 자본소요량

신규기업이 산업에 진입하는 데 필요한 투자액이 많다면 소수의 기업을 제외하고는 이러한 산업에 진입할 수 없으므로 큰 자본소요량이 진입장벽의 역할을 할 수 있다.

■ 규모의 경제

자본집약적이거나 연구개발투자가 많이 소요되는 산업에서 효율성을 높이기 위해서는 대규모의 투자가 필요하다. 규모의 경제를 이미 갖춘 기업이 적정 이윤을 추구하면서 가격을 조정하게 되면 신규로 진입하는 기업들은 적정한 규모를 갖출 때까지는 상당한 손실을 감수하여야 하므로 함부로 진입할 수 없게 된다.

■ 절대적 비교우위

기존기업들은 초기진입자로의 이익을 갖고 있다. 이들은 원료를 더 싸게 구입하는 방법을 알고 있고 선발진입자로의 명성도 갖고 있으며, 경험효과도 있기 때문에 이득을 더 많이 볼 수 있게 된다. 따라서 기존기업들이 갖고 있는 절대적 비용우위효과로 규모의 경제를 추구할 수 있다.

■ 제품차별화

제품차별화가 가능한 산업에서 기존기업들은 신규진입자들에 비하여 브랜드 인지도 및 소비자의 상표충성도 측면에서 상당한 이익을 보고 있다. 소비자들은 잘 알려지지 않은 기업의 제품보다는 잘 알려진 기업의 제품을 높은 가격을 주고서라도 구매하려고 한다. 제품차별화가 된 시장에 신규진입을 위해서는 브랜드에 대한 투자를 하여야 하고 따라서 자본력이 없는 기업은 진입하기 용이하지 않게 된다.

■ 유통채널

이미 강력한 유통채널을 확보한 경우 소매상들은 신규진입자들의 제품을 취급하려고 하지 않는다. 소매상이 진열할 수 있는 공간은 한정되어 있으므로 소매상의 입장에서는 잘 알려지지 않은 제품을 진열하기보다는 잘 알려진 제품을 진열하는 것이 더 유리하기 때문이다. 또한 지배력이 강한 공급자가 신규제품 진열로 인한 보복의 수단으로 공급을 중단할 수 있기 때문에 이러한 위협을 감수하면서까지 신규제품을 진열할 유인이 없게 된다. 따라서 강력한 유통채널도 하나의 진입장벽이 될 수 있다.

iii) 대체재와의 경쟁

대체재가 많은 경우에는 소비자가 그 제품이나 서비스에 대해서 지불하려는 가격이 낮아지게 되고 기업은 자신의 제품이나 서비스에 높은 가격을 받을 수 있는 가능성이 줄어들게 된다. 이와 같이 대체재는 재화의 가격결정에 영향을 미치게 되는데 소비자들이 대체재로 옮겨갈 수 있는 가능성이 높을수록 기업이 취할 수 있는 이윤은 낮아지게 된다.

iv) 구매자의 교섭력/공급자의 교섭력

■ 구매자의 공급자에 대한 상대적 크기

구매자가 공급자의 주요 거래처라면 구매자가 공급자에게 요구하는 압력을 공급자는 수용하여야 할 경우가 많다. 이와 같은 구매자의 강력한 영향력은 공급자의 이윤을 낮게 만들 수 있다.

■ 구매자가 갖고 있는 정보력

구매자가 공급자의 제품, 가격, 비용구조 등에 대한 자세한 정보를 알고 있다면 구매자의 교섭력은 높아질 수 있다. 만약 구매자가 공급자의 마진율을 알고 있다면 구매자는 공급자에게 어느 정도까지 가격을 낮추라고 압박할 수 있는지 알게 되지만 구매자가 공급자에 대한 정보를 모르고 있다면 공급자에게 압박을 가하는 데 제한이 있게 된다. 또한 품질에 대한 불확실성이 존재한다면 구매자의 힘이 제한되게 된다. 만약 미용실에서 우리가 가격을 흥정하여 미용서비스를 제공받게 되면 미용사가 정성들여서 머리를 손질하지 않을지 모른다는 불확실성에 노출되면 소비자는 공급자가 요구하는 가격을 모두 지불하고 서비스를 이용할 것이다.

▪ 전환비용

구매자들이 공급선을 교체하는 데 많은 전환비용이 소요된다면 구매자의 교섭력이 낮아질 것이다. 가령 타이어 공급이라고 하면 교체하는 데 전환비용이 크게 소요되지 않지만 파워윈도우에 필요한 소형모터의 공급이라고 하면 교체하는 데 전환비용이 크게 들게 된다. 따라서 전환비용이 많이 발생하게 되면 구매자의 교섭력은 낮아지게 된다.

▪ 수직적 통합

구매자자 수직적 통합을 할 수 있다면 구매자의 교섭력은 훨씬 강화된다. 공급자가 높은 가격을 요구할 경우 구매자가 공급업체의 수직적 통합을 통한 내부화를 하겠다고 위협하게 되면 공급자의 가격을 인하할 수 있게 된다.

표 12-1 **포터의 산업구조분석모형**(5 force model)

구분	내용
산업 내 경쟁	① 산업의 집중도: 높을수록 수익률이 커짐 ② 제품차별화: 차별화가 많이 될수록 수익률이 커짐 ③ 초과설비: 초과설비가 많아지면 수익률이 낮아짐 ④ 퇴거장벽: 퇴거장벽이 높으면 수익률이 낮아짐
잠재적 진입자 (진입장벽)	① 자본소요량: 자본소요량이 크면 진입장벽의 역할을 수행 ② 규모의 경제/절대적 비용우위: 규모의 경제나 절대적 비용우위가 진입장벽의 역할을 수행 ③ 유통채널: 강력하게 형성된 유통채널이 진입장벽의 역할을 수행 ④ 제품차별화: 소비자에게 인식된 제품이나 상표의 특성은 그 자체가 진입장벽의 역할을 수행
구매자의 교섭력, 공급자의 교섭력	① 정보력: 구매자나 공급자가 갖고 있는 정보가 많으면 교섭 시 우위를 점할 가능성이 높음 ② 전환비용: 공급자나 구매자의 전환 시 많은 전환비용이 발생하게 된다면 전환이 어렵게 되고 이는 거래비용을 증가시킬 가능성이 높아짐 ③ 수직적 통합: 수직적 통합의 가능성이 있다고 하면 통합 가능한 쪽의 교섭력이 높아지게 됨
대체재와의 경쟁	대체재가 많으면 수익력이 감소하게 됨

③ **전략집단 분석**(strategic group analysis)

전략집단이란 한 산업 내에서 유사한 전략을 사용하고 있는 기업 집단을 의미한다. 구체적으로 어떠한 제품군 또는 지역 시장에 집중하고 있는가, 또는 어떤 유통채널을 선택하고 있는가, 제품의 질은 어느 수준에서 결정되는가, 수직적 통합의 정도는 어떠한가 등 여러 가지 측면에서 기업의 전략을 평가하여 유사한 전략을 추구하는 기업들을 묶어서 전략집단이라고 한다. 전략집단 분석은 경쟁의 범위가 너무 넓어서 경쟁자를 정확하게 파악할 수 없을 경우에 경쟁 상대를 정확하게 분석하기 위한 도구이다. 하지만 최근 연구에 의하면 이와 같은 전략집단 분석이 실제의 경영전략 분석에 큰 도움을 주지 못하고 있다고 한다. 왜냐하면 특정 전략집단에 속해 있다고 해도 그 기업이 반드시 같은 전략집단에 속해 있는 기업들과 경쟁하는 것은 아니기 때문이다. 가령 내수시장에 집중하는 기업들은 서로 다른 국가의 내수시장에서 경쟁하기 때문에 전략집단들 간에는 큰 경쟁이 발생하지 않는 것이다.

그림 12-8

세계 자동차 산업의 전략군 지도(Strategic Mapping)

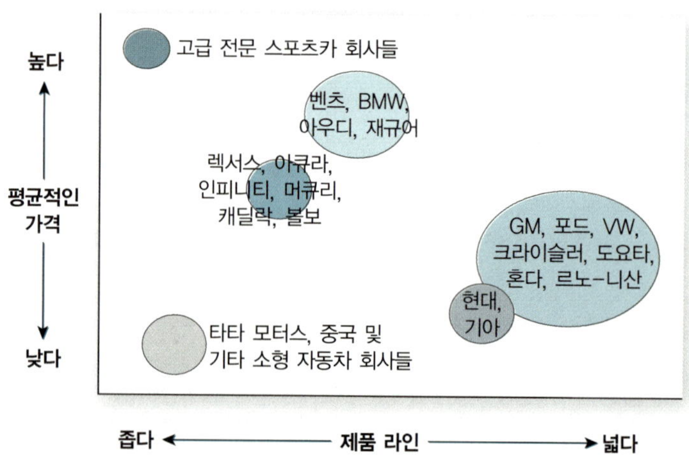

출처 : 김언수, 『TOP을 위한 전략 경영 4.0』, PNC미디어, 2013.

전략집단의 구조와 그것이 5개 경쟁세력에 미치는 영향에 대한 분석을 통해서 산업진화 관점에서 기업이 직면하고 있는 전략적 선택에 대한 직관적 지식을 갖을 수 있다. 이를 살펴보면 아래의 그림과 같이 연계하여 살펴볼 수 있다.

그림 12-9

전략집단 분석과 산업구조분석모형의 연계

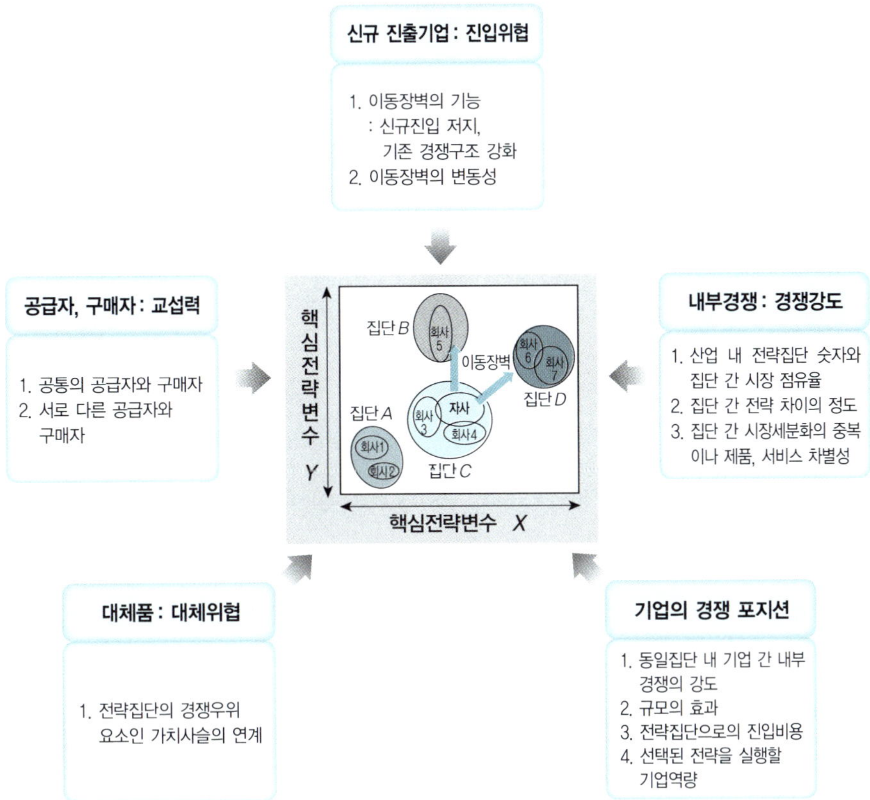

출처 : Wisdom21, 2008.

④ 다이나닉 산업분석 모델(Dynamic Model for Industry Analysis)

다이나믹 산업분석 모델은 한 사업을 구성하는 주요요소인 1) 제품/서비스, 2) 고객, 3) 기술의 측면에서 구성된 경쟁공간을 통하여 시시각각으로 다르게 변하고 있는 경쟁패턴을 분석하고자 하는 도구로 동적이며 정확하게 분석할 수 있다는 장점이 있다.

그림 12-10

다이나믹 산업분석 모델(Dynamic Model for Industry Analysis)

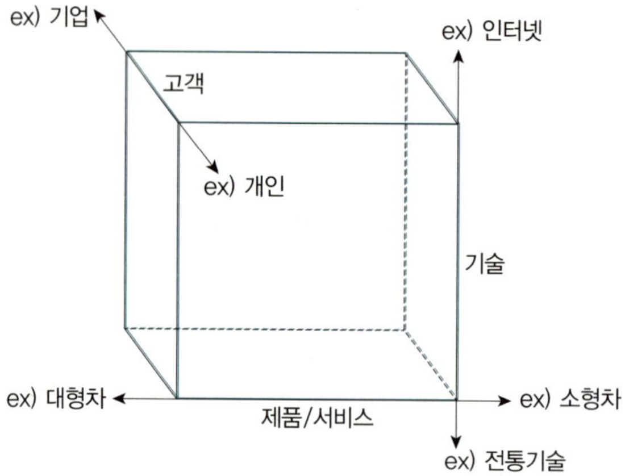

출처 : 김윤상, 전게서, 2013.

그림 12-11

경쟁공간으로 표현되는 산업환경

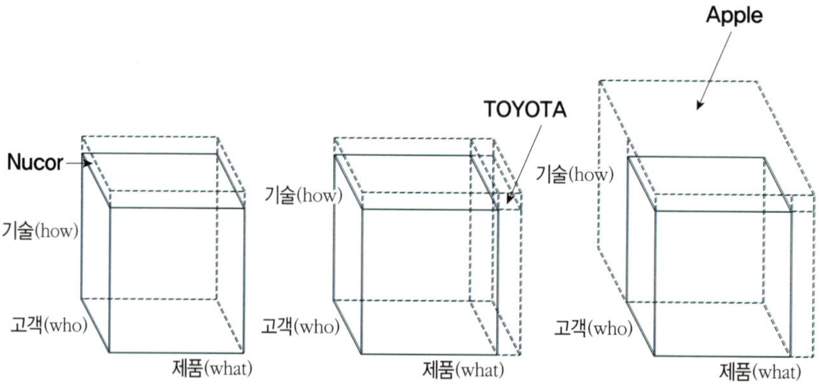

출처 : 김언수, 전게서, 2013.

2.3.2 내부환경분석(SW 분석)

내부환경분석이란 기업 내부의 인적자원, 물적자원, 생산, 마케팅, 연구개발, 조직구조, 조직 문화, 대고객 관계 등 기업의 내부부문을 분석하여, 기업이 경쟁우위를 확보할 수 있는 부문을 찾아 자신의 강점(Strength)을 발견하고 기업이 경쟁적 열위에 놓여 있는 부문을 찾아 자신의 약점(Weakness)을 발견하여 기업의 현 능력에 대해서 정확히 파악하려는 것이다.

① 가치사슬(Value Chain)모형

포터(Porter)는 기업의 모든 활동은 고객에게 가치를 전달해 줄 수 있어야 한다고 주장하고 고객에게 가치를 전달하지 못하는 활동들은 제거해야 한다고 주장하였다. 가치사슬이란 고객에게 가치를 제공함에 있어서 가치창출에 직간접적으로 관련된 일련의 활동, 기능, 프로세스의 연계를 의미한다. 포터(Porter)는 기입의 고객 가치창조 활동을 본원직 활동과 보조적 활동으로 구분하였다.

가치사슬 고객에게 가치를 제공함에 있어서 가치창출에 직간접적으로 관련된 일련의 활동, 기능, 프로세스의 연계를 의미

i) 본원적 활동(primary activities) : 주활동

고객 가치창출을 위한 핵심적인 프로세스로 제품 및 서비스의 물리적 가치 창출과 관련되는 활동들이며, 직접적으로 고객에게 전달되는 부가가치 창출에 기여하는 활동들이다. 이 본원적 활동에는 투입요소를 저장 · 운반하는 활동(자재관리, 저장, 재고관리, 반품 계획 등)인 물류투입활동(inbound logistics)과 투입요소를 최종제품으로 만드는 활동인 운영활동(operation), 제품을 구매자에게 유통시키기 위한 수집, 저장, 물적유통관리활동인 물류산출활동(outbound logistics), 제품을 구매자가 구입하도록 하기 위한 광고, 판촉활동인 마케팅 및 판매활동(marketing & sales)과 제품가치를 유지, 증진시키기 위한 서비스 활동인 애프터서비스활동(after service)으로서 실질적인 제품의 생산과 이의 소비자에게로의 새로운 가치를 창출하는 활동들을 들 수 있다.

그림 12-12

Porter의 가치사슬분석

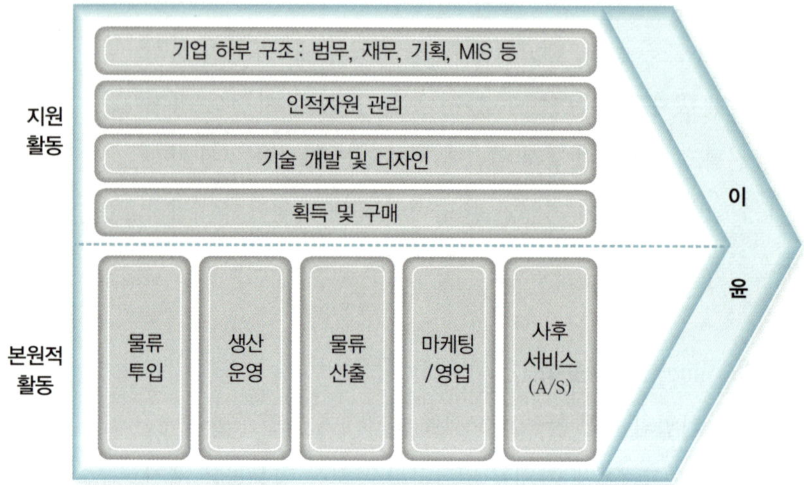

ii) **지원활동**(support activities) : **보조활동**

본원적 활동이 성공적으로 수행될 수 있도록 지원해 주는 프로세스로 직접적인 부가가치를 창출하지는 않지만 이를 창출할 수 있도록 지원해 주는 활동을 의미한다. 여기에는 기획, 재무, 회계, 일반관리 등 활동을 지칭하는 기업의 하부구조(infrastructure)와 본원적 활동 및 지원활동에 사용되는 투입요소를 구매하는 활동인 획득활동(Procurement)과 기술개발활동 및 인적자원 관리활동 등이 해당된다.

iii) **경쟁우위의 창출**

가치사슬과 연계되어 있는 여러 가지 가치활동들은 상호 밀접하게 연관되어 있어서 특정한 가치활동이 수행될 때 다른 가치활동과 비용 및 성과면에서 관련된다. 따라서 경쟁우위는 각각의 가치활동에서 획득되기도 하지만, 가치활동 간의 연계(가치사슬)로부터 획득되기도 한다. 그래서 기업들은 개별 가치활동과 가치활동 간의 연계에 의하여 창출되는 시너지 효과를 파악하여 기업의 사업활동들에 높은 부가가치를 제공하면서 동시에 활동들 간에 공유 정도가 높은 것이 무엇인가를 파악함으로써 기업의 핵심역량을 평가할 수 있다.

② **자원거점적 이론** (Resource-based view)

산업구조분석이론은 한 기업이 산업 안에서 어떤 포지션을 구축하는가에 따라서 기업이 오랜 기간 동안 다른 기업에 비하여 평균 이상의 수익률을 올릴 수 있다고 간주하였다. 반면, 자원거점적 이론은 기업이 보유한 유형·무형의 자원들의 효율적인 결합이 기업의 경쟁우위를 창출시킬 수 있고, 기업이 보유한 자원의 특성에 따라 경쟁우위가 오래갈 수도 있고 그렇지 않을 수도 있다고 주장한다. 따라서 자원거점적 이론은 기업 내부적 요인을 중시여긴다.

ⅰ) 경쟁우위를 차지하기 위한 자원의 특성

기업이 보유한 자원은 물질적 자원(physical resource), 인적 자원(human resource), 조직적 자원(organizational resource)으로 구분할 수 있다. 이러한 세 종류의 자원이 강력한 경쟁우위를 차지하려면 근본적으로 네 가지의 속성을 지니고 있어야 한다. 즉 자원의 가치성(value), 희소성(rare), 비모방성(inimitable), 조직화가능성(organized)이 중요하다.

VRIO 모형 자원의 가치성(value), 희소성(rare), 비모방성(inimitable), 조직화 가능성(organized)

첫째, 기업이 보유한 유형·무형의 자원이 시장기회를 창출하거나 외부위협을 방어하여 매출의 증가를 가져오거나 비용을 줄이는 등의 가치(value)가 있어야 한다. 둘째, 기업이 보유한 자원이 남들이 보유하지 못한 희소(rare)한 자원이어서 완벽한 경쟁구도가 이루어지지 않으면 기업에 유리하다. 셋째, 경쟁자가 쉽게 모방할 수 없는(imperfectly imitable) 자원을 보유하고 있으면 경쟁력이 오래 지속될 수 있다. 건물, 기계 등의 유형자산은 경쟁자에게 쉽게 관찰되고 시장에서 쉽게 구입될 수 있으므로 경쟁자가 쉽게 모방할 수 있다. 하지만 회사가 오랫동안 축적한 상표이미지 등의 무형자산은 경쟁자가 쉽게 모방할 수 없는 강력한 경쟁도구이다. 넷째, 기업이 보유하고 있는 자원들이 잘 활용될 수 있도록 기업의 구조나 시스템이 조직화(organized)되어 있으면 기업의 자원사용능력은 배가 되고 경쟁자의 모방가능성은 낮아지게 된다.

ii) **핵심역량**(core competence)

핵심역량 기업의 여러 가지 경영자원 중 경쟁기업에 비하여 훨씬 우월한 경쟁우위를 가져다주는 기업의 능력

핵심역량이란 기업의 여러 가지 경영자원 중 경쟁기업에 비하여 훨씬 우월한 경쟁우위를 가져다주는 기업의 능력이라고 할 수 있다. 즉, 지금까지 기업이 경쟁우위를 확보할 수 있게 해주고 미래에도 기업의 성장과 경쟁우위의 견인차 역할을 할 수 있는 기업 내부의 공유된 기업특유의 총체적인 능력, 지식, 기술 등을 의미한다.

핵심역량이 기업의 성장요인으로 되기 위해서는 다음과 같은 특징이 있어야 한다. 첫째, 핵심역량은 다양한 시장으로 진출할 수 있는 가능성이 있어야 한다. Casio가 디스플레이 시스템에 핵심역량이 있기 때문에 전자계산기, 초소형 TV, 자동차 계기판, 휴대용 컴퓨터 모니터 등 여러 가지 사업에 진출한 것이 좋은 예라고 할 수 있다. 둘째, 핵심역량은 최종 수요자인 고객이 느끼는 편익을 증가시켜줄 수 있어야 한다. 셋째, 핵심역량은 그 기업이 보유하고 있는 독특한 역량으로 다른 기업이 쉽게 모방할 수 없어야 한다.

그림 12-13

핵심역량과 경쟁우위

가치(*V*)	희소성(*R*)	모방 가능성(*I*)	내부조직화(*O*)	경쟁적 시사점	경제적 시사점
No			No ↑	경쟁열위	보통 이하의 경제적 성과
Yes	No			경쟁등위	보통의 경제적 성과
Yes	Yes	No		임시적 경쟁우위	보통 이상의 경제적 성과
Yes	Yes	Yes	↓ Yes	지속적 경쟁우위	보통 이상의 경제적 성과

출처 : Jay B. Barney, Strategic Management and Competitive advartage ; Concepts and Case 4/E, Pearson Education, 2012.

③ 기업구조, 문화 등

동태적 환경변화에 잘 대응할 수 있는 구조, 명령체계가 잘 전달될 수 있게 조직된 구조, 규모에 따른 적절한 조직 구조 등의 기업구조와 혁신 지향적인 문화, 자유롭고 자발적인 문화, 극심한 경쟁으로 경쟁력을 키우려는 문화 등 기업이 지니고 있는 독특한 문화 역시 기업의 강점과 약점에 영향을 미치는 변수로 작용하게 된다.

2.3.3 SWOT 매트릭스

외부환경요인 및 내부환경요인에 대한 분석을 토대로 전략목표를 달성하기 위한 방안이 모색되어야 한다. 여기서 이러한 목표달성을 위한 최적의 전략대안의 수립에 지침이 되는 것이 바로 보스턴 컨설팅 그룹(Boston Consulting Group)이 개발한 도구로 기업 외부의 기회요인, 위협요인과 기업 내부의 강점과 약점에 따라 기업이 생존, 성장을 위해 취해야 할 전략적 계획들을 파악하는 도구인 SWOT(strength, weakness, opportunity, threat) 분석이다.

SWOT 매트릭스
보스턴 컨설팅 그룹(Boston Consulting Group)이 개발한 도구로 기업 외부의 기회요인, 위협요인과 기업 내부의 강점과 약점에 따라 기업이 생존, 성장을 위해 취해야 할 전략적 계획들을 파악하는 도구

SWOT 분석은 외부의 기회와 위협 그리고 내부적 강점과 약점들 간의 관계를 요약하여 경영전략대안의 개발 및 수립의 지침을 제공하고자 하는 분석방법이다. 구체적으로 SWOT 분석은 기업이 직면한 외부의 기회와 위협을 기업내부의 강점과 약점에 결부시켜서 전략목표의 달성과정에서 제시되는 네 가지의 전략적 상황을 제시하는 것이다. 따라서 기업은 네 가지 전략적 상황들을 다양한 비율로 조합하여 가능한 전략대안들을 개발한 후, 그것들을 비교, 평가하여 가장 만족스러운 경영전략을 수립할 수 있다.

그림 12-14

SWOT

내부 전략적 요소 \ 외부 전략적 요소	O(기회요인)	T(위험요인)
S(강점요인)	SO 상황: 내부강점을 기회에 활용하는 전략 (성장위주의 공격적 전략)	ST 상황: 내부강점으로 위험으로 극복하는 전략 (다각화 전략)
W(약점요인)	WO 상황: 기회를 활용해 약점을 극복하는 전략 (전략적 제휴, 우회전략)	WT 상황: 약점과 위협을 동시에 극복하는 전략 (방어적 전략)

3 경영전략의 수립

Essentials of Trade, ch. twelve

전략적 계획은 조직 전반에 걸쳐 장기적으로 영향을 미치는 계획이므로 통상적인 운영계획을 수립할 때보다 더 광범위한 준비와 사고를 요하게 된다. 즉, 경영전략의 수립은 조직환경과 미래에 대한 예측 그리고 자신의 장단점에 대한 보다 철저한 분석이 요구된다. 각 기업은 전략목표의 달성과정에서 직면할 기업외부의 기회와 장애요인들을 파악하는 동시에 기업내부의 강점과 약점은 무엇인지를 규명하는 것이 필요하다. 이러한 분석을 통해 경영전략의 대안들을 실행 가능한 범위 내에서 보다 합리적으로 탐색하고 선택할 수 있게 된다.

먼저 외부환경분석은 외부환경 속의 요인들이 기업의 활동에 유리한 영향을 주느냐 그렇지 않으면 불리한 영향을 주는가를 분석하는 것이다. 외부환경요인은 크게 기회요인과 위험요인으로 구분되는데 이러한 구분이 항상 똑같이 모든 기업에게 적용되지는 않는다. 왜냐하면, 특정기업에는 기회요인으로 작용할 수 있는 점들이 다른 기업에게는 오히려 위험요인으로 될 수도 있기 때문이다. 일반적으로 정부의 지원이나 기업의 신기

그림 12-15

조직 차원에서의 전략 분류와 수립절차

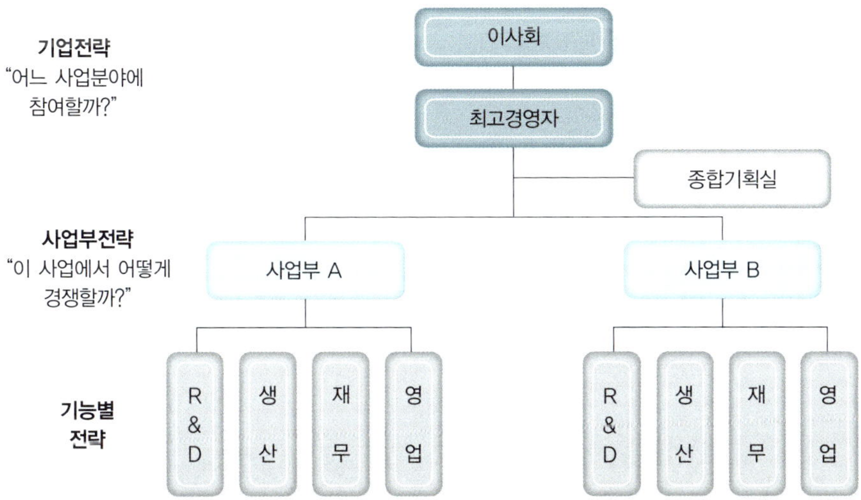

출처 : 김윤상, 전게서, 2010.

술개발 및 원자재 확보 및 가격의 인하 등이 기회요인이라면, 새로운 경쟁자의 출현, 정부의 규제, 소비자의 욕구변화 등은 위험요인이라 할 수 있다.

내부능력분석은 기업내부의 강점과 약점을 체계적으로 분석하여 외부환경요인들과 관련해서 활용하기 위한 전략적 요인을 규명하는 것이다. 일반적으로 기업내부의 강점은 기업의 생산효율성, 숙련노동력, 제품의 시장점유율, 자금조달능력 및 우수한 명성 등으로 시장에서 경쟁적 이점을 확보할 수 있는 기업의 차별적인 능력을 말한다. 그리고 기업내부의 약점은 노후된 시설, 취약한 경영관리, 대립적 노사관계 등으로 기업의 효과적인 성과를 심각하게 방해하는 것들이다.

기업은 이러한 외부환경과 내부환경에서 분석한 자료를 기초로 기업의 전략을 수립하게 된다. 경영전략은 그 수준에 따라 기업전략(corporate strategy), 사업부전략(operational strategy), 기능별전략(functional strategy)으로 구분할 수 있다. 실례로서 조직이 하나의 제품이나 서비스

그림 12-16

전략 수립 체계

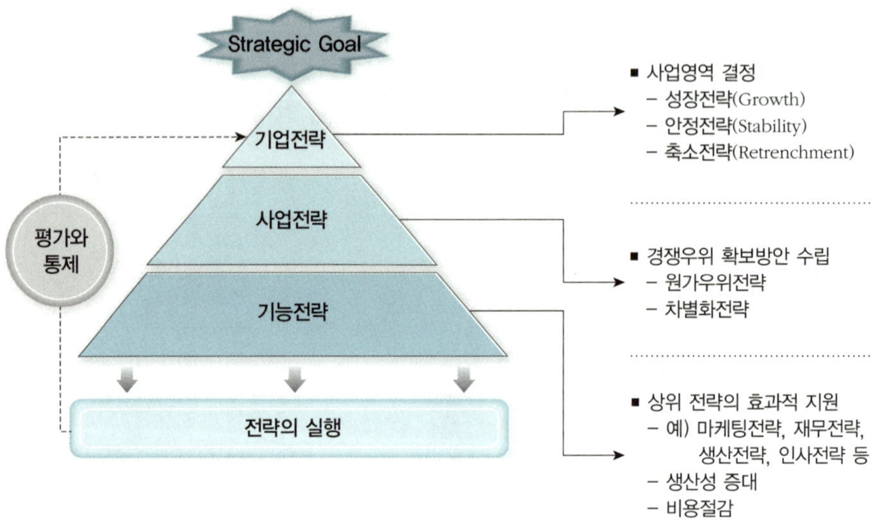

출처 : 김언수, 전게서, 2013.

만을 제공한다면 그 조직은 하나의 전략을 수립하면 된다. 그러나 대부분의 기업은 다양한 제품이나 서비스를 생산하고 이를 제공하고 있다. 이러한 다양한 산출물은 곧 거기에 적합한 각각의 독립된 전략을 요구한다. 또한 기업의 다양한 기능별 혹은 부서별로도 독자적인 전략을 수립해야 하는 것이다.

3.1 기업전략(corporate strategy)

기업전략은 기업의 전략적 영역을 명확히 하고 전략적으로 나아갈 방향을 제시하는 전략으로 가장 상위단계의 전략에 해당한다. 이러한 기업전략(corporate strategy)은 한 조직이 두 개 이상의 사업을 영위할 때 수립된다. 기업전략은 보통 최고경영자가 수립하게 되는데 이는 조직이 나아가야 할 방향을 설정하고 자원배분의 지침을 제공한다. 기업전략을 수립하는 데 있어서는, 어떤 산업과 경쟁할 것인가? 각 사업 간의 자원배분은 어떻게 할

그림 12-17

BCG 매트릭스

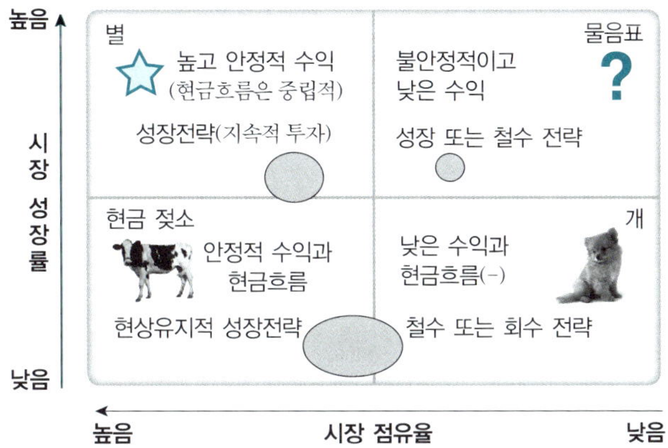

것인가? 어떤 사업에 초점을 맞추고 어떤 사업에 관심을 버려야 할 것인가? 와 같은 질문과 그에 대한 해답을 구하는 데 심사숙고해야 한다.

① 사업부 평가 모형

현재 기업이 보유하고 있는 전략사업부(Strategic Business Unit ; SBU)를 평가하고 분석하여 기업 전체의 관점에서 전략사업부들을 어떻게 운용할 것인가를 결정하려고 하는 평가모형으로, 대표적인 도구로는 BCG Matrix와 GE/Mckinsey Matrix가 있다.

ⅰ) 사업포트폴리오 매트릭스(Business Portfolio Matrix)
: BCG 매트릭스

BCG Matrix는 보스턴 컨설팅 그룹(Boston Consulting Group)에 의해 개발된 효율적 자원 배분의 도구로 성장-점유 매트릭스(Growth-Share Matrix)라고도 한다.

■ 모형의 구조

경쟁력과 시장매력도를 양대 축으로 하여 매트릭스를 표시한 것으로 경쟁력의 지표로는 상대적 시장점유율(relative market share)을 사용하였고 시장매력도의 지표로는 시장성장률을 사용하였다. 시장성장률을 시장 매력도로 삼은 이유로는 시장성장률이 높은 산업은 대부분 상표애호도가 아직 형성되지 않은 신규사용자들로 구성되므로 시장점유율을 늘리기가 상대적으로 용이하며 흔히 수요가 공급을 초과하여 높은 가격과 이익을 누릴 수 있기 때문이다. 일반적으로 10%, 혹은 15%를 기준으로 고성장시장과 저성장시장으로 구분한다. 매력적인 시장에서는 상대적으로 빨리 시장점유율을 확장시키고 싶어 투자를 늘리는 것이 일반적이다. 그리고 상대적 시장점유율(relative market share)이란 회사의 시장점유율을 회사의 가장 큰 경쟁자의 시장점유율로 나누어 산출한 값으로, 상대적 시장점유율이 1보다 크다는 의미는 회사가 시장에서 가장 큰 시장점유율을 확보하고 있다는 의미이며 1보다 작다는 의미는 회사보다 더 큰 시장점유율을 보유하고 있는 기업이 있다는 의미이다.

상대적 시장점유율이 높을수록 회사는 경험효과(생산량의 누적으로 단위당 생산비용이 하락하는 현상)로 인하여 많은 자금유입이 가능하게 된다. 그리고 모형 안에 있는 원의 위치는 각 사업단위의 시장성장률과 상대적 시장점유율의 값을 나타내며 원의 크기는 해당 사업단위의 매출액을 의미한다.

▪ 각 사분면별 특징 및 전략 방향

Question Mark(Problem Child) 영역은 높은 시장성장률과 낮은 상대적 시장점유율의 전략사업 단위들이다. 시장점유율의 증가를 위하여 많은 현금을 필요로 하므로 경쟁력을 갖춘 사업단위는 시장점유율의 증가를 위해 많은 현금지원을 하고, 경쟁력이 없을 것으로 판단되는 사업단위는 회수나 철수 등의 정책을 취할 수 있다.

Star 영역은 높은 시장성장률과 높은 상대적 시장점유율의 전략사업 단위들이다. 이 사업단위는 자체 사업을 통해 많은 현금을 벌어들이고 있는데, 급속히 성장하는 시장에서 시장점유율을 유지, 증가시키기 위해서 많은 투자가 필요하다. 시장점유율이 매우 큰 Star는 유지전략이 사용될 수 있고 시장점유율이 크지 않으면 육성전략이 사용될 수 있다.

Cash Cow 영역은 낮은 시장성장률과 높은 상대적 시장점유율의 전략사업 단위들이다. 저성장시장에 있으므로 신규설비투자 등을 지출하

그림 12-18

사업부 이동과 현금 이동 경로

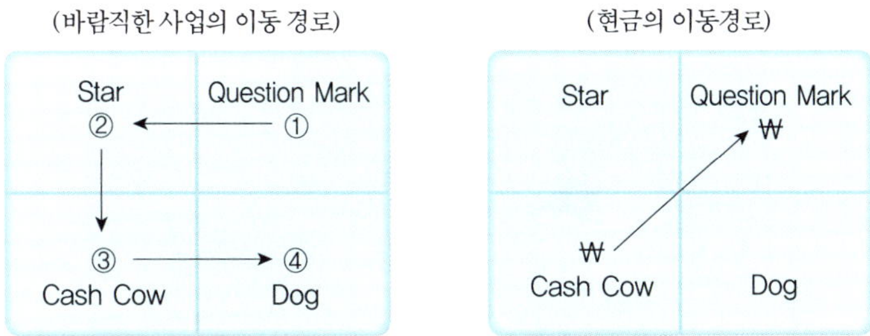

지 않고 높은 시장점유율로 많은 수익을 창출하는 부문으로 일반적으로 유지정책을 사용한다. 특히, Cash Cow에서 창출한 현금을 현재 시장점유율은 낮으나 전망이 좋은 Question Mark 사업부문에 투자할 수 있다.

Dog 영역은 낮은 시장성장률과 낮은 상대적 시장점유율의 전략사업단위들이다. 시장점유율이 낮아 많은 수익을 창출하지 못하나 투자를 위한 자금수요도 높지 않아 자체적인 운영이 가능하다. 수익성이 낮고 시장전망도 좋지 않아 회수나 철수정책을 사용하는 것이 일반적이다.

ii) GE/Mckinsey Matrix

BCG 매트릭스의 변수가 너무 단순하다는 단점을 개선하기 위하여 GE는 경영자문사인 Mckinsey의 자문을 받아 시장성장률과 시장점유율 이외의 여러 변수들을 함께 고려한 산업매력도-사업강점 매트릭스를 개발하였다.

■ 모형의 구조

가로축에는 사업의 강점을 고, 중, 저로 표시하고 세로축에는 산업매력도를 고, 중, 지로 표시하여 총 9개 영역으로 구성된다. 기업 내 각 사업단위는 사업강점과 산업매력도를 고려하여 위치가 선정되고 원의 크기는 각 사업단위가 진출한 산업의 크기를 나타내며, 원 내의 진하게 표시된 부분은 각 사업단위의 산업 내 시장점유율을 나타낸다.

그림 12-19

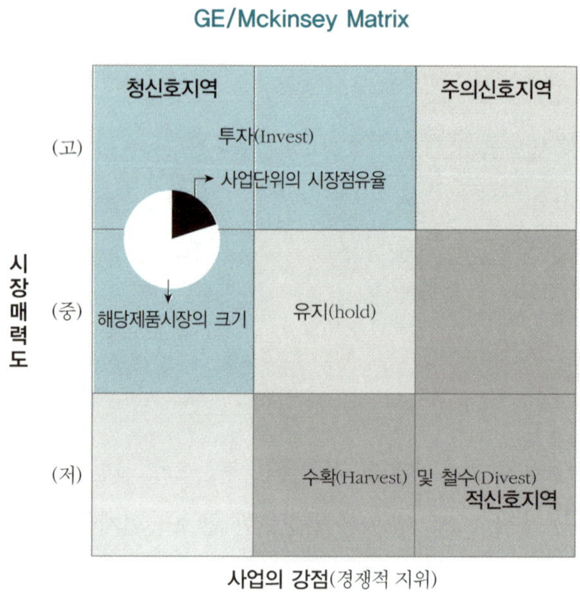

▪ 주요변수 및 가중치의 결정

종축에는 산업(시장)매력도지표(industry(market) attractiveness index)를 사용하고 있다. 산업매력도는 시장성장률, 시장의 규모, 산업의 수익률, 산업의 경기, 경쟁강도 등 기업 외부요인들에 대한 평가를 종합하여 결정된다. 그리고 횡축에는 사업강점지표(business attractiveness index)를 사용하고 있는데 사업강점은 시장점유율, 매출성장률, 가격우위, 원가우위, 제품품질, 자금력, 고객, 기술력 등 기업 내부요인들에 대한 평가를 종합하여 결정된다. 특히, 모형 활용에 있어서 가중치의 결정이 필요한데 기업별로 사업의 강점 및 산업매력도를 평가하는 지표가 다르고 이들의 가중치를 구성하는 비중도 모두 다르므로 매우 주관적으로 지표가 결정될 수 있다. 따라서 GE/Mckinsey 모형을 사용하기 위해서는 이러한 변수들의 사용과 관련된 경험들을 지속적으로 계량화시켜서 축적하면서 사용하여야 한다.

▪ 각 부문별 전략 선택

9부문들은 매력적인 청신호지역, 매력도가 중간인 주의신호지역, 매력적이지 못한 적신호지역으로 구분된다. 청신호지역은 경쟁력 있는 사업단위이므로 투자에 의해 지속적으로 성장시켜 나가야 한다. 주의신호지역은 경쟁력이 있을 것으로 판단되는 사업단위들에 대해서만 선별적으로 투자하여야 한다. 적신호지역은 경쟁력이 약하거나 시장전망이 어두운 부문이므로 철수하거나 최소한의 투자를 통해 현금흐름을 극대화하여야 한다.

② 전략의 방향 제시

i) 성장전략(growth strategy)

성장전략은 기업의 외형을 키우고 시장점유율을 확장시키는 방식 등으로 기업을 키워나가려는 전략으로 집약성장, 통합성장, 다각성장 등이 있다.

▪ **집약성장**(intensive growth)

현재의 사업영역 내에서 활용할 수 있는 성장기회를 이용하여 성장을 모색하는 방법으로 현재 진출하고 있는 시장 및 현재 판매하고 있는 제품 등을 활용하여 성장하는 방법이다. 집약성장의 종류로는 시장침투전략, 시장개발전략, 제품개발전략이 있다.

그림 12-20

제품/시장 확장격자(Ansoff)

	기존제품	신제품
기존시장	시장침투 전략	제품개발 전략
신시장	시장개발 전략	(다각화 전략)

■ 통합성장(integrative growth)

기업이 현재 수행하고 있는 사업을 중심으로 경영합리화를 위하여 수직적 관점에서 그 사업의 전방이나 후방으로 진출하는 전방통합과 후방통합, 혹은 시장지배력 확장을 목적으로 동종업종을 통합하는 수평적 통합으로 구분할 수 있다.

그림 12-21

전방과 후방통합의 구분

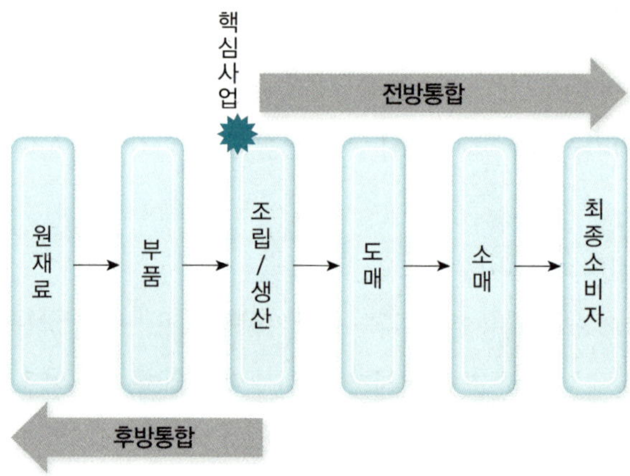

■ 다각성장(diversification growth)

현재의 사업분야와 완전히 다른 이질적인 사업에 진출하는 것으로 현재 고객층이나 기술 등을 활용하여 시너지를 창출할 수 있는 관련 다각화와 아무런 관련이 없는 곳으로 진출하는 비관련 다각화로 구분할 수 있다. 관련 다각화를 실시하게 되면 기업의 전략방향의 일관성이 있을 수 있으나 도미노 현상이 발생할 수 있는 단점이 있으며, 비관련 다각화를 실시하게 되면 위험은 분산될 수 있으나 기업의 전략방향에 일관성이 떨어질 수 있다.

그림 12-22

다각화전략 수립 시 고려사항

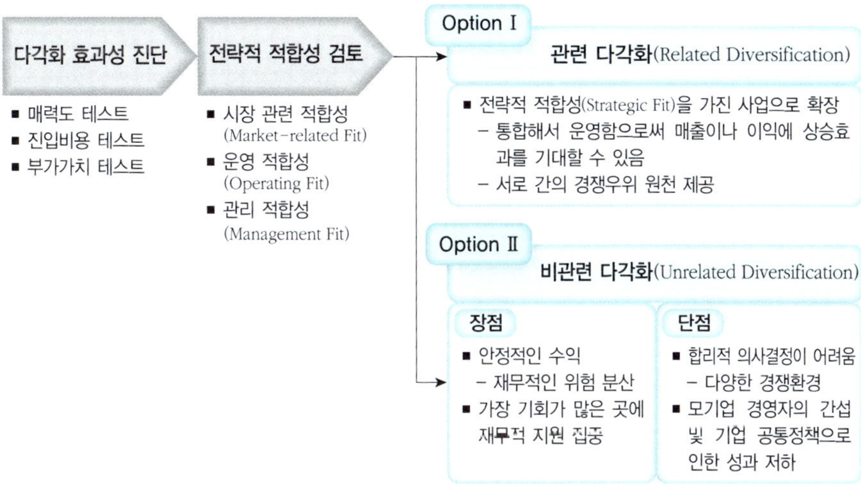

출처 : 김언수, 전게서, 2013.

표 12-2 성장전략

구분			내용
집약 성장	시장침투		기존제품으로 기존시장에서 매출액을 증대하고자 하는 전략
	시장개발		기존제품을 신시장에 판매
	제품개발		신제품을 기존시장에 판매(고객의 욕구변화 충족, 신제품 경쟁에 대항 등)
통합 성장	수직적 통합	전방통합	현 사업의 뒷단계에 있는 사업부문을 통합
		후방통합	현 사업의 앞단계에 있는 사업부문을 통합
	수평적 통합		동일한 단계에 있는 경쟁업체들의 통합을 통해 시장지배력을 강화할 수 있음
다각 성장	관련 다각화	집중적	기술적 혹은 마케팅적 등으로 시너지 효과가 있는 신제품 + 신시장
		수평적	기존 고객층에 소구(신제품 + 신시장)
	비관련 다각화		기존사업과 전혀 무관한 신제품 + 신시장 (컨그로머릿, 집성적 · 복합적 다각화)

ii) 안정전략

기업의 확장보다는 현 상태의 유지 등에 집중하는 전략으로 구조조정 등을 통하여 기업의 현금유출을 최소화하고 현금유입을 최대화하려는 전략이다.

iii) 방어적 전략

경제불황, 경영악화 등으로 시장환경이 악화되어가면 기업은 영업양도, 청산, 매각 등을 통하여 기업의 외형을 축소하면서 현금을 최대한 확보하려고 하는 전략이다.

3.2 사업부전략(business strategy)

하나의 사업단위, 하나의 제품라인의 관심과 운영을 관리하는 목적을 가진 전략이다. 사업전략은 다음과 같은 질문을 취급한다. 각 사업이 시장에서 어떻게 경쟁할 것인가? 어떤 제품을 제공해야 하는가? 어떤 고객을 상대할 것인가? 생산, 마케팅, 재무 등 조직의 여러 기능을 어떻게 관리할 것인가? 등에 대한 고민의 단계라고 할 수 있다.

사업부 단위에서는 특정 산업에서 어떻게 경쟁하여 우위를 확보할 것인가의 전략을 수립하므로 사업부전략을 경쟁전략이라고도 한다. 사업부 단위의 경영전략으로 포터 교수는 차별화전략, 원가우위전략, 집중화전략의 세 가지 본원적 경쟁전략을 제시하였다.

① Porter의 본원적 경쟁전략(generic competitive strategy)

▪ **원가우위 전략**(cost leadership strategy)

원가우위 전략이란 경쟁기업에 비하여 낮은 비용구조를 유지하여 경쟁우위를 달성하려고 하는 전략이다. 이를 달성하기 위하여 상대적으로 높은 시장점유율과 규모의 경제를 달성할 수 있는 설비, 각종 비용절감 플랜 등이 요구된다. 원가우위 전략을 택하는 기업들이 직면한 일반적인 문제점은 원가상의 부담으로 인하여 제품 차별화 수준이 낮아진다는 것이다.

그림 12-23

Porter의 본원적 경쟁전략(generic competitive strategy)

경쟁범위 \ 경쟁우위	저원가	차별화
광범위한 시장	원가우위 전략	차별화 전략
좁은 시장	원가집중 전략	집중 차별화 전략

출처 : M.E. Porter, The Competitive Advantage of Nations, New York : Free Press, 1990.

▪ 차별화 전략(differentiation strategy)

차별화 전략이란 고객이 가치 있게 여기는 제품이나 서비스의 속성을 찾아 해당 사업 분야에서 이런 속성을 충족시킬 수 있는 독특한 제품이나 서비스를 공급하여 경쟁우위를 확보하고자 하는 전략이다. 기업은 차별화의 대가로 높은 가격의 제품이나 서비스를 판매할 수 있는 장점이 있다.

▪ 집중화 전략(focus strategy)

집중화 전략은 특정의 고객층, 제품, 시장, 기술 등 비교우위가 있는 부문에 회사의 노력을 집중시킴으로 경쟁우위를 확보하고자 하는 전략이다. 집중화 전략을 취하게 되면 해당 부문에서 전문성을 확보하여 특화된 경쟁우위를 확보하기 쉬운 장점이 있으나 해당 시장의 여건변동이 기업에 미치는 영향(Risk)이 커질 수 있는 단점이 있다.

표 12-3 Porter의 본원적 경쟁전략(generic competitive strategy)

구분	차별화 전략	원가우위 전략	집중화 전략
특징	▪ 수요의 가격탄력성이 낮음 ▪ 진입장벽이 높음	▪ 수요의 가격탄력성이 높음 ▪ 규모의 경제효과가 큼	▪ 자원이 적은 기업이 사용 가능
장점	▪ 소비자의 욕구를 잘 충족시켜줄 수 있음 ▪ 소비자에게 제공된 편익으로 가격을 향상시킬 수 있음	▪ 표준화의 추구로 비용을 절감할 수 있음 ▪ 절감된 비용으로 이익을 높일 수 있음	▪ 특성화된 시장에 전문성을 높일 수 있음 ▪ 높아진 전문성으로 가격을 높일 수 있음
단점	▪ 경쟁자의 모방으로 경쟁우위가 사라질 수 있음	▪ 소비자의 다양한 욕구를 충족시킬 수 없음	▪ Risk가 증가함

3.3 기능전략(functional strategy)

구체적인 효율성을 추구하는 단계로서 사업부 전략을 구체적으로 실행하기 위해 자원의 사용을 어떻게 할 것인가를 규정하는 지침을 제공한다. 즉, 기능전략은 사업전략을 어떻게 지원할 것인가?라는 질문에 대한 답인 것이다.

예를 들면, 사업전략으로서 새로운 제품을 개발하기로 결정내리면 R&D부서에서는 제품을 어떻게 개발할 것인가에 대한 계획을 수립해야 하고 판매부서에서는 새로운 판매계획과 광고계획을 수립해야 하며 생산부서에서는 새로운 기술 및 시설도입의 여부를 결정하여야 하는 것이다.

해외시장 진출전략

13

1. 해외시장환경과 시장환경 경로

2. 해외시장 진출방식

1 해외시장환경과 시장환경 경로

Essentials of Trade, ch. thirteen

1.1 현지국의 환경분석

해외시장에 진출하려는 기업은 목표의 설정 → 내부자원의 평가 → 현지국의 환경분석 → 현지국 진출방법의 선택 등을 그 내용으로 하는 진출전략을 세워야 한다. 그런데 목표를 구체적으로 설정하기 위해서는 기업 내부자원의 평가는 기본이고 현지국의 환경분석이 선행되어야 한다.

1.1.1 일반 경제환경

우선 현지국의 경제수준, 성장잠재력, 사회간접자본, 대외경제정책, 금융시장 상황에 대한 폭넓은 정보를 수집하여 진출의 목표를 달성할 수 있는 기초 여건이 구비되었나를 평가해야 한다.

1.1.2 행정 및 법률 환경

현지국의 각종 규제와 법적 허용한도 등 진입장벽을 파악함으로써 시장진출의 범위와 비용을 추정해야 한다.

1.1.3 노동환경

현지국의 노동자 수급 상황, 노사관계, 임금수준 등 노동환경에 대한 정보는 직접투자를 계획하는 기업에게는 매우 중요한 평가자료가 된다.

1.1.4 제품시장 및 경쟁 환경

현지국의 해당 제품시장 규모와 성장가능성 그리고 다른 기업들과의 경쟁 상황을 분석함으로써 시장진출 가능성과 향후 경쟁전략 수립에 그 자료를 활용해야 한다. 이 과정에서 현지국 시장을 세분화하여 분석하는 것이 큰 도움이 된다. 시장세분화는 대개 인구통계, 문화적 특성, 지리적 차이, 소비자 행동, 제품 사이클 등을 이용하여 이루어진다.

1.1.5 정치적 환경

현지국의 정치체제 및 집권층의 변화가능성, 전쟁, 폭동, 테러, 외국기업에 대한 반감 등을 평가함으로써 시장진출 이후에 발생할지도 모르는 정치적 위험에 대비해야 한다.

1.2 시장확장 경로

해외시장에 진출하는 기업들은 기술수준과 수요상황에 따라 지속적으로 시장확대전략을 추구해 나간다. 이와 관련하여 큰 성공을 거둔 일본 기업들의 시장확장 경로를 살펴보면 다음의 3가지로 나눌 수 있다.

1.2.1 전형적인 확장 경로

철강과 자동차 등의 산업에서는 국내시장 → 개발도상국시장 → 선진국시장으로 해당 기업들이 시장을 확대해 나갔다. 우선 해당 기업들은 국내시장에서 기반을 다진 후 경쟁력이 취약한 동남아나 중남미 지역의 개발도상국으로 시장을 확대하였다. 여기서 얻은 경험을 통해 높은 구매력을 가지고 있는 미국 시장에 진출한 뒤 그 여세를 몰아 유럽 시장에서도 성공을 거두었다.

1.2.2 첨단산업 확장 경로

컴퓨터나 반도체와 같은 첨단산업에서는 해당 기업들이 국내시장 기반을 확고히 한 다음 곧바로 미국과 같은 선진국 시장을 개척하였다. 왜냐하면 첨단산업 제품에 대한 수요는 선진국 시장에서는 컸지만 개발도상국 시장에서는 아예 없거나 미미했기 때문이다.

1.2.3 수요지향 확장 경로

컬러 TV나 VTR과 같은 산업에서는 해당 기업들이 국내시장에서 본격 판매하기 이전에 선진국 시장에 먼저 진출하였다. 그 이유는 국내시장에서의 수요가 아주 작았기 때문이다.

1.3 해외시장 진입방식의 선택모형

기업국제화이론에 따르면 해외시장진입은 보편적으로 점진적 과정을 거치는 것으로 알려져 있다. 즉, 해외시장에 진입하는 기업은 처음에는 수출과 같이 상대적으로 위험부담이 낮은 방법으로 출발하여 해외시장에 대한 지식이 늘고, 자본 및 경영능력이 축적되면 높은 위험을 요하는 해외직접투자도 가능해진다는 것이다. 그러나 모든 기업들에게 이러한 전개과정이 일률적으로 적용되는 것은 아니다. 또한 어느 정도 해외시장경험이 축적된 기업에게는 앞에서 살펴본 다양한 해외시장 진입방법이 모두 하나의 선택 가능한 대안이 된다. 여기서는 수출 · 라이센싱 · 해외직접투자 등의 세 가지 대표적인 해외시장 진입방식 중에서 어느 방식을 선택할 것인가에 관한 기본적인 모형을 소개하기로 한다.

1.3.1 러그만(Rugman)의 단순모형

대부분의 기업들은 해외시장 진입방법의 선정에 있어 비교적 단순한 모형을 사용한다. 즉 기업들은 우선 위험이 낮고 별다른 자원투입을 요하지 않는 방식인 수출을 통한 진출가능성을 모색한다. 그러나 높은 무역장벽으로 수출이 불가능할 경우 비로소 라이센싱이나 해외 직접투자 등의 다른 대안이 활용될 수 있는가를 알아본다. 이때 기업들이 특히 관심을 갖는 것은 기술의 유출 위험인데, 만약 기술이 유출되어 경쟁우위를 잠식당할 가능성이 크지 않다면 적은 자원투입으로도 가능한 라이센싱을 하게 되고, 기술이 유출될 위험이 높다면 상대적으로 많은 자원이 투입이 요구되더라도 해외직접투자를 감행하게 된다.

그림 **13-1**

러그만의 단순모형

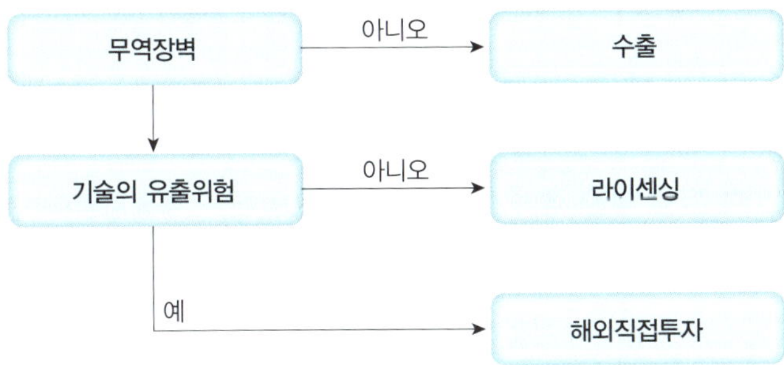

출처 : A. M. Rugman, D. J. Lecraw and L. D. Booth, *International Business : Firms and Environment*, New York : McGraw-Hill, 1985.

이러한 단순모형의 장점은 우선 간편하고 신속한 의사결정이 가능하다는 사실이다. 이는 다른 진출대안에 대한 정보를 수집하고 평가하는 데 소요되는 비용과 시간을 줄일 수 있기 때문이다. 그러나 단순모형의 근본적인 약점은 목표 해외시장에서의 사업기회에 대한 기업의 능력을 가장 잘 발휘할 수 있는 진입방법을 찾지 못하고 소극적인 해외시장 진출수준에 머무르게 할 수도 있다는 점이다.

1.3.2 Root의 점진적 학습과정 모형

기업의 국제화는 일반적으로 점진적 학습과정을 따른다. 이는 해외영업에 따르는 높은 불확실성과 해외시장지식 또는 사전경험의 부족으로 국제화에는 일정한 학습과정을 필요로 하기 때문이다. 기업은 해외시장에 개입한 이후 시간이 지나고 해외시장에 대한 경험과 지식이 축적되면 높은 수준의 위험이 수반되는 진입방식도 채택할 수 있게 된다는 것이다. 일반적으로 한 기업은 위험도가 가장 낮은 간접수출에서 시작해서 직접수출을 거쳐 해외판매 자회사 설립, 합작투자 생산자회사 설립, 단독투자 생산자회사 설립의 순서로 해외시장 진입방식을 고도화시켜 가는 것으로 알려져 있다.

루트(F. R. Root)에 따르면 기업이 해외시장진입시 기업내부요인과 외부요인 두 가지를 고려해서 진입방식을 결정한다. 내부요인은 제품과 자원요인 등의 경영자원과 핵심역량, 그리고 진출대상국과 관련된 국제화 경험 등을 들 수 있는데, 제품요인에는 제품차별화 정도, 사전・사후 서비스의 필요정도, 제품의 특성 등이 포함되고, 자원/투입요인은 기업의 규모와 자원의 투입정도 등을 들 수 있다. 따라서 기술력이 뛰어나거나 브랜드 이미지가 강해 경쟁력을 확보하고 있는 기업의 경우 위험이 크더라도 단독투자를 선호하게 된다. 또한 기업은 해외시장진입방식을 결정할 때 기업 외부적 요인으로서 해당 산업의 구조적인 특성과 현지시장 환경을 고려해야 한다. 산업의 특성으로는 경쟁상태, 진입장벽 등을 들 수 있고, 현지국 환경으로는 시장요인, 생산요인, 환경요인 등을 들 수 있다.

이상의 요인을 고려하여 다국적기업이 사업 활동을 시작하게 되면 다국적기업은 시간이 지남에 따라 외국시장에서의 마케팅 활동에 대한 통제를 보다 강화하면서 점차 진입방식을 변화하게 된다. 그 기업이 통제의 정도를 확대 강화함에 따라 기업자원의 해외시장개입 정도는 점차 높아지게 되고, 이에 따라 시장위험 및 기업위험의 수준도 함께 높아진다.

그림 13-2

해외시장진입방식 전개과정

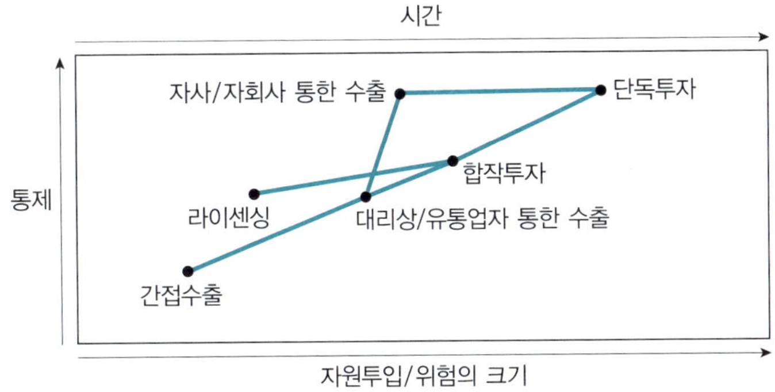

출처 : F. R. Root, *Entry Strategies for International Markets*, Lexington Books, 1994.

통제와 위험수준의 정도에 따라 제조기업이 해외시장 진입방식을 변화시켜 나가는 과정을 살펴보면 〈그림 13-2〉와 같다. 일반적으로 제조기업의 해외시장 진입경로를 살펴보면 다음과 같다.

첫째, 간접수출 → 대리인이나 유통업자를 통한 수출 → 합작투자 → 단독 투자의 경로

둘째, 간접수출 → 대리인이나 유통업자를 통한 수출 → 해외지사나 현지자회사를 통한 수출 → 단독투자의 경로

기업은 이상과 같은 경로를 통하여 해외시장에 개입하게 되는데, 기업의 규모에 따라 대리인이나 유통업자를 통하지 않고 해외지사나 현지자회사를 통하여 해외영업활동을 전개하다가 단독투자를 실행하기도 하고, 서비스업의 경우에는 라이센싱을 통한 진입방식을 먼저 선택하기도 한다.

루트의 모형은 해외시장진입방식에 영향을 미치는 요인들을 구체적으로 제시하면서 해외시장에 대한 개입방식을 동태적으로 설명하고 있다는 점에서 그 의의가 있다. 그러나 이 모형은 다국적기업의 외국시장 진

입 시 언제 어느 방식으로 이루어져야 가장 적합한가에 대한 기준을 제시해 주지 못하고 있다.

2 해외시장 진출방식

Essentials of Trade, ch. thirteen

2.1 수출 형태의 방식

해외시장에 진출하고자 하는 기업이 가장 먼저 선택하는 것이 재화의 수출이다. 그런데 수출은 간접수출과 직접수출로 나뉜다.

2.1.1 간접수출

간접수출이란 국내기업이 국내에 있는 수출 중개인을 통해 자신이 생산한 재화를 수출하는 방식이다. 간접수출은 시간과 비용을 절감하면서 해외시장에 진출할 수 있다는 장점이 있다. 그러나 해외시장에 대한 지식과 경험을 축적하기 어렵고 수출 중개인에 대한 의존도가 높아지면 거래조건이 악화될 수도 있다.

2.1.2 직접수출

직접수출이란 국내기업이 해외에 있는 현지 중개인이나 현지 판매법인을 통해 재화를 수출하는 방식이다. 그런데 현지 중개인을 통한 방식은 간접수출 방식과 유사한 점이 많으므로 여기서는 현지 판매법인을 통한 방식에 대해서 살펴보기로 한다.

현지 판매법인을 통한 수출은 국내기업이 해외직접투자를 통해 현지 판매법인을 설립한 뒤 그 법인과 계약을 맺고 수출하는 방식이다. 이 방식을 택하면 해외시장에 대한 지식과 경험을 축적할 수 있고 거래조건에 대한 통제력을 강화할 수 있다. 그러나 비용부담이 크고 전문인력도 확보하기 어렵다는 단점이 있다.

2.2 국제계약 형태의 방식

기업은 계약 형태의 방식을 통해서도 해외시장에 진출할 수 있다. 이 방식은 지적소유권이나 노하우 등을 국제 간에 거래하면서 그 대가를 주고받는 것이다.

2.2.1 국제 라이센싱(International Licensing)

국제 라이센싱이란 국내기업이 보유하고 있는 특허권, 상표, 노하우 등을 외국에 있는 기업이 활용하도록 허가해 주면서 그 대가로 로열티나 수수료 등을 주고받는 것이다. 국제 라이센싱은 그것을 허가한 국내기업들이 적은 비용으로 신속하게 해외시장에 진출하게 해주며, 현지국 정치적 위험으로부터도 비교적 안전성을 보장해 준다.

국제 라이센싱 국내기업이 보유하고 있는 특허권, 상표, 노하우 등을 외국에 있는 기업이 활용하도록 허가해 주면서 그 대가로 로열티나 수수료 등을 주고받는 것

그러나 국제 라이센싱은 수익성이 높지 않고, 계약을 체결한 외국기업에 대한 통제가 어려울 뿐만 아니라, 계약기간이 종료되면 그 외국기업이 경쟁사로 성장할 수 있다는 문제점을 안고 있다.

표 13-1 국제 라이센싱 계약의 장 · 단점

구분	기술제공자의 입장	기술도입자의 입장
장점	투자 및 위험부담 감소 신속한 외국시장진출 및 선점 안정적 추가수익의 확보 외국시장의 경험 및 시장테스트 기술제공과 연계된 관련 부품의 신규공급	기술개발 자금 부담과 위험의 회피 새로운 사업의 창출 기술제공자의 명성과 브랜드의 공유 품질향상
단점	기술도입자의 잠재적 경쟁자 가능성 소비자의 품질저하 인식 시장개발이익 공유됨 장기 현지시장전략 파트너와 불일치가능성	기술가치에 대한 적절한 평가의 어려움 기술제공기업에 의존성 시장진출 및 제품개발제한

2.2.2 국제 프랜차이징(International Franchising)

국제 프랜차이징 국내에 있는 기업이 영업본사가 되어 해외의 가맹사와 총판계약을 맺는 것을 의미

국제 프랜차이징이란 국내에 있는 기업이 영업본사가 되어 해외의 가맹사와 총판계약을 맺는 것을 의미한다. 이때 영업본사는 가맹사에게 상호나 상표의 사용을 허가하면서 경영활동 전반에 대한 지원을 제공하고, 가맹사는 그 대가를 수수료로 지불한다. 국제 프랜차이징은 음식점이나 호텔 등의 업종에서 많이 나타나는 해외시장 진출전략이다.

국제 프랜차이징도 국제 라이센싱과 유사하게 해외시장에 신속하게 진출하면서 정치적 위험을 극소화할 수 있다는 장점이 있다. 동시에 수익성이 낮고, 가맹사에 대한 통제가 쉽지 않으며, 계약기간 종료 후 가맹사가 경쟁자로 떠오를 수 있다는 문제점이 있다.

표 13-2 국제 프랜차이징과 국제 라이센싱의 비교

구분	기술제공자의 입장	기술도입자의 입장
계약내용	영업노하우, 지적소유권, 상표, 경영자원 등을 포함하는 사업 전반에 관한 지속적인 지원 계약임.	특정 제품의 생산기술이나 브랜드 사용에 관한 계약임.
대가	가맹점 간 표준화된 프랜차이징 수수료	도입자 교섭력에 따라 로얄티 수준 달라짐.
기업설립	계약을 통해 사업이 처음 시작됨.	이미 설립되어 있는 기업이 기술도입자가 됨.
계약기간	보통 5~10년이며, 갱신이 가능함.	도입기술의 특허기간을 넘지 않음.
파트너 선정	전적으로 사업본사가 가맹점을 선정하며, 교체에 대한 통제권이 있음.	기술제공자, 기술도입자 선정 양측의 역할 모두 큼.
신기술 제공	가맹점은 계약의 일부로서 사업본사의 신상품, 신 영업 방식을 꾸준히 제공받을 수 있음.	기존 기술만이 계약의 대상이 되며, 새로 개발되는 기술은 이전되지 않음.
해당산업	일반적으로 식당, 학원 등 소비자 서비스업에 집중되어 있음.	제품주기상 성숙기의 표준화된 제품이나 브랜드 이미지가 높은 소비자제품

출처 : 이장로 · 신만수, 『국제경영』(제5판), 무역경영사, 2010.

국제 턴키 운영 국내기업이 해외의 발주자를 위해 생산설비를 건설하고 이를 가동 직전에 발주자에게 넘겨주는 계약 방식

2.2.3 국제 턴키 운영(International Turnkey Operation)

국제 턴키 운영이란 국내기업이 해외의 발주자를 위해 생산설비를 건설하고 이를 가동 직전에 발주자에게 넘겨주는 계약 방식이다. 이 방식은

대규모 설비가 필요한 중공업에서 주로 활용되는데, 흔히 플랜트 수출(Plant Export)이라고도 한다.

국제 턴키 운영은 일괄수주 방식에 의한 생산설비의 수출을 의미하므로 계약금액과 수익성이 높고 현지국에 진출기반을 굳건히 할 수 있다. 그러나 쌍방 간에 복잡한 협상과정과 법적절차로 인해 막대한 비용과 시간이 소요되는 데다 현지국의 정치적 불안과 정책의 변화 때문에 위험성이 높다는 문제점이 있다.

2.2.4 녹다운 방식 수출입

녹다운(Knock-down) 방식의 수출입이란 완제품을 수출입하는 것이 아니라, 조립할 수 있는 설비와 능력을 가지고 있는 거래처에 대하여 상품을 부품이나 반제품의 형태로 수출하고, 실수요지에서 제품으로 완성시키도록 하는 현지조립방식의 수출입을 의미한다. 따라서 이를 현지조립방식의 수출입이라고 한다. 이에는 CKD(Complete Knock-down) 및 SKD(Semi Knockdown) 수출입 방식이 있다. 이 방식은 선진국이 고임금이나 공해문제 등을 회피하기 위하여 개발도상국 등에 현지법인을 설립하는 형태로 수출할 때 주로 이용된다.

녹다운 방식 안제품을 수출입하는 것이 아니라, 조립할 수 있는 설비와 능력을 가지고 있는 거래처에 대하여 상품을 부품이나 반제품의 형태로 수출하고, 실수요지에서 제품으로 완성시키도록 하는 현지조립방식의 수출입

2.2.5 국제 하청생산(International Subcontracting)

국제 하청생산이란 국제기업이 해외의 하청기업으로부터 제품을 공급받아 그것을 국내외 시장에 판매하는 방식을 의미한다. 주문자상표 부착생산(Original Equipment Manufacturing ; OEM)이 그 대표적인 사례로, 이것은 국제기업이 요구하는 상표명으로 제품을 만드는 방식이다.

OEM 주문자상표 부착 방식 생산

제품을 주문한 국제기업의 입장에서는 생산비가 저렴한 제품을 공급받아 국내외 시장에 판매함으로써 국제경쟁력을 높일 수 있다. 그러나 적정 수준의 생산능력을 갖춘 해외 하청기업을 찾기가 어려울 뿐만 아니라 계약종료 후에는 그 하청기업이 경쟁자가 될 수 있다는 문제점이 있다.

한편, 하청기업의 입장에서는 적은 비용으로 손쉽게 해외시장에 진출할 수 있다는 장점이 있다. 그러나 가격을 제대로 받지 못하는 경우가 많은데다 주문기업의 하청생산공장 이상의 기능을 할 수 없다는 한계가 있다.

2.2.6 ODM 방식 수출

OEM 방식 수출은 주문자가 만들어 준 설계도에 따라 생산하는 단순 하청 생산 수출방식인 반면 제조업자 개발생산(Original Development Manufacturing ; ODM)방식 수출은 주문자의 요구에 따라 제조업자가 주도적으로 연구개발, 설계, 디자인 자체를 해결하여 공급가에 개발비까지를 추가하여 부가가치를 높여 제품을 생산하여 수출하는 방식이다.

ODM 주문자의 요구에 따라 제조업자가 주도적으로 연구개발, 설계, 디자인 자체를 해결하여 공급가에 개발비까지를 추가하여 부가가치를 높여 제품을 생산하여 수출하는 방식

ODM 수출은 기술력은 있으나 상표 인지도를 갖추지 못한 중소업체들이 개발, 설계 및 디자인과 생산 등 모든 분야에서 다국적기업에 뒤지지 않는 경쟁력을 갖추고 공급가에 개발비를 추가할 수 있으며 부품가격이 하락해 원가 절감 효과도 볼 수 있어 선진국 시장진출을 위한 유력한 대안으로, 자체 상표로 세계시장에 진출할 수 있는 전략으로 평가된다.

2.2.7 국제 경영관리 계약(International Management Contract)

국제 경영관리 계약이란 국내기업이 현지국 기업의 일상적인 경영을 관리해 주고 그 대가로 일정한 수수료를 지급받는 해외진출 방식이다. 그런데 계약상 중요한 사항은 제외되고 통상적인 경영관리나 현재 진행 중인 업무만 이에 해당된다.

이와 같은 경영관리 계약은 해외시장 진출에 따른 위험성이 낮다는 장점이 있다. 그러나 현지국에 그 기반을 확고히 하기가 어렵고 문화적 차이로 말미암아 현지인들과 갈등이 나타날 수 있다.

그림 13-3

해외진출 방식의 결정

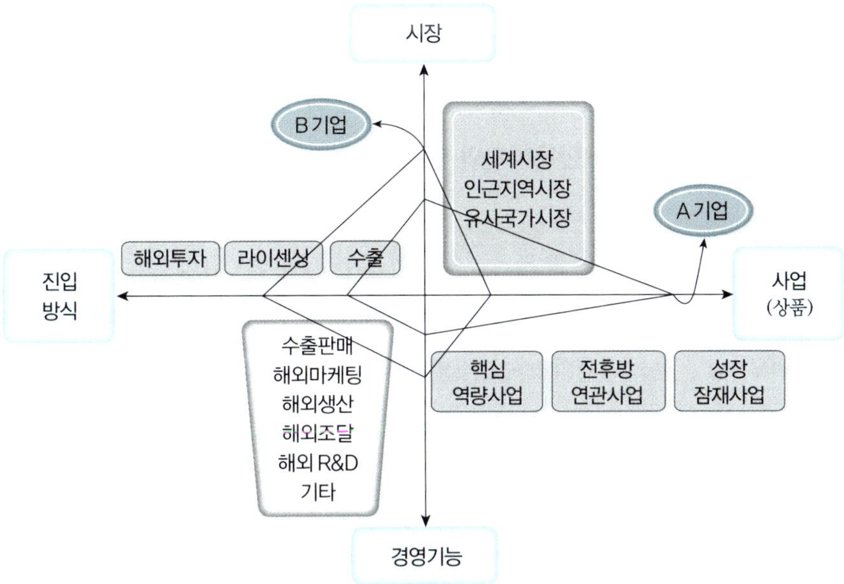

출처 : 이장로 · 신민수, 진계서, 2010.

2.3 해외직접투자 형태의 방식

해외시장에 진출하는 기업들은 대개 처음에는 수출을 통해 국내시장의 한계를 극복한다. 그 후 계약이나 해외직접투자 등의 방식을 통해 해외진출의 강도를 높이게 된다. 그런데 일반적으로 기술유출의 가능성과 자원투입량이 적을 때에는 계약방식을, 기술유출의 가능성과 자원투입량이 많을 때에는 해외직접투자방식을 택하게 된다.

해외직접투자는 해외에 현지기업을 세워 직접 경영지배나 통제권을 행사하기 위해 투자하는 것을 의미한다. 따라서 해외직접투자는 소유와 경영을 위해 필요한 모든 자원이 해외로 이전된다는 특징을 가진다.

기업이 해외직접투자 방식을 택할 때 기대하는 효과는 ① 기존시장 유지 또는 새로운 시장의 개척, ② 생산비의 절감, ③ 해외자원의 개발,

④ 첨단기술과 경영 노하우의 획득, ⑤ 국내의 정치적 위험회피, ⑥ 국내 경쟁기업과의 경쟁우위 확보 등이다. 그런데 해외직접투자는 투자지분에 따라 단독투자와 합작투자, 해외 자회사 설립방식에 따라 신설투자와 인수합병으로 나눌 수 있다.

2.3.1 단독투자와 합작투자

단독투자란 모든 투자금액을 한 기업이 부담하면서 해외 자회사를 완전 소유하는 것을 의미한다. 단독투자는 ① 의사결정과정이 신속하고, ② 투자기업의 기술과 경영 노하우가 누설되지 않는다는 장점이 있다. 그러나 ① 투자기업 혼자서 거액의 소요자금을 부담하기 어렵고, ② 현지국에 대한 정보수집이 어렵다는 단점이 있다.

한편, 합작투자란 서로 다른 나라의 2개 이상의 기업들이 투자금액을 공동부담하면서 자회사를 공동 소유하는 것을 의미한다. 합작투자는 ① 투자대상국에서의 각종 차별을 제거하고 인적자원과 판매망을 구축하는 데 현지합작 기업의 도움을 받을 수 있고, ② 기업의 사회적 이미지와 노동자의 사기를 높일 수 있다는 장점이 있다. 그러나 ① 합작투자기업과의 갈등과 의사결정의 지연이 나타날 수 있고, ② 국제투자기업의 기술과 경영 노하우가 누설될 수 있다는 단점이 있다.

2.3.2 신설투자와 인수합병

신설투자란 이미 설명한 단독투자와 합작투자를 통해 해외에 독립된 기업을 설립하는 것이다. 한편 인수합병(Merger and Acquisitions ; M&A)이란 국제기업이 현지국 기업의 경영권을 인수할 목적으로 소유지분을 확보하는 제반과정을 의미한다.

인수합병으로 해외직접투자가 이루어지면 ① 해외시장에 신속하게 진입하면서, ② 경영자원의 결합으로 시너지 효과가 창출될 수 있다. 그러나 ① 인수합병과정에서 조직 간의 갈등이 유발되고, ② 기존 기업의

그림 13-4

해외직접투자의 진입방법선택

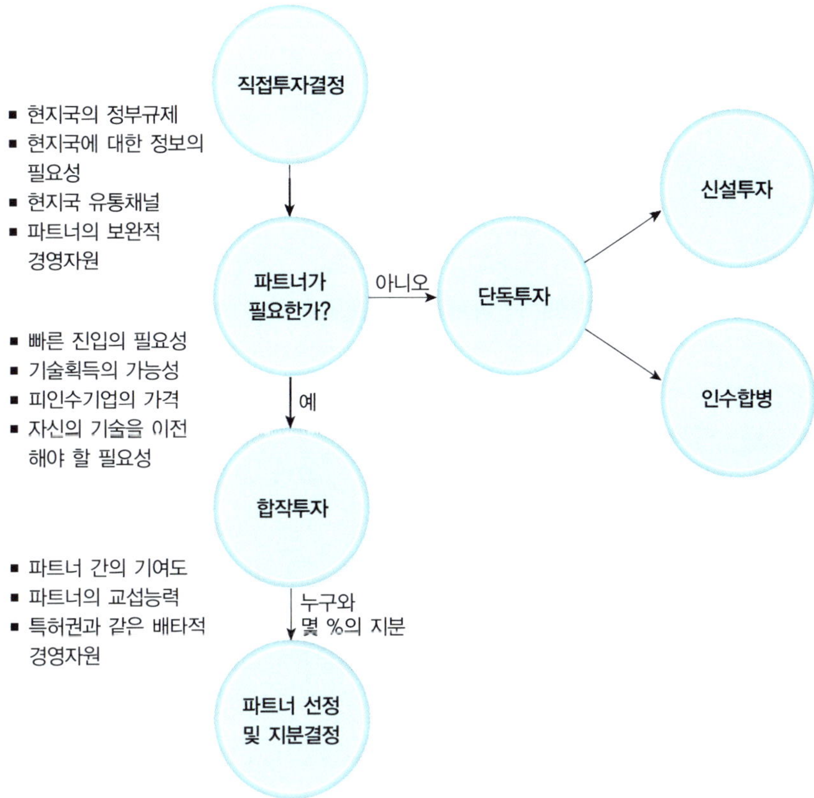

출처 : 장세진, 『글로벌경영』, 박영사, 1998, p. 232.

문제점까지 인수하면서도 거액의 인수자금과 법적 · 행정적으로 복잡한 절차를 감당해야 한다는 문제점이 있다.

해외직접투자이론

14

Essentials of Trade, ch. fourteen

1. 해외직접투자이론의 개요

2. 독점적 우위이론

3. 내부화이론

4. 절충이론

5. 기타 해외직접투자이론

1 해외직접투자이론의 개요

Essentials of Trade, ch. fourteen

1.1 이론적 쟁점

해외직접투자가 이론적으로 관심의 대상이 된 것은 1960년대부터이다. 그후 해외직접투자 현상을 설명하기 위한 다양한 시도가 이루어져 왔지만 완전한 일반 이론은 아직 개발되지 못하였다. 그 이유는 해외직접투자에서 나타나는 다음의 3가지 특징을 완벽하게 설명하는 이론 개발이 쉽지 않기 때문이다.

① 기업이 해외에서 사업을 하려면 불리한 점이 많은데도 왜 굳이 해외직접투자를 수행하는가?

② 기업이 수출이나 국제계약을 통해서도 해외시장에 진출할 수 있는데 왜 굳이 위험이 큰 해외직접투자를 선택하는가?

③ 기업이 진출할 수 있는 국가가 많은데도 불구하고 왜 굳이 특정 국가에서 해외직접투자를 해야 하는가?

1.2 이론의 종류

해외직접투자이론은 앞서 지적한 이론적 쟁점에 대해 나름대로 설명을 시도하는 몇 가지 이론으로 대별된다. 즉, 해외직접투자이론은 ①을 설명하는 독점적 우위이론, ②를 설명하는 내부화이론, ①, ②, ③을 설명하는 절충이론으로 발전해 왔으며, 그 밖에도 해외직접투자의 특별한 단면들을 설명하는 몇 가지 이론들이 등장하였다.

2 독점적 우위이론

Essentials of Trade, ch. fourteen

2.1 이론적 내용

하이머(S. Hymer), 킨들버거(C. P. Kindleberger) 등에 의해 개발된 독점적 우위이론은 기업이 독점적으로 보유하고 있는 기업 특유의 우위요소 때문에 해외직접투자가 일어난다고 설명한다.

해외시장에 진출하는 기업은 현지국의 기업과 비교해서 여러모로 불리한 점이 많다. 이로 인해 외국기업은 값비싼 현지 적응비용을 치러야 하는데 이 비용을 외국비용(costs of foreignness)이라고 한다. 외국비용에는 ① 외국기업에게 불리한 제도와 관습, ② 소비자의 토착화된 선호, ③ 과다한 교통·통신비용, ④ 현지국 상황에 대한 정보 부족 등이 포함된다.

외국비용 해외시장에 진출하는 기업은 현지국의 기업과 비교해서 여러모로 불리한 점이 많다. 이로 인해 외국기업은 값비싼 현지 적응비용을 치러야 하는데 이 비용을 말한다.

이와 같은 외국비용을 극복하고 현지국 기업과 경쟁해서 생존하기 위해서는 기업 특유의 우위요소를 가지고 있어야 한다. 그 우위요소에는 ① 품질이 우수한 상품, ② 특허, ③ 앞선 기술, ④ 효율적인 경영능력, ⑤ 생산이 증가할수록 평균비용이 감소하는 규모의 경제 등이 있다. 그런데 이 우위요소는 해외에 진출하고자 하는 기업이 독점적으로 보유해야 하며 해외 자회사도 이 요소를 쉽게 이용할 수 있어야 한다.

결국 독점적 우위이론은 우위요소를 가지고 있는 기업이 해외직접투자를 하면 외국비용을 상쇄하는 것은 물론이고 현지국 기업보다 더 큰 이윤을 얻게 된다는 것이다.

표 14-1 독점적 우위요인

독점적 우위 요인	독점적 우위를 가져다주는 구체적 예
제품시장의 불완전성	제품차별화, 특수한 마케팅기술, 재판매가격유지제도 등
요소시장의 불완전성	특허 및 비공개기술, 기술획득 및 자본조달상의 우위, 경영자 능력의 차이
규모의 경제	수직적 통합요인, 수평적 통합요인 등
정부의 규제	조세 및 관세, 금리 및 환율정책, 특정 산업의 수출입규제 등

2.2 이론의 장단점

독점적 우위이론은 해외직접투자이론의 첫 번째 쟁점, 즉 불리함 속에서도 왜 해외직접투자를 수행하는가에 대한 답을 준다. 그러나 수출이나 국제계약 등 다른 방식이 있는데도 왜 하필 해외직접투자를 해야 하는가에 대해서는 언급하지 못하고 있다.

3 내부화이론

Essentials of Trade, ch. fourteen

3.1 이론적 내용

버클리(P. Buckley), 캇슨(M. Casson), 러그만(A. Rugman) 등에 의해 개발된 내부화이론은 시장불완전성 하에서 기업이 거래비용을 최소화하기 위해 해외직접투자를 수행한다고 설명한다.

시장이 불완전하면 기업이 가진 특유의 우위요소는 제 역할을 하기 어렵다. 예를 들어, 우위요소가 특허권이나 상표권으로 보호받지 못하면 시장에서 돈을 받고 거래될 수 없다. 왜냐하면 이 경우 우위요소는 공공재가 되어 어느 기업이나 대가 없이 사용할 수 있기 때문이다. 설령 우위요소가 법적으로 보호받는다 하더라도 구매자의 선정, 품질관리의 문제, 계약체결의 어려움 등 거래비용이 크게 발생할 수 있다.

해당기업이 해외로 진출하려 해도 수출이나 계약의 경우에는 여전히 우위요소의 거래비용문제가 발생한다. 따라서 해당기업은 해외직접투자를 통해 현지에 자회사를 설립한 뒤 우위요소를 기업 내부에서 거래하게 된다.

3.2 이론의 장단점

내부화이론은 해외직접투자이론의 두 번째 쟁점, 즉 수출이나 국제계약보다 왜 해외직접투자를 선택하는가에 대한 답을 준다. 그러나 해외직접투자의 대상국과 입지적 요인에 대해서는 분석하지 못하였다.

4 절충이론

Essentials of Trade, ch. fourteen

4.1 이론적 내용

더닝(J. Dunning)에 의해 개발된 절충이론은 기업 특유의 우위요소, 내부화 우위요소에다 입지적 우위요소까지 구비되어야 해외직접투자가 일어난다고 설명한다.

우선 일정 기간 동안 기업이 독점적으로 사용할 수 있는 우위요소가 있어야 하며 이것을 외국기업에게 빌려주거나 파는 것보다 해외 자회사가 직접 이용하는 것이 더 큰 이익이 되어야 한다. 이와 같은 조건들이 현지국의 입지적 우위요소와 결합하여 큰 이익을 낼 수 있을 때 해외직접투자가 이루어진다. 그런데 입지적 우위요소는 시장의 규모, 생산요소의 가격과 생산성, 사회간접자본, 정부의 정책 등에 의해 결정된다.

앞서 언급한 절충이론에서 제시하고 있는 세 가지 우위요소를 고려하여 라이센싱, 수출, 해외투자방법을 선택하게 된다. 기업소유특유의 우위가 있으나 본국에서 생산할 만한 장소특유 우위가 없는 경우에는 해외생산을 감행하고, 기업소유특유, 장소특유의 우위요소가 있으나 내부화 요인이 없는 경우에는 본국에서 생산 후 해외로 수출을 감행하고, 기업소유특유, 장소특유, 내부화 특유의 세 우위요소를 모두 가지고 있는 경우에는 내부화하여 해외직접투자를 감행하는 것이 합당하는 이론이다.

기업소유특유 우위, 장소특유 우위, 내부화 우위

즉, 다국적기업이 기업특유 우위를 많이 소유할수록, 내부화 방식을 선택했을 때 이점이 클수록, 특정장소 투자 시 이점이 클수록, 100% 지분투자 형식으로 특정장소에 해외투자하려는 경향이 크다.

표 14-2 절충이론에 의한 해외진출방식

형태 \ 우위요소	소유특유의 우위	장소특유의 우위	내부화의 우위
라이센싱	○	×	×
수출	○	○	×
해외직접투자	○	○	○

출처 : 이장로 · 신만수, 전게서, 2010.

4.2 이론의 장단점

절충이론은 독점적 우위이론과 내부화이론에다 현지국의 입지적 요인을 추가하여 해외직접투자이론의 세 가지 쟁점을 설명해 준다. 그러나 절충이론은 기업의 측면에서만 해외직접투자를 설명했기 때문에 국민경제 차원에서 해외 직접투자의 원인과 파급효과를 분석하지 못하고 있다.

표 14-3 절충이론 개관

<table>
<tr><th>요인</th><th colspan="2">구분 및 내용</th></tr>
<tr><td rowspan="2">1. 기업특유의 요인
(ownership-specific advantage)</td><td>1) 기업의 형태와 관계없는 우위</td><td>■ 기업규모, 다양성, 독점적 우위
■ 특허, 상표권 등 전유적 무형재 및 관련 능력
■ 생산, 조직, 마케팅시스템, R&D 능력, 인적 자본, 경험
■ 각종 자원 및 제품시장에 대한 배타적 · 차별적 접근 능력</td></tr>
<tr><td>2) 주로 다국적기업들이 누리는 우위</td><td>■ 정부의 보호
■ 위험분산 능력
■ 정보수집, 시장접근 능력
■ 제고된 대정부협상 능력</td></tr>
<tr><td>2. 내부화 우위
(internalization-specific advantage)</td><td colspan="2">■ 거래당사자 탐색, 협상, 조정비용
■ 독점적 권리의 보호
■ 매매자 불확실성
■ 외부적 가격차별화 불인정/내부시장 능력
■ 제품품질 유지
■ 거래 및 공급의 안정성 유지
■ 쿼터, 관세 등 정부간섭 및 규제 회피
■ 전략적 상호보조 등 경쟁전략 우위</td></tr>
</table>

3. 장소특유의 요소 (location-specific advantage)	▪ 생산요소비용 ▪ 운반비, 통신비 등 인프라 비용 ▪ 관련 인프라 및 관련 기업 능력 ▪ 정부간섭 및 규제/수입규제/투자유인/투자환경 ▪ 정치적 안정성 ▪ 경제하부구조 ▪ 국제문화적 거리감

자료 : 국제경영연구회, 『글로벌시대의 국제경영학』, 영지문화사, 1999, p.176.

5 기타 해외직접투자이론

Essentials of Trade, ch. fourteen

5.1 고지마이론

고지마(K. Kojima)는 비교우위와 국제분업에 토대를 둔 해외직접투자를 실시해야 투자국과 피투자국 모두가 이익을 본다고 주장하였다. 예를 들어, 투자국에서는 이미 비교열위에 있는 산업이더라도 피투자국에서는 비교우위에 있는 산업이 있을 수 있다. 만약 투자국에서 이러한 산업을 대상으로 해외직접투자를 실시하면 양국의 산업이 조화롭게 발달하면서 무역이 촉진된다는 것이다. 고지마이론은 다른 이론과 달리 국민경제적 입장에서 해외직접투자를 분석했다는 장점은 있지만 개별 기업들의 구체적인 해외직접투자 결정요인에 대해서는 제시하지 못하였다.

5.2 과점적 반응이론

닉커보커(F. Knickerbocker)에 의해 개발된 과점적 반응이론은 과점시장에서 어떤 선도기업이 해외직접투자를 하면 다른 기업도 이를 따라간다는 것이다. 만약 국내시장구조가 소수의 대기업에 의해 지배되는 과점시장이라면 그 시장에 속한 기업들은 가격과 생산량, 투자전략 등에서 서로가 서로를 의식하면서 상호 의존적인 행동을 하게 된다. 이때 과점시장에서 시장점유율이 높은 선도기업이 해외직접투자를 시행하면 나머지 기업들도 경쟁적으로 해외직접 투자에 나서게 된다.

과점적 반응이론은 선진국의 대기업들이 같은 나라에 경쟁적으로 해외직접 투자를 하는 현실을 잘 설명하고 있지만, 최초의 선도기업이 왜 그 나라에 진출했는가에 대한 설명은 하지 못하였다.

무역실무의 이해

IV

무역 개요와 무역관리

15

Essentials of Trade, ch. fifteen

1. 무역의 정의 및 무역절차

2. 무역관리제도

3. 무역거래의 유형

4. 무역업자

1 무역의 정의 및 무역절차

Essentials of Trade, ch. fifteen

1.1 무역의 정의

1.1.1 대외무역법상의 정의

대외무역법 제1조에 따르면 "무역이란 재화 및 서비스의 수출 · 수입을 말하며 대통령령이 정하는 전자적 형태의 무체물을 수출 또는 수입하는 것을 무역이라 한다"(2001년 3월 30일 시행)라고 정의되어 있다. 여기서 물품이라 하면 외국환거래법에서 정하는 지급수단 · 증권 및 채권을 화체(化體)한 서류 외의 동산을 말하며, 전자적 형태의 무체물이란 소프트웨어, 부호 · 문자 · 음성 · 음향 · 이미지 · 영상 등을 디지털방식으로 제작하거나 처리한 자료 또는 정보 등이 해당된다.

1.1.2 관세법상의 정의

무역은 수입과 수출로 구성되어 있는데 수입은 외국물품이 내국물품화되는 것이며, 수출은 내국물품이 외국물품화되는 것이다. 즉 수입은 보세구역에서 수입통관절차를 밟고 관세지급 후 정상적인 물류과정을 거쳐 물품이 반입되는 경우를 말하고, 수출은 수출통관절차를 밟은 이후에 외국으로 나가는 경우에 한정하고 있다.

1.2 무역절차

1.2.1 수출절차

수출절차는 일반적으로 매매계약이 체결되고 개설은행으로부터 신용장이 도착한 이후에 필요한 경우 수출승인을 얻은 다음 수출물품을 확보하여 수출통관 · 물품선적 · 수출대금회수의 과정을 거치면서 최종적으로 관세환급 및 사후관리 등을 실시하는 것을 말한다. 수출절차를 구체적으로 살펴보면 다음 과 같다.

① 매매계약의 체결

매매계약의 체결은 해외시장조사를 통해 선정된 거래상대방에게 거래권유장(Circular Letter)을 보내고 거래상대방의 조회(Inquiry)에 대한 답신으로 수출업자는 오퍼를 보내게 된다. 수출업자의 오퍼에 대하여 거래상대방인 수입업자가 승낙(Acceptance)을 하게 되면 거래는 성립한다.

② 신용장의 내도

신용장(Letter of Credit ; L/C) 거래는 대금결제 방식으로서 수입업자의 거래은행이 수출업자에게 대금지급을 보상해 주는 서류이다. 즉, 수출업자는 신용장을 수취하면 신용장 조건대로 이행하는 경우에 수출대금의 회수가 보장되므로 안심하고 물품확보 및 수출이행을 수행할 수 있다. 따라서 수출업자가 신용장을 수취할 때 신용장의 내용과 계약서의 내용과 일치하는가를 확인하여야 하고 도착한 신용장이 취소불능신용장인가의 여부 그리고 신용장의 개설은행 신용 상태를 확인하여야 한다.

③ 수출승인

수출업자가 수출하고자 하는 제품이 수출입공고와 별도공고에 의해 수출이 제한되는 품목이 아닌가를 확인하고 자동승인품목의 경우에는 수출승인이 면제되며 금지품목의 경우에는 해당업종의 협회나 조합에서 승인을 얻어야 한다.

④ 수출물품의 확보

수출업자가 수출하고자 하는 제품을 확보하는 방법은 크게 세 가지가

그림 15-1

수출입절차 도해

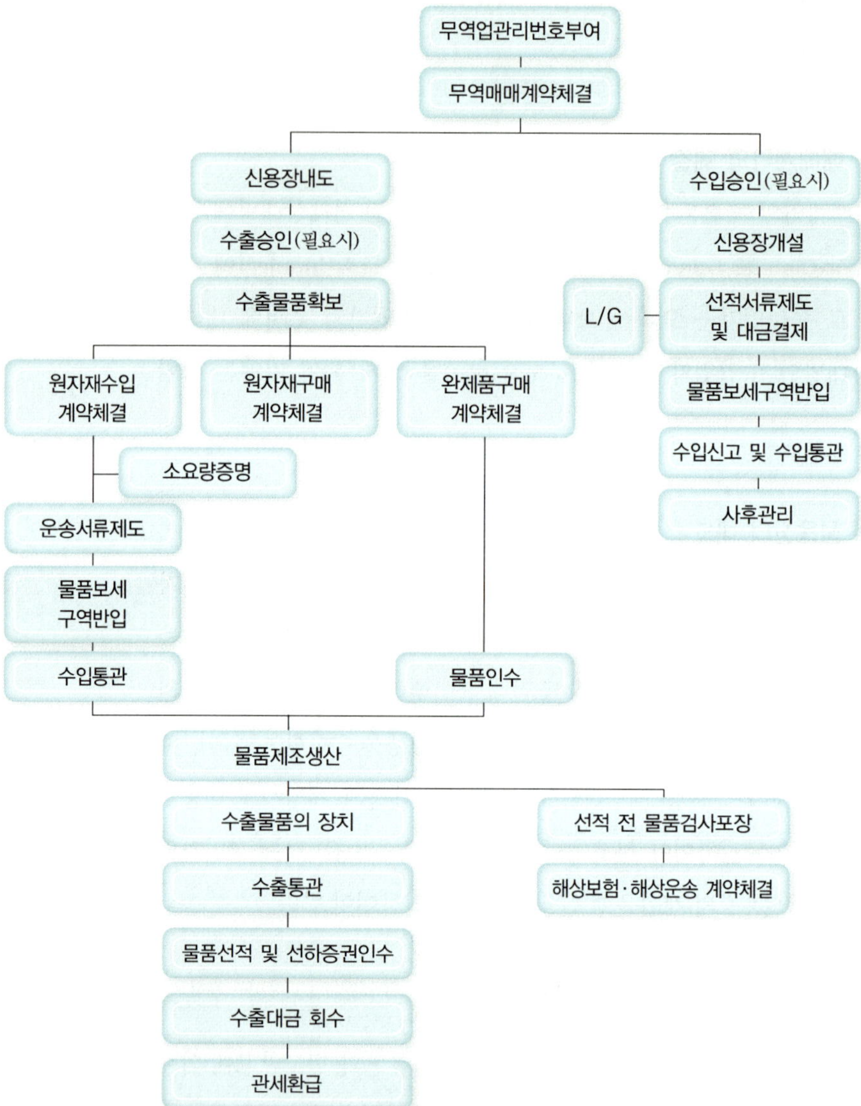

있다. 먼저 국내시장에서 완제품을 구입하여 수출하는 방법이 있고, 또 하나는 제품을 직접 생산하는 방법이 있다. 제품을 직접 생산하는 경우에는 원료를 조달하는 방법에 따라 두 가지로 나뉘는데, 하나는 원자재를 국내에서 구매하여 제품을 만들 수 있고 또 하나는 원자재를 수입하여 제품을 확보할 수 있다. 이때 국내에서 물품을 조달할 경우에는 원신용장을 견질로 하여 내국신용장(Local L/C)을 개설한다.

⑤ 수출통관

수출품이 완성이 되면 수출품에 대하여 검사를 받고 수출검사가 완료가 되면 수출물품을 보세구역에 반입하여 수출신고를 하게 된다. 수출업자가 수출신고(Export Declaration ; E/D)를 한 물품에 대하여 세관장은 수출물품을 확인한 후 수출신고필증(Export Permit ; E/P)을 교부하여 준다. 수출신고필증을 받으면 수출품은 내국물품에서 외국물품으로 바뀌고 보세구역에서 반출하여 선적하게 된다.

⑥ 물품의 선적과 해상보험

수출통관이 완료된 제품을 계약체결 시 정해진 선적일자와 운송에 관련된 계약의 내용에 따라 선박을 확보하여 제품을 선적한다. 이때 가격조건이 CIF 조건이나 CIP 조건인 경우에는 수출업자가 운임을 지급하고, 해상보험에 부보를 하게 된다.

⑦ 수출대금의 회수

수출물품의 선적을 완료하면 수출업자는 신용장상에서 요구하는 선적서류를 준비하여 대금회수를 하여야 한다. 수출대금회수를 위하여 수출업자는 신용장을 조건으로 하여 환어음을 발행하고, 선박회사로부터 수령한 선하증권(Bill of Lading) 등의 선적서류를 수출업자의 거래은행인 매입은행을 통하여 대금회수를 하게 된다.

⑧ 관세환급 및 사후관리

수출대금의 회수가 끝나면 수출업자는 수출용 제품을 만들기 위하여 원자를 수입할 때 납부한 관세를 돌려받게 되는데 이를 관세환급이라고 한다. 관세환급제도는 수출업자의 가격경쟁력을 높여 주기 위하여 수출물품의 생산에 사용되는 원자재의 수입 시 납부한 관세를 돌려주는 제도이다.

수출절차의 가장 마지막 단계로 사후관리가 있는데 사후관리란 수출업자가 수출승인을 받은 내용대로 수출물품을 선적하고 수출대금을 회수하였는가에 대하여 최종 확인하는 절차이다.

1.2.2 수입절차

수입절차는 수출업자와 수입계약을 체결하고 필요한 경우에는 수입승인을 받아 신용장을 개설하여 수출업자에게 통지한다. 수출업자가 수출이행 완료 후, 선적서류가 도착하면 수입대금을 지불하고 수입화물을 통관하여 물품을 확보한 후에 사후관리를 하는 것을 말한다. 이를 세부절차별로 살펴보면 다음과 같다.

① 수입계약의 체결과 수입승인 및 신용장 개설

수출업자의 거래제의와 수입업자의 승낙에 의해 매매계약은 성립하게 된다. 계약이 성립되면 수입업자는 즉시 필요한 경우에 해당업종의 협회나 조합에서 수입승인을 획득하고, 자신의 거래은행에 신용장개설의뢰를 하여 수출업자에게 신용장을 통지하게 된다.

② 선적서류의 도착 및 대금결제

수입업자는 신용장을 개설하여 수출업자에게 통지하고 난 후, 제품이 도착할 때까지 기다리면 된다. 신용장의 수익자인 수출업자는 대금회수를 위하여 신용장의 조건대로 이행하고 수입업자에게 대금회수에 필요한 선적서류와 환어음을 보내게 된다. 이때 수입업자는 도착한 서류와 신용장의 내용을 확인한 후 대금을 지급하고, 대표적인 선적류인 선하증권(Bill of lading; B/L)을 인도받는다.

③ 수입통관

물품이 수입지에 도착하게 되면 수입업자는 수입신고를 하고 수입물품에 대하여 필요한 경우는 검사를 받아야 한다. 그리고 검사 후에 수입품에 대한 관세가 부과된다. 수입품에 부과된 관세 및 내국세를 지불하면 수입물품을 보세구역에서 반출할 수 있고 수입품은 수입업자가 자유롭게 처리할 수 있는 상태가 된다.

④ 사후관리

사후관리는 수입절차의 마지막 단계로 수입업자가 하여야 하는데 이는 매매계약서 및 신용장 내용대로 제품이 수입되었는가와 수입품에 대한 대금지급이 정확하게 이루어져 있는가를 확인하는 작업이다.

2 무역관리제도

Essentials of Trade, ch. fifteen

2.1 무역관리의 개념

2.1.1 무역관리의 정의

무역관리(Trade Control)는 무역거래에 대하여 규제나 통제행위를 통해 무역 거래의 전부 혹은 일부에 대하여 총액, 내용, 시기, 결제방법 및 거래상대국 등을 적극적으로 규제하는 것을 의미하며, 자국의 경제적 이익을 도모하기 위하여 국가가 간섭 혹은 통제하는 것을 말한다. 그러므로 무역관리제도는 물품의 수출입을 규제 또는 지원하기 위한 각종의 법규 및 제도적 장치를 뜻하게 된다.

2.1.2 무역관리의 목적

무역관리는 무역거래에 대한 국가의 간섭 내지는 통제를 말한다. 그러나 무역은 거래당사자 쌍방에 이익을 주는 것으로 무역에 관한 한 인위적인 간섭 내지 통제를 하지 않고 당사자의 자유에 맡기는 것이 가장 이상적이다. 하지만 각국은 무역을 통한 자국의 이익극대화에 주안점을 두고 있으며, 따라서 무역관리의 궁극적 목적은 국민경제의 진흥에 기여함과 아울러 국제수지의 균형 및 통상의 확대에 주안점을 두고 있다.

2.2 무역 관련 주요 법규

무역 관련 3대 기본법
- 대외무역법
- 관세법
- 외국환거래법

우리나라에서는 무역을 관리하기 위하여 법률을 제정하여 실시하고 있는데, 무역관리와 관계되는 주요한 법으로는 대외무역법, 관세법, 외국환거래법이 있으며 이들을 무역 관련 3대 기본법이라고 한다.

2.2.1 대외무역법

대외무역법은 대외무역을 진흥하고 공정한 거래질서를 확립하여 국제수지의 균형과 통상의 확대를 도모함으로써 국민경제의 발전에 이바지함을 목적(대외무역법 제1조)으로 제정되었으며, 수출입거래를 관리하는 기본법이다. 대외무역법은 그 이후 여러 차례의 개정과정을 거쳐 왔으며 최근에는 전자상 거래의 발달과 함께 전자무역과 관련되는 조항이 반영되어 시행되고 있다.

2.2.2 외국환거래법

외국환거래법은 외국환거래, 기타 대외거래의 자유를 보장하고 시장기능을 활성화하여 대외거래의 원활화 및 국제수지의 균형과 통화가치의 안정을 도모함으로써 국민경제의 건전한 발전에 이바지함을 목적(외국환거래법 제1조)으로 제정되었으며, 수출입물품의 대금결제 방법에 관하여 규정된 법률이다.

그림 15-2

무역관리 규정 개관

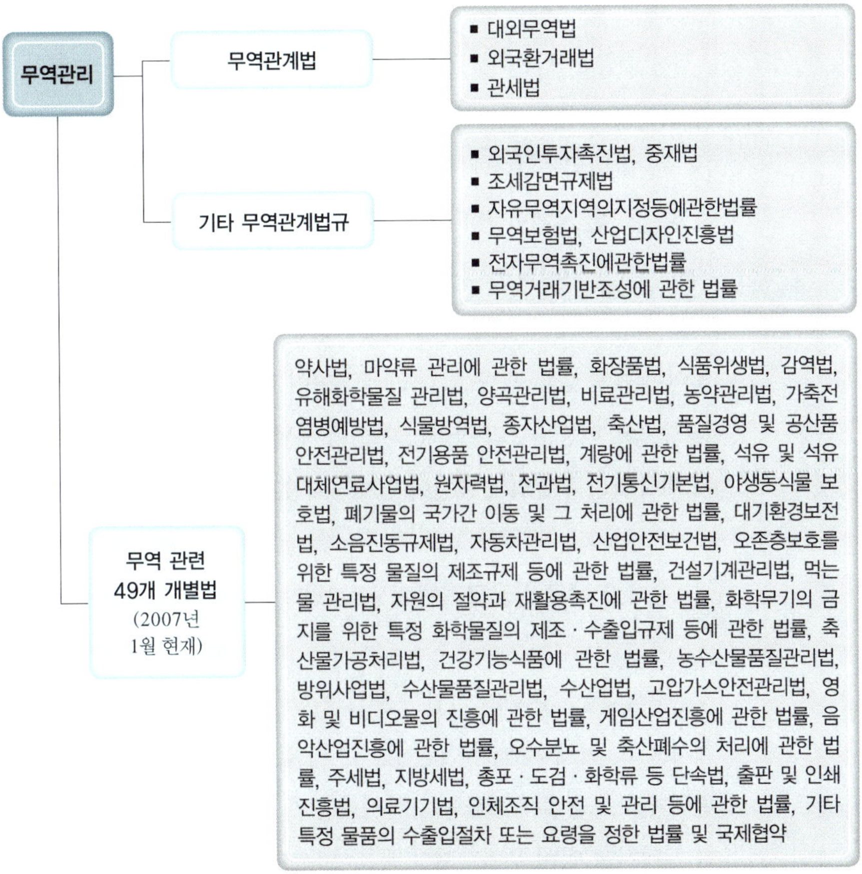

2.2.3 관세법

관세법은 관세의 부과 · 징수 및 수출입물품의 통관을 적정하게 하고 관세수입을 확보함으로써 국민경제의 발전에 이바지함을 목적(관세법 제1조)으로 제정되었으며, 관세징수와 수출입물품의 통관에 관련되어 포괄적으로 규정한 법률이다.

2.3 대외무역법의 무역관리

2.3.1 수출입의 승인

수출입승인이라 하면 수출입공고, 통합공고에 의해 수출입이 제한되는 물품을 수출입 가능하게 하는 절차이다.

현행 대외무역법에서는 헌법에 의하여 체결·공포된 조약과 일반적으로 승인된 국제법규에 의한 의무의 이행, 생물자원의 보호 등을 위하여 필요하다고 인정하는 경우에는 물품의 수출 또는 수입을 제한할 수 있고, 이들 물품을 수출 또는 수입하고자 하는 자는 산업자원부장관의 승인을 얻어야 수출입을 할 수 있다고 규정되어 있다. 그러나 긴급을 요하는 물품 등으로 대통령령이 정하는 기준에 해당하는 물품 등의 수출 또는 수입에 대하여는 수출입의 승인이 면제되어 있다.

2.3.2 수출입공고(수출입상품관리)

수출입공고는 개별적인 수출입상품의 수출입 제한 여부에 관한 종합계획으로, 이에 의하여 어떤 품목은 수입이 제한되고 또한 규격별 또는 지역별로 수출입에 제한을 가하거나 관계기관의 승인을 얻어 수출입하도록 규정하고 있어 무역관리의 핵심이라고 할 수 있다.

수출입공고는 수출입 품목의 효율적 관리를 통해 무역을 증대시키고 대외적인 통상마찰을 피하기 위해 공고하는 것으로 수출·수입에 관한 직접적인 규제 방식의 하나이다. 수출입공고에서는 수출입품목을 자동승인품목·제한 승인품목·금지품목 등으로 구분하여 산업자원부장관이 공고를 하고 있다.

그림 15-3

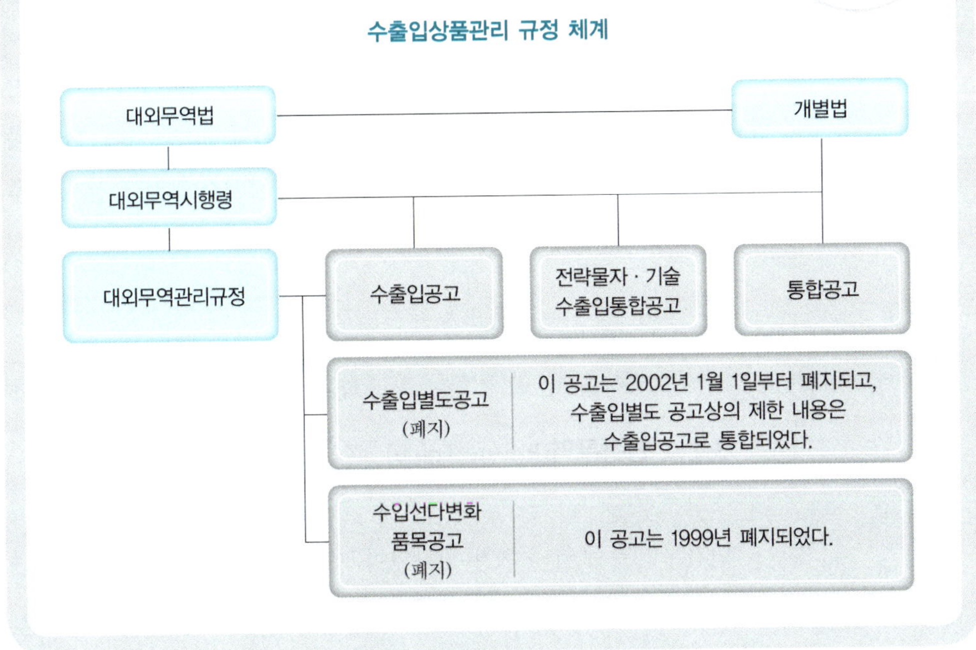

3 무역거래의 유형

Essentials of Trade, ch. fifteen

3.1 물품의 이동방향성 구분

3.1.1 수출무역(Export Trade)

수출무역이란 일반적으로 수출업자가 물품을 국내에서 국외로 판매하는 경우를 말하며, 이를 단순히 수출(export)이라고도 한다. 다시 말해 수출무역은 재화와 서비스 그리고 전자적 무체물이 외국으로 판매되는 경우의 무역을 말한다.

3.1.2 수입무역(Import Trade)

수입무역이란 수출무역의 경우와 반대로 물품이 국외에서 국내로 반입되는 경우를 말하며, 이를 단순히 수입(import)이라고도 한다. 다시 말해 수입무역은 타국으로부터 자국으로 재화와 서비스 그리고 전자적 무체물을 구매하는 경우를 말한다.

3.2 무역 주체성 구분

3.2.1 민간무역(Private Trade)

민간무역은 무역 주체가 민간인이므로 사무역이라고도 한다. 이는 양국의 무역회사 간에 직접무역계약을 체결하고 거래하는 것을 말한다. 민간무역은 오늘날 가장 일반적으로 행하여지는 무역 형태이며, 국내거래와 마찬가지로 영리를 목적으로 한다.

3.2.2 공공무역(Public Corporation Trade)

공공무역은 무역 주체가 공공인이 되는 무역이다. 이는 공공기관이 출자하거나 직접 무역공사를 설립하여 무역경영의 주체가 되는 것을 말한다. 이를 공공기관무역 혹은 공공무역이라고도 한다. 공공무역은 다시 무역거래의 주체에 따라 국영무역(State Trade)과 정부무역(Government Trade)으로 구분된다.

3.3 국가 간섭 여부의 구분

3.3.1 자유무역(Free Trade)

자유무역은 국가가 무역업자의 수출입 행위에 대하여 일체의 간섭을 하지 않고 무역업자의 자유에 맡겨 두는 무역정책 기조의 무역을 말한다. 그러나 현재 완전한 형태의 자유무역정책을 취하는 나라는 없고 어떠한 형태로든 간섭 내지 통제하고 있다.

3.3.2 보호무역(Protective Trade)

보호무역은 자유무역과 달리 국가가 자국의 유치산업과 성숙산업의 보호, 덤핑 방지, 국제수지의 개선이나 군사 및 외교상의 이유로 관세 등의 수단으로 외국물품의 수입에 제한을 가함으로써 무역행위를 국가가 보호하는 무역을 말한다.

과거에는 국가가 산업 등을 보호하는 방법으로 주로 관세부과에 의존하였으나 최근에는 주로 수입할당, 환율조정, 통상법 발동 등을 비관세 수단으로 채택하고 있다.

3.3.3 관리무역(Controlled Trade)

관리무역은 국가가 무역의 전체 또는 일부에 대하여 그 총액, 내용, 품목, 상대국, 결제시기나 방법 등을 규제하고, 민간무역업자의 자유거래를 허가하지 않고 국가 또는 그 대행기관의 관리 하에 두는 것을 말한다. 관리무역은 비관세장벽의 형태로 수출입허가제, 수입할당제, 결제방식의 지정 등 물량과 결제 방법에 제한을 두는 형태이다.

3.3.4 협정무역(Trade by Agreement)

협정무역은 두 나라 또는 다수국 상호 간에 무역증진과 무역균형을 유지하기 위하여 무역협정을 체결하고 이 협정에 따라 거래하는 방식을 말한다.

이러한 협정의 방식에는 ① 수출입 물품의 수량이나 종류를 협정하는 무역협정(Trade Agreement), ② 수출입 결제 방식을 협정하는 지급협정

(Payment Agreement), ③ 상호 간에 관세율의 혜택을 주는 상호통상협정(Reciprocal Trade agreement), ④ 주요 국제적 상품의 공급과 수요에 있어서 국가 상호 간의 관계를 원활히 하기 위한 국제상품협정(International Commodity Agreement) 등이 있다.

3.4 물품 형태에 따른 구분

3.4.1 유형무역(Visible Trade)

유형무역은 거래물품이 눈으로 볼 수 있고 상품의 형태를 취하기 때문에 수출입 시에는 반드시 통관절차를 거치고, 경상수지라는 형태로 무역통계에 표시되는 수출입을 말한다. 또한 유형무역은 유형수출(Visible Export)과 유형수입(Visible Import)으로 구분된다.

3.4.2 무형무역(Invisible Trade)

무형무역은 생산요소(자본 · 노동)나 용역(service) 등을 수출입하는 경우이다. 이러한 물품은 상품으로서의 형태가 없고 육안으로 볼 수도 없기 때문에 세관에서의 수출입 통관절차를 거치지 않고 수출입할 수 있다는 점이 특징이다. 일반적으로 화물의 운임 · 보험 · 여행이나 투자수익 그리고 기타 용역(각종 수수료, 광고선전비 및 특허권 사용료 등) 등이 해당한다.

3.5 물품매매의 직간접에 따른 구분

3.5.1 직접무역(Direct or Bilateral Trade)

직접무역이란 수출국과 수입국의 거래당사자가 제3자, 즉 제3국의 상인을 통하지 않고 자사생산 물품을 자사가 직접 매매계약을 통해 이루어지게 하는 무역을 말한다. 이는 직접수출(Direct Export) 및 직접수입(Direct Import)으로 구분된다.

3.5.2 간접무역(Indirect Trade)

간접무역이란 직접무역의 경우와 달리 양국의 거래당사자 간의 직접 매매계약에 의하여 무역이 이루어지지 않고 제3자 또는 제3국의 상인을 통하여 무역거래가 이루어지는 경우를 말한다. 간접무역에는 다음과 같은 유형이 있다.

① **통과무역**(Passing or Transit Trade)

통과무역은 수출물품이 수출국에서 수입국에 직접 송부되지 않고 제3국을 통과하여 수입국에 송부되는 경우에 제3국의 입장에서 본 무역거래 형태이다. 통과무역은 형식적으로 중계무역과 유사하지만 제3국(B국)에 있는 업자는 동거래에 자발적인 개입이 없다는 점에서 중계무역과는 상이하다.

② **중개무역**(Merchanting Trade)

중개무역은 양국 사이에 제3국이 개재하여 대금결제는 수출상이 수입상으로부터 직접 회수하고, 제3국 상사는 통상수입상으로부터 Merchanting Commission을 취득하는 방식이다. 중개무역에서는 중개업자에게 상품의 소유권이 이전되는 것이 아니라 중개업자는 다만 중개수수료를 목적으로 개입하기도 한다.

③ **중계무역**(Intermediate Trade)

중계무역은 화물을 제3국에 양륙한 후 원형 그대로 또는 약간의 가공만을 거쳐 수입국에 재수출함으로써 소유권을 이전시키는 방식을 말한다. 이는 수입액(지급액)과 수출액(수취액)의 차이, 즉 일정한 중계수수료를 수취하는 거래이다.

④ **스위치무역**(Switch Trade)

스위치무역은 3개국이 연쇄적인 편무역관계를 이용하여 매매예약은 수출상과 수입상 사이에 체결되고 화물도 수출국에서 수입국으로 직행하지만, 다만 대금결제에만 제3국의 업자가 개입하거나 제3국의 결제통화나 계정을 이용하는 방법을 말한다. 이 거래는 외환관리상의 편의나 금융수단의 채용을 필요로 하는 경우에 주로 이용되며, 이때 제3국에서 결제를 위하여 개입된 자를 스위치(Switch)라고 하며 그의 수수료를 스위치커미션(Switch Commission)이라고 한다.

3.6 국가별 균형에 따른 구분

3.6.1 구상무역(Compensation Trade)

구상무역은 수출입에 따른 물품대금을 그에 상응하는 수입 또는 수출로 상계하는 무역 형태이다. 즉, 두 나라 사이의 수출입 균형을 유지하기 위해 많이 이용되는 거래 방식이다.

이는 물물교환 형태의 바터무역(Batter Trade)인 무환구상무역과 Backto-Back L/C, Tomas L/C, Escrow L/C 등과 같은 유환무상무역이 있다. 전자는 대금결제가 필요없는 무역거래 방식이며, 후자는 대금결제가 이루어지되 차액이 발생하지 않는 무역이다.

3.6.2 삼각무역(Traingular Trade)

삼각무역이란 두 나라 사이에 수출 또는 수입이 불균형을 이루어 편무역이 되었을 경우에 반대관계나 또는 특수관계에 있는 제3국을 개입시켜 3국 간의 협정에 의하여 이루어지는 무역 형태이다. 즉 3국 간의 국제수지균형을 도모하는 무역 형태이다. 예를 들면, A국과 B국이 편무역 상태에 있을 때 C국을 개입시켜 A국은 B국에 수출하고 B국은 C국에, C국은 A국에 동액을 각각 수출하면 무역불균형이 해소된다.

3.7 생산단계에 따른 구분

3.7.1 수평무역(Horizontal Trade)

수평무역이란 국가 간의 생산단계가 같거나 유사한 상품 간의 무역을 말한다. 예컨대 공산품 상호 간의 무역 또는 1차상품 상호 간의 무역 형태로, 오늘날 수평무역이라 하면 주로 선진국 상호 간의 무역거래를 말하며, 이를 경쟁적 무역 또는 수평적 국제분업이라고도 한다.

3.7.2 수직무역(Vertical Trade)

수직무역이란 원래 생산단계가 서로 상이한 상품, 즉 공산품과 1차상품 간의 무역 형태를 말하였으나 오늘날은 공산품과 1차상품간만을 국한하지 않고 경제발전 단계상 산업구조 차이에서 발생한 국가 간의 무역거래 형태는 모두 포괄적으로 수직무역이라고 한다. 따라서 이를 가리켜 보완적 무역, 수직적 국제분업이라고도 한다.

3.8 운송 방법의 구분

3.8.1 육상무역(Overland Trade)

육상무역은 철도 및 자동차를 수송수단으로 하여 운송되는 무역 형태로, 수출입 지점이 육상으로 연결된 내륙국가 간에 주로 이루어지는데 유럽제국이 대표적인 육상무역국가이다. 육상무역은 최근에 와서 해상 및 항공 운송과 연계되어 일관운송제도인 국제복합운송으로 발전하고 있다.

3.8.2 해양무역(Ocean Trade, Maritime Trade)

해양무역은 선박을 수송수단으로 하여 운송되는 무역 형태로, 역사적으로 가장 오래전부터 존재하였다. 또한 동시에 대량으로 수송할 수 있다는 장점으로 인하여 육상 및 항공 운송의 급격한 발달에도 불구하고 오늘날에도 그 중요성이 여전히 높다. 해양무역의 발달은 해상운송 분야 및 해상보험 분야와 밀접한 관련을 가지고 있다.

3.8.3 항공무역(Airport Trade)

항공무역은 비행기에 의하여 무역품이 운송되는 경우의 무역을 말하는데, 항공운송 단일수단만으로 이루어지는 무역거래는 거의 존재하지 않고 일반적으로 육상이나 해상과 병행된다.

3.9 수위탁판매 방식의 구분

3.9.1 위탁판매수출(Consignment Sale Trade)

위탁판매수출은 물품을 무환으로 외국에 있는 거래상대방에게 수출하여 당해 물품이 판매된 범위 안에서 일정의 판매수수료를 지급하고 물품대금을 결제받는 수출을 말한다. 즉, 위탁자(consignor)가 물품을 무환으로 수출하여 당해 물품이 판매된 범위 내에서 수탁자(consignee)가 대금을 결제하고 판매 잔량을 수출국으로 송부하는 방식의 수출이다.

3.9.2 수탁판매수입(Import on Consignment)

수탁판매수입은 수탁자가 해외에서 위탁자로부터 위탁을 받아 그 위탁자가 비용과 위험 하에 물품을 무환으로 수입하여 자국내에서 판매하고 그 대금을 결제하는 형태이다. 이 거래 방식은 위탁자로부터 일정의 수수료를 수취하는 것이 목적이다.

3.10 수위탁 가공무역방식의 구분

3.10.1 위탁가공수출

위탁가공수출은 가공임을 지급하는 조건으로 외국에서 가공(제조 · 조립 · 재상 · 개조를 포함)할 원자재의 전부 또는 일부를 거래상대방에게 수출하거나 외국에서 조달하여 이를 가공한 후 가공물품을 다시 수입하는 방식을 말한다.

3.10.2 수탁가공수입

수탁가공수입은 가득액을 영수하기 위하여 원자재의 전부 또는 일부를 거래상대방의 위탁에 의하여 수입한 후 이를 가공하여 위탁자 또는 그가 지정하는 제3자에게 가공물품을 수출하는 방식을 말한다.

3.11 임대차방식의 무역

3.11.1 임대방식수출

임대방식수출은 임대(사용임대를 포함)계약에 의하여 물품을 수출하여 일정 기간 후 다시 수입하거나 그 기간의 만료 전 또는 만료 후 당해 물품의 소유권을 이전하는 수출을 말한다.

3.11.2 임차방식수입

임차방식수입은 임차(사용임차를 포함)계약에 의하여 물품을 수입하여 일정 기간 후 다시 수출하거나 그 기간의 만료 전 또는 만료 후 당해 물품의 소유권을 이전하는 수입을 말한다.

3.12 기타

관광무역이란 외국에서 관광객을 유치하여 외화를 획득하는 것을 말하며 관광수출(Tourist Income)이라고도 한다. 관광수출국은 무역에 의한 수출과 동등하게 취급되므로 무형수출이라고도 하며, 공해가 수반되지 않는다고 하여 '굴뚝없는 공장'이라고도 한다. 이는 외화획득률이 매우 높기 때문에 우리나라뿐만 아니라 세계 각국에서 적극적으로 장려하고 있다.

4 무역업자

Essentials of Trade, ch. fifteen

4.1 무역거래자

대외무역법 제2조 제3호에서는 "무역거래자라 함은 수출 또는 수입을 하는 자, 외국의 수입자 또는 수출자의 위임을 받은 자 및 수출 · 수입을 위임하는 자 등 물품 등의 수출 · 수입 행위의 전부 또는 일부를 위임하거나 행하는 자 를 말한다"고 규정하고 있다.

여기에서 수출 또는 수입을 하는 자란 무역업자를 말하고, 외국의 수입자 또는 수출자의 위임을 받은 자란 무역대리업자(무역대리점)를 말한다.

4.1.1 무역업자

수출 또는 수입을 하는 자를 말한다. 즉, 영리를 목적으로 수출과 수입 행위를 계속적으로 반복하여 행하며 자기 명의로 자기책임 하에 수출입업무를 영위하는 자를 말한다.

4.1.2 무역대리업자

대외무역법령에서 '무역대리업'이라 함은 외국의 수출업자 또는 수입업자의 위임을 받은 자(외국의 수출업자 또는 수입업자의 지사 또는 대리점을 포함한다)가 국내에서 수출물품을 구매하거나 수입물품을 수입함에 있어서 그 계약의 체결과 이에 부대되는 행위를 업으로 영위하는 것을 말한다. 이러한 무역대리업, 즉 무역대리점은 구매대리점(Buying Agent)과 판매대리점(Selling Agent)으로 구분된다.

① 구매대리점

해외의 수입업자의 위임을 받아 해외의 수입업자의 명의와 계산으로 구매계약(국내의 입장에서는 수출계약)을 체결한 후 국내에서 물품을 구매하는 자를 말한다.

② 판매대리점

해외의 수출업자의 위임을 받아 해외의 수출업자의 명의와 계산으로 판매계약(국내의 입장에서는 수입계약)을 체결하는 자를 말한다.

4.1.3 무역대행업자

무역업자가 대행위탁자와의 '대행계약'에 따라 일정한 수수료를 받고서 자기명의로 거래하는 것을 말한다. 무역대행업자는 자기명의로 거래한다는 점에서 무역대리업자와 구별된다. 따라서 무역대행업자는 대외무역법 및 금융(은행거래)상 무역업자로서의 책임을 부담한다.

4.1.4 수출입 위임 또는 위탁한 자

대외무역법상 무역거래자에 포함되어 ① 특허권 등을 침해하거나, ② 원산지를 허위로 표시하거나, ③ 품질을 허위로 표시하거나, ④ 고의로 클레임을 야기하는 등 수출입질서를 저해한 경우 과징금을 부과하는 등의 조치를 취할 수 있다.

표 15-1 **무역거래 관련 당자자 분류**

<table>
<tr><th>구분</th><th colspan="2">내용</th></tr>
<tr><td>무역업자</td><td colspan="2">- 자기명의로 자기책임 하에 물품의 수출과 수입을 업으로 영위하는 것을 말한다.
- 상품의 소유권 이전을 전제로 한다는 의미에서 무역대리업과 구분된다.
- 대행수출, 대행수입의 위탁자는 무역업의 범주에 포함되지 않는다.</td></tr>
<tr><td rowspan="3">무역대리업자
(무역대리점)</td><td>판매대리점</td><td>외국의 수출업자의 위임를 받은 자가 국내에서 수입계약의 체결과 이들에 부대되는 행위를 업으로 영위하는 것으로서 계약대리권만 행사한다.</td></tr>
<tr><td>구매대리점</td><td>외국의 수입업자의 위임을 받은 자가 국내에서 수출품의 구매와 이들에 부대되는 행위를 업으로 영위하는 것으로서 계약대리권만 행사한다.</td></tr>
<tr><td colspan="2">- 자기명의로 소유권 이전을 전제로 한 수출입을 할 수 없다는 점에서 '무역업'과 구분된다.
- 물품매도확약서발행 및 수출품의 구매알선, 시장조사 등으로 영업 범위가 한정된다는 점에서 무역중개업과 구분된다.</td></tr>
<tr><td rowspan="2">무역대행업자</td><td>무역대행의 위탁자</td><td>무역업자에게 그 무역업자의 명의로 수출입을 대행하여 줄 것을 위임 또는 위탁하는 자를 말한다.</td></tr>
<tr><td>무역대행업자</td><td>무역대행위탁자와의 대행계약에 따라 일정한 수수료를 받고서 자기명의로 거래하는 무역업자를 말한다.</td></tr>
</table>

자료 : 전순환, 『무역실무』, 한올출판사, 2007, p.36.

4.2 무역업고유번호제도

2000년 1월 1일부터 규제완화의 차원에서 무역업 및 무역대리업 신고제를 폐지하고 무역업 신고제에서 신청제로 바뀌었다. 따라서 무역업을 영위하고자 하는 자는 한국무역협회에 무역업고유번호의 부여를 신청함으로써 고유번호를 부여받게 된다.

① 무역업고유번호 부여 이유

무역업신고제가 폐지되는 경우에 발생될 수 있는 문제로 ① 지금까지 무역업 신고번호를 기초로 한 각종 무역통계의 작성이 사실상 곤란하여 기존 통계와의 연속성이 사라진다는 점, ② 쿼터관리, 수출실적 확인 등과 같은 업체별 통계관리 및 서비스 제공이 불가능하게 된다는 점, ⑦ 업종별 · 산업별 무역통계의 작성 곤란으로 산업피해조사, 통상마찰대응 등 무역 및 산업정책의 수립에 애로가 발생한다는 점 등을 고려하여 무역통계 작성을 목적으로 무역업고유번호를 부여하도록 하고 있다.

② 무역업고유번호 신청 시 구비서류

- 무역업고유번호신청서 1부
- 사업자등록증 사본 1부
- 대표자 신분증 사본 1부

무역업고유번호신청서
APPLICATION OF TRADE BUSINESS CODE

처리기간(Handling Time)
즉 시 (Immediately)

① 상호 (Name of Firm)		② 무역업고유번호 (Trade Business Code)	
③ 주소 (Address)		④ 업종 (Business Type)	
⑤ 전화번호 (Phone Number)		⑥ 전자우편주소 (Email Address)	
⑤ 팩스번호 (Fax Number)		⑦ 사업자등록번호 (Business Registry Number)	
⑧ 대표자성명 (Name of Rep.)		⑨ 주민등록번호 (Passport Number)	

대외무역법 시행령 제21조 및 대외무역 관리규정 제24조의 규정에 의하여 무역업고유번호를 위와 같이 신청합니다.
I hereby apply for the above-mentioned trade business code in accordance with Article 24 of the Foreign Trade Management Regulation.

신 청 일 : 년 월 일
Date of Application Year Month Day

신 청 인 : (서명)
Applicant Signature

사단법인 한국무역협회 회장
Chairman of Korea International Trade Association

유의사항 : 상호, 대표자, 주소, 전화번호 등 변동사항이 발생하는 경우 변동일로부터 20일 이내에 통보하거나 무역업데이타베이스에 수정입력하여야 함.

210㎜ × 297㎜
일반용지 70g/㎡

국제무역계약

16

Essentials of Trade, ch. sixteen

1. 무역계약의 의의 및 특징

2. 무역계약체결 절차

3. 무역계약의 기본 조건

4. 정형무역거래조건

1 무역계약의 의의 및 특징

Essentials of Trade, ch. sixteen

1.1 무역계약의 의의

무역계약이란 국제 간에 이루어지는 매매계약(Contract of Sale of Goods)으로 매도인이 매수인에게 약정품(계약상품)의 소유권을 양도하여 상품을 인도할 것을 약속하고, 매수인은 이를 받아들인 후 대금을 지급할 것을 약정하는 계약이다.

무역계약은 매 건별로 수출자의 오퍼에 대한 수입자의 승낙에 의하거나, 수입자의 주문(Order, Purchase Order ; P/O)에 대한 수출자의 주문 승낙에 의해 체결된다.

1.2 무역계약의 특징

1.2.1 합의계약(Consensual Contract)

낙성계약 offer에 대한 Acceptance에 의해 계약 성립

합의계약은 낙성계약이라고 하며, 청약자(offerer)의 청약(offer)에 대해서 피청약자(offeree)가 이를 승낙함으로써 무역계약이 성립하는 것을 말한다. 합의계약에서는 당사자들 사이에 계약내용에 대한 합의가 성립되면 계약물품에 대한 소유권이 이전될 수 있는 요소가 된다.

1.2.2 쌍무계약(Bilateral Contract)

쌍무계약 계약성립 시 물품인도의무와 이에 대한 대금지급 의무 발생

쌍무계약은 매매당사자들 사이에 계약이 성립되면 양 당사자들이 서로 상대방에 대해서 일정한 의무를 부담하는 것을 말한다. 매도인은 계약물품을 인도해야 할 의무, 매수인은 계약물품에 대한 대금지급을 해야 할 의무, 즉 쌍무의 성격을 갖는다.

1.2.3 유상계약(Remunerative Contract)

유상계약은 계약당사자들이 서로 대가적 채무를 부담하는 계약을 말한다. 즉, 매도인이 계약물품을 인도하는 급부 행위에 대해서 매수인은 대금을 지급하는 반대급부가 동시에 발생해야 하는 본질이 무역계약의 중요한 요소이다.

유상계약 채권·채무 관계의 발생

1.2.4 불요식계약(Informal Contract)

불요식계약은 단순계약이라도 하며, 계약의 체결에 있어서 특별한 형식에 구애받지 않고 서면에 의한 명시계약이나 또는 구두에 의한 묵시계약에 의해서 무역계약이 성립된다. 따라서 무역계약의 내용이나 형식이 자유롭기 때문에 불요식계약이라 한다.

불요식계약 요식행위가 없이도 계약성립 가능

1.3 무역계약의 종류

1.3.1 개별계약(Case by Case Contracts)

개별계약은 매 거래마다 양 당사자가 거래조건에 합의하면 계약이 성립되는 것으로 매약서(Sales Note)나 매입서 또는 구매서(Purchase Order)가 이 범주에 속한다.

1.3.2 포괄계약(Master Contract)

포괄계약은 지정품목에 대해서 일반거래조건에 따라 상호합의점에 도달하였을 경우, 그 내용을 문서화하여 교환하게 되는데, 이를 일반거래협정서라 한다. 이는 매 거래마다 제조건 등을 재확인 내지 계약하는 번거로움을 없애고 문제발생 시 그 책임이 분명해진다.

1.3.3 독점계약(Exclusive Contract)

독점계약은 수출입을 전문으로 하는 특정 상사 간의 매매를 국한시키는 계약으로 이 경우도 독점계약서를 작성 교환한다.

2 무역계약체결 절차

Essentials of Trade, ch. sixteen

2.1 해외시장조사

해외시장조사는 해외시장의 전반적 개황(정치, 경제, 사회, 풍토, 기후, 언어 등)을 조사한 다음 취급상품에 대한 세부적인 내용(무역관리제도, 시장특성, 수요와 공급, 유통구조, 경쟁상대, 거래처 등)을 조사하는 일련의 과정이다.

또한 시장조사의 방법으로는 국별자료(UN 무역통계연보, IMF 발간연보), 국내외 경제단체 및 유관기관 이용(KOTRA나 한국무역협회 등), 주한 외국공관의 이용, 인터넷에 의한 거래알선 사이트나 무역 e-MP(마켓플레이스)를 이용, 자체시장조사 방법(현지를 직접 방문하여 조사)을 통하여 시장조사를 한다.

2.2 거래처의 발굴

먼저 사전 시장조사에 의하여 자사 상품의 시장성이 있는 대상 시장을 선정한 후 잠재력 있는 유능한 거래처를 발굴한다. 거래처를 발굴하는 데는 자체 홍보물을 제작하여 배포하거나, 인터넷을 통하여 디렉토리를 제공하거나 또는 무역거래 알선 사이트를 이용하여 해외거래처의 정보를 입수할 수 있다. 그 밖에 국내외에서 개최되는 전시회나 박람회 참가 시 카탈로그를 배포하는 것도 효과적이다.

표 16-1 무역계약의 체결절차

절차	참고 사항
해외시장조사 (Market Research)	① 해외시장조사 상식적인 판단 및 문헌을 통하여 자기회사제품이 팔릴 수 있는 기후, 문화, 시장 여건 등을 파악하여 판매지역을 선정한다.
⬇	
거래선 명단 입수	② 거래선 명단의 입수 무역유관기관에 비치된 거래선명부(Directory)를 조사하여 신뢰가 되는 거래선의 명단 및 주소를 입수한다.
⬇	
자기소개서 발송 (Circular Letter)	③ 자기소개서의 발송 거래상대방에게 자신을 알리는 편지(circular letter)를 발송한다.
⬇	
물품에 대한 문의 · 답신 (Inquiry)	④ 품목에 관한 문의 및 답신 자기소개서를 받고 답장을 보낸 거래선을 상대로 거래하고자 하는 품목에 관한 상세한 정보를 전달하여 구매의욕을 고취한다.
⬇	
신용조사 (Credit Inquiry)	⑤ 신용조사 계약으로 연결될 가능성이 있다고 판단되는 거래선의 신용을 신용조사 전문기관에 의뢰하여 조사한다. 신용조사기관으로 수출보험공사, 무역투자진흥공사, 한국신용정보, 신용보증기금, Dun & Bradstreet Korea, SPC 등을 활용한다.
⬇	
거래 제의 (Business Proposal)	⑥ 거래 제의 신용조사 결과 거래가능업체로 판정된 상대방에게 구체적인 사항을 제시하여 거래 제의를 한다.
⬇	
청약 및 주문 (Offer and Order)	⑦ 청약 및 주문 수출상이 수입상에게 판매조건을 서면으로 작성하여 제시하거나(Selling Offer), 수입상이 수출상에게 구매조건을 서면으로 작성하여 제시한다(Buying Offer).
⬇	
반대청약을 위한 합의 (Counter Offer)	⑧ 반대청약을 통한 합의 청약을 받은 자가 청약제의자에게 청약 사항을 일부 수정하여 다시 제의하는 것으로, 청약과 반대청약이 여러 번 되풀이되면서 거래조건에 대한 최종합의에 이르게 된다.
⬇	
계약체결 (Contracts)	⑨ 계약의 체결 거래조건에 대한 최종 합의가 이루어진 당사자 일방이 이를 서면으로 작성하여 당사자가 서명한다.

2.3 신용조사

2.3.1 신용조사의 의의

무역거래에서 거래대상업체에 대한 신용 상태를 확인하는 것은 향후 거래가능성을 진단하고 위험요소를 사전에 예방한다는 면에서 매우 중요하다. 국제무역은 신용을 바탕으로 이루어지고 있기 때문에 신용조사(Credit Inquiry)는 중요성이 매우 크다고 할 수 있다.

2.3.2 신용조사의 내용

3C's character, capital, capacity

신용조회에 있어 필수적으로 조사해야 할 내용에는 character, capital, capacity 등 3C's(three C's)가 있다.

① character

상대방의 성실성(integrity), 영업태도(attitude toward business), 업계의 평판(reputation), 계약이행에 대한 열의(willingness to meet obligations)나 인격 등에 관한 내용이다.

② capital

상대방의 재정 상태(financial status), 즉 수권자본(authorized capital)과 납입자본(paid-up capital), 자기자본과 타인자본의 비율, 기타 자산 상태 등 지급능력에 관한 내용이다.

③ capacity

상대방의 영업 형태, 연간매출액 및 생산능력, 연혁 내지 경력 등 영업능력(business ability)에 관한 내용이다.

5C's
3C's + Country
+ Currency

그 밖에 country와 currency, 즉 상대국의 정치 · 경제적 상황과 통화 상태를 추가하여 5C's라고도 한다. 또한 거래조건(condition), 담보능력(collateral)을 포함하여 7C's라고 한다.

2.4 거래제의

무역업자가 해외시장 조사를 통하여 무역업자의 국가신용도에서부터 거래 국가의 금융관행 그리고 거래당사자 기업의 신용조사 결과 거래 가능업체로 판정된 경우 상대방에게 구체적인 사항을 제시하여 거래제의(Business Proposal)를 하게 된다.

2.5 청약

2.5.1 청약의 의미

청약(offer)은 청약자(offer)가 피청약자(offeree)와 일정한 조건으로 계약을 체결하고 싶다는 의사표시로, 청약자가 피청약자의 승낙과 함께 특정한 내용으로 계약을 성립시키려는 것을 목적으로 하는 일방적이고 확정적인 의사표시를 말한다.

2.5.2 청약의 종류

청약의 종류로는 청약의 주체 기준, 청약의 발행지 기준, 청약의 확정력 기준으로 구분할 수 있다.

첫째, 청약의 주체 기준은 판매청약과 매입청약이 있다.

① **판매청약**(Selling offer)

매도인의 판매의사 표시를 말하며 무역거래에서 오퍼라고 하면 판매오퍼를 말한다.

② **매입청약**(Buying offer)

매수인의 매입의사 표시를 말하며, 일종의 조회와 비슷하며 매입주문서(Purchase order) 등의 형식으로 이루어진다.

둘째, 청약의 발행지 기준으로 국내발행 오퍼와 국외발행 오퍼가 있다.

① 국내발행 오퍼

거래상대국의 물품공급업자 및 본사를 대리하여 대리점계약(Agency Agreement)을 체결한 국내의 물품매도확약업자가 발행한 오퍼이다.

② 국외발행 오퍼

거래상대국의 물품공급업자나 제3자가 외국에서 발행한 오퍼를 말한다. 현재 우리나라는 외국상품 수입 시 발행되는 오퍼로 국외발행오퍼는 대외무역법상 인정하지 않고 있으나 외화 획득용 원료 · 기계 수입, 미화 만달러 상당액 미만의 물품 수입 시, 방위산업체가 방위산업용으로의 수입 등은 인정해 주고 있다.

셋째, 청약의 확정력 기준으로 확정오퍼와 불확정오퍼가 있다.

Firm offer 승낙(Acceptance) 회답의 유효기간(Validity of offer)을 지정하고 그 기간 내에 승낙하면 계약이 성립되는 오퍼

① 확정오퍼(Firm offer)

청약자가 청약 내용에 대하여 승낙(Acceptance) 회답의 유효기간(Validity of offer)을 지정하고 그 기간 내에 승낙하면 계약이 성립되는 오퍼이다. 따라서 확정오퍼의 유효기간 내에 상대방이 승낙을 하면 당사자 쌍방을 법률적으로 구속하는 매매계약이 성립한다.

Free offer 유효기간이 정해져 있지 않은 오퍼

② 불확정오퍼(Free Offer) **또는 자유오퍼**(Free offer)

유효기간이 정해져 있지 않은 오퍼로 보통 거래제의서(Circular Letter)와 함께 보내며, 피청약자가 승낙을 하여도 청약자의 재확인이 필요하다. 또한 청약자의 자유의사에 따라 언제든지 취소가 가능하다. 청약자가 수시로 그 내용을 변경 또는 취소할 수 있는 오퍼이며, 확정오퍼와는 달리 승낙 기간을 정하거나 기타 방법으로 확정적(firm)임을 표시하지 아니한 오퍼이다.

넷째, 조건부청약(Conditional offer)은 다음 4가지로 크게 구분할 수 있다.

① **무확약 청약**(offer without engagement)

청약에 제시된 가격이 미확정적이어서 시세변동(market fluctuation)에 따라 변경될 수 있다는 조건을 붙인 청약(offer subject to market fluctuation)이다.

② **재고잔류 조건부 청약, 선착순 판매조건 오퍼**(offer subject to being unsold)

청약에 대한 승낙의 의사가 피청약자로부터 청약자에게 도달했다 하더라도 바로 계약이 성립되는 것이 아니라 그 시점에서 당해 물품의 재고가 남아 있는 경우에 한하여 계약이 성립되는 오퍼로 선착순매매 조건부 청약(offer subject to prior sale)이라고도 한다.

③ **점검매매 조건부 청약**(offer on approval)

청약과 함께 물품을 송부하여 피청약자가 물품을 점검해 보고 구매의사가 있으면 대금을 지급하고 그렇지 않으면 반품해도 좋다는 조건의 청약이다.

④ **반품허용 조건부 청약**(offer on sale or return)

청약과 함께 물품을 대량으로 송부하여 피청약자가 이를 판매하게 하고 팔리지 않은 잔품은 다시 반납하도록 하는 조건의 청약으로 잡화류 등의 위탁판매에 주로 사용된다.

다섯째, 반대청약(Counter offer)이 있다. 피청약자가 청약에 대해서 그 조건을 변경하거나 혹은 새로운 조항을 추가한 청약을 청약자에게 한 것을 말하며, 반대 청약은 원청약의 거절임과 동시에 피청약자가 청약자에게 행하는 새로운 청약으로 보아야 한다. 따라서 반대 청약은 승낙이 아니기 때문에 계약을 성립시킬 수 없다.

2.6 승낙

Acceptance 피청약자가 청약자의 오퍼를 수락하여 계약을 성립시키고자 하는 의사표시

승낙(Acceptance)은 피청약자가 청약자의 오퍼를 수락하여 계약을 성립시키고자 하는 의사표시이다. 즉 승낙은 피청약자가 청약자의 청약에 대하여 그 청약의 내용 또는 조건을 모두 수락하고 계약을 성립시키겠다는 의사표시를 말한다.

표 16-2 통신수단별 승낙의 효력발생

통신수단 \ 준거법규			한국법	일본법	영미법	독일법	UNCCIS (비엔나협약)	ULFCIS
의사표시에 관한 일반원칙			도달주의	도달주의	도달주의	도달주의	도달주의	도달주의
승낙의 의사표시	대화자간	대면	도달주의	도달주의	도달주의	도달주의	도달주의	도달주의
		전화	도달주의	도달주의	도달주의	도달주의	도달주의	도달주의
		텔렉스	도달주의	도달주의	도달주의	도달주의	도달주의	도달주의
	격지자간	우편	발신주의	발신주의	발신주의	도달주의	도달주의	도달주의
		전보	발신주의	발신주의	발신주의	도달주의	도달주의	도달주의

그림 16-1

청약과 승낙에 의한 계약성립

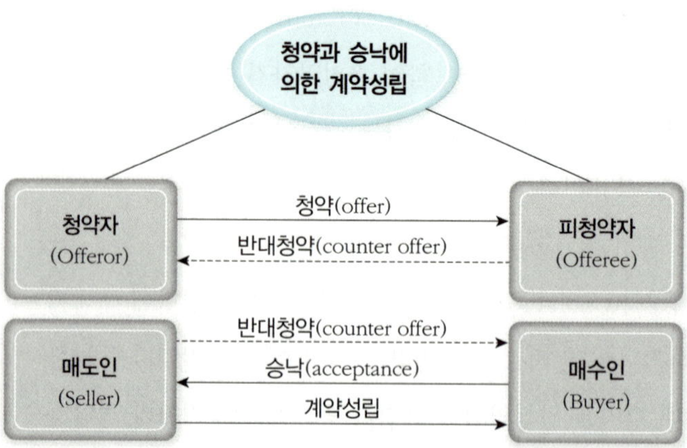

표 16-3 OFFER SHEET

DAESUNG INDUSTRIAL CO., LTD

C.P.O.BOX : 7917 SEOUL
CABLE : FONECA SEOUL
TELEX : DESCO K24416

① *Manufacturers, Expoters & Importers*
#146-1, SOOSONG-DONG, CHONGRO-KU,
SEOUL, KOREA

TEL 735/5671
732/1985
733/8194

OFFER SHEET

② Messrs. OKAMOTO INDUSTRIES INC.

③ Offer No. DS01227
④ Date. DEC. 27, 2007

Gentleman :

⑤ We are pleased to offer you the following

⑥ Origin : REPUBLIC OF KOREA
⑦ Shipment : WITHIN 45 DAYS AFTR RECEIPT OF YOUR L/C.
⑧ Shipping Port : BUSAN, KOREA
⑨ Payment Terms : BY AN IRREVOCABLE AT SIGHT L/C TO BE OPENED IN OUR FAVOR.
⑩ Validity of Offer : BY JAN. 31. 2008

Item	⑪ Commodity & Description		⑫ Quantity	⑬ Unit Price	⑭ Total Amount
			⑮ CIF YOKOHAMA, JAPN/PC		
	AUTOMOBILE TUBES				
	SIZE	VALVE			
	550-13	TR13	2,100 PCS	@US$ 1.80	US$3,780.00
	600-14	TR13	3,900 PCS	1.90	7,410.00
	TOTAL :		6,000 PCS		US$11,190.00
	**		****************	****************	****************

Very truly yours,

⑯ Accepted by : ____________
Date of acceptance ____________

⑰ DAESUNG INDUSTRIAL CO., LTD.
____

표 16-4 PURCHASE ORDER

① OKAMOTO INDUSTRIES, INC.

3-27-12, HONGO. BUNKYO-KU. TOKYO, JAPAN
TEL. 817-4261, 4266, 4271 FAX. 814-0894

PURCHASE ORDER

② Messrs.

DAESUNG INDUSTRIAL CO., LTD.
10th Floor, Leema Bldg.,
146-1 Susong-Dong,
Chongro-Ku, Seoul, Korea.

③ Your Ref ....
④ Our Ref ..........D.I.C.-.07009..........
⑤ Date & Place..December.27, 2007..........

⑥ Dear Sirs.

We OKAMOTO INDUSTRIES, INC., as Buyer, hereby confirm our purchase of the following goods in accordance with the terms and conditions given below.

⑦ DESCRIPTION	AUTOMOBILE TUBES 500-13 TR13 2,100 PCS. 600-14 TR13 3,900 PCS.
⑧ QUALITY	AS PER PREVIOUS SHIPMENT.
⑨ PACKING	EACH 20 PCS. TO BE PACKED INTO AN EXPORTABLE CARTON BOX. EXPORT STANDARD PACKING
⑩ QUANTITY	6,000 PCS. ONLY.
⑪ PRICE	CIF YOKOHAMA, JAPAN IN U.S. DOLLARS. 550-13 TR13 @U$1.80/PCE 600-14 TR13 @U$1.90/PCE
⑫ AMOUNT	TOTAL : US$11,190.00
⑬ INSURANCE	INSURANCE POLICY/CRETIFICATE BLANK ENDORSED FOR 110% OF C.I.F VALUE WITH CLAIMS PAYABLE IN JAPAN IN THE CURRENCY OF THE DRAFT INSURANCE TO INCLUDE I.C.C.(A) WITH INSTITUTE WAR CLAUSES, S.R.C.C CLAUSES.
⑭ PAYMENT	BY L/C AT SIGHT IN YOUR FAVOUR BY FULL CABLE. ADVISING THROUGH KOREA EXCHANGE BANK, SEOUL, KOREA FROM THE FUJI BANK LTD., TOKYO. (INTEREST IS FOR SELLER'S ACCOUNT.)
⑮ SHIPMENT	SHIPMENT SHOULD BE EFFECTED DIRECTLY FROM BUSAN, KOREA TO YOKOHAMA, JAPAN BY DIRECT CONTATNER VESSEL AS FOLLOWS : BY EARLY FEB/2008
⑯ MARKS & NO	TO BE MARKED ON BOTH SIDES OF EACH CARTON BOX AS FOLLOWS : C/NO. 1-1/UP ITEM : AUTO TUBE SIZE : ______ Q'TY : ______
⑰ REMARKS	ONE ORIGINAL CRETIFICATE OF ORIGIN FORM "A" & TWO COPIES OF NON-NEGOTIABLE B/L, INVOICE, PACKING LIST, INSURANCE POLTCY SHOULD BE GIVEN BY YOU UNDER A CAPTAIN'S CARE FOR DELIVERY TO US.

Confirmed & accepted by : OKAMOTO INDUSTRIES, INC.

2.7 무역계약의 체결

2.7.1 무역계약의 의의

무역계약은 유상(금전적 대가를 지급), 쌍무(서로 상대방에게 일정한 의무를 부담), 낙성(청약에 대한 승낙 → 의사의 합치), 불요식(특정한 형식이 필요치 않음) 계약이라는 점에서 본질적으로 국내매매계약과 동일하다. 그러나 국제상관습이 적용되고, 격지자간의 거래계약이며, 국가별 무역관리에 수반되는 내용상 절차상의 제약이 가해지는 점에서 국내매매계약과 구별된다.

무역거래 시에는 거래 방법의 예측 가능한 일관성 유지, 장래 발생할지도 모르는 무역분쟁(Claim)의 예방과 해결을 위하여 General Agreement(General Terms and Conditions : Master Contract)를 맺는 것이 좋다. 그리고 매 건별로는 수출자의 청약(Offer)에 대한 수입자의 승낙(Acceptance)에 의하거나, 수입자의 주문(Order, Purchase Order ; P/O)에 대한 수출자의 주문승낙(Acknowledgement)으로 무역계약이 체결된다. 아울러 Offer에 대한 Acceptance가 이루어지면 계약은 성립된 것으로 간주되므로 불이행 시에는 Claim이 제기될 수 있음을 유의하여야 한다.

tips 계약의 유형과 당사자 관계

포괄계약 시

① 무역거래 일반약정(General Terms and Conditions)을 체결한다.

② 매도인 발행 Offer(청약)에 매수인이 Acceptance(승락) 서명(혹은 매수인 발행 Order에 매도인이 Acknowledgement 서명)한 후 각기 1통을 보관한다.

③ 매도인의 확정오퍼에 대해 수락의 표시를 전신이나 서신으로 발송한다.

개별계약 시

① 계약서를 2통 작성하여 서명 후 상대방에게 송부하고 상대방은 이를 검토, 서명한 후 1통을 발송한다.

② 매도인 측 작성 : Sales Note, Sales Contract, Confirmation of Order

③ 매수인 측 작성 : Purchase Note, Purchase Contract, Order

계약당사자

① 본인(Principal)이란 거래로부터 발생하는 권리의무의 주체로 자기의 계산과 위험(for account and risk)으로 거래하는 자를 말한다.

② 대리인(Agent)이란 거래의 권리의무의 주체가 타인이며, 타인의 계산과 위험으로 거래하는 자이다. 즉 거래로부터 발생하는 손익은 본인에 귀속되며, 대리인은 본인을 위해 제공된 서비스에 대한 보수로 수수료를 받는다.

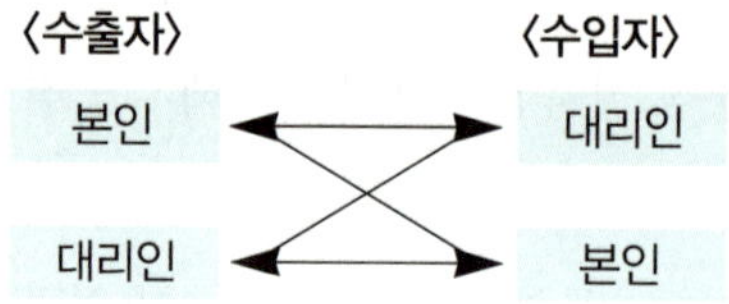

2.7.2 무역계약체결 방법

① **개별계약 방법**(Case by case contract)

개별계약 매 거래건별로 먼저 간단한 오퍼나 오더를 확정한 후 수출입본계약을 확정하는 방법

개별계약 방법은 매 거래건별로 먼저 간단한 오퍼나 오더를 확정한 후 수출입본계약을 확정하는 방법으로, 통상 거래상대방과 최초 거래 시나 초기 거래시에 활용된다. 개별계약 방식에 의한 수출입계약서는 표면과 이면 양면으로 구성되어 있다.

무역계약서의 표면약정에 포함되는 사항은 거래건별로 확정하여야 하는 개별약정 사항으로서 당해 거래 시 물품의 품질수준, 수량 및 가격 등 거래상품에 관한 사항과 선적일자, 결제방법 및 보험조건 등이 여기에 해당한다.

무역계약서의 이면약정 사항은 무역에 관한 일반약정(General Terms and Conditions)으로서 무역계약에 대리인이 개입되지 않고, 계약상 권리와 의무의 당사자인 본인 대 본인 계약(Principal to Principal Basis Contract)이라는 사항과 계약서 표면약정 사항인 품질, 수량, 가격 및 선적조건 등을 정하는 기준 등 개별약정 사항을 해석하는 기준과 계약불이행과 관련한 조항으로서 불가항력조항, 클레임조항, 중재조항 및 준거법조항 등 수출입거래 시 일반적으로 적용되는 공통 사항이 여기에 포함된다. 개별계약 방법으로 수출입계약을 체결할 경우 계약당사자는 청약(Offer)과 수차례의 반대청약(Counter Offer)를 교환하는 방법으로 사전에 계약 내용을 협의한 후 이를 확정하여 어느 일방이 통상 2부의 계약서를 작성하여 서명한 후 이를 다른 일방에게 송부하면 상대방은 이에 서명한 후 1부를 송부 각각 1부씩 보관한다.

② **포괄계약방법**(Master contract)

포괄계약방법은 통상 동일한 거래상대방과 계속적으로 거래가 이루어지는 경우에 채택하는 방법으로, 이는 매 거래시 건별로 수출입본계약을 체결함에 따른 번거로움을 피하는 데 적합하다. 수출입거래당사자는 당사자 간의 향후 수출입거래준칙에 해당하는 일반거래조건협정(Agreement of Memorandum on General Terms and Conditions of Business)을 약정한다. 여기에는 개별 계약체결 시 무역계약서의 이면약정 사항에 포함되는 무역거래일반약정(General Terms and Conditions) 사항과 함께 거래건별로 오퍼나 오더를 확정하는 방법을 정한다. 이후에 건별 거래 시는 포괄계약에서 정한 방법에 따라 간단한 Offer나 Order를 교환함으로써 무역계약을 확정한다.

포괄계약 동일한 거래상대방과 계속적으로 거래가 이루어지는 경우에 채택하는 방법

2.7.3 무역계약서의 작성

무역계약은 청약과 승낙을 통한 당사자 간의 합의에 의하여 성립하므로 계약서의 작성이 반드시 필요한 것은 아니다. 그러나 무역계약은 일반적으로 상품을 계약의 목적으로 하는 국제매매 계약이기 때문에 후일에 분쟁이 야기될 소지가 상당히 많다. 그러므로 매매당사자 간에 이러한 분쟁을 방지하기 위해서 무역계약의 조건을 명백히 할 필요가 있으며, 또한 이를 문서화하여 서명한 매매계약서(Sales Contract)를 상호 교환하여 보관하는 것이 필요하다.

그림 16-2

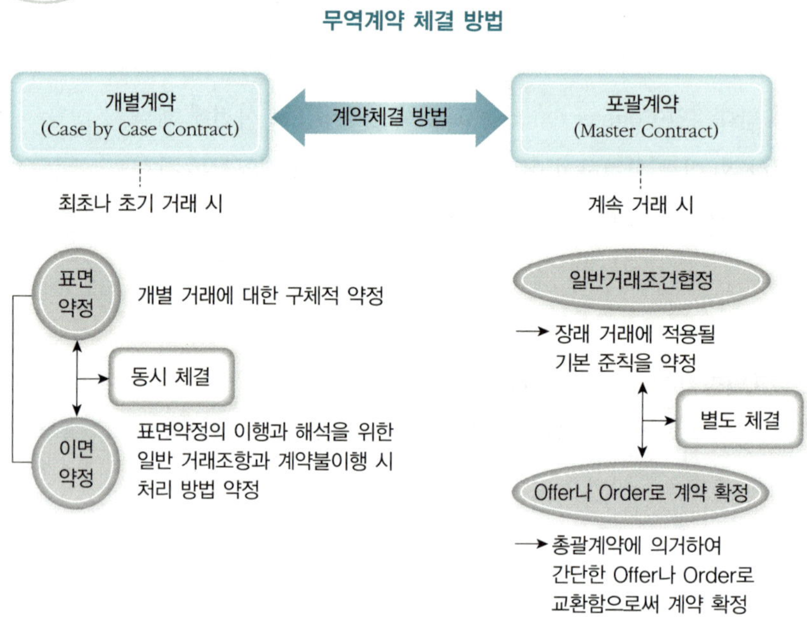

2.7.4 무역계약서의 조항

매매계약서의 기재 내용은 거래상대방, 상품의 내용, 상품의 목적지 등에 따라 달라지지만, 결국 매매당사자 간에 합의된 사항을 빠짐없이 정확히 기재해야 한다. 매매계약서에 기재될 사항은 일반적으로 거래 때마다 결정하여야 할 사항, 즉 품명 · 품질 · 규격 · 수량 · 가격 · 선적 등에 관한 사항과, 일반적으로 모든 거래에 공통되는 사항, 즉 불가항력 · 무역조건 · 권리침해 · 클레임 조항 · 중재 · 준거법 등에 관한 사항으로 나눌 수 있다.

2.7.5 계약체결 시의 주의사항

① 일반적으로 우리나라 사람들은 상대방의 권리, 의무를 명확하게

해두는 것에 익숙하지 못하고 상대방을 일방적으로 신뢰하여 사후에 분쟁이 발생하는 경우가 많으며, 특히 신용장조건의 불비에 따른 지급거절 사례가 자주 발생한다.

② 계약체결은 가급적 정식계약(Case by Case Contract 또는 Master Contract)으로 체결하는 것이 바람직하며 정당한 권리자(본인 대 본인 : Principal to principal)와 체결해야 한다.

③ 국제 간 거래는 계약의 체결, 이행, 종료의 과정에서 계약의 불이행, 해석상의 의견불일치 등으로 항상 분쟁발생 가능성을 내포하고 있다.

④ 청약조건을 충분히 검토하여 승낙 여부를 결정하여야 하며, 가격표 등에도 청약으로 착각하기 쉬운 문언이 없도록 주의하여야 한다.

⑤ 계약성립 시기에 대한 문제와 관련하여 영미법이나 대륙법계의 영미법이나 대륙법계의 입법주의는 모두 도달주의를 채택하고 있으며 우리나라도 이에 따르고 있다. 그러나 우리나라 민법 제531조에서 격지자간 계약에 있어서 승낙에 대한 의사표시는 발신주의를 채택하고 있음에 유의해야 한다.

⑥ 모든 계약을 체결할 때에는 반드시 구두가 아닌 서면으로 작성하고, 계약체결 전에 법률지식이 풍부한 전문인의 법률자문을 얻어 계약 내용상 불리한 내용이 없도록 하여야 한다.

⑦ 계약당사자는 클레임 제기 시 대한상사중재원 또는 기타 특정 기관의 중재판정에 따른다는 조항을 넣어 두면 분쟁을 신속, 편리하게 처리할 수 있다.

표 16-5 **개별계약 방법**(Case by Case Contract)

HAWOO CORPORATION
W.T.P.O. BOX 1010
Trade Tower 30F.
Kangnam-Ku, Seoul, Korea
TEL : 02-6000-5353 FAX : 02-6000-5161

SALES CONTRACT NO.123

DATE : June 10, 2007

MESSRS, PFISTER & VOGEL INC.
Los Angeles, U.S.A.

We as Seller confirm having sold you as Buyer the following goods on the terms and conditions as stated below and on the back hereof.

QUANTITY	DESCRIPTION	PRICE	SHIPMENT
10,000yards	Printed Synthetic Febric 44 x about 500yards 100% Acrylic Fast Color	CIF New York in U.S. Currency $0.72	Aug. 2007

Total Amount : US$ 7,200.00

PAYMENT : By a Documentary Letter of Credit at 90 days after sight in favour of you.

INSURANCE : Seller to cover the CIF price plus 10% against All Risks including War and SRCC Risks.

PACKING : About 500 yards in a carton box

DESTINATION : LOS ANGELES, U.S.A.

〈SHIPPING MARK〉
P&V
LOS ANGELES
BOX NO. 1/UP
MADE IN KOREA

PLEASE SIGN AND RETURN THE DUPLICATE

BUYER	SELLER
PFISTER & VOGEL INC.	HAWOO CORPORATION.
(Signed)	(Signed)
David Jones	GIL DONG HONG
President	Export Manager

General Terms and Conditions

1. Principal to Principal Basis : This Contract Recognizes the fact that it is on a principal to principal basis between Seller and Buyer.
2. Quantity : Quantity is subject to a variation of five percent(5%) plus or minus at Seller's option.
3. Shipment : The date of Bill of Lading shall be taken as the conclusive date of shipment. Partial shipment and/or transshipment shall be permitted, unless otherwise stated on the face hereof. Seller shall not be responsible fornonshipment or late shipment in whole or in part by reason of Force Majeure, such as fires, floods, earthquakes, tempests, strikes, lockouts, and other industrial disputes, mobilization, war, threat of war, riots, civil commotion, hostilities, blockade, requisition vessel, and any other contingencies beyond Seller' s control.
4. Price : The price(s) is (are) on the rate of freight and insurance premium prevaling at the time of accepting the order, and any increase in the rate of freight and insurance premium at the time of shipment shall be born by Buyer.
5. Inspection : Inspection performed under the export regulation of Korea is final respect of quality and/or conditions of the contracted goods, unless otherwise stated on the face hereof.
6. Trade Terms : The trade terms used in this contract shall be governed and interpreted by the provisions of Incoterms(2000 edition) unless otherwise specificaly stated.
7. Infringement : Buyer shall hold Seller harmless from liability for any infringement with regard to patent, trade mark, design and/or copyright originated or chosen by Buyer.
8. Claim : Any claim by Buyer must be made in writing within fourteen(14) days will be recognized if they are used.
9. Arbitration : All disputes, controversies, or differences which may arise between Seller and Buyer, out of or in relation to or in connection with this Contract, or for the breach thereof, shall the finally settled by arbitration in Seoul, Korea accordance with the Commercial Arbitration Rules of The Korean Commercial Arbitration Board. The award rendered by the arbitrator(s) shall be final and binding upon both parties.
10. Governing Law : This Contract shall be governed in all respects by the laws of Korea.

표 16-6 포괄계약 방법(Master Contract)

GENERAL AGREEMENT

between ; Pfister & Vogel Inc., the buyer,
and Hawoo Corporation, the seller.

1. Business : Both parties shall act as principals, and not as agents.
2. Offers : All firm offers shall be made by cable, unless otherwise stipulated, shall remain in force for four days including the day cabled. Sundays and national holidays shall not be counted as days.
3. Acceptance : Acceptance must be made by cable within the time specified.
4. Order : An order by cable must be confirmed by cable on receipt ; subsequently a separate contract note or order sheet shall be sent by following mail. Orders thus confirmed can not be cancelled unless by mutual consent.
5. Price : Unless otherwise stated in letter or cable, prices shall be in U.S. Currency on CFR Los Angeles basis.
6. Quality : (a) Goods sold on sample shall be guaranteed by the seller to confirm exactly to sample upon arrival at destination.
   (b) Goods sold without sample shall be guaranteed by the seller to be equal to the fair average of the season's crop.
7. Quantity : Weight and quantity determined by the seller, as set forth in shipping documents, shall be final.
8. Marking : All shipments shall be marked

P&V
LOS ANGELES
MADE IN KOREA
and given running numbers.

9. Terms : Banker's Irrevocable Letter of Credit is to be opened at the time each contract is concluded. Draft is to be drawn at sight, under the Credit for the full invoice amount with full set of Shipping Documents attached, namely, Bills of Lading. Insurance Policies or Certificates, Commercial Invoices, Consular Invoices and other documents which particular contracts require.

10. Shipment: Shipment shall be made within the time specified in the contract of sale. In case of force majeure one month's delay is allowed. The date of the Bill of Lading shall be full and sufficient evidence of the date of shipment.
11. Destination: Los Angeles unless expressly specified by cables or letters. The port of discharge, however, shall be at the buyer's option in accordance with the special agreement when each contract is made.
12. Insurance: Insurance shall be effected by the seller on W.A., including risks of Theft, Pilferage and Non-Delivery for the invoice amount plus ten percent. War Risk or any other additional insurance, if required, shall be covered for account of the buyer. Policies or Certificates are to be made out in U.S. Currency, and claims payable in Los Angeles.
13. Claims: Claims, if any, shall be filed by cable within fourteen days from the date of final discharge at destination. Certificates by recognized surveyors shall be sent by airmail without delay.
14. Arbitration: Claims and disputes, unless amicably adjusted between seller and buyer, are to be submitted to two arbitrators appointed by respective parties, whose decision both parties should accept and abide by.

This agreement shall be valid from the date of May 1, 2007

(Buyers) PFITER & VOGEL INC., LOS ANGELES

(Sellers) HAWOO CORPORATION. SEOUL

3 무역계약의 기본 조건

Essentials of Trade, ch. sixteen

3.1 품질조건(Quality terms)

3.1.1 품질결정 방법

① **견본매매**(Sales by Samples)

공산품 거래 시 가장 일반적으로 사용되는 품질약정 조건이다. 견본에 의해 인도할 계약물품의 품질을 결정하는 방법으로, 외국의 매수인이 수입할 물품의 전부에 대하여 품질, 형태 등을 검사한다는 것은 불가능하므로 매도인으로 하여금 수출품을 대표하는 일부 현품, 즉 견본을 제시하는 방법으로 결정한다.

② **상표매매**(Sales by Trade Mark)

특정 상품의 상표나 품명이 세계적으로 널리 알려진 경우 그 상표나 품명에 의하여 상품의 품질을 결정하고 매매가 성립되는 경우이다. 세계 일류 유명상표의 경우에 사용된다(예 : Coca Cola 등).

③ **명세서 매매**(Sales by Specification)

선박이나 중대형 기계류 등 견본 제시가 불가능할 경우에 사용된다. 즉, 기계, 선박 및 의료기구와 같은 상품의 경우에는 그 상품의 재료나 구조, 성능 등의 명세서를 작성하고 경우에 따라서는 이에 사진, 청사진, 카탈로그 등을 첨부하여 품질을 결정하는 경우에 사용된다. 설명서 매매(Sales by Description)라고도 한다.

④ **규격매매**(Sales by Type or Grade)

규격이 국제적으로 지정되어 있거나 수출국의 공적규정(예 : KS, JIS,

ISO)에 의해서 정해져 있는 경우 당해 물품의 품질을 결정하고 매매가 이루어지는 것을 말한다.

⑤ **점검매매**(Sales by Inspection)

매도인이 매수인 앞으로 보낸 상품을 실제 점검한 다음 품질을 결정하여 매매가 이루어지는 거래로, 이는 신규상품의 시장개척 시에 이용되는 경우가 많다.

⑥ **표준품 매매**(Sales by Standard, Sales by Type)

주로 농림수산물이나 광산물과 같은 1차상품 거래 시 사용되며 대표적으로 FAQ와 GMQ가 있다.

첫째, 평균중등품질조건인 FAQ(Fair Average Quality)가 있다. 평균중등품질조건은 당해 년도, 당해 지역에서 생산되는 동종 물품 가운데 중급 수준 품질의 것을 인도하기로 약정하는 방법이다. 이는 주로 곡물과 천연과실 등의 농산물에 사용되는 품질조건으로 인도상품의 표준 품질은 선적의 시기 및 장소에 따라 그 계절 출하품의 평균중등품질이어야 한다는 조건이다.

둘째, 판매적격품질조건인 GMQ(Good Merchantable Quality)가 있다. 판매적격품질조건은 물품을 인도할 당시의 품질이 당해 물품의 성질이나 상관습상 판매하기에 적합한 수준이기만 하면 된다. 이 조건은 주로 원목, 냉동어류, 광석류 등과 같이 견본의 이용이 곤란한 거래에 이용되는 품질조건으로서 인도상품은 거래상 적절하다고 인정되는 품질일 것을 보증하는 조건이다.

3.1.2 품질결정 시기

① **선적품질조건**(Shipped Quality Terms)

공산품인 경우 선적 시에 공인검사기관의 품질확인을 받았다면 운송도중에 변질되어 도착지에서 하자를 발견했더라도 수출상은 이에 대한 책임을 지지 않는다.

② 양륙품질조건(Landed Quality Terms)

운송 도중에 품질이 변질될 수 있는 곡물, 피혁, 어류 등과 같은 1차 상품의 경우에는 양륙지에서 품질검사를 한 것이 계약조건과 일치하여야 수출상이 면책을 주장할 수 있다.

③ 곡물거래 시 쓰여지는 조건

이는 영국 런던의 곡물시장을 중심으로 정립된다. TQ(Tale Quale)는 선적 시 조건이며, RT(Rye Terms)는 양하 시 조건이다.

3.2 수량조건(Quantity Terms)

수량조건은 상품의 성질과 형상에 의하여 용적(Measurement), 중량(Weight), 개수(Piece), 길이(Length) 등의 단위를 약정해야 한다. 이는 국가 간 단위의 사용이 다르기 때문이다. 특히 포장된 상품을 매매하는 경우에는 포장재료의 중량을 포함한 총중량(gross weight)인가, 포장재료의 중량을 포함하지 않은 순중량(net weight)인가를 명기할 필요가 있다. 수량에 관해서도 품질의 경우와 같이 FOB, CIF 등의 선적지 조건으로 매매하는 경우에는 원칙적으로 선적지수량조건(shipped quantity terms)이지만, 특약에 의해 양륙지수량조건(landed quantity terms)으로 할 수도 있다. 또한 Bulk 화물인 경우 약간의 과부족을 용인하는 조항(More or Less Clause)을 두어야 한다.

3.2.1 수량의 단위

수량의 단위는 상품의 성질에 따라 중량(Weight), 길이(Length), 용적(Measurement), 포장개수(Piece) 등으로 구분하고 있다.

첫째, 부피(Measurement)는 목재나 액체류의 거래에 쓰이며 그 단위는 다음과 같다.

- 1ton = 40ft^3 : 전 세계에 쓰임
- 1ton = 1m^3 : 북유럽, 우리나라, 일본
- 1BM(Board Measure) = 1,000 Board Feet

둘째, 무게(Weight)는 원재료에 많이 쓰인다.

- 영국계 : L/T(Long Ton, English Ton, Gross Ton) = 2,240lbs = 1,016.05kgs = 270,946관
- 미국계 : S/T(Short Ton, American Ton, Net Ton) = 2,000lbs = 907.18kgs = 241,916관
- 프랑스계 : M/T(Metric Ton, French Ton, Kilo Ton) = 2,204lbs = 1,000kgs = 266.677관

셋째, 개수는 잡화나 기계, 완구 등의 거래에 사용된다.

- Piece = 개
- Dozen = 12pcs
- Gross = 12×12pcs

넷째, 용적과 개수의 단위도 상품에 따라 다음과 같이 사용된다.

- 목재 등 : cubic meter(M3 ; CBM), cubic feet(Cft), super feet(square feet × 1inch)
- 석유 등 액체 : 영국의 1gallon(imperial gallon) = 4,546liters
  미국의 1gallon(wine gallon) = 3,787.3liters
- 석유 등 액체 : 일반개체물품 : 1gross(12 × 12 = 144)
  1small gross(12 × 10 = 120)
  1great gross(12 × 12 × 12 = 1,728)

다섯째, 포장(Package)은 일정 수량을 내용으로 한 포장을 거래의 단위로 하며, 원면이나 시멘트 등의 거래에 쓰인다.

여섯째, 길이(Length)는 직물, 전선 등의 거래에 사용된다.

일곱째, 면적(Square)은 타일, 합판 등의 거래에 쓰인다.

3.2.2 Bulk Products의 수량약정 : 수량의 과부족 용인조건

M/L Clause 과부족 용인조건

수량의 과부족 용인조건은 유류와 같이 휘발성이 있거나 석탄, 광물, 곡물 등과 같은 Bulk 화물일 경우에 이용된다. 왜냐하면 그 수량이 자연적으로 소모나 손실이 불가피한 상품(bulk cargo)을 대량으로 수송하는 경우 화물의 성질상 정확하게 인도한다는 것은 불가능하다. 따라서 이 경우 일정 비율만큼의 과부족에 대하여는 매수인이 이것을 용인하고 과부족양에 대해서는 클레임을 제기하지 않는다는 약정을 사전에 하게 되는데 이것을 과부족 용인조건(more or less clause ; M/L Clause)이라고 한다.

① '신용장방식 거래' 에서는 과부족을 인정하지 않는다는 금지조항이 없는 한 5%의 과부족이 허용되는 것으로 본다.

② '무신용장방식 거래(D/P, D/A 등)' 에서는 M/L Clause가 없는 경우 5%의 과부족이 허용되지 않으므로 계약상에 M/L Clause를 포함시키는 것이 현명하다.

③ Approximate Quantity Terms(개산수량조건)
인도수량에 'About', 'circa', 'Approximately', 'Around' 등의 용어를 사용한 경우 신용장방식 거래 시에는 이에 대해 10%의 과부족을 인정하는 것으로 해석하고 있다. 그리고 무신용장방식 거래에서는 계약상 구체적인 약정이 없는 경우 해석상의 문제로 분쟁의 소지가 있다.

3.2.3 수량 제한

생산과 기업 사정에 따라 단위 주문당 수량의 제한을 둘 수 있는데, 최소주문수량(Minimum Order Quantity)과 최대주문수량(Maximum Order Quantity)으로 구분한다.

① 단번에 대량생산이 불가능할 경우의 수량을 상대방이 요구할 시는 최대인수가능수량(maximum quantity acceptance)을 약정해야 한다.
② 그리고 그 반대의 경우에는 최소인수가능수량(minimum quantity acceptable) 조건, 즉 'An order shall be accepted so long as the quantity exceeds 1,000 dozen' 등과 같이 약정해야 한다.

3.3 가격조건(Price Terms)

3.3.1 가격조건의 내용

국제무역에는 가격의 구성원리가 국내거래와 상이하다. 즉 무역에서의 가격에는 국내거래에서 발생하지 않는 부대비용(운송비, 보험료, 행정비용, 관세 등)이 필연적으로 수반되는데 이 부대비용의 부담자를 수출상과 수입상 중 누구로 할 것이냐는 매매당사자가 계약에서 채택하는 INCOTERMS상의 정형 거래조건에 따라 달라진다. 즉, 가격조건을 무엇으로 결정했느냐에 따라 비용의 부담자, 위험의 이전 시기, 소유권의 귀속 여하가 모두 달라지기 때문에 이것을 알아야 가격협상 및 상담이 가능해지는 것이다.

INCOTERMS 정형무역거래조건

3.3.2 수출물품 가격결정요소

가격결정요소 = 물품의 제조(생산)원가 + 이윤(희망이익) + 요소비용(부대비용 : 운임, 보험료, 통관에 필요한 행정비용)

3.3.3 선내하역비용의 명시

이는 선내 하역업자(Stevedore)에 의해 행해지는데, 소량화물이나 개품화물인 경우에는 정기선(Liner)에 의해 운송되어져 선박회사가 운임에 포함하여 선내하역비를 부담한다. 그러나 Bulk 화물의 선내하역비 조건이 F.I, F.O, F.I.O 등일 경우에는 화주가 선내하역비의 일부 또는 전부를 부담해야 한다. 이의 부담 내용을 보면 다음과 같다.

- FIO(free in and out) : 선적비 및 양륙비 선사 부담이 아님
- FI(free in) : 선사가 양륙비용만 운임에 부과
- FO(free out) : 선사가 선적비용만 운임에 부과 = free discharge

3.4 결제조건(Payment Terms)

무역거래는 매매당사자가 장소적으로 원격지간에 있는 특수성으로 인하여 일반적으로 무역계약을 체결할 시 대금의 결제 방법, 결제 시기 그리고 결제 통화 등에 대하여 상세하게 약정하여야 한다.

3.4.1 무역대금 결제 방법

무역거래 시에 결제 방식으로는 신용장방식, 무신용장방식 등이 있으며, 무신용장방식인 경우에는 D/P, D/A, CAD, COD, 국제 포피팅 방식, 국제 팩토링 방식 등이 있다. 따라서 무역계약 시 결제를 어느 조건으로 할 것인지 밝혀야 한다. 신용장방식으로 정한 경우에는 수입상이 약정

기일 이내에 신용장을 개설하여야 하며 신용장 개설이 있은 후에야 수출상은 제품제조에 착수하게 된다.

① 송금방식에 의한 결제

송금방식은 수입상이 물품을 받기 전 또는 받은 후에 송금하여 주는 방식으로 사전송금방식과 사후송금방식이 있다.

- 사전송금방식(Payment in Advance) : 수출상의 입장에서 무역대금의 회수불능 등과 같은 위험부담은 없어 좋은 조건이라 할 수 있으나 수입상은 대금만 먼저 지급하고 그 후에 물품을 받지 못하는 위험을 부담하게 된다.
- 사후송금방식(Sales on Consignment)은 물품을 받은 후 대금을 지급하는 수입상은 안전하나 수출상은 대금 미회수의 위험을 부담하게 된다.

② 추심방식에 의한 결제

추심 방법에는 어음지급운송서류인도조건(Document Against Payment ; D/P)과 어음인수운송서류인도조건(Document Against Acceptance ; D/A)이 있다.

- D/P조건일 경우 : 환어음을 일람불어음(At sight Bill of Exchange)으로 발행하여 수입상에게 제시하여 그 어음금액을 추심을 통해 결제받는 방법이다.
- D/A조건일 경우 : 기한부어음(Usance Bill of Exchange)을 발행하여 수입상에게 제시하면 수입상은 일람불 조건식으로 결제하는 것이 아니라, 환어음의 결제유예 기간(at 30 days after sight) 등 확인(인수)만 함으로써 운송서류를 인도받은 후 약정기간(만기일)에 대금을 추심에 의해 결제하는 방법이다.

추심결제방식의 D/P, D/A 조건은 관련 은행의 지급확약이 없이 오직 매매당사자의 책임 하에 거래가 이루어지고, 거래 전에 상대방의 신용조사가 선결되어야 하며, D/A, D/P 계약서에는 신용장에 준해서 일반적으로 수입상이 작성하는데, 특히 D/A 조건일 경우에는 가격산정 시 유예기간에 대한 원금의 이율을 어떻게 포함할 것인가를 약정해야 한다.

③ 신용장의 결제

신용장이란 수출상(Applicant)의 요청에 의하여 신용장개설은행(Issuing bank)이 신용장조건에 일치하는 운송서류와 상환으로 수출상(Beneficiary) 또는 그 지시인에게 무조건 대금을 지급하거나 만기일에 가서 인수한 어음에 대한 대금지급을 약정하는 증서이다.

신용장에 의한 무역대금의 결제는 송금방식이나 추심방식의 단점을 해결하여 줌으로써 금융 기능과 지급보증의 기능을 갖고 있기 때문에 무역대금 결제방식 중 가장 많이 이용된다.

3.4.2 무역대금의 결제 시기

무역대금 결제 시기에는 환어음의 지급(payment by bill of exchange), 선지급(payment in advance), 동시지급(concurrent payment), 후지급(deferred payment) 그리고 선지급, 후지급, 동시지급 중 2가지 이상을 혼합한 혼합지급이 있다.

① 환어음의 지급

무역거래에서 환어음(draft)에 의해 결제가 이루어지는 방식은 신용장과 추심결제가 대표적인 경우이다.

- 일람지급어음(Sight draft : Sight Bill of Exchange : Demand bill) 방식이 있다. 이 방식은 신용장에 의해 발행되는 환어음은 수출상(Beneficiary)이 거래은행 어음매입(Negotiation)과 동시에 신용장과 운송서류가 일치하면 즉시, 무역대금을 지급하게 되는데, 실무상 수출상 입장에서는 이를 at sight라고 본다(한국은 7일, 미국은 3일 내).
- 기한부어음(Usance bill : Term bill : Time bill) 방식이 있다. 이는

수출상이 발행한 어음이 어음지급인에게 제시되면 지급인이 그 어음을 인수(acceptance)하여 일정 기간 지급유예를 확인받고 일정 기간 후 만기일에 지급하는 환어음을 말한다.

② **선지급**(Payment in advance)

수출대금을 선적 또는 인도하기 이전에 미리(in advance) 결제하는 조건이다.

- Remittance Basis : 주문과 함께 매수인이 은행수표(bank check), 우편 송금, 전신환송금 등으로 송금하는 사전송금방식이다.
- Cash With Order(CWO) : 이는 주문과 동시에 송금하여 현금결제가 이루어지는 주문불 방식이다.
- Red clause L/C, Packing L/C : 이는 수출상이 신용장 수취와 함께 상품선적전에 미리 대금의 일부가 결제되는 전대신용장방식이다.

③ **후지급**(Deferred Payment)

수출대금의 결제가 상품의 선적이나 인도 또는 환어음의 일람 후 일정 기일 내에(at xxxdays after sight) 이루어지는 외상거래방식의 연지급 조건이다. 일반적으로 기한부신용장(usance L/C)이나 D/A 거래와 같이 1년 이내에 대금이 지급되는 것을 단기, 그리고 1년 이상의 거래를 중장기연지급이라고 한다.

④ **동시지급**(Concurrent Payment)

현물 또는 현물과 동일시되는 선적서류를 인도받음으로써 동시에 대금지급이 이루어지는 방식이다.

- 서류상환불(Cash Against Document ; CAD) : 이는 운송증권을 포함한 수입상이 요구하는 운송서류를 수출지에 상주하는 수입상의 지점이나 대리인에게 넘겨주면서 동시에 대금결제가 이루어지는 서류상환인도 방식이다.
- 현물상환불(Cash On Delivery ; COD) : 이는 수출상이 지기의 비용

과 위험부담으로 수입지에 상주하는 수출상의 지점이나 대리인에 현품을 인도하고 현지에서 수입상의 검품을 통하여 현물을 인도와 동시에 대금결제가 이루어지는 현물인도방식이다.

⑤ 혼합방식

이는 누진불(Progressive Payment) 또는 할부지급(Instalment Payment)이 대표적인 방식, 즉 선지급, 동시지급, 후지급 중 2가지 이상을 혼합한 결제방식인데 수입상이 현품을 주문과 동시에 대금의 일부를 지급하고 선적 시 또는 현품 도착 후 수년에 걸쳐 일부씩 누진적으로 지급하는 것으로 플랜트 등 대형거래에서 많이 이용되는 조건이다.

3.4.3 결제통화

무역결제에 있어 결제통화는 안정성과 교환성 그리고 유통성을 지니고 있어야 하며, 환위험, 즉 환시세의 변동이 심하지 않은 안정된 통화로서 국제통용성 및 공신력이 높은 통화를 채택해야 한다. 따라서 표시통화를 명확히 명시하여야 한다.

- 달러 : U,S Dollar, Canadian · Hong Kong · Singapore · Fiji Dollar 등
- 프랑 : Swiss · France · Luxemburg France 등
- 파운드 : English · Cyprus · Egypt · Sudan · Malta Pound 등으로 표시

3.5 선적조건(Shipment Terms)

무역거래에서 실무적으로 무역계약을 체결하는 경우 무역정형조건인 FOB Pusan 또는 CIF Los Angeles 등과 같이 인도 장소가 명시되기 때문에 약정품의 인도 장소는 큰 문제가 없으나, 선적 시기, 선적 방법 등

에 대해서는 당사자 간에 서로 약정해야 한다.

3.5.1 선적 시기(Shipping Date ; S/D)의 약정

수입상은 구매한 물품이 언제 도착하느냐에 따라 이익과 손실이 변한다. 수입승인기관과 신용장 개설을 위한 담보, 현금예치기관의 관점에선 가능한 빠른 도착을 원한다.

- 單月條件 : ‘ March shipment’, ‘During March’ 등
- 延月條件 : ‘Shipment to be made from March to May, 2004’ 등
- 특정 일자조건 : ‘Shipment to be made within 45 days after receipt of L/C’, ‘Shipment to be effected within 3 months after(from) data of this contract’ 등

▶ 신용장상의 일자와 관련된 용어

- to, from, till(until) : 해당일 포함
- After : 해당일 제외(다음 날)
- 특정 달의 first half(1 ~ 15), second half(16 ~ 말일)
- 특정 달의 beginning(1 ~ 10일), middle(11 ~ 20일), end(21 ~ 말일)
- on or about xxx일 : xxx일 전후 5일씩

3.5.2 분할선적(Partial Shipment)

분할선적은 양도가능신용장 개설 시에 주로 이용되며, 거액거래이거나 수입자의 판매계획이나 시황에 따라 채택하고 있다. 이를 할부선적(Shipment by Instalments : Instalment Shipment)이라고도 하는데 엄밀한 의미에서 할부선적이란 분할횟수, 수량, 각 분할분의 선적 시기 등을 구체적으로 정한 경우를 말한다. 무역계약 약정 시 분할선적을 허용하는 표현은 ‘partial shipments are allowed’ 그 반대는 ‘prohibitcd’ 라고

약정하면 된다. 이러한 표현이 없을 경우에는 분할선적을 허용하는 것으로 본다.

3.5.3 환적(Transhipment)

환적을 이적이라고도 하며, 복합운송(Combined Transport, Multi-modal Transport)에선 환적이 일반적이다. 직항선적 약정 시(Direct Shipment by Customary Route 등)에는 환적이 금지된다고 보나, 직항선적의 약정이 있더라도 해난에 조우하여 피난항(Port of Refuge)에 기항하거나 선용품조달을 위한 일시적인 기항은 인정된다.

3.6 보험조건(Insurance Terms)

무역상품을 운송하는 과정에서 좌초(Stranding) 등과 해상 고유의 위험이나 전쟁 등과 같은 인위적 위험을 커버하기 위하여는 적하보험(Cargo Insurance)에 부보하여야 한다. 적하보험은 무역조건상 CIF나 CIP로 무역계약이 체결될 경우에는 수출상이 자기 부담으로 부보를 하여야 하나 FOB, FCA 및 CFR일 경우에는 수입상이 적하보험계약을 체결하여야 한다.

3.6.1 보험금액의 결정

보험금액(Insured Amount)이란 보험사고 또는 소정의 손해가 발생한 경우 보험자(Insurer : Assurer)가 지급해야 하는 금액 또는 그 최고한도의 금액으로 보험자와 피보험자(Insured : Assured) 간에 상호 협의하여 정하도록 되어 있다.

그러나 실무적으로는 상업송장 금액에 희망이익(Expected Profit)을 가산한 금액을 보험금액으로 정하고 있다. 즉 수출상과 수입상이 무역계약 체결 시 보험조건상에 'the amount of invoice plus 10%' 또는

'110% of invoice value' 와 같이 송장금액에 10%를 가산한 금액으로 또는 그 이상으로 할 것인지의 희망이익을 약정해야 한다.

3.6.2 보험조건의 선택

적하보험에서의 보상 범위는 계약에서 명시한 보험조건에 따라서 발생한 멸실이나 손상에 한정되어 있기 때문에 보험에 부보하고자 하는 화물의 성질, 포장 상태, 운송 방법 등을 충분히 고려한 후 가장 경제적이면서도 화물의 안전 운송에 효과적으로 대체할 수 있는 가장 적합한 보험조건을 선택하여야 한다.

해상적하보험의 경우 구약관인 「협회적하약관(Institute Cargo Clause ; ICC)」으로는 기본 약관인 전위험담보조건(All Risk ; A/R)인 ICC(A/R), 분손담보조건(With Average ; WA)인 ICC(WA), 단독해손부담보조건(Free from Particular Average ; FPA)인 ICC(FPA) 등이 있다. 신약관은 ICC(A), ICC(B) 그리고 ICC(C) 등으로 구약관과 별다른 차이가 없다. 현재까지 세계적으로 구약관과 신약관을 병행해서 이용되고 있다.

매도인이나 매수인이 자신을 위하여 보험에 부보해야 할 무역거래조건의 경우에는 보험계약에 관한 명시적인 규정이 필요없지만, CIF 또는 CIP 계약과 같이 매도인이 매수인을 위해 화물을 보험에 부보하는 경우에는 보험조건을 명확히 결정해 둘 필요가 있다.

한편 기본 조건 중 물품의 성질과 운송의 사정에 따라 추가로 부보해야 할 부가위험을 부보하기 위해서는 부가위험(Extraneous Risks)을 추가해야 하며, 기본 조건과 부가 조건 이외에 특약을 해야만 담보가 되는 ICC(Wars/Strikes, Riots and Civil Commotions : 전쟁 및 파업 · 폭동 · 소요)조건 등도 있다.

3.7 포장 및 화인(Packing and Mark)

3.7.1 포장(parking)

포장은 제품의 보호나 판매촉진의 의미를 갖는다. 포장은 내용물을 보호하는 견고성과 포장비용 자체의 절감, 그리고 운임절감을 고려한 경제성을 감안하여 포장조건을 약정한다. 한편 포장의 불완전으로 인한 약정품의 손상은 적하보험약관상 보험자의 면책조항에 적용되므로 세심하게 포장을 수행하여야 하며, 화인에 있어서도 기호와 번호가 불완전하게 표시된 포장으로 인한 사고는 수출상이 책임을 져야 됨에 유의해야 한다.

① 개장(Unitary Packing)

개장은 소매의 단위가 되는 최소의 묶음을 개별적으로 하나씩 행하는 포장방법이다. 개장에는 상표나 또는 제조업체의 이름이 기재되고 보기 좋게 디자인된 포장지가 사용된다.

② 내장(Interior Packing)

내장은 개장물품을 수송 또는 취급하기에 편리하도록 보통 몇몇의 개장을 합하여 행하는 포장 방법이다. 내장은 외장보다 튼튼한 포장재가 사용되어 내용물이 수분이나 습기 또는 광선이나 진동 등에 의해 손상되지 않도록 한다.

③ 외장(Outer Packing)

외장은 수송 도중에 변질, 파손, 도난, 유실 등을 막고 취급을 보다 더 간편하게 하기 위하여 내장별로 또는 몇 개의 내장을 모아 다시 행하는 포장 방법이다.

3.7.2 화인(Shipping Mark)

화인은 화물의 분류를 원활히 수행하고 화물의 운송 및 보관 시 필요한 화물 취급상의 지시, 주의를 포장에 표시하기 위하여 매수인이 매도인에게 요구하는 경우가 많다.

① **주화인**(Main Mark)

특정한 기호(Symbol)를 표시하고 그 안에 수입자의 상호 등의 약자를 표시한다.

② **부화인**(Counter Mark)

Main Mark만으로 다른 화물과의 구별이 어려울 때, Main Mark 아래에 생산자 또는 공급자의 약자를 표시한다.

③ **상자번호**(Case Number)

송장(Invoice), 적하목록(Manifest ; MF), 기타 운송서류와 대조하여 식별, 확인하기 위하여 상자 겉면에 표시하는 일련번호 등을 기재한다.

④ **도착항표시**(Port Mark)

화물이 다른 곳으로 잘못 운송되는 것을 막기 위한 필수적인 화인으로, 복수항로의 경우 New York via Seatle 등으로 표시한다.

⑤ **중량표시**(Weight Mark)

운임계산, 통과, 하역작업 등을 용이하게 할 수 있도록 순중량(Net Weight)와 총중량(Gross Weight)을 표시한다.

⑥ **원산지표시**(Origin Mark)

생산국을 외장의 맨 아래에 표시한다.

⑦ **주의표시**(Care Mark : Side Mark : Caution Mark)

화물취급상 특히 주의할 점(This Side Up, Fragile, Keep Dry 등)을 통상 외장의 측면에 표시한다.

⑧ **기타의 표시**

수입자의 요청에 따라 주문표시(Order No.), 지시표시(Attention Mark), 물품의 등급(Grade) 또는 품질표시(Quality Mark) 등이 기재되어야 한다.

그림 16-3

화인

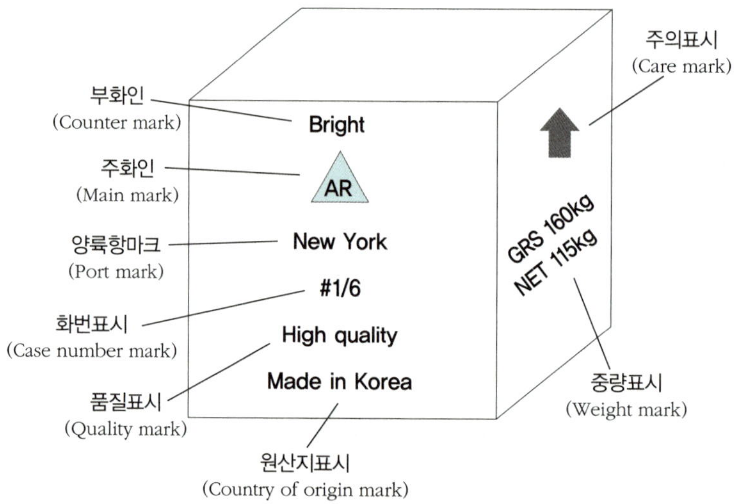

3.7.3 반드시 표시해야 하는 화인

위에서 열거한 화인을 모두 표시해야 하는 것은 아니지만, 주화인(Main Mark), 도착항표시(Port Mark), 상자번호(Case Number), 원산지표시(Origin Mark) 등은 필수적으로 표시해야 한다. 특히, 도착항표시(Port Mark)와 상자 번호(Case Number)가 없는 화물을 무화인화물(No

Mark Cargo ; NM)이라 하는데, 무화인화물의 경우 Non Delivery 등으로 화주에게 커다란 손해를 주는 경우가 허다하다.

화인의 내용이나 형태는 통상 Sales Note나 Purchase Note에 표시되어 있다.

3.8 기타 무역조건과 클레임 및 중재

3.8.1 불가항력

일반적으로 불가항력(Force Majeure)에 의한 손해는 면책되지만, 손해를 입은 측에서는 여러 명목으로 클레임을 제기할 가능성이 있다. 특히 수출상의 공급불능이 있을 경우 그 원인이 당사국의 수출규제, 천재지변, 전쟁, 내란 등에 의한 것일 때는 면책된다는 조항을 두는 것이 좋다.

3.8.2 권리침해

공업소유권 등에 관한 권리침해(Infringement)에 대해서는 면책 문언을 넣어 두는 것이 좋을 것이다.

3.8.3 클레임 제기 기한

클레임의 제기 기한을 설정해 두는 것은 실무상 필요한 경우가 많다.

3.8.4 중재

무역매매 계약에 관하여 발생하는 분쟁은 소송에 의하여 해결하기보다 중재(Arbitration)에 의하여 해결하는 편이 현실적으로 유리하다고 하겠다.

3.8.5 준거법

계약의 해석에 있어서 어느 국가의 법률을 적용하느냐 하는 문제는 미리 결정하여 계약서에 밝혀 두는 것이 좋다.

3.8.6 계약체결 및 주의사항

이상의 항목은 모두 계약체결 시 당사자가 일일이 합의하면서 결정하는 일은 극히 드물며 일반적으로 중요한 사항에 대해서만 합의하여 결정하며 나머지 사항은 계약서 작성 시 이면조항에 삽입하는 경우가 많다. 따라서 계약서를 작성하는 경우에는 상대방과 합의한 중요 내용과 승낙을 얻을 수 있는 범위 내의 추가조항을 기재한 계약서를 2통 작성하여 본인이 서명을 한 후 2통을 모두 상대방에게 송부하고 그중 상대방이 서명한 1통을 받아야 한다.

4 정형무역거래조건

Essentials of Trade, ch. sixteen

4.1 INCOTERMS 2000

4.1.1 Incoterms 2000의 개관

무역거래조건은 매도인과 매수인과의 물품의 이동에 따른 책임과 의무를 규정하고 있다. 이는 물품의 위험이전 시기, 비용의 분기점 등을 규정하고 있는 조건이다. 또한 무역거래조건은 물품의 이동에 따른 매도인과 매수인의 책임을 구분하고 있기 때문에 무역거래에서 그만큼 중요한 부분을 차지하고 있다. 따라서 무역거래조건은 크게 구분하여 출하지 인도조건과 도착지 인도조건으로 구분되어 이용되고 있다.

출하지 인도조건(Departure Contract) 또는 적출지 인도조건

(Shipment Contract)은 물품의 소유권이 수출지에서 수입상에게 이전되므로(수출국 내의 지정선박 또는 수입상이 지정한 운송인) 수출상은 수입상이 지정한 장소까지 물품을 무사히 인도했다면 그 이후부터는 비록 목적물의 멸실이나 손상이 수출국 내에서 일어났더라도 수출상은 이에 대한 책임을 지지 않는다.

또한 도착지 인도조건 또는 양육지 인도조건(Arrival Contract)은 물품의 소유권이 수입지에서 수입상에게 이전되므로 수출상은 운송 도중에 물품의 멸실이나 손상이 일어날 경우 이에 대한 모든 책임을 부담해야 한다.

4.1.2 Incoterms의 2000 구성

Incomterms 거래조건은 기본적으로 4개의 다른 유형으로 분류된다. 그 유형은 다음과 같다.

① E 조건

첫 번째 조건은 매도인이 자신의 영업소에서 물품을 매수인에게 제공하는 조건인 E 조건(Ex Works)

② F 조건

두 번째의 그룹은 매도인이 매수인에 의해서 지명된 운송인에게 물품을 인도하는 것을 요구하는 조건인 F 조건(FCA, FAS 및 FOB)

③ E 조건

세 번째는 매도인이 운송계약을 체결해야 하지만, 선적 및 발송 후 발생하는 사건에 기인하는 물품의 멸실 또는 손상의 위험 또는 추가되는 비용에 대해 책임을 지지 않는 C 조건(CFR, CIF, CPT, CIP),

④ D 조건

매도인이 물품을 목적지까지 운송하는 데 필요한 모든 비용과 위험을 부담하여야 하는 조건(DAF, DES, DEQ, DDU 및 DDP)

표 16-7 Incoterms 2000의 종류

Group	약호	무역조건	운송수단
Group E 출하조건	EXW	Ex Works(공장인도)	M
Grorup F 주요 운임 매수인부담조건	FCA	Free Carrier(운송인도)	M.A.R
	FAS	Free Alsongside(선측인도)	S
	FOB	Free On Board(본선인도)	S
Group C 주요 운임 포함조건	CFR	Cost and Freight(운임포함)	S
	CIF	Cost, Insurance and Freight(운임보험료 포함)	S
	CPT	Carriage Paid to(수송비 포함)	S
	CIP	Carriage and Insurance Paid to(수송비보험료 포함)	M
Grorp D 도착조건	DAF	Delivered At Frontier(국경인도)	M
	DES	Delivered Ex Ship(착선인도)	S
	DEQ	Delivered Quay(부두인도)	S
	DDU	Delivered Duty Unpaid(목적지인도(관세불지급))	M
	DDP	Delivered Duty Paid(목적지인도(관세지급))	M

M : 복합운송을 포함한 모든 운송수단에 적합함
R : 철도운송에 적합함
A : 항공운송에 적합함
S : 해상 및 내륙수로운송에 적합함

그림 16-4 Incoterms 2000 도해

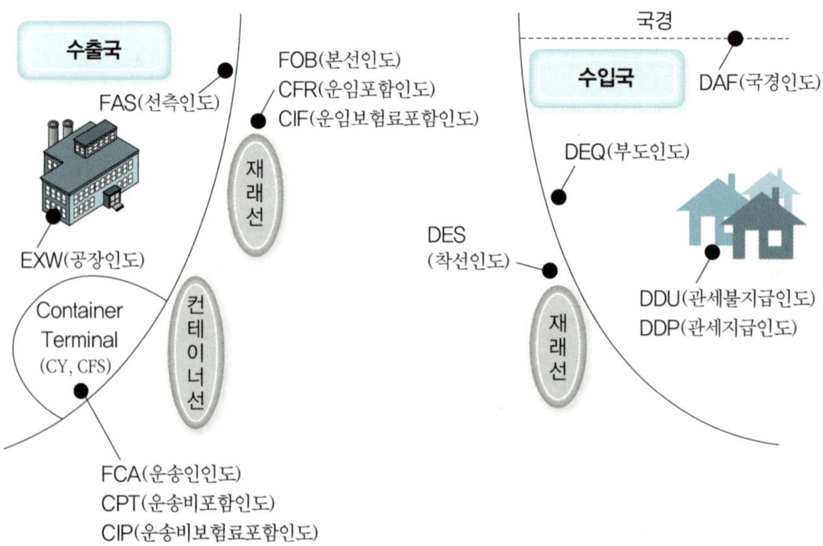

표 16-8 Incoterms 2000의 비용 및 위험의 이전시점

그룹	조건	수출국내	통관	국제간운송	통관	수입국내	비고
E (출하지인도)	EXW (공장도)						
F (운임·보험료 매수인 부담)	FCA 운송인인도 육해공						수출국내에서 운송인에게 인도할 수 있고 위험도 동시에 이전
	FAS 선측인도(선)						
	FOB 본선인도(선)						
C (운임·일부 보험료 포함)	CFR 선						본선의 난간을 통과할 때 위험이전
	CIF 선			+보험			본선의 난간을 통과할 때 위험이전
	CPT 육해공						운송인 인도시에 위험이전, 관세는 수입자부담,지정목적지까지의 운송비는 수출자 부담
	CIP 육해공			+보험			운송인 인도시에 위험 이전, 관세 수입자부담, 지정목적지까지의 운송비·보험료는 수출자부담
D (양하지인도)	DAF 육(해공)			+국경			주로 육상운송, 제3국·수출국국경인도 가능
	DES 선						
	DEQ 선						관세는 수입자 부담
	DDU 육해공						관세는 수입자 부담
	DDP 육해공						관세는 수출자 부담

위험 : 수출자 ▬▬ 수입자 비용 : 수출자 ———▸ ········ 수입자

(주 1) EXW 이외의 수출자가 수출지에서의 통관을 수배한다.

(주 2) CPT, CIP는 수출국내에서 국제운송인에게 화물을 인도하였을 경우에는 위험도 그 시점에서 이전한다.

(주 3) 각 조건난의 육해공의 표시는 그 Incoterms 조건을 이용하는 데 적합한 운송방법을 표시하고 선(船)이란 재래선을 가리킨다.

4.2 INCOTERMS 2010

4.2.1 개관

Incoterms 2010은 세계경제의 글로벌화의 진전에 따라 관세자유지역의 지속적인 확대, 상거래에서 전자적 방식의 커뮤니케이션 증가, 화물의 이동과 관련한 보안문제의 대두 및 운송관행의 변화를 반영하여 Incoterms 2000을 개정하여 2011년 1월 발효되었다. Incoterms 2010은 기존 Incoterms 2000상의 D조건(도착지 인도조건)을 통합, 조정하여 기존 13개 조건을 11개 조건으로 축소하여 각 조건을 보다 간결하고 명확하게 규정하였다.

4.2.2 2010년 Incoterms의 구성과 특징

종래 Incoterms에는 "ICC Official Rules for the Interpretation of Trade Terms"(정형거래조건의 해석에 관한 ICC규칙)라고 하는 부제를 달고 있었으나, 2010년 Incoterms에는 그 부제를 "ICC Rules for the Use of Domestic and International Trade Terms"(국내 및 국제거래조건의 사용에 관한 ICC 규칙)로 바꾸었다. 종래는 3자 약어로 표시한 거래조건(Terms)의 해석이 주안이었으므로 각각을 「조건」이라고 호칭하였으나 2010년 Incoterms에서는 「거래조건을 사용하기 위한 규칙」이라고 하는 취지에서 각기 「규칙」이라고 부르고 있다. 따라서 종래의 Incoterms에서는 각 조건을 설명할 때 예컨대, "FOB 조건", "CIF 조건"과 같이 표현하여야 하지만, 2010년 Incoterms에서는 각 조건을 설명할 때 "FOB 규칙", "CIF 규칙"이라고 하여야 한다. 그러나 오랫동안 Incoterms를 설명할 때 「…… 조건」이라는 표현을 사용해 왔기 때문에 이 책에서는 2010년 Incoterms의 설명에서도 「…… 규칙」이라는 표현 대신 「…… 조건」이라는 표현을 사용하기로 한다.

① 정형거래조건의 축소

컨테이너화의 진전 및 지점 간(point-to-point) 인도방식의 확대 등과 같은 운송실무에 있어서의 변화를 반영하여 2000년 Incoterms에 있던 조건 중 DAF(delivered at frontier : 국경인도), DES(delivered ex ship : 착선인도), DEQ(delivered ex quay : 부두인도) 및 DDU(delivered duty unpaid : 관세미지급인도)의 네 가지 조건을 삭제하고 그 대신 DAT 및 DAP의 두 가지 조건을 새로 도입하였다. 따라서 2000년 Incoterms에는 13가지 조건이 있었으나 2010년 Incoterms에는 다음과 같은 11가지 조건이 있다.

그림 16-5

Incoterms 2010 개관

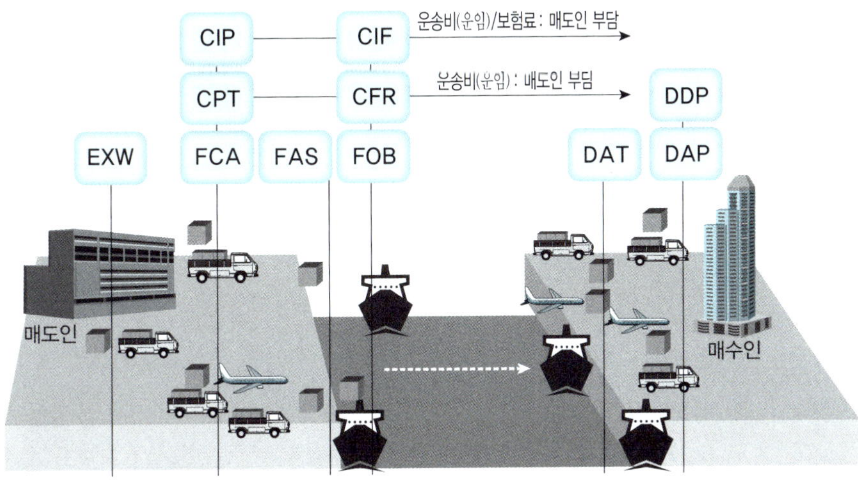

출처 : (사)한국무역연구원 2010 무역세미나 발표자료

DAT는 2000년 Incoterms상의 DEQ, 그리고 DAP는 2000년 Incoterms상의 DAF, DES, DDU를 대체하는 것이지만, 새로 도입된 DAT와 DAP는 운송방식에 관계없이 사용할 수 있다. 그리고 DAT에서는 종래의 DEQ 조건에서와 마찬가지로 도착된 차량으로부터 양하하여

매수인의 처분에 맡긴 때에, 그리고 DAP에서는 종래의 DAF, DES 및 DDU 조건과 마찬가지로 양하준비가 되어 있는 상태, 즉 양하하지 않은 상태에서 매수인의 처분에 맡긴 때에 인도가 이루어진다.

이들 새로운 규칙은 2000년 Incoterms의 DES와 DEQ를 필요 없게 만든다. DAT에서의 지정터미널은 항구에 있을 수 있다. 따라서 DAT는 종래 2000년 Incoterms의 DEQ가 사용되던 케이스에 안전하게 사용할 수 있다. 마찬가지로 DAP 하에서의 도착「차량」은 선박일 수 있고, 지정 목적지는 항구가 될 수 있다. 따라서 DAP는 종래 2000년 Incoterms의 DES가 사용되던 케이스에 안전하게 사용할 수 있다.

② 정형거래조건의 구분 변경

2000년 Incoterms는 전체 13가지 거래조건을 E그룹, F그룹, C그룹 및 D그룹의 네 가지 그룹으로 분류하고 있었으나, 2010년 Incoterms는 현대의 상거래 현실을 반영하여 전체 11개 거래조건을 〈그림 16-6〉에서 보는 바와 같이 운송수단에 따라 ① 모든 단수 또는 복수의 운송수단에 적합한 규칙(rules for any mode or modes of transport, 즉 복합운송조건)과, ② 해상 및 내수로 운송을 위한 규칙(rules for sea and inland waterway transport, 즉 해상운송조건)으로 구분하고 있다. ①에 속하는 것은 선택된 운송수단에 관계없고, 또 하나 또는 그 이상의 운송수단이 이용되느냐의 여부에 관계없이 사용할 수 있는 조건으로 EXW, FCA, CIP, DAT, DAP 및 DDP의 7가지가 이에 속한다. 이들 조건은 해상운송이 전혀 포함되지 않은 경우에도 사용될 수 있고, 또 운송의 일부구간에 선박이 이용되는 경우에도 사용될 수 있다. ②에 속하는 것은 인도지점과 물품이 매수인에게 운송되는 장소가 모두 항구가 되는 조건들로서 FAS, FOB, CFR 및 CIF가 이에 속한다.

그런데 이러한 새로운 분류체계는 2000년 Incoterms 서문(introduction) 제17항(mode of transport and the appropriate Incoterms 2000 : 운송방식과 이에 적합한 2000년 Incoterms)에서 이미 ①「모든 운송방식」(any mode of transport)과, ②「해상 및 내수로 운송에만」(maritime

그림 16-6

Incoterms 2010 분류기준 변경

인코텀즈® 2010 규칙(Incoterms® 2010 rules)

모든 운송방식을 위한 규칙(RULES FOR ANY MODE OR MODES OF TRANSPORT)

EXW	EX WORK (Insert named place of delivery)	공장인도 (지정인도장소 삽입)
FCA	FREE CARRIER (Insert named place of delivery)	운송인인도 (지정인도장소 삽입)
CPT	CARRIAGE PAID TO (Insert named place of destination)	운송비지급 (지정목적지 삽입)
CIP	CARRIAGE AND INSURANCE PAID TO (Insert named place of destination)	운송비보험료 지급 (지정목적지 삽입)
DAT	DELIVERED AT TERMINAL (Insert named terminal at port or place of destination)	터미널인도 (지정목적항 또는 장소의 터미널 삽입)
DAP	DELIVERED AT PLACE (Insert named terminal at port ot place of destination)	목적지인도 (지정목적지 삽입)
DDP	DELIVERED DUTY PAID (Insert named place of destination)	관세지급인도 (지정목적지 삽입)

해상 및 내륙수로운송을 위한 규칙(RULES FOR SEA AND INLAND WATER WAY TRANSPORT)

FAS	FREE ALONGSIDE SHIP (insert named port of shipment)	선측인도 (지정선적항 삽입)
FOB	FREE ON BOARD (Insert named port of shinpment)	본선인도 (지정선적항 삽입)
CFR	COST AND FREIGHT (Insert named port of destination)	운임포함 (지정목적항 삽입)
CIF	COST INSURANCE AND FREIGHT (Insert named place of destination)	운임보험료 포함 (지정목적항 삽입)

출처 : (사)한국무역연구원 2010 무역세미나 발표자료

and inland waterway transport only) 적합한 조건으로 구분하고 있었고, 또 국제상업회의소가 1999년에 발간한 표준 국제매매계약서(The ICC Model International Sale Contract : manufactured goods intended for resale)[1]에서도 2000년 Incoterms에 있는 조건을 ①「추천하는 조건」(recommended terms)과, ②「기타 조건」(other terms)으로 구분하고 ①에 복합운송조건들을 열거하여 앞부분에 배치하고 ②에 해상 및 내수로 운송조건들을 배치하고 있는 점을 감안할 때 새삼스러운 일은 아니다.

그리고 2000년 Incoterms까지는 FOB, CFR 및 CIF에서 인도지점을 본선의 난간(ship's rail)으로 규정하고 있었으나 2010년 Incoterms에서는 물품이 본선상에「적재된」때에 인도되는 것으로 규정하고 있다. 이것은 현대 상거래의 현실을 반영한 것으로, 위험이 가상의 수직선을 통과할 때 이전된다는 시대에 뒤떨어진 관념을 피할 수 있게 되었다.

③ 국내거래에 대한 적용 공식화

Incoterms는 전통적으로 물품이 국경을 통과하는 국제매매계약에 사용되어 왔다. 그러나 세계의 다양한 지역에서, 유럽연합(EU)과 같은 무역권이 형성되어, 상이한 국가 사이에 국경에서의 절차가 중요하지 않게 되고 있다. 따라서 2010년 Incoterms의 부제에는 다음과 같이 공식적으로 Incoterms가 국제 및 국내 매매계약 쌍방에 적용하기 위해 사용 가능함을 인정하고 있다.

"ICC rules for the use of domestic and international trade terms"

그 결과 2010년 Incoterms에서는 적용 가능한 경우에만 수출/수입 절차에 따를 의무가 있다는 것을 여러 곳에서 명확하게 규정하고 있다. 이렇게 규정을 한 데에는 다음과 같은 두 가지 사실이 그 바탕에 있었다.

첫째, 상인들이 일반적으로 Incoterms를 순수한 국내매매계약에 사용하고 있다는 점이다.

---

1. ICC publication No 566(E), ISBN 92-842-1210-3.

둘째, 미국에서 2004년 통일상법전(Uniform Commercial Code ; UCC) 개정 시 선적 및 인도조건을 삭제함에 따라[2] 과거 UCC에 있던 선적 및 인도조건보다도 Incoterms를 국내거래에 사용하고자 하는 움직임이 활발해지고 있다는 점이다.

이번 개정을 통해 미국에서 과거의 통일상법전 대신 Incoterms를 더욱더 많이 사용할 것으로 기대된다.

④ 사용지침(guidance note)[3]의 도입

이번 Incoterms 개정에서 주목한 사항 중의 하나가 당사자들이 종종 잘못된 거래조건을 선택하여 사용하고 있다는 것이었다. 따라서 2010년 Incoterms 서문에서는 물품, 선택된 운송수단, 또 당사자들이 매도인 또는 매수인에게 추가의무를 부과할 의사가 있느냐의 여부에 따라 적절한 조건을 사용할 필요성을 강조하고 있다. 그리고 이에 추가하여 각 조건의 앞부분에는 「사용지침」을 두어 거래조건의 선택에 도움이 되는 정보를 담고 있다. 사용지침은 각각의 Incoterms 규칙에 대하여, 언제 사용되어야 하고, 언제 위험이 이전되며, 또 비용은 매매당사자 사이에 어떻게 배분되는지 등, 기본적인 사항을 설명하고 있다.

다만, 이것은 2010년 Incoterms의 일부가 아니고, 단지 Incoterms 사용자들이 정확하고 효율적으로 특정 거래에 적당한 Incoterms를 선택하도록 도와주는 데에 그 목적이 있다.

---

2. 통일상법전 Article 2(Sales), Part 3(general obligation and construction of contract)에 있던 §2-319(F.O.B. and F.A.S. Terms), §2-320(C.I.F. and C.&F. Terms), §2-321(C.I.F. or C.&F.: "Net Landed Weights" ; "Payment on Arrival" ; Warranty of Condition on Arrival), §2-322(Delivery "Ex-ship"), §2-323(Form of Bill of Lading Required in Overseas Shipment ; "overseas") 및 §2-324("No Arrival, No sale" Term)가 삭제되었다.
3. 「guidance note」를 「조언메모」, 「안내요지」 등으로 번역하여 사용하기도 하지만, 이 책에서는 사용지침으로 번역하여 사용하기로 한다.

⑤ 전자통신에 종이서류와 동일한 효력 부여

전자통신(electronic communication)의 확산에 따라 전자적 수단으로 체결한 계약의 법적인 확실성을 강화하기 위해 국제상업회의소(ICC)는 2004년 전자상거래조건(ICC eTerms 2004)을 제정한 바 있다. ICC eTerms 2004의 목적은 당사자들로 하여금, 나중에 계약의 전자적 성격 때문에 계약이 무효가 되는 위험부담 없이, 전자적인 계약의 체결을 허용하는 통일된 조건을 제공하는 데 있다. 또 2005년 11월 23일 유엔총회는 전자계약에 있어서 법적 장애를 제거하고 명확성을 기하기 위하여 "국제계약에서 전자 통신의 사용에 관한 유엔협약"(UN Convention on the Use of Electronic Communications in International Contracts : 약칭 "전자통신협약")을 채택하였다.[4] 이 협약의 목적은 전자통신의 효력을 인정하는 데 있다. 이러한 일련의 움직임에 발맞추어 종전의 Incoterms에서는 EDI 메시지로 대체할 수 있는 서류를 특정하고 있었으나,[5] 2010년 Incoterms A1/B1조에서는, 당사자들이 합의하거나 관습적인 경우, 전자통신수단에 서면통신과 동일한 효력을 부여하고 있다. 따라서 당사자가 합의하면 예컨대 전자적 형태로 작성한 상업송장도 종이서류와 동일한 효력이 있다. 이 규정은 2010년 Incoterms의 유효기간을 통하여 새로운 전자적 절차의 발전을 용이하게 한다.

⑥ 2009년 협회적하약관에 관한 규정 반영

2010년 Incoterms는 새로운 협회적하약관(Institute Cargo Clauses ; ICC)이 시행된 2009년 이후 처음으로 개정된 것이므로 개정된 약관의 내용을 고려하였다.[6] 또 2010년 Incoterms는 운송 및 보험계약을 다루고

---

4. 2010년 10월 현재 이 협약에 우리나라를 포함하여 18개국이 서명하였으나, 비준한 나라는 온두라스(Honduras)와 싱가포르 2개국뿐이어서 아직 발효되고 있지는 않다.

5. 2000년 Incoterms상으로 EDI로 대체할 수 있는 서류는 인도의 증거 또는 운송서류뿐이다(A8 참조).

6. 2009년 협회적하약관의 자세한 내용은 이시환, 『해상적하보험약관론』, 두남, 2010 참조. 그런데 현재 우리나라 보험회사는 2009년 약관을 이용하지 않고 있으며, 아직까지 구증권에 첨부되는 구약관(1963년 약관)과 신증권에 첨부되어 이용하는 1982년 약관을 이용하고 있는 실정이다.

있는 A3/B3조에서 보험에 관한 정보제공의무를 규정하고 있다. 이들 규정은 2000년 Incoterms A10/B10조에 규정된 보다 일반적인 조문으로부터 옮겨 온 것으로, 보험에 관한 당사자들의 의무를 명확히 하고 있다.

⑦ **보안에 관련된 규정 도입**

2001년에 발생한 이른바 9.11테러 이후 물품의 이동에 있어서 보안에 대하여 관심이 높아지면서, 많은 국가에서 컨테이너의 정밀검사와 같은 강제적인 보안검사가 도입되었다.[7] 그 대표적인 것이 미국에서 2003년부터 시행하고 있는 컨테이너 보안협정(Container Security Initiative ; CSI)[8]과 미국행 수출화물 24시간전 신고제도(이른바 "24-hour rule")[9]이다. 그러나 2010년 Incoterms는 이러한 검사가 모든 수출입에서의 강세적인 요건의 일부라는 생각에서 이들 검사를 반영한 개정은 하지 않았다. 그렇지만 물품이 고유의 성질 이외의 이유로 생명이나 재산에 위협을 가하지 않는다는 취지의 증명을 요구하고 있는 점을 감안하여 2010년 Incoterms는 여러 규칙들의 A2/B2조와 A10/B10조에서, 예컨대 「물증보관의 계속성」(chain-of-custody) 정보와 같은 보안에 관련된 확인을 득함에 있어서 매매당사자 사이에 상호 협력할 의무를 부과하고 있다. 물증보관의 계속성이란 증거법에서 예를 들면 마약사건에서 압수한 마약을 증거로 하여 제출하는 측은 압수에서 증거제출까지 그 물건을 보관해 둘 책임이 있는데, 그러한 보관의 계속성을 가리키며,[10] 「보관사슬」 또는 「일련의 관리 체제 정보」라고도 한다. 그리고 물증보관의 계속성은 서류로서 입증이 되어야 하는데, 그러한 서류를 chain-of-custody라고도 한

---

7. http://www.wraggc.com/published articles 6466.asp(2010.10.21)
8. CSI는 미국으로 수출되는 컨테이너화물의 위험 여부를 외국항만에서 미리 검사하는 제도로 미국이 전 세계 20대 항만이 속해 있는 국가와 쌍무협정을 체결하여 시행하고 있으며 우리나라도 2003년 1월 미국과 협정을 체결하였다(최재선, 「미국, 외국 컨테이너화물 보안검사제도 시행」, 『해양수산동향』, 제1088호, 한국해양수산개발원, 2003.1, p.3).
9. 이것은 미국행 수출화물에 대한 정보를 선박에 화물을 적재하기 24시간 전에 미국 관세청의 자동신고시스템(AMS)에 의무적으로 통보하도록 하는 것으로, 컨테이너 보안협정과 표리관계에 있다(상게 자료, p.1).
10. 田中英夫, 英米法辭典, 東京大學出版會, 1991, pp.134-135.

다. 따라서 이러한 경우 chain-of-custody는 물리적 또는 전자적 자료의 입수, 양도, 취급 및 처분의 전체과정을 보여주는 증거서류를 가리킨다.[11]

⑧ 터미널취급수수료의 취급에 관련된 규정 추가

CPT, CIP, CFR, CIF, DAF 및 DDP 조건 하에서 매도인은 합의된 목적지까지 물품을 운송하기 위한 수배를 하여야 한다. 이때 운임은 매도인이 지급하지만, 운송비용은 통상 매도인에 의해 총 판매가격에 포함되므로, 실제로는 매수인이 지급하는 것이다. 그런데 운송비용은 종종 항구나 컨테이너 터미널시설 내에서 물품을 취급하고 운반하는 비용을 포함하고 있고, 운송인 또는 터미널 운영자는 이들 비용을 물품을 수령하는 매수인에게 청구하기도 한다. 이러한 경우 매수인은 동일한 서비스에 대한 이중 지급, 즉 총 판매가격의 일부로서 매도인에게 지급하였음에도 불구하고 다시 이와 별개로 운송인이나 터미널 운영자에게 지급하게 되는 것을 피하고자 할 것이다. 2010년 Incoterms는 각 관련 조건 A6/B6조에서 이들 비용을 명확히 할당함으로써 이러한 사태를 회피하도록 하고 있다.

⑨ 연속매매(string sales)와 관련된 규정 도입

제조물(manufactured goods)의 매매와 달리 상품(commodities)[12]의 매매에서는 종종 적하가 운송되는 도중에 여러 차례 전매되기도 한다. 이러한 경우 중간에 판매한 매도인은, 물품이 이미 첫 번째 매도인에 의해 선적되어 있기 때문에, 물품을 「선적」하지는 않는다. 따라서 연속매매의 경우 중간에 있는 매도인은 매수인에 대한 자기의 의무를 물품을 선적하는 것이 아니라 선적된 물품을 「조달」(procuring)함으로써 이행한다. 2010년 Incoterms는 이러한 상관행을 반영하여 FAS, FOB, CFR 및

11. http://en.wiktionary.org/wiki/chain_of_custody.

12. 여기서 상품(commodities)이란 상품거래소에서 거래되고 있는 것과 같은 상품을 가리킨다(國際商業會議所 日本委員會, インコタームズ® 2010, 133면).

CIF 조건에서 물품을 선적하거나 또는 그 대신 "선측에 인도되거나(FAS 조건의 경우) 선적된 물품(FOB, CFR 및 CIF 조건의 경우)을 조달" 할 수 있는 것으로 규정하고 있다. 또 CPT, CIP, CFR 및 CIF 조건 하에서 매도인은 운송계약을 체결하거나 또는 그 대신 운송계약을 조달할 수 있는 것으로 하였다.

4.2.3 2010년 Incoterms에 규정된 정형거래조건의 개요

2010년 Incoterms에 규정된 조건을 운송방식에 따라 구분하여 각 조건의 내용을 간추려 살펴보면 다음과 같다.

① 운송방식에 관계없이 사용할 수 있는 조건

i) EXW(ex[13] works : 공장인도조건)

EXW 조건은 매매목적물이 현존하는 장소에서 현물을 인도할 것을 내용으로 하며, 국내거래에 적합하다. 이 조건을 사용할 경우 EXW 뒤에 출하지의 지정인도장소를 표시하는데, 보통 매도인의 구내를 기재한다. 이 조건의 경우 매도인은 자기의 구내 또는 그 밖의 지정된 장소(예컨대, 공장 · 창고 등)에서 지정기간 내에, 수출통관이 필요한 경우에도 그 통관을 하지 않은 계약물품을 매수인이 임의로 처분할 수 있는 상태로 두면 되고, 그때까지의 위험과 비용을 부담한다. 따라서 별도의 합의가 없는 한, 매도인에게는 매수인이 제공한 차량에 물품을 적재할 책임은 없다.

한편 매수인은 지정 인도장소에서 약정품을 자기가 자유롭게 처분할 수 있는 상태가 되면 이를 인수함과 동시에 매매계약에 약정된 바에 따라 대금을 지급하고, 거기서 목적지까지의 물품에 관한 모든 위험과 비용을 부담하여야 한다.

따라서 이 조건을 사용할 경우 매매당사자들은 가능한 한 지정인도장소에서의 인도지점을 명확히 해두어야 한다.

13. "ex"는 '～부터' 또는 '～에서' (from : out of)라는 뜻의 라틴어이다.

그리고 EXW 조건에서는 물품의 이동 없이 인도가 이루어지고, 그 후 매수인이 당해물품의 소유자로서 그 물품을 자기가 수배한 운송수단으로 운송한다. 따라서 이 조건에서는 매도인의 의무가 가장 적고, 반대로 매수인으로서는 가장 부담이 큰 조건이라 할 수 있다.

물품대금은 별도의 약정이 없는 한, 물품의 인도 시에 지급하여야 한다.

이 조건을 사용할 경우 다음 사항을 유의하여야 한다.

① 매도인은 비록 실무상 물품을 적재하기 유리한 입장에 있다고 해도 물품을 적재할 의무가 없다. 만약 매도인이 물품을 적재하였다면 그것은 매수인의 위험 및 비용부담으로 한 것이다. 매도인이 물품을 적재하기 유리한 입장에 있는 경우에는 보통 FCA가 적당하다.

② 수출하기 위해 EXW 조건으로 매도인으로부터 물품을 구입하는 매수인은 다음과 같은 사실에 주의할 필요가 있다. 즉 매도인은 단지 매수인이 수풀은 하기 위해 필요한 협조를 할 의무만 있고 수출통관을 해 줄 의무는 없다. 따라서 매수인은 직접 또는 간접적으로 수출통관절차를 밟을 수 없는 경우 EXW 조건을 사용하지 않는 것이 바람직하다.

③ 매수인은 매도인에게 물품의 수출에 관한 정보를 제공할 의무가 거의 없다. 그러나 매도인은 예컨대, 과세 또는 보고를 위해 이러한 정보가 필요할 수 있다.

ii) FCA(free carrier: 운송인 인도조건)

FCA는 매도인이 매도인의 구내(seller's premises) 또는 그 밖의 지정장소에서 약정기간 내에 매수인이 지명한 운송인[14] 또는 그 밖의 당사자에게 수출통관을 필한[15] 계약물품을 인도해야 하는 조건으로, 이 조건을 사용할 경우 FCA 뒤에 지정인도장소로서 매도인의 구내 또는 그 밖의 장소를 표시한다. 만약 당사자들이 매도인의 구내에서 물품을 인도하고자

14. 2010년 Incoterms에서 운송인이란 운송계약을 체결한 당사자를 가리킨다.
15. Incoterms에서 사용하는 통관절차(customs formalities)라는 말은 적용 가능한 세관규제에 따르기 위해 충족되어야 하는 요건으로, 문서에 의한, 안전상의, 정보 또는 물리적인 검사의무를 포함할 수 있다.

하는 경우에는 지정인도장소로서 그 구내의 주소를 특정하여야 하고, 그 밖의 장소에서 물품을 인도하고자 하는 경우에는 다른 인도장소를 특정하여야 한다.

이 조건에서는 선택된 인도장소에 따라 물품의 적재 및 양하 의무가 달라진다. 즉, 매수인에 의해 지정된 인도장소가 매도인의 구내인 경우 매도인은 매수인이 제공한 운송수단에 물품을 적재하여야 하고, 그 밖의 장소인 경우 물품이 매도인의 운송수단에 적재되어 있는 상태로(즉 양하하지 않은 상태로), 매수인이 지명한 운송인 또는 그 밖의 당사자의 처분에 맡기면 된다. 만약 지정된 장소(예컨대, 서울 또는 뉴욕 등)에서의 인도지점에 대하여 매수인으로부터의 통지가 없고, 또한 인도 가능한 지점이 여러 곳 있을 경우, 매도인은 인도장소에서 자기의 목적에 가장 적합한 인도지점을 선택할 수 있다.

FCA 조건에서는 매도인이 이러한 물품의 인도완료 시까지의 위험과 비용을 부담하고 또한 수출에 관련된 관세, 제세공과금과 통관비용을 지급하여야 한다.

한편 매수인은 인도완료된 이후의 모든 위험과 비용을 부담한다. 그런데 원래 FCA 조건에서는 매수인이 운송계약을 체결하지만 매수인의 요청이 있는 경우 또는 상관습이 있고 또한 매수인이 적기에 반대의 지시를 하지 않는 경우, 매도인은 매수인의 위험과 비용부담으로 통상적인 조건의 운송계약을 체결할 수 있다. 다만, 매도인은 이러한 운송계약의 체결을 거절할 수 있는데, 그러한 경우에는 신속히 매수인에게 통지하여야 한다(A3). 이것은 매수인의 명시적인 요청 또는 상관습에 의거한 묵시적 요청이 있고 또한 매도인이 그 요청을 인수할 의사가 있으면 매도인이 운송계약을 체결해 주지만 반드시 체결해 주어야 하는 것은 아님을 의미한다.

그리고 Incoterms상으로는 컨테이너에의 적부비용을 누가 부담하느냐에 관한 명시규정을 두고 있지 않다. 따라서 이에 관하여는 계약에 명확히 해둘 필요가 있다.[16]

---

16. http://www.kwe.ca/incoterms.asp(2010.10.21)

iii) CPT(carriage paid to : 운송비지급인도조건)

CPT는 FCA 조건에 지정목적지까지의 운송비(carriage)를 추가한 조건으로 이 조건을 사용할 경우 CPT 뒤에 지정목적지를 표시한다. 즉 이 조건의 경우 매도인은 합의된 장소(당사자 사이에 그러한 장소가 합의된 경우)에서 자기가 지명한 운송인 또는 기타 당사자에게 수출통관을 필한 물품을 인도하고, 그 물품을 지정목적까지 운송하기 위해 통상의 운송경로와 관습적인 방법에 의한 운송계약을 체결하거나 또는 조달하고 운송비를 지급하여야 한다. 이 조건에서는 위험의 이전과 비용부담의 분기점이 다르므로 당사자들은 위험이 매수인에게 이전되는 인도장소와 매도인이 운송비를 부담해야 하는 합의된 목적지에서의 지점을 명확히 해두어야 한다. 그리고 이때 매도인이 지정목적지에서의 양하에 관하여 운송계약하에서 비용을 부담한 경우에도, 당사자 사이에 별도의 합의가 없으면, 매도인은 이러한 비용을 매수인으로부터 회수할 권리가 없다.

또 만약 합의된 목적지까지 물품운송을 위해 여러 명의 운송인이 참여하고, 또 당사자가 특정의 인도지점을 합의해 두고 있지 않은 경우에는, 물품이 최초의 운송인에게 인도된 때에 위험이 이전된다. 따라서 당사자들이 위험의 이전시점을 그 이후의 단계(예컨대 공항에서)로 하고자 하는 경우에는 매매계약에 이를 명확히 해두어야 한다.

한편 매수인은 물품이 운송인에게 인도된 이후의 모든 위험을 부담함과 동시에 지정목적지까지의 운송비를 제외한 모든 비용을 부담하여야 한다.

iv) CIP(carriage and insurance paid to : 운송비 · 보험료지급인도조건)

CIP는 CPT 조건에 운송도중의 위험에 대비한 적하보험계약을 체결하고 보험료를 지급하는 것을 매도인의 의무에 추가한 조건으로, CIF 조건을 모델로 하여 만들어진 것이다.[17] 이 조건을 사용할 경우 CIP 뒤에 지정목적지를 표시한다. 이 조건의 경우 매도인은 합의된 장소(당사자 사이

17. Carole Murray, David Holloway and Daren Timson-Hunt, *Schmitthoff Export Trade: The Law and Practice of International Trade*(11thed.), London, Sweet & Maxwell, 2007, p.55.

에 그러한 장소가 합의된 경우)에서 자기가 지명한 운송인 또는 기타 당사자에게 수출통관을 필한 물품을 인도하고, 그 물품을 지정목적지까지 운송하기 위해 통상의 운송경로와 관습적인 방법에 의한 운송계약을 체결하거나 또는 조달하고 운송비를 지급하여야 한다. 이 조건도 CPT 조건과 마찬가지로 위험의 이전과 비용부담의 분기점이 다르므로 당사들은 위험이 매수인에게 이전되는 인도지와 매도인이 운송비를 부담해야 하는 합의된 목적지에서의 지점을 명확히 해두어야 한다. 그리고 이때 매도인이 지정목적지에서의 양하에 관하여 운송계약 하에서 비용을 부담한 경우에도, 당사자 사이에 별도의 합의가 없으면, 매도인은 이러한 비용을 매수인으로부터 회수할 권리가 없다.

또 만약 합의된 목적지까지 물품운송을 위해 여러 명의 운송인이 참여하고, 또 당사자가 특정의 인도지점을 합의해 두고 있지 않은 경우에는, 물품이 최초의 운송인에게 인도된 때에 위험이 이전된다. 따라서 당사자들이 위험의 이전시점을 그 이후의 단계(예컨대 공항에서)로 하고자 하는 경우에는 매매계약에 이를 명확히 해두어야 한다.

그리고 이 조건에서는 CPT 조건과 달리 매도인이 운송도중의 물품의 멸실 · 손상에 대한 매수인의 위험을 담보하는 보험계약을 신망 있는 보험자와 체결하고 보험료를 지급하여야 한다. 또 관습적이거나 매수인이 요청하는 경우 매도인은 자기의 비용으로 매수인에게 통상의 운송서류와 보험증권 또는 기타의 부보증명서류를 제공하여야 한다.

CIP 조건에서 매도인이 매수인을 위해 체결하는 해상보험계약은 2009년 1월 1일부터 사용하고 있는 LMA(Lloyd's Market Association : 로이즈 시장협회)/IUA(International Underwriting Association of London : 국제보험인수협회)가 제정한 협회적하약관(Institute Cargo Clauses ; ICC) C 조건 또는 이와 유사한 약관상의 최저담보조건으로 부보하여야 하고, 보험기간은 물품의 출하지에서 운송인에게 인도한 때로부터 적어도 지정목적지까지여야 하며, 보험금액은 계약가격의 110%가 되어야 한다[A3 b) 참조].

또 매수인이 LMA/IUA가 제정한 협회적하약관 A 조건이나 B 조건 또는 이와 유사한 약관 및/또는 LMA/IUA가 제정한 협회전쟁약관(Institute War Clauses)이나 협회동맹파업약관(Institute Strikes Clauses) 또는 이와 유사한 약관으로 부보를 요구하는 경우 매도인은 부보할 수 있는 한, 매수인의 비용으로 그 수배를 해야 한다. 따라서 이 경우 보험료는 매수인이 부담한다.

한편 매수인은 물품이 운송인에게 인도된 이후의 모든 위험을 부담함과 동시에 지정목적지까지의 운송비와 적하보험료를 제외한 모든 비용을 부담하여야 한다.

v) DAT(delivered at terminal : 터미널인도조건)

DAT는 지정목적항 또는 지정목적지에 있는 지정터미널에서 도착된 운송수단으로부터 일단 양하한 물품을 수입통관을 하지 않고 매수인의 임의처분상태로 인도하는 조건으로, 이 조건을 사용할 경우 DAT 뒤에 목적항 또는 목적지의 지정터미널을 표시한다. 여기서 말하는 터미널에는 덮개의 유무를 불문하며, 부두, 창고, CY(container yard), 도로 · 철도 또는 항공화물터미널을 포함한다. 이 조건의 경우 매도인은 자기의 비용으로 합의된 목적항 또는 목적지에 물품을 운송하기 위한 운송계약을 체결하여야 하고, 또한 지정목적항 또는 지정목적지에 있는 터미널까지 운송하여 양하하는 데 따른 모든 위험을 부담한다.[18] 따라서 당사자들은 매도인이 위험을 부담해야 하는 지정목적항 또는 지정목적지에서의 터미널 또는 경우에 따라 터미널 내에서의 특정 지점을 명확히 해두어야 한다. 그리고 만약 특정 터미널이 합의되지 않았거나 관습에 의해 결정되고 있지 않은 경우, 매도인은 합의된 목적항 또는 목적지에서 자기의 목적에 가장 적합한 터미널을 선택할 수 있다[A3 a)].

또 당사자들이 터미널에서 다른 장소로 물품을 운송하고 처리하는 데 따른 위험과 비용을 매도인이 부담하기로 하는 경우에는 DAT 조건 대신 DAP 또는 DDP 조건을 사용하여야 한다.

18. DAT 조건이 2010년 Incoterms에 규정된 조건 중 매도인이 양하까지 해주어야 하는 유일한 조건이다(http://www.kwe.ca/Incoterms.asp(2010.10.21)).

한편 매수인은 물품이 지정터미널에서 인도된 이후의 모든 위험과 비용을 부담한다.

vi) DAP(delivered at place : 목적지인도조건)

DAP 조건은 지정목적지에서 수입통관을 필하지 않은 계약물품을 도착된 운송수단으로부터 양하하지 않은 상태로 매수인의 임의처분상태로 인도하는 것으로, 이 조건을 사용할 경우 DAP 뒤에 지정목적지를 표시한다. 이 조건의 경우 매도인은 자기의 비용으로 지정목적지 또는 경우에 따라 지정목적지의 합의된 지점까지 물품을 운송하기 위한 운송계약을 체결하여야 하고, 지정지까지 물품을 운송하는 데 따른 모든 위험을 부담한다. 만약 특정 지점이 합의되지 않았거나 관습에 의해 결정되고 있지 않은 경우, 매도인은 지정목적지에서 자기의 목적에 가장 적합한 지점을 선택할 수 있다. 이때 매도인이 목적지에서의 양하에 관하여 운송계약 하에서 비용을 부담한 경우에도, 당사자 사이에 별도의 합의가 없으면, 매도인은 이러한 비용을 매수인으로부터 회수할 권리가 없다.

한편 매수인은 지정목적지에서 자기가 임의로 처분할 수 있는 상태가 된 이후의 모든 위험과 비용을 부담한다.

이 조건에서 물품의 수입통관은 매수인이 하여야 하는데 만약 당사자들이 수입통관절차를 매도인이 밟기를 희망하는 경우에는 DDP 조건을 사용하여야 한다.

DAP 조건과 DAT 조건의 주된 차이점은 인도조건이다. 즉 DAP 조건의 경우 매도인은 (2000년 Incoterms상의 DAF, DES 및 DDU 조건에서와 같이) 지정장소에서 도착된 운송수단으로부터 양하하지 않은 상태로 매수인의 임의처분상태로 물품을 인도하면 되는데, 이때 도착된 운송수단은 선박이 될 수 있고, 또 지정목적지는 항구가 될 수 있다.[19] 한편 DAT에서는 (2000년 Incoterms상의 DEQ 조건과 같이) 지정터미널에서 물품이 일단 선박이나 기타 운송수단으로부터 양하된 후 매수인의 임의처분상태로 물품이 인도되는데, 이때 지정터미널은 항구에 있을 수 있

19. http://www.pca.co.za/modules/news/article.php?storyid=455(2010.10.21)

다. DAT 조건의 경우 매도인은 이러한 지정터미널에 가져와 양하할 때까지의 모든 위험을 부담한다.[20]

vii) DDP(delivered duty paid : 관세지급인도조건)

DDP는 매도인이 지정목적지에서 수입통관을 필한 물품을 도착된 운송수단으로부터 양하하지 않은 상태로 매수인에게 인도하는 조건으로, 이 조건을 사용할 경우 DDP 뒤에 지정목적지를 표시한다. 이 조건의 경우 매도인은 지정목적지에 도착할 때까지 목적지국가에서 수입을 위한 관세(duty)를 포함하여 계약물품을 인도할 때까지의 모든 비용[21]과 위험을 부담하여야 한다. 그리고 수입에 따라 부과되는 부가가치세나 기타 세금도 계약상 별도 합의가 없는 한 매도인이 부담한다. 또 이 조건의 경우에도 매도인이 목적지에서의 양하에 관하여 운송계약 하에서 비용을 부담한 경우, 당사자 사이에 별도의 합의가 없으면, 매도인은 이러한 비용을 매수인으로부터 회수할 권리가 없다. 따라서 매도인의 입장에서는 앞에서 설명한 EXW 조건이 가장 부담이 적은 조건인 데 반하여, 이 조건이 가장 부담이 큰 조건이다.

한편 매수인은 계약물품이 지정목적지에서 자기가 임의 처분할 수 있는 상태로 된 이후의 모든 위험과 비용을 부담하여야 한다.

이 조건에서는 매도인이 수입통관을 하여야 하기 때문에 직접적으로나 간접적으로 매도인이 수입통관을 할 수 없는 경우에는 이 조건을 사용해서는 안 된다. 그리고 당사자들이 수입통관에 따른 모든 위험과 비용을 매수인이 부담하기를 희망하는 경우에는 이 조건 대신 앞에서 설명한 DAP 조건을 사용하여야 한다.

---

20. http://www.mondaq.com/canada/article.asp?articleid=112932(2010.10.21)

21. 여기서 말하는 비용은 물품을 수입하는 결과로 필요한 비용이며, 이러한 비용은 적용 가능한 수입규제에 따라 매도인이 지급하여야 한다. 그러나 물품의 수입과 관련하여 개별 당사자에 따라 추가로 소요되는 비용은 매도인이 지급하지 않는다.

② 해상 및 내수로 운송에서만 사용되는 조건

i) FAS(free alongside ship : 선측인도조건)

FAS는 지정선적항에서 매수인이 지정한 본선의 선측(예컨대, 부두 또는 부선상)에 수출통관을 필한 물품을 인도하는 조건으로, 이 조건을 사용할 경우 FAS 뒤에 지정선적항을 표시한다. 이 조건의 경우 매도인은 지정선적항에서 매수인이 지정한 본선의 선측에 물품을 인도하거나 또는 선적을 위해 이미 그렇게 인도된 물품을 「조달」(procure)하면 된다. 이 때 매도인은 합의된 기일 또는 합의된 기간 내에 그 항구의 관습적인 방법으로 인도하여야 한다.

그리고 매수인이 특정 선적 지점을 통지하지 않은 경우, 매도인은 지정선적항에서 자기의 목적에 가장 적합한 지점을 선택할 수 있다. 물품에 대한 멸실 · 손상의 위험은 물품이 본선의 선측에 인도된 때에 이전된다.

한편 매수인은 선박을 수배하고 선박명, 선적장소 및 선적시기를 매도인에게 통지하여야 하며, 지정선적항의 본선 선측에서 유효하게 인도된 때로부터 선적비용을 포함하여 그 물품에 관한 모든 위험과 비용을 부담하여야 한다.

그런데 물품이 컨테이너에 적입된 경우 매도인은 물품을 본선의 선측이 아니라 터미널에서 운송인에게 인도하는 것이 보통이다. 이러한 경우에는 FAS 조건이 적합하지 않고 FCA 조건을 사용하여야 한다.

ii) FOB(free on board : 본선인도조건)

FOB는 계약물품을 지정선적항의 본선상(on board the vessel)에서 인도하는 조건으로, 이 조건으로 계약을 체결할 때에는 "FOB Busan"(부산항 본선인도조건)과 같이 FOB 다음에 지정선적항(계약의 이행지)을 표시한다. 이 조건의 경우 매도인은 수출 통관을 필한 계약물품을 지정선적항에서 매수인이 지정한 본선상에 인도하거나 또는 이미 그렇게 인도된 물품을 「조달」(procure)하면 되고, 물품에 대한 멸실 · 손상의 위험은 물품이 본선상에 인도된 때에 매수인에게 이전된다.[22] 이 조건과 관련하

22. 2000년 Incoterms까지는 이 조건과 뒤에서 살펴볼 CFR, CIF 조건에서 위험의 분기점

여 주의할 점은 본선에 인도한다는 의미가 선박이나 화물의 조류 등에 따라 달라질 수 있으므로 그 의미를 명확히 합의하여 계약에 명시해 둘 필요가 있다는 것이다.[23]

한편 매수인은 지정선적항으로부터 물품을 운송하기 위한 운송계약을 체결하고 선박명, 선적지점 및 인도시기를 매도인에게 통지하여야 하며, 물품이 지정선적항에서 본선에 인도된 이후의 물품에 관한 모든 위험과 비용을 부담한다. 따라서 매수인은 선적 이후의 위험에 대비하여 자기의 비용으로 해상보험계약을 체결하여야 한다.

FOB 조건은 물품이 본선에 적재되기 전에 운송인에게 인도되는 경우, 예를 들면 통상 터미널에서 인도되는 컨테이너화물의 경우에는 적합하지 않을 수 있다. 이러한 경우에는 FOB 조건이 아니라 FCA 조건을 사용하여야 한다.

FOB 조건이 앞에서 살펴본 FAS 조건과 다른 점은 FOB가 물품의 인도장소를 본선상으로 하고 있는 데 반하여, FAS는 본선의 선측으로 하고 있다는 점이다. 그리고 FOB와 FCA의 가장 큰 차이점은 FOB의 경우는 필연적으로 선적선하증권(on board B/L)을 발행하게 되지만 FCA의 경우는 수취선하증권(received B/L)이 발행된다는 것이다. 그런데 신용장거래의 경우 수취선하증권은 거절되므로 수취선하증권이 발행된 경우에는 선적 후 본선적재표시(on board notation)를 받아두어야 한다.

iii) CFR(cost and freight : 운임포함조건)[24]

CFR은 선적 시까지의 상품의 원가(cost)[25]에 지정목적항까지 물품을 운송하기 위한 해상운임(freight)이 가산된 조건으로, 이 조건을 사용할 경우 CFR 뒤에 지정목적항을 표시한다. 이 조건의 경우 매도인은 물품을 본선상에 인도하거나 또는 이미 그렇게 인도된 물품을 조달하여야 하고, 물

을 본선의 난간(ship's rail)을 통과할 때로 규정하고 있었으나 2010년 Incoterms에서는 본선의 난간이 삭제되고 본선상으로 되어 있는 점을 유의하여야 한다.

23. http://www.kwe.ca/Incoterms.asp(2010.10.21)
24. 이 조건은 실무에서 종종 C&F라는 용어로 계속 사용하고 있으나 해석상의 혼란을 피하기 위해 CFR로 사용하여야 한다.
25. 여기서 cost는 매도인이 부담하여야 할 일체의 수출원가, 즉 FOB 가격을 뜻한다.

품에 대한 멸실 · 손상의 위험은 물품이 본선상에 인도된 때에 이전된다. 그리고 매도인은 판매된 물품을 운송하는 데 통상 사용되는 유형의 선박에, 통상의 항로 및 통상의 조건으로 지정목적항까지 운송하는 해상운송계약을 체결하거나 또는 조달하고 운임을 부담함과 동시에 물품의 수출통관을 하여야 하고, 또 통상의 운송서류를 지체 없이 매수인에게 제공하여야 한다.[26] 이때 매도인이 목적항의 특정된 지점에서의 양하에 관하여 운송계약 하에서 비용을 부담한 경우에도, 당사자 사이에 별도의 합의가 없으면, 매도인은 이러한 비용을 매수인으로부터 회수할 권리가 없다.

한편 매수인은 물품이 본선에 인도된 이후의 모든 위험과 물품이 본선에 인도된 이후 해상운임을 제외한 모든 추가비용을 부담하여야 한다.

CFR 조건은 물품이 본선에 적재되기 전에 운송인에게 인노뇌는 경우, 예를 들면 통상 터미널에서 인도되는 컨테이너화물의 경우에는 적합하지 않을 수 있다. 이러한 경우에는 CFR 조건이 아니라 CPT 조건을 사용하여야 한다.

vi) CIF(cost, insurance and freight : 운임 · 보험료 포함조건)

CIF는 앞에서 살펴본 CFR 조건에 지정목적항까지의 보험료(insurance premium)가 가산된 조건으로, 이 조건을 사용할 경우 CIF 뒤에 지정목적항을 표시한다. 이 조건의 경우 매도인은 물품을 본선상에 인도하거나 또는 이미 그렇게 인도된 물품을 조달하여야 하고, 물품에 대한 멸실 · 손상의 위험은 물품이 본선상에 인도된 때에 이전된다. 그리고 매도인은 지정목적항까지의 해상운송계약을 체결하거나 또는 조달하고 운임을 부담함과 동시에 운송도중의 물품의 멸실 · 손상에 대한 매수인의 위험을 담보하는 보험계약을 체결하여야 한다. 또한 물품의 수출통관도 해주어야 한다. 이때 매도인이 목적항의 특정된 지점에서의 양하에 관하여 운송계약 하에서 비용을 부담한 경우에도, 당사자 사이에 별도의 합의가 없으면, 매도인은 이러한 비용을 매수인으로부터 회수할 권리가 없다.

26. CFR 조건은 다음에서 살펴볼 CIF 조건과 함께 상징적 인도조건인데, 이에 관하여는 다음 항에서 살펴볼 CIF 조건의 설명 참조.

한편 매수인은 물품이 선적항에서 본선에 인도된 이후의 물품에 관한 모든 위험을 부담함과 동시에 물품이 본선에 인도된 이후 해상운임과 해상보험료를 제외한 모든 추가비용을 부담하여야 한다.

CIF 조건은 물품이 본선에 적재되기 전에 운송인에게 인도되는 경우, 예를 들면 통상 터미널에서 인도되는 컨테이너화물의 경우에는 적합하지 않을 수 있다. 이러한 경우에는 CIF 조건이 아니라 CIP 조건을 사용하여야 한다.

(가) CIF계약의 기본적 특징

앞에서 살펴본 바와 같이 이 조건은 CFR 조건과 함께 원래 상징적 인도조건이다. 즉, CIF계약의 본질적 특징은 이 계약 하에서의 인도(delivery)가 물품의 물리적 인도가 아니라 선적서류의 인도를 의미한다는 데에 있다.

따라서 CIF 계약에서 매수인이 요구할 수 있는 것은 선적서류의 인도이고, 반대로 매도인의 입장에서는 선적서류를 인도하면 계약상의 의무를 완수한 것이 된다. 매수인은 선적서류의 인도를 거부하고 현실적인 물품인도를 요구할 수 없고, 한편 매도인도 선적서류 대신 현물을 제공할 수는 없다.[27]

CIF 계약의 경우 매수인은 선적서류가 제시된 때에, 서류가 완전하면 물품이 목적항에 도착하고 있는지의 여부를 불문하고 대금을 지급할 의무를 진다. 그리고 물품이 항해 중에 멸실되거나 또는 손상된 상태로 도착한 경우 매수인은 통상 보험증권에 의거하여 보험회사에 구상하거나 혹은 운송서류에 기재된 운송계약에 의거 운송인에게 구상한다. 다만, 개개의 사건에서 구상을 할 수 있느냐의 여부는 보험증권 또는 운송서류의 조건에 따라 결정된다.

---

27. Manbre Saccharine Co. Ltd. v. Corn Products Co. Ltd.(1919) 1 K.B.198. 이 판례에 McCardie 판사의 다음과 같은 유명한 말이 있다.
"All that the buyer can call for is delivery of customary documents. This represents the measure of the buyer's right and extent of the vendor's duty. The buyer cannot refuse the documents and ask for the actual goods, nor can the vendor withhold the documents and tender the goods they represent."

CIF 계약에 있어서는 물품이 아니라 물품을 상징하는 선적서류가 매도인으로부터 매수인에게 인도되고, 대금결제도 선적서류와 상환으로 행해지기 때문에 종종 "CIF 계약은 선적서류의 매매이다"라고 하지만, 이러한 표현은 법적으로 옳지 않다. 왜냐하면 매수인은 서류 그 자체를 사는 것은 아니고 서류가 상징하고 있는 물품을 사는 것이기 때문이다. 따라서 CIF 계약은 "서류의 인도에 의해 이행되는 물품의 매매계약"(a contract for the sale of goods to be performed by the delivery of documents)이라고 하는 것이 정확한 표현이다.[28]

(나) 선적서류

위에서 알 수 있는 바와 같이 CIF 거래에서는 선적서류가 그 중심을 이루고 있는데, 원칙적으로 선적서류는 ① 합의된 목적항까지의 해상운송계약을 증명하는 통상의 운송서류(usual transport document), ② 해상위험을 담보하는 해상보험증권(marine insurance policy) 또는 보험증명서, 그리고 ③ 규정된 형식에 따른 상업송장(commercial invoice)으로 구성된다.

따라서 CIF 계약에서는 매도인이 두 가지 부수적 계약을 체결하게 된다. 하나는 운송인과의 해상운송계약(contract of carriage by sea)이고, 다른 하나는 보험회사와의 해상보험계약(contract of marine insurance)이다. 전자에 의거 운송인은 매도인에게 운송서류를 발행하고, 후자에 의해 보험회사는 해상보험증권을 발행한다. 매도인은 이것들에 자기가 작성한 상업송장을 첨부하여 선적서류로서 매수인에게 제공하게 되는 것이다.

1) 운송서류: CIF 조건의 경우 매도인이 통상의 운송서류를 지체 없이 매수인에게 제공하여야 하는데, 이러한 운송서류는 선적을 위해 합의된 기간 이내의 날짜로 되어 있어야 하고 매수인이 목적항에서 운송인으로부터 물품을 청구할 수 있어야 하며, 별도 합의가 없는 한 매수인이 운송 중인 물품을 서류의 양도 또는 운송인에게 통지함으로써 전매할 수 있어야 한다(A8). 전통적으로 이들 조건 하에서는 유통성 있는 선적선하증

28. Arnhold Karberg & Co. v. Blythe, Green, Jourdain & Co.(1916) K.B. 495, 510, 514 사건의 팔결에서 Bankers 및 Warrington 경의 말.

권(shipped B/L)을 제공해 왔는데 선하증권은 ① 본선상에 물품을 인도한 증거, ② 운송계약의 증거, ③증권을 양도함으로써 운송 중인 물품에 대한 권리를 양도하는 수단으로서의 기능을 수행하고 있다.

운송서류로서 선하증권은 물품의 인도청구권을 화체(化體)한 권리증권(document of title)[29]으로서 물품을 대표하게 된다. 이러한 의미에서 선하증권은 물품의 상징(symbol)이고, 선적서류의 인도가 물품의 인도와 동일한 의미를 갖는다. 매수인은 선하증권의 인도를 받음으로써 물품을 자유롭게 처분할 권한을 취득하므로 선하증권의 인도는 물품의 인도와 동일한 효과를 지닌다. 따라서 본선의 항해 중에도 선하증권의 양도를 통해 물품을 전매할 수 있다.

선하증권의 이러한 특수한 법적 성격에도 불구하고 선하증권이 전자통신문으로 대체되어가고 있다. 따라서 이미 1990년 Incoterms부터 이와 관련된 규정을 두고 있었다. 즉, EXW 조건을 제외한 모든 정형거래조건의 매도인의 의무 A8에는 매매당사자가 전자식으로 통신하기로 합의한 경우, 종이서류를 이에 상응하는 전자통신문(EDI message)으로 대체할 수 있도록 하고 있다. 그런데 2010년 Incoterms에서는 여기서 한 걸음 더 나아가 제 A1/B1조에서 당사자들이 합의하거나 관습적인 경우, 전자통신수단에 서면통신과 동일한 효력을 부여하고 있다.

그리고 운송서류가 양도 가능한 형식으로, 그리고 여러 통의 원본이 발행된 경우에는 원본 전통을 매수인에게 제공하여야 한다.

2) 해상보험증권 : 해상보험증권은 운송서류에 기재된 물품이 항해 중에 멸실 또는 손상된 경우에 매수인이 손해를 보지 않도록 매수인에게 보험계약에 의거한 구상권을 확보하는 수단으로서 선적서류에 축하된다. 이러한 의미에서 해상보험증권은 운송서류에 의해 표창되고 있는 경제적 이익이 손상된 경우에 그것을 보완하는 기능을 하는 것이다. 항해는 항상 위험을 수반하고 있으므로 운송서류는 보험증권의 뒷받침을 받아야 비로소 안전하다고 할 수 있다.

---

29. 권리가 증권에 화체되어 있다는 것은 그 증권의 점유가 권리행사의 요건으로 되어 있는 상태를 말한다.

CIF계약의 경우 위험은 본선에 인도한 때에 매도인으로부터 매수인에게 이전되지만 해상보험계약은 매수인의 이익을 위해 매도인에 의해 체결되고, 그에 의거 해상보험증권이 발행된다. 이 조건에서 매도인이 매수인을 위해 부보하는 적하보험(cargo insurance)의 보험금약과 보험조건은 CIP 계약에서의 그것과 동일하고, 보험기간은 선적항에서 본선에 인도된 때로부터 적어도 지정목적항까지이여야 한다.

3) 상업송장 : 상업송장은 매도인이 매수인 앞으로 발송한 물품의 명세를 명확히 하고, 대금을 명시하기 위해 선적서류의 하나로 추가된다. 이것은 계약에 의거하여 선적된 물품의 명세서 겸 대금청구서이므로 당연히 계약에 합치되어야 한다.

그림 16-7

Incoterms 2000과 2010의 비교

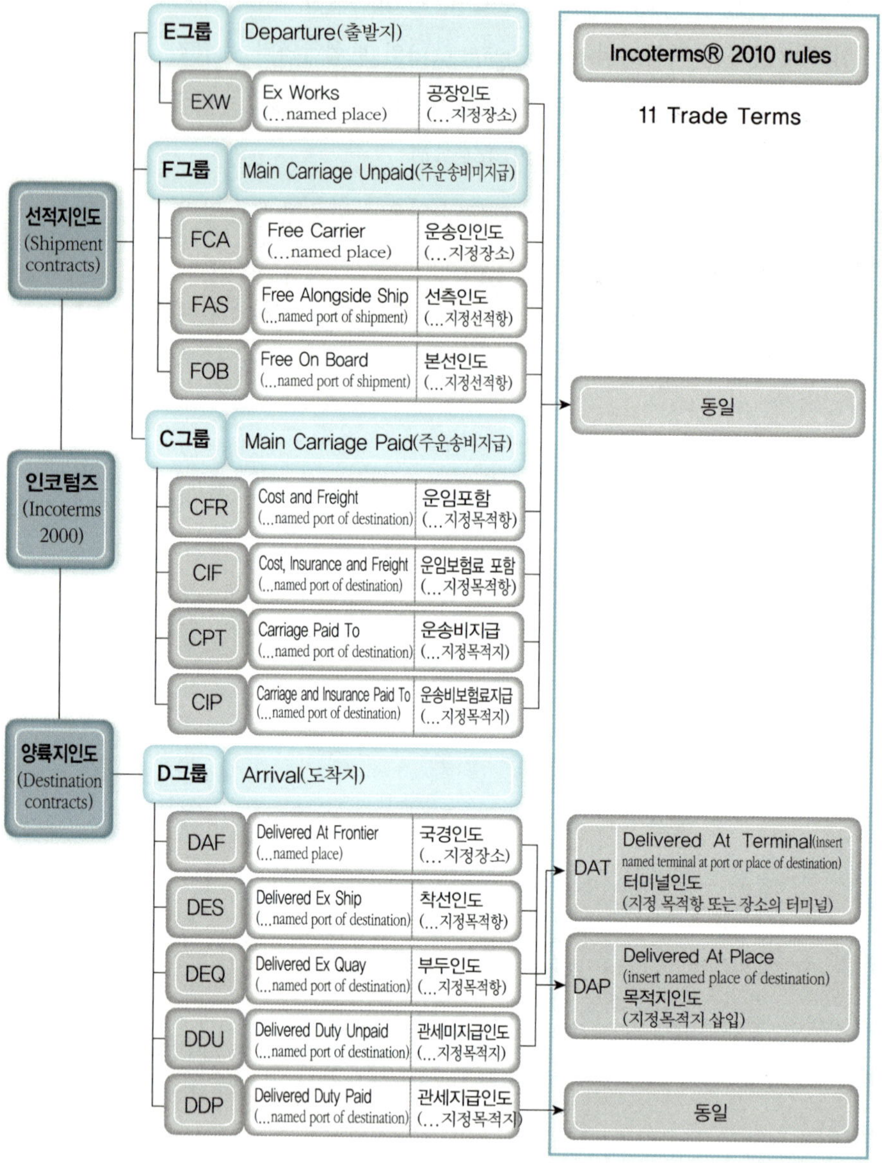

출처 : (사)한국무역연구원 2010 무역세미나 발표자료

무역대금 결제방식

17

1. 신용장의 개요

2. 신용장의 종류

3. 무신용장 방식

1 신용장의 개요

Essentials of Trade, ch. seventeen

1.1 신용장의 의의

신용장(letter of credit ; L/C)이란 무역거래의 대금지불 및 상품수입의 원활화를 기하기 위하여 수입상의 거래은행이 수입업자(신용장 개설의뢰인)의 요청으로 수출업자로 하여금 일정 기간 및 일정 조건 하에서 운송서류(transport document)를 담보로 하여 수입업자, 신용장 개설은행 또는 개설은행이 지정하는 환거래 취결은행을 지급인으로 하는 화환어음을 발행하도록 하여 이 어음이 제시될 때 지급 또는 인수할 것을 어음발행인(수출업자) 및 어음수취인(어음매입은행)에 대하여 확약하는 증서(document)이다. 즉, 한마디로 신용장은 무역 대금결제 수단이라고 할 수 있다.

그림 17-1

신용장의 의의

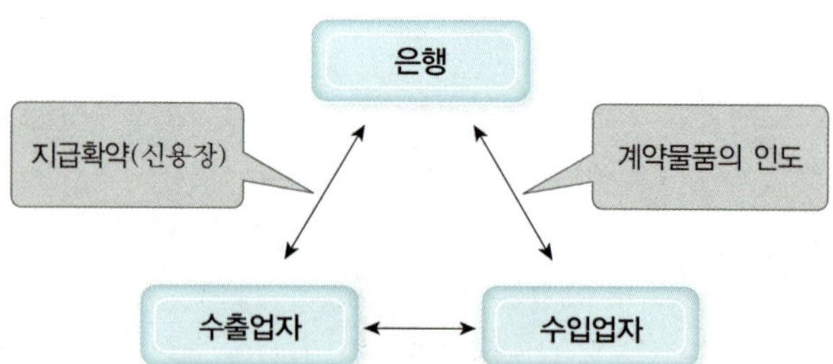

1.2 신용장의 기능

1.2.1 국제무역 촉진 기능

수출입당사자 간에 매매계약이 체결되었다 할지라도 수입자에 의해 신용장이 개설되어 있지 않는 경우에는 수출상이 계약조건대로 계약기간 내에 선적할 것인지 확신을 가질 수 없다. 이에 대해 신용장은 수출대금 결제를 보장하고 상품의 수령을 확실하게 함으로써 국제무역을 촉진시키는 역할을 수행한다.

1.2.2 금융수단의 기능

신용장에 의한 수출대금은 개설은행이 지급을 확약하고 있으므로 수출자는 내도된 신용장을 근거로 수출에 소요되는 자금을 융자받을 수 있게 된다. 또한 수출을 이행하고 나면 수입자가 대금을 지급하기 전이라도 수출자는 환어음을 발행하여 자기 거래은행에 매입 또는 할인을 의뢰함으로써 수출대금을 회수할 수 있다.

1.3 신용장 거래의 특성

1.3.1 신용장의 독립성

신용장은 매매계약에 근거하여 개설되는 것이지만, 일단 신용장이 개설되면 신용장은 매매계약으로부터 독립되어(신용장통일규칙 제3조) 그 자체로서 별도의 법률관계를 형성하는데, 이를 신용장 독립성이라 한다. 이는 매매계약의 당사자가 아닌 개설은행을 무역계약으로부터 독립시켜 신용장 거래의 안정성을 확보하기 위함이다.

1.3.2 추상성

신용장 거래의 목적은 물품이나 서비스 그 자체나 계약의 이행 등에 있지 않고 서류에만 국한된다. 즉, 개설은행은 실제로 해당물품이나 서비스 또는 계약이행이 신용장과 맞지 않는다 하더라도 서류가 신용장의 조건에 맞으면 대금을 지급하여야 할 의무가 있다. 따라서 서류 상호 간의 모순이 있는지의 여부를 오로지 제출된 서류만을 근거로 심사하여야 하는바, 이를 신용장의 추상성이라 한다.

1.3.3 안정성/편리성

수출상이 신용장 조건에 일치하는 환어음 및 선적 서류를 제시하는 한 개설 은행은 무조건 대금을 지급해야 하므로 수출상은 대금회수에 대한 불안감이 해소되며, 수입상 측에서 신용장 내용을 변경하거나 취소할 때는 수출상의 명시적인 동의를 얻어야 하므로 신용장이 개설되는 때부터 거래내용이 확정되고, 수입상이나 개설은행의 일방적인 변경이나 취소가 불가능하다.

1.3.4 엄밀일치의 원칙

신용장에 따라 은행이 제시되는 서류는 신용장에 지정된 모든 서류이어야 하고, 동시에 신용장에서 요구된 양식과 정확히 일치해야 한다. 또한 서류상의 상품명세는 신용장상의 명세와 일치해야 한다.

1.3.5 사기거래방지의 원칙

이는 신용장의 독립성 · 추상성 원칙과 상반되는 개념이다. 제시된 서류가 신용장의 모든 조건에 맞다고 하더라도 은행의 서류 수리 전에 그 서류가 위조나 사기로 작성되었음이 밝혀지게 되면 은행은 그 서류를 수리할 의무가 없다.

1.3.6 한계성

신용장의 한계로는 ① 신용장은 하나의 독립된 지급수단이 될 수 없다는 점이다. ② 신용장에서 개설은행은 매매계약의 당사자가 아니며, 단지 일정한 조건이 충족되는 경우에만 개설은행이 지급 · 인수 · 매입을 하겠다는 독자적인 약속을 하는 것이지 매수인이 상품대금을 지급하지 않으면 은행이 대신 지불한다는 것은 아니다. ③ 신용장은 반드시 계약상품이 인수된다고 보장하지 않는다는 점이다.

1.4 신용장 거래의 과정

① 국내의 수입상이 외국의 수출상과 매매계약을 체결하고 물품매도확약서를 받는다.

— 매매계약을 체결하면서 일반거래조건협정서나 매매계약서에 대금결제 방법으로 신용장 방식을 사용한다고 합의함

② 수입상은 외국환은행에 수입승인을 신청하여 수입승인서(I/L)를 받는다.

③ 수입상은 자기 거래은행에 수입신용장 개설을 의뢰한다.

— 수입상은 신용장발행신청서(별첨)를 명확히 기재하여야 함

④ L/C 개설을 의뢰받은 외국환은행은 L/C를 발행하여 수출상이 소재하고 있는 외국의 환거래은행에 L/C를 송부한다.

⑤ 수출지의 통지은행이 신용장상의 외관상의 진정성을 확인하여 수출상에게 L/C 도착을 통지한다.

⑥ 필요한 품목인 경우 수출승인서(E/L)를 신청 발급받는다.

⑦ ~ ⑨ L/C를 받은 수출상은 상품을 선적한 후 선하증권을 취득하고 보험증권, 상업송장 등 필요한 서류를 구비하여 매입은행에 화환어음 매입을 의뢰한다.

⑩ 매입은행은 환어음 및 운송서류와 교환으로 수출상에게 어음대금을 지급한다.

⑪ 매입은행은 수출상에게 지급한 어음대금을 결제받기 위해 L/C 개설은행에 운송서류를 송부한다.

⑫ 매입은행은 어음대금을 개설은행 또는 상환은행(결제은행)에 상환청구한다.

⑬ 개설은행은 매입은행으로부터 운송서류가 도착하면 수입상에게 운송서류도착을 통지한다.

⑭ 개설은행은 수입상으로부터 수입대금을 받고 운송서류를 인도한다.

- 만일 수입상이 발행은행에 대금을 불입하지 않고 선적서류를 먼저 인수하고자 한다면 개설은행에 수입담보화물보관증의 성격을 가지고 있는 대도증서(Trust Receipt)를 제공함

⑮ 선박회사는 화물이 도착하면 수입상에게 통지한다.

⑯ 화물도착통지를 받은 수입상은 선박회사에 B/L을 제시하고 화물을 인도받는다.

- 이때 수입상은 물품이 계약과 일치하는지 여부를 검사하여야 하며 만약 물품이 계약에 부적합할 때에는 계약서에서 약정한 기일내에 클레임을 제기하여야 함
- 물품은 이미 도착하였으나 선적서류가 도착하지 않았을 경우에는 개설은행으로부터 수입화물선취보증장(Letter of Guarantee ; L/G)을 발급받아 운송인으로부터 미리 물품을 수령할 수 있음

1.5 수입신용장의 개설

1.5.1 개설의 근거

신용장 개설을 위해서는 수출상과 수입상이 매매계약을 체결해야 한다. 이 계약의 제반 내용 중 결제 조건(Payment Terms)에서 거래방식을

그림 17-2

신용장 거래절차 도해

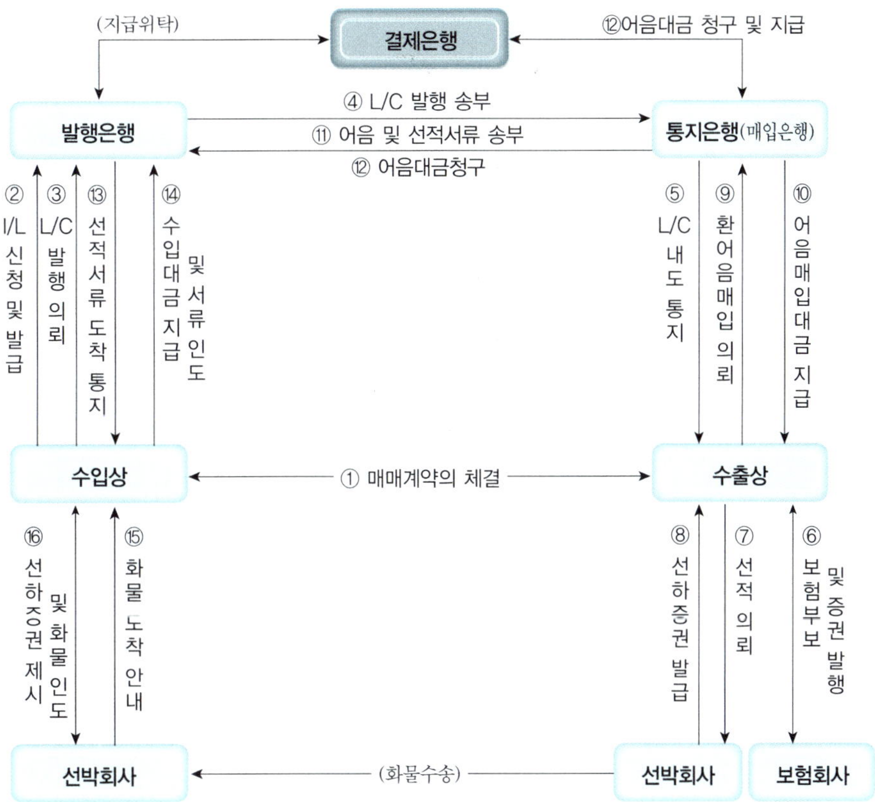

신용장 방식으로 정하였을 경우, 이것을 근거로 신용장 방식으로 결제가 이루어진다.

1.5.2 개설 절차

기본 계약의 의무이행을 위하여 수입상은 자신의 거래은행으로 찾아가 신용장 개설을 의뢰하는데, 이때 개설은행은 수입상에게 자기은행의 고유의 신용장 개설의뢰서를 수입상에게 교부하여 수입상이 이 서류를 작성하고 제출하면 개설은행은 이것을 근거로 신용장을 작성한다.

서류 제출 → 은행의 심사 → 수입담보금의 적립 → 개설과 관련한 제 비용 징구 → 신용장 개설

1.5.3 신용장 개설 방법

① 우편에 의한 개설(Mail Credit)

신용장 개설신청서의 내용에 따라 소정의 신용장양식 1set를 작성하여 원본 및 사본 1매는 통지은행에 발송하고, 결제은행에는 사본 1매를 수입대전 결제요청서(Reimbursement Request)와 함께 발송한다.

② 전신에 의한 개설(Cable Credit)

금융비용절약, 납기단축 등을 위하여 신용장 개설사실을 신속히 통지할 필요가 있을 경우 전신으로 신용장을 개설하게 된다. 전신에는 short cable에 의한 방법, full cable에 의한 방법 등이 있다.

- short cable에 의한 개설 : 신용장이 개설되었다는 뜻을 미리 통지하여 수익자로 하여금 수출 준비를 하게 하는 통지이며, "details follow" 란 문언을 삽입, 추후 신용장 원본(mail confirmation)을 우편으로 송부하여 모든 조건은 이에 의하도록 하여야 한다.
- full cable에 의한 개설 : 통지은행의 오역이나 신용장 당사자 간에 문구해석의 차이로 인한 마찰을 줄이기 위하여 신용장 전문을 그대로 전신으로 보내는 방법이다. 요즈음에는 국제통신망의 발달로 거의 대부분 full cable에 의하여 SWIFT(국제은행 간 자금결제 통신망, Society for Worldwide Interbank Financial Telecommunication) 방식으로 신용장을 통지하고 있다.

1.6 신용장의 당사자

신용장거래의 당사자는 권리의무의 주체가 되는 기본 당사자로 개설

의뢰인, 수익자 및 개설은행과 기타 당사자로 구분할 수 있다.

1.6.1 개설의뢰인(Applicant)

신용장 개설의뢰인이라 함은 매매당사자 간의 약정에 따라 수입지에서 자신의 거래은행에 신용장의 개설을 의뢰하는 자를 말한다. 개설의뢰인은 원칙적으로 매수인에 해당하는 것이지만, 때로는 매수인의 거래처인 제3자가 되는 경우도 있다. 또한 개설의뢰인은 화물의 수하인인 동시에 환어음의 결제자가 된다.

따라서 개설의뢰인은 기능에 따라 importer, opener, buyer, accountee(대금결제인), drawee(환어음지급인), consignee(수하인), accredited buyer(수신매수인) 등이 된다.

1.6.2 개설은행(Issuing Bank, Opening Bank)

개설의뢰인의 요청과 지시에 따라 수출자 앞으로 신용장을 발행하는 은행으로 'credit writing bank, grantor' 라고도 한다. UCP 500에서는 지급, 인수 또는 매입은행이 있다 하더라도, 신용장의 개설은행이나 확인은행의 원칙적인 지급의무를 특히 강조하고 있다.

1.6.3 수익자(Beneficiary)

신용장의 수취인을 수익자(Beneficiary) 또는 수혜자라고도 하며 수출자가 신용장거래 시에 수익자가 된다. 수익자는 그 기능과 보는 각도에 따라 exporter, shipper, drawer, payee(대금영수인), accreditee(신용수령인), addressee user(수신사용인) 등이 된다. 또한 양도가능신용장에서는 원신용장의 수혜자를 제1수익자라 하며 양도받은 양수인을 제2수익자라 한다.

1.6.4 통지은행(Advising Bank, Notifying Bank)

신용자 개설은행은 신용장을 개설하면 그 사실과 내용을 수출자에게 통지해야 한다. 통지 은행은 개설은행의 요청에 의하여 신용장이 개설되었음을 단순히 통지하는 데 그치며, 거래에 대하여 어떠한 책임을 지거나 또는 약정을 하는 것은 결코 아니다.

1.6.5 확인은행(Confirming Bank)

확인은행은 수출상이 개설은행의 신용을 믿지 못하여 신용 있는 제3의 은행으로 하여금 당해 신용장의 대금지급을 재차 확약하도록 요청하는 경우에 참가하는 은행이다. 따라서 확인은행은 개설은행과 동일한 지위를 맡게 되는 은행을 말하며, 대금지급의 책임을 부담하고 있기 때문에 개설은행과 동일한 기본 관계당사자로서의 지위를 부여하고 있는 것이다.

1.6.6 매입은행(Negotiating Bank)

수익자는 물품선적을 완료한 후 개설은행 앞으로 환어음을 발행하고 신용장에서 요구하는 운송서류를 첨부하여 자기의 거래은행에 환어음의 매입을 신청하는데, 이때 환어음을 매입하는 은행을 매입은행이라고 한다.

1.6.7 지급은행(Paying Bank)

신용장에서 매입은행에 의한 수출환어음의 매입을 인정하지 않고 특정 은행이 화한어음과 상환하여 수익자에게 지급할 것을 규정하고 있는 신용장을 지급신용장(straight credit)이라고 하는데, 이와 같은 지급신용장에 의거하여 지급을 위탁받은 은행을 지급은행이라고 한다. 지급은행의 지급행위는 통지은행과 같이 그 지급행위에 대해 아무런 책임을 부담하지 않고 단순히 대금을 지급해 주는 역할만 수행할 뿐이다.

1.6.8 인수은행(Accepting Bank)

신용장에 의해 발행되는 어음이 기한부어음일 것을 조건으로 하는 신용장을 기한부신용장(usance credit)이라고 하는데, 이와 같은 기한부신용장에 의거하여 발행된 기한부 어음을 인수하는 은행을 인수은행이라고 하며, 인수은행은 어음의 만기일에 비로소 지급은행이 된다.

1.6.9 결제은행(Settling Bank)

신용장의 결제통화가 수입국이나 수출국의 통화가 아닌 제3국의 통화일 경우는 제3국에 있는 개설은행의 예치환거래은행이 결제은행(Settling Bank)이 되며, 어음을 매입한 은행에 대금을 상환해 주는 은행이라고 해서 상환은행(Reimbursing Bank)이라고도 한다.

2 신용장의 종류

Essentials of Trade, ch. seventeen

2.1 선적서류 첨부 여부

2.1.1 화환신용장(Documentary L/C)

화환신용장이란 수출상이 객관적인 위치에 있는 제3자가 발행한 운송서류인 선하증권, 상업송장, 포장명세서, 원산지증명서 및 보험증권 등을 은행에 제시하고, 은행은 이 서류와 상환하여 신용장 대금을 지급하는 방식의 신용장이다.

따라서 이러한 신용장은 대금결제의 선행조건으로 물품의 소유권 또는 점유권 이전이라는 대차관계의 존재를 전제로 한다. 따라서 대금청구시의 구비서류로 매매당사자가 아닌 제3자(선박회사 및 보험회사)가 발행한 서류를 제출하도록 하는 데 그 본질이 있다.

2.1.2 무화환신용장(Clean L/C)

수출상이 Nego를 할 때 객관적인 위치에 있는 제3자가 발행한 운송서류가 아닌 수출상 또는 수입상이 개인 자격으로 발행한 단순한 상업송장, 어음 등을 제출하는 경우 은행이 이것을 받고 대금을 지급하는 신용장이다.

수출상이 Nego를 할 때 은행에 제시하는 서류가 운송서류가 아니고, 수출상 또는 수입상이 발행한 단순한 영수증이나 진술서 등일 경우 이를 Clean L/C라 한다.

2.2 취소 가능 여부

2.2.1 취소가능신용장(Revocable L/C)

신용장상에 Revocable이라는 문자가 표시되어 있으면 개설은행은 수익자의 동의 없이 일방적인 의사표시로 신용장의 매입통지가 있기 전에는 아무때나 취소권을 행사할 수 있다. 취소권의 행사 기한은 매입은행의 매입통지가 개설은행에 도착할 때까지만 가능하며 그 이후의 과정은 취소불능신용장과 동일하다.

2.2.2 취소불능신용장(Irrevocable L/C)

취소불능신용장은 일단 개설이 완료되면 수익자의 동의 없이는 취소 또는 변경 등이 불가능하며 수익자는 안심하고 신용장 조건대로 서류만 갖추면 대금지급을 보장받는다는 특징을 가지고 있으며, 신용장상에 Revocable라는 문구를 명시하고 있지 않는 한 모든 신용장은 취소불능으로 취급한다.

2.2.3 조건부 취소불능신용장(Conditional Irrevocable L/C)

신용장상에 Revocable이라는 표시가 없어 외견상으로는 취소 불능으로 인정되지만 특별지시(Special Instruction)란에 당해 신용장의 이행이 개설은행이나 개설의뢰인의 일방적인 행위에 의거 좌우될 수 있는 내용을 포함하고 있는 경우를 말한다.

2.3 상환청구 가능 여부

2.3.1 상환청구가능신용장(With Recourse L/C)

수출상에게 선적서류를 매입한 은행이 여하한 사유에 의하든 개설은행으로 부터 신용장대금을 받지 못하는 사유가 발생하면 매입은행이 동 대금을 수익자에게 소구(상환청구)할 수 있는 신용장이다.

2.3.2 상환청구불능신용장(Without Recourse L/C)

신용장상에 Without Recourse라는 표현이 있는 경우 수익자가 매입(Nego) 시 환어음에 Without Recourse 표시를 하면 매입은행은 Clean Nego한 분에 대하여 일체의 소구권(상환청구권)을 행사할 수 없는 신용장이다. 이 신용장은 우리나라에서 인정하고 있지 않다.

2.4 결제기간 여부

2.4.1 일람출급신용장(Sight L/C)

수출지에서 매입은행이 선적서류를 송부하면 개설은행은 서류상의 하자가 없는 한 즉시 신용장 대금의 전액을 매입은행 구좌에 입금시켜 주는 형식의 현금거래 신용장이다. 이때 발행되는 환어음이 일람불어음(At

Sight Bill)이다. 우리나라의 경우 개설은행이 대금지급을 지연할 수 있는 기간은 도착한 서류의 신용장 조건과의 일치 여부 검토 기간인 7일 이내로 한정되며 그 기간까지 개설의뢰인이 결제하지 않을 경우 자기자금으로 지급해야 한다.

2.4.2 기한부신용장(Usance L/C)

개설의뢰인이 개설은행으로부터 선적서류를 수령할 때 현금을 지급하는 것이 아니고, 신용장에서 정해 놓은 일정 기간이 내도하여야 신용장 대금을 결제하는 외상방식의 신용장이다. 이때 발행되는 환어음이 기한부어음(Usance Bill)이다. 외상신용장은 수출상이 기한부 어음을 매입 의뢰할 때 수출지 은행의 취급 방법 여하에 따라 이를 기한부 매입, 인수, 연지급 신용장으로 구분된다.

2.4.3 할부신용장(Installmente L/C)

선적 또는 대금결제 기간이 일정한 시기로 나뉘어 있는 신용장이다. 수출자가 선적을 수회에 걸쳐서 일정 기간별로 분할하여 결제하도록 약정한 것을 할부선적 신용장이라 하고, 수입상이 선적서류를 인도받을 때는 착수금만 지급하고 잔액은 일정 기간별로 나누어 상환하도록 약정된 신용장을 할부지급신용장이라 한다.

할부신용장인 경우, 신용장상의 분할선적란에 분할선적 표시를 해야 한다.

2.4.4 선대신용장(Advance Payment L/C)

수출상의 자금 여력이 충분치 않고 수출물품이 집하과정을 거쳐야 하는 농수산물 등일 경우 수출 편의를 위하여 신용장 개설과 동시에 수출상으로 하여금 일정액의 금액을 미리 지급받을 수 있도록 하는 방식의 신용장이다. 이는 선지급 방식의 유형이다.

이 신용장은 자금선대조건을 붉은 글씨로 쓰는 관례로 인하여 Red Clause L/C라고 칭하고 선대자금을 수령할 때 수출상은 선적서류 없이 현금으로 선대받는 부분에 대한 어음만 발행하면 된다.

2.5 양도 가능 여부

2.5.1 양도가능신용장(Transferable L/C)

수익자가 받은 신용장을 제3자에 신용장금액의 전부 또는 일부를 양도할 수 있는 신용장이다. 양도가능신용장을 양수받은 자가 또다시 제3자에게 양도할 수 없다. 양도가능신용장은 수출대행 시에 주로 이용된다.

2.5.2 양도불능신용장

신용장의 수익자가 동 신용장을 제3자에게 양도할 수 없는 신용장이다. 양도가능(Transferable)이란 명시가 없는 한 양도불능신용장이다. 대부분의 신용장은 양도불능신용장이다.

2.6 확인 여부

2.6.1 확인신용장(Confirmed L/C)

개설은행에 추가하여 제3의 은행이 추가신용장대금의 결제에 대하여 확약한 신용장이다. 이 경우 추가확약한 은행을 확인은행(Confirming Bank)이라 한다.

2.6.2 미확인신용장(Unconfirmed L/C)

제3의 확인은행의 추가확약 없이 신용장 개설은행만이 신용장대금의 결제를 확약하는 대부분의 신용장이다.

2.7 발행지 기준 여부

2.7.1 원신용장(Master L/C)

수입자의 의뢰로 신용장 개설은행이 수출자 앞으로 개설한 원래의 신용장이다.

2.7.2 내국신용장(Local L/C)

수출자의 의뢰로 수출지의 은행이 수출지의 물품공급자 앞으로 발행되는 신용장이다. 내국신용장(Local L/C)은 국내에서 수출자가 수출용 완제품을 구매하여 직수출하거나, 수출물품 제조업체가 수출물품 제조에 필요한 원자재를 구매하여 직수출 또는 국내공급하고자 하는 경우에 발행된다. 즉, 수출물품을 확보하기 위하여 국내에 있는 물품공급업자를 수익자로 하여 발행하는 신용장이다.

2.7.3 견질신용장

원신용장(Master L/C)의 수익자가 해외에서 양도불능신용장을 받았을 경우 이 신용장을 원만하게 이행하도록 하기 위하여 자기책임으로 원신용장을 견질로 하여 제2의 신용장을 개설하는 것을 말한다. 즉, 내국신용장을 발행할 때 원신용장이 견질신용장이 된다.

2.8 기타 신용장

2.8.1 회전신용장(Revolving L/C)

회전신용장은 동일 거래선으로부터 일정 기간마다 동일한 물품을 계속 반복하여 수입할 필요가 있을 때 수입상은 이를 위하여 매월 새로운 신용장을 개설하거나 할부선적신용장을 개설하여야 하는 번거로움이 있다. 따라서 회전신용장은 이러한 번거로움을 피하기 위해 한 거래가 종료되면 다시 살아나는 신용장이다.

2.8.2 동시개설신용장(Back to back L/C)

연계무역에 주로 사용되는 신용장으로 신용장 조건 중에 수출상이 이 신용장을 받은 날로부터 XX일 이내에 수입상을 상대로 Counter L/C를 개설해야 이 신용장이 유효하다는 문구를 넣은 신용장이다.

2.8.3 기탁신용장(Escrow L/C)

신용장 조건에 따라 수출상이 선적을 하면 수입상이 대금지불을 하게 되나 이 대금은 수출상에게 송금되지 않고 양 당사자가 합의한 Escrow 계정으로 입금되는바, 일단 Escrow 계정으로 입금된 돈은 수출상이 수입상을 상대로 Counter L/C를 개설하였을 경우 그 결제자금으로만 인출되도록 제한을 받게 된다.

2.8.4 토마스신용장(Tomas L/C)

토마스신용장의 조건은 일반신용장과 다름이 없으나 수출상이 선적 후 Nego에 들어갈 때는 수입상 앞으로 '언제까지 Counter L/C를 개설하겠다' 는 내용의 보증서를 제출하도록 제한하고 있는 신용장이다.

2.8.5 보증신용장(Stand-by L/C)

신용장의 발행 목적이 화물의 인수에 있지 않고 금융의 융통 등 서비스의 제공에 있는 경우에 사용되는 신용장이다. 보증신용장은 주로 본사가 해외지사의 현지금융을 보증하거나, 국제입찰참가시 입찰보증금(Bid Bond)이나 계약이행보증금(Performance Bond)을 조달할 때 이용된다.

3 무신용장 방식

Essentials of Trade, ch. seventeen

3.1 추심결제방식

추심결제방식은 은행의 지급 확약 없이 당사자들 간의 매매계약에 의해서 수출업자가 화환추심어음(Bill of Documentary Collection)을 발행하여 수입업자로부터 수출대금을 추심하는 결제 방식이다.

수입자가 신용장을 개설하지 않아도 수출자가 수입자에게 신용을 제공하는 거래로, 수출자는 수출품을 선적한 뒤 환어음에 선적서류를 첨부하여 이를 은행을 통하여 추심하여 수출대금을 회수한다.

수입자은행은 대금지급을 약속하지 않고 단순히 어음을 추심하는 업무만 수행하며, 추심결제방식의 거래에는 결제 기간으로만 보아 신용거래 시 일람불(At Sight)과 유사한 지급인도 조건(D/P)거래와, Usance거래와 유사한 인수인도조건(D/A)거래가 있다.

3.1.1 인수인도조건(Documents Against Acceptance ; D/A)

인수인도조건은 수입업자가 환어음에 대한 인수(Acceptance)만으로 운송서류를 찾아갈 수 있는 어음인수 서류인도조건이다. 수출자가 기한부 환어음(Usance bill)을 발행하여 추심은행을 통하여 수입자에게 제시하면 수입자는 어음상에 'Accept' 라는 표시와 함께 서명하고 환어음을 인수하고, 추심은행은 수입자에게 선적서류를 인도하면, 추심은행은 어음의 지급만기일에 어음지급인(수입자)으로부터 대금을 지급받아 추심의뢰은행에 송금하면 수출자가 대금을 영수하는 거래방식이다.

3.1.2 지급인도조건(Documents against Payment; D/P)

지급인도조건은 수출대금의 지급과 상환하여 운송서류를 수입업자에게 인도하는 어음지급 서류인도조건이다. 수출업자가 매매계약에 따라서 수출물품을 선적한 후, 수입자를 지급인으로 수출자를 수취인으로 일람불(At Sight)어음을 발행하여 선적서류와 함께 거래 외국환은행에 추심을 의뢰하고, 의뢰받은 은행(추심의뢰은행)은 이를 수입지의 은행에 추심요청을 하며, 이의 요청을 받은 추심은행(수입자의 거래은행)이 어음지급인(수입자)에게 환어음 대금을 지급함과 동시에 선적서류를 수입자에게 인도하고 그 대금을 추심의뢰은행(수출자의 거래은행)에 송금하여 수출자가 수출대금을 영수하는 거래방식이다.

3.1.3 D/A, D/P의 추심과정

① 무역계약의 체결
② 계약물품의 선적과 선하증권의 입수
③ 화환어음의 추심 의뢰 : 수출업자는 계약에서 약정된 운송서류와 환어음을 발행하여 거래은행(추심의뢰은행)으로 하여금 수입업자로부터 수출대금을 추심해 줄 것을 요청한다.
④ 추심의뢰은행의 송부서류 : 추심의뢰은행(Remitting Bank)은 아무런 책임없이 수입업자가 소재하는 곳에 있는 거래은행(추심은행) 앞으로 운송서류와 환어음을 송부하면서 추심을 의뢰한다.
⑤ 추심 통지 : 추심은행(Collecting Bank)은 수입업자에게 운송서류와 환어음이 도착한 사실을 통지헌다.

⑥ 추심 완료 및 수출대금의 상환 : 지급인인 수입업자는 매매계약서에서 만약 수입대금을 즉시 지급할 것을 약정하였다면 이를 지급하고 운송서류를 입수한다. 수입대금을 일정 기간 후에 지급할 것으로 약정하였다면, 일정 기간(만기일) 후 대금을 지급할 것을 약속하는 서명행위(인수)와 상환으로 운송서류를 입수한다.

⑦ 계약물품의 입수 : 수입업자는 추심은행으로부터 입수한 운송서류 중 선하증권을 가지고 계약물품을 찾는다.

그림 17-3

인수인도조건(D/A)

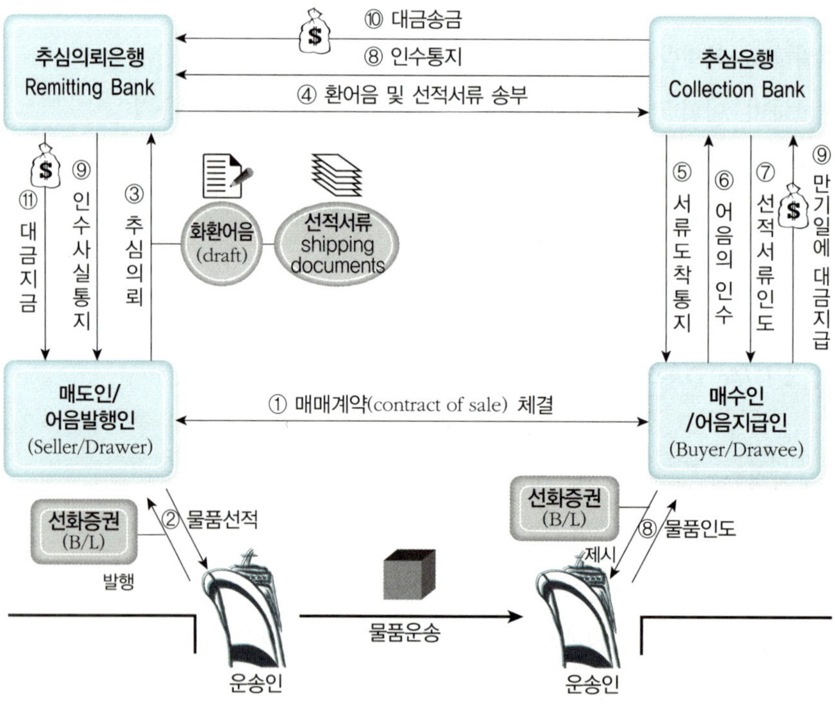

출처 : 전순환, 『무역실무』(제2판), 한올출판사

그림 17-4

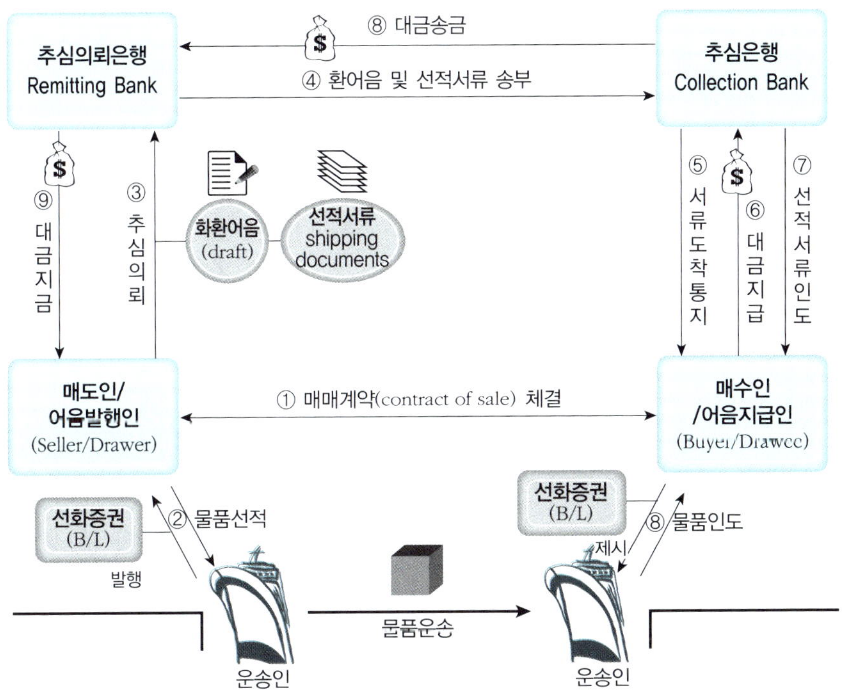

출처 : 전순환, 전게서

3.1.4 D/A, D/P 거래의 당사자

① **추심의뢰인**(Principal)

추심의뢰인은 자기가 거래하는 은행에 수출대금의 추심을 의뢰하는 수출업자를 말하며, 수출업자는 추심을 의뢰하면서 화환어음을 발행하기 때문에 발행인(drawer)이며 또는 수입업자에 대해서 채권을 주장할 수 있는 채권자(creditor)이기도 하다.

② **추심의뢰은행**(Remitting Bank)

추심의뢰은행은 수출업자로부터 추심을 의뢰받은 수출국의 은행을 말하며, 이 은행은 수출업자가 제시한 화환어음과 운송서류를 수입업자가 소재하는 추심은행 앞으로 송부하면서 수출대금의 추심을 의뢰한다. 추심에 관여하는 은행은 모든 조치를 성실하게 이행해야 하며 또한 상당한 주의를 기울여야 하며, 누락 사항이 있을 시, 추심의뢰를 한 상대방에게 즉시 통지해야 한다.

③ **추심은행**(Collecting Bank)

추심은행은 추심의뢰은행으로부터 송부되어 온 운송서류와 추심지시서를 수입업자에게 제시하여 수입대금을 징수하는 은행을 말한다. 특히 수입업자에게 직접 운송서류를 제시하는 추심은행을 제시은행(Presenting Bank)이라고 한다.

④ **지급인**(Drawee)

지급인은 수입업자를 말하며, 수입업자는 추심지시서에 따라 어음이 자기에게 제시되면 채무자로서 수출업자가 발행한 환어음에 대해서 지급할 의무가 있다.

3.2 송금방식에 의한 결제

3.2.1 송금방식에 의한 수출입

수출대금을 직접 외화로 송급받는 조건으로 수출하는 거래방식으로 수출대금을 송금받는 시기에 따라 수출대금 전액을 수출물품 선적 전에 외화로 송금받은 후 수출하는 사전송금방식수출이 있다. 그리고 물품의 인도와 동시에 또는 인도 후 일정 기간이 지나 수출대금을 외화로 송금받는 사후송금방식으로, 대금교환도 조건부수출(COD, CAD)로 구분된다.

① **사전송금방식**

수출대금 전액을 수출물품의 선적 전에 외국환은행을 통하여 외화로 미리 송금받고, 영수일로부터 1년 이내에 대응수출을 이행하는 방법이다. 이 방식은 주로 견품, 시험용품 등 소액거래에 활용되고 있다.

② **사후송금**(대금교환도 조건)

수출물품의 인도와 동시에 또는 인도 후 일정 기간 이내에 수출대금 전액을 외국환은행을 통하여 송금받는 거래이다. 대금결제 기간은 수출업자가 자율적으로 결정하며, 본 지사 간의 거래에서는 1년 이내이어야 한다. 대금교환의 대상에 따라 현물상환방식의 수출(COD)과 서류상환방식의 수출(CAD)로 구분된다.

- 현물상환방식(Cash On Delivery ; COD) : 수입자가 소재하는 국가에 수출자의 지사나 대리인이 있는 경우 수출자가 물품을 지사 등에 송부하면(B/L상(consignee)이 수출자 지사 등의 지시식으로 발행됨) 수입자가 물품의 품질 등을 검사한 후 물품과 현금을 상환하여 물품대금을 송금하는 방식의 거래이다.

그림 17-5

COD 거래과정

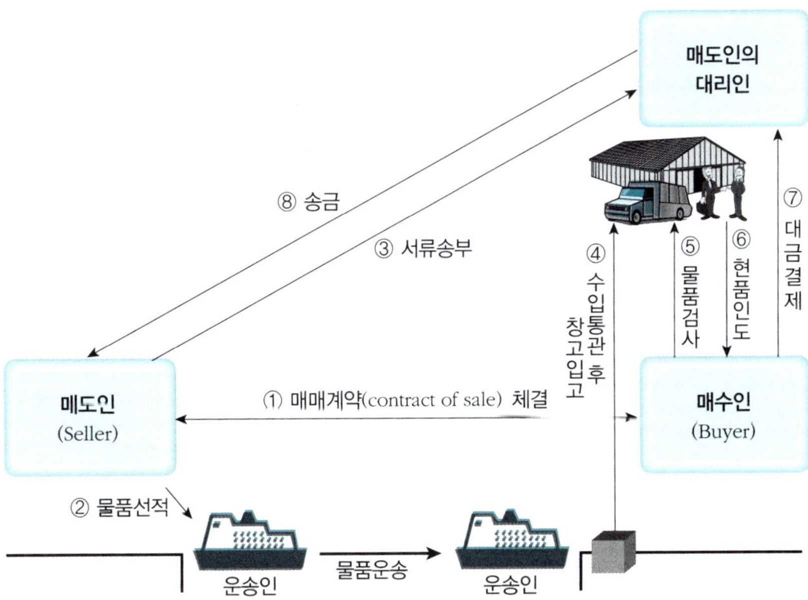

출처 : 전순환, 전게서

- 서류상환방식(Cash Against Documents ; CAD) : 수출자가 물품을 선적하고 수입자 또는 수출국에 소재하는 수입자의 대리인이나 지사에게 선적서류를 제시하면 서류와 상환하여 대금을 결제하는 방식의 거래이다. 통상 수입자의 지사나 대리인 등이 수출국 내에서 물품의 제조과정을 점검하고, 수출물품에 대한 선적전검사를 행한다.

그림 17-6

CAD 거래과정

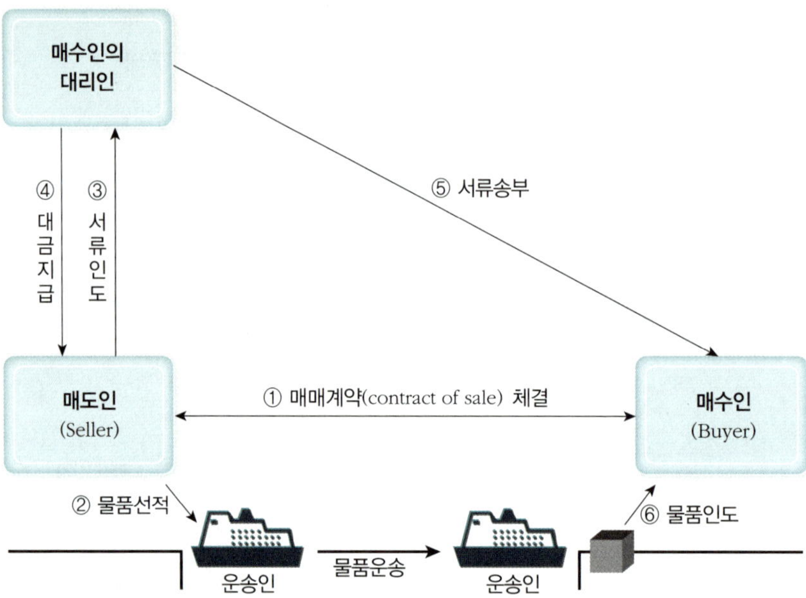

출처 : 전순환, 전게서

3.2.2 송금방식에 의한 결제수단

① **송금수표**(Demand draft)

보통송금환이라고 하는데, 수입업자가 거래은행에 수입대금을 지급하면 은행은 수출업자를 수취인으로 하고 수출업자 소재지의 외국환은행을 지급인으로 하는 송금수표를 발행해 준다. 수입업자는 이를 수출업자에게 직접 우송하고 수출업자는 이를 지급인에게 제시하여 수출대금을 회수해 간다.

② **우편송금환**(mail transfer) **및 전신송금환**(telegraphic transfer)

우편송금환과 전신송금환은 수입업자가 일정 금액을 수출업자에게 지급해 주도록 은행에 위탁할 경우 사용된다.

수입업자가 거래은행에 수입대금을 지급하면 거래은행은 수출업자가 소재하는 외국환은행 앞으로 수출업자에게 일정 금액을 지급하도록 하는 지급지시서를 보낸다. 지급지시를 받은 외국환은행은 수출업자에게 일정 금액을 지급하고 이 대금은 지급지시를 한 은행의 예금계정에서 찾아간다. 이때 지급지시를 우편으로 할 경우를 우편송금환이라 하며, 전신으로 할 경우를 전신송금환이라고 한다.

전신환은 당일 또는 그다음 날 결제될 수 있으므로 상호 간에 이자문제가 발생하지 않는다. 무역거래에서 송금방식의 결제는 수입업자가 전신환을 수출업자에게 송부하여 수출대금을 결제하는 것을 말하며, 송금시기에 따라 사전 송금방식과 사후송금방식으로 구분된다.

3.3 국제팩토링에 의한 결제

3.3.1 국제팩토링의 개념

국제팩토링(Factoring)은 수출업자가 수입업자에게 상품을 외상으로 수출하면, 팩터는 외상매출채권을 매입 · 관리하여 수출업자에게 상품대금의 지급을 보증하는 금융서비스를 말하며, 이러한 기본적인 업무 외에도 팩터는 수출업자를 대신하여 구매자에 대한 신용을 조사하고, 상품대금이 회수되는 기간 동안 제조업자에게 금융을 제공하거나 회계업무 등을 대행하고 있다. 즉, 수출업자가 팩터에게 물품의 수출판매를 의뢰하면 팩터는 단순히 판매만 알선하는 것이 아니라 수출업자에게 수출대금의 지급까지를 보증해 준다.

그림 17-7

국제팩토링 거래절차도

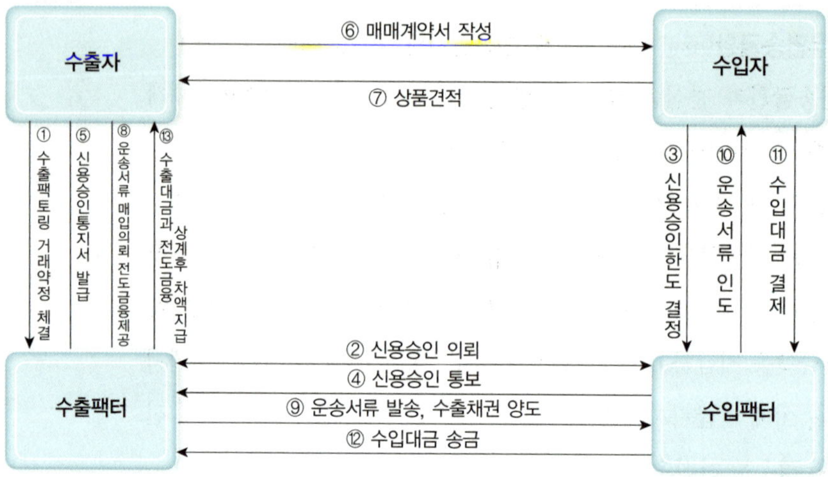

출처 : 전순환, 전게서

3.3.2 국제팩토링의 당사자

① 수출업자

물품을 수출판매하는 자로 팩터와 팩토링 거래약정을 체결하여 매출채권을 양도하며, 수출업자는 팩터의 주된 서비스 대상이기 때문에 국제팩토링에서는 수출업자를 판매자(Client)라 하며, 그 밖의 상품 또는 용역의 공급자(supplier), 매도인 등으로 불린다.

② 수입업자

수입자는 물품을 수입구매하는 구매자(Customer)나 매수인을 말하며, 수입업자는 국제팩토링에서 궁극적으로 채무를 부담하는 당사자(debtor)이다.

③ **수출팩터**(export factor)

국제팩토링에 관여하는 수출국의 팩토링 회사를 수출팩터라 하며, 수출채권을 관리하고 수출업자에게 수출대금의 지급을 보증한다. 그 밖에 수출팩터는 수출상품의 생산·확보에 필요한 금융을 제공하기도 하며 수출업무와 관련된 경영서비스를 제공한다.

④ **수입팩터**(import factor)

수입국의 팩토링 회사를 수입팩터라 한다. 수입팩터는 수입업자에 대한 신용조사 및 신용승인을 하고 수출채권을 양수받아 대금을 회수하여 송금하는 업무 등을 주로 한다. 만약 수출팩터가 해외에 지점망을 가진 경우에는 수입국에 주재하는 지점 또는 지사가 수입팩터의 역할을 담당하게 됨으로 별도의 수입팩터는 필요 없게 된다.

3.4 포피팅

3.4.1 포피팅의 의의

포피팅(Forfaiting)은 현금을 대가로 채권을 포기 또는 양도한다는 뜻으로 무역거래에서는 수출업자가 발행한 기한부어음을 포피터(forfaiter)가 할인, 매입해 주는 금융기법이다. 포피팅은 주로 신용장 하에서 발행된 기한부환어음을 포피터가 할인, 매입하는 중장기금융이라 할 수 있다.

포피팅에는 수출업자 및 수입업자 외에 포피터와 보증은행(Guaranteeing Bank)이 개입하는데, 포피터는 수출업자가 발행한 연불어유의 지급을 보증하거나 지급보증서를 발급하는 은행이다. 보증은행은 수입업자를 위해 환어음의 지급을 보증하거나 지급보증서를 발급하는 은행이다.

결국 포피팅을 이용하면 수입업자는 보증은행의 지급보증으로 거액의 물품을 연불조건으로 수입할 수 있고 수출업자는 비록 연불조건의 외상수출이라 하더라도 포피터로부터 수출대금을 일람조건의 수출과 같이 즉시 받을 수 있다. 특히 수출업자는 신용장 매입은행의 여신한도가 부족하여 환어음의 매입이 거절될 경우 포피팅을 통한 매입방법을 강구할 수 있다.

3.4.2 포피팅의 절차

① 수출업자와 수입업자는 무역계약을 체결하면서 결제방법에 포피팅을 추가할 것을 약정한다.
② 수출업자는 포피터와 포피팅계약을 체결한다.
③ 수출업자는 계약의 내용대로 선적기일 내에 물품을 선적한다.
④ 수입업자는 지급보증은행에 환어음을 제출하면 지급보증은행은 별도의 지급보증서를 발급해 준다.
⑤ 지급보증은행은 보증이 첨부된 환어음을 수출업자에게 보낸다.
⑥ 수출업자는 사전에 약정된 포피팅계약에 따라 지급보증은행이 보증한 환어음을 포피터에게 제시하여 어음대금을 할인해 줄 것을 요청한다.
⑦ 포피터는 어음의 만기일에 보증은행에 환어음을 제시하여 지급을 요청하고, 지급보증은행은 지급보증에 따라 대금을 지급한다.
⑧ 보증은행은 포피터가 제시한 어음을 수입업자에게 제시하고 수입업자로부터 대금을 회수한다.

그림 17-8

포피팅 절차

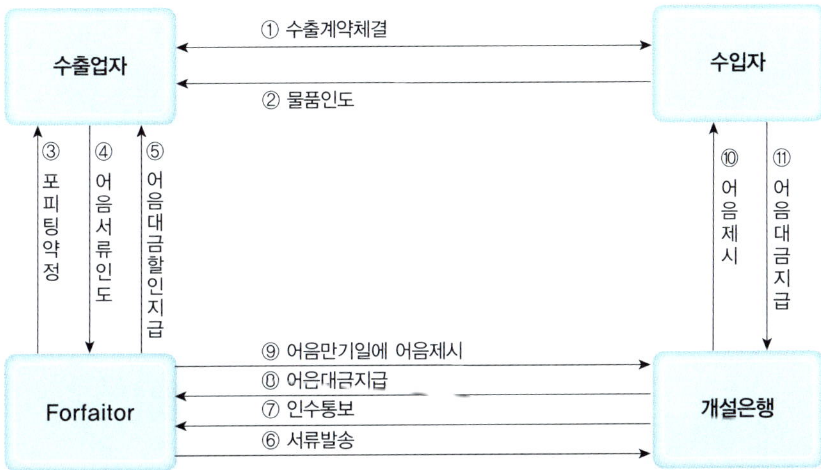

출처 : 전순환, 전게서

국제운송

18

1. 해상운송의 개관
2. 선적 절차
3. 해상운임
4. 선하증권
5. 항공운송 및 복합운송
6. 통관 및 관세

1 해상운송의 개관

Essentials of Trade, ch. eighteen

1.1 해상운송의 의의

해상운송(shipping or ocean transportation), 즉 해운이란 선박을 이용하여 타인의 화물이나 사람을 운송하고 그 대가로 운임을 취득하는 상행위를 말한다. 특히 해상운송은 대량운송이 가능하고, 경제적이기 때문에 원거리 이동이 필수적인 무역물품의 국제운송에 가장 적합한 운송 형태로 널리 이용되어 왔다.

1.2 해상운송의 사전지식

해외에 거래당사자가 확보되고 관련 매매계약, 신용장 등이 개설되면 수출업자는 계약에 의거 상품을 확보, 기일 내에 선적을 하여야 한다. 이때 선적을 하기 위해 선박회사의 선복을 수배해야 한다. 해상운송을 하는 데 있어서 기본적으로 이해하고 있어야 할 사전지식은 다음과 같다.

1.2.1 매매조건과 선적의무

통상화물을 운송하기 위해 선박을 수배하는 자는 해당 선박회사에 운임을 지급하는 화주이다. 상품의 매매 조건이 CIF(또는 CFR) 조건일 때는 매도인이 운임을 지급해야 하며, FOB 조건일 때는 매수인이 운송선박을 수배하여 운임을 지급해야 한다. 물론 매도인과 매수인의 거래관계, 상황에 따라 상대의 요청에 의해 선박수배를 주선해 주는 경우도 있다.

1.2.2 선적 선박

선박을 수배하는 경우는 상품의 수량 · 종류에 따라 운송선박이 다르다. 즉 일반 완제품, 기계류 등과 같이 포장된 제품은 일반 잡화선(General Cargo Carrier) 또는 컨테이너 전용선(Full Container Ship)에 선적되며, 쌀, 옥수수, 밀 등의 곡물이나 광석, 석탄 등의 이른바 산적화물(Bulk Cargo)은 곡물, 광석류 운반 전용선에 선적된다.

1.2.3 운항 항로

우리나라를 중심으로 형성되어 있는 항로는 한 · 일항로, 동남아항로, 북미 항로, 호주항로, 중동항로, 구주항로 등이 있으며, 이들 항로에는 일정한 주기를 지속적으로 유지하며, 계속적으로 취항하는 정기선(Liner)과 화물에 따라 부정기석으로 원하는 목적지까지 화물을 운송하는 부정기선(Tramper)이 있다.

1.2.4 운임부과 기준

운임은 통상 해당물의 중량과 용적을 비교하여 많이 산출되는 톤수를 운임의 기준으로 삼는다(revenue ton이라고 함). 주요 정기항로에 취항하고 있는 선박회사, 특히 운임동맹가맹 선사들은 운임률(Tariff)을 갖고 있어, 운임의 적용 기준과 화물별 운임률은 관련 선박회사에서 정보를 제공한다.

1.2.5 선박회사 접촉

정기선이 취항하지 않는 지역으로 화물을 보내고자 할 때는 일반 잡화물의 경우보다 충분한 사전기간을 두고 선박회사와 접촉을 시작해야 한다. 정기선의 경우는 지역에 따라 다르나 선적일자(L/C상의 선적일) 기준 약 2주 전에만 접촉하여도 무방하지만, 부정기선 편으로 선적운송해야 할 경우는 가능한 한 1~2개월 정도 전부터 선박을 수배하여야 한다.

1.2.6 운송계약의 형태

정기선의 경우는 별도로 운송계약서를 작성하는 것이 아니고 선박회사에서 정형화된 양식인 선하증권(Bill of Lading ; B/L)을 발급함으로써 운송계약에 갈음하고 있다. 동 증권에는 화물의 행선지, 선적지, 명세(용적, 중량, 마크 등), 운임지불관계(선불 또는 도착지 후불), 선적일자, 발급일자 등이 기재되며, 뒷면에는 운송과 관련한 당사자 간의 권리의무관계를 기술한 약관이 인쇄되어 있다.

부정기선 화물, 즉 곡물, 광석, 석탄 등의 화물을 운송할 때는 선박을 빌려야 하며, 용선계약서(Charter Party)가 작성되고, 이에 의거 선하증권이 별도로 발급된다. 이때 발행되는 선하증권을 용선선하증권이라 한다. 용선계약서는 정기선의 경우와 달리 일방적으로 인쇄된 양식을 사용하는 것이 아니고 당사자 간에 충분한 합의를 거쳐 작성된다.

1.3 해상운송의 형태

1.3.1 정기선

정기선(Liner)은 사전에 확립된 운항일정(Schedule)에 따라 정해진 항로를 규칙적으로 반복 운항하는 형태로 소량의 공산품 또는 잡화를 개품운송계약에 따라 실어나르는 데 이용되고 있다. 따라서 정기선의 경우에는 고정된 항로, 운임률, 운항계획 등에 의하여 화물의 수량과 관계없이 지정항로를 항해하여야 한다.

1.3.2 부정기선

부정기선(Tramper)은 일정한 항로가 없이, 하주가 요구하는 시기와 항로에 선복(Ship's Space)을 제공하는 해상운송 형태이다. 부정기선은 선적 기일을 맞추기 위해 긴급히 운송되어야 할 화물이나, 곡물, 광석, 원유, 목재 등 대상 화물에 맞는 시설을 갖춘 특수전용선으로 운송한다. 운임이 때에 따라 화물의 수요와 공급에 의하여 결정되므로 수시로 변동된다.

표 18-1 정기선과 부정기선 운송 비교

구분	정기선 운송	부정기선 운송
선박	정기선(주로 컨테이너선), 고가, 구조 복잡	부정기선(주로 전용선, 겸용선), 저가, 구조 단순
조직	대형 조직	소형 조직
운항형태	규칙성, 반복성 (고정된 항로, 정해진 운항일정에 따라 반복적 · 규칙적 운항)	불규칙성 (지역별 · 시기별 불규칙적 운항, 항로 및 운항일정이 정해져 있지 않음)
운임	공정 또는 표정운임 (Tariff : 사전에 작성 · 공표된 운임)	변동운임(수요와 공급에 의한 완전경쟁으로 운임을 결정)
화물	불특정 다수화주의 소량화물, 공산품 등의 일반화물, 포장화물, 컨테이너화물 등	단일화주의 대량의 산화물(원유, 석탄, 광석, 곡물, 비료, 시멘트, 원목, 철강 등)
화물가치	고가	저가
운송계약	개품운송계약(선하증권)	용선운송계약(용선계약서)
여객취급	제한적으로 취급(Car-Ferry)	전혀 취급하지 않음

1.4 해상운송계약

1.4.1 개품운송계약

주로 정기선의 경우에 이용되는 계약 형태로 선박회사가 다수의 하주와 화물에 대한 운송계약을 개별적으로 체결하는 것을 말한다. 세계 주요 항로에는 다양한 국적의 정기선사들이 취항을 하고 있어 우리 주위의 대부분의 무역화물은 개품운송계약의 형태로 운송되고 있다.

1.4.2 용선운송계약

송하인이 선박회사로부터 선복(Ship's Space)의 전부 또는 일부를 빌려 화물을 운송하고자 할 경우에 체결하는 계약을 용선계약이라고 한다. 이때 계약 체결의 증거로 용선계약서(Charter Party; C/P)가 발행된다.

① 정기용선계약

정기용선계약은 내항성을 갖고 선박에 필요한 모든 용구와 선원까지 승선시킨 선박을 일정 기간 동안 용선하여 그 기간을 기준하여 보수를 지불하는 계약이다. 따라서 선주는 선박의 감가상각비, 보험료, 금리 등의 간접비와 선원비, 수리비, 선용품비 등의 직접비를 부담하여야 하며, 용선주는 용선료 외에 연료비, 항구세 등 운항비를 부담한다.

② 항해용선계약

선적항에서 양륙항까지 1항해를 기준으로 체결되는 용선계약이다. 항해용선계약은 다시 화물의 수량과 관계없이 한 항해에 얼마라고 포괄운임을 내는 선복용선계약(Lump-sum Charter)과 1일 단위로 용선료가 책정되는 일대용선계약(Daily Charter) 등으로 구분된다.

③ 나용선계약

용선자가 선주로부터 선박 자체만을 빌리는 대신 선원, 장비, 소모품과 선박보험료, 항만비, 항해비, 수리비 등의 일체를 부담하는 형태의 계약으로 선박임대차계약이라고도 한다.

근래에 우리나라에서는 외국선박을 나용선해서 우리나라의 선원과 장비를 갖추어 다른 나라에 재용선(Sub-Charter)을 많이 하고 있다.

표 18-2 개품운송계약과 용선운송계약의 비교

구분	개품운송계약	용선운송계약
운송형태	불특정다수의 하주로부터 개별적으로 운송요청을 받은 개별화물 형태로 운송함	특성의 단일화주의 특성 화물을 선적하기 위해 선박의 선복을 빌려주는 형태로 운송함
선박	정기선(liner)	부정기선(tramper)
화물	주로 컨테이너화물 및 유니트화물	원유, 철광석, 석탄, 곡물 등 대량 실화물(bulk cargo)
계약서	선하증권(B/L)이 발급됨으로써 최종적으로 확실한 계약서 역할	하주가 직접 여러 가지 조건을 운송인과 협의하여 용선계약서(C/P)를 교환
운임	Tariff Rate(공표된 운임)	Open Rage(수급관계에 따라 변동)
운임조건 (선내 하역비)	Berth Term = Liner Term	FIO, FI, FO

2 선적 절차

Essentials of Trade, ch. eighteen

2.1 선적 협의

하주는 해운 관련 자료를 통해 자신이 원하는 시기 및 장소에서 수출화물을 운송해 줄 수 있는 선박회사를 찾아 그 회사와 직접 선적, 운송에 관한 사항을 협의한다. 하주는 언제, 어디서, 어떤 화물을, 어느 정도, 어느 국가의 수입업자에게 운송한다는 것 등을 알리면 선박회사는 하주의 요구를 충족시킬 수 있을 때 구체적으로 선적에 관한 일정, 운임조건 등을 포함하여 운송예약을 한다.

2.2 선적요청서(S/R)

선적에 관한 기본 합의가 끝나면 하주는 송하인(수출상, Shipper), 수하인(수입상, Consignee), 선적항(Port of loading), 양하항(Port of discharge), 화물의 명세(Particular 또는 Description of cargo) 등 B/L상에 표기되어야 할 주요 운송정보를 기재하여 해당 화물의 송장 및 포장명세서와 함께 선박회사에 선적요청서(Shipping Request ; S/R)를 제출한다.

2.3 포장 및 출고 준비

화물의 포장 상태는 운송에 적합할 정도로 견고하여야 한다. 즉 포장재의 강도가 운송 도중에 내품을 충분히 보호할 수 있을 정도로 강해야 한다. 포장 및 출고 준비는 선박회사와 합의된 시간 내에 지정 부두나 창고에 입고시킬 수 있도록 여유를 갖고 준비하여야 한다.

2.4 컨테이너 운송

컨테이너 운송은 처음에는 철도와 자동차의 연결을 통한 '문전에서 문전까지(Door to Door service)' 운송에 이용되었으나, 해상운송에 컨테이너를 도입한 이후 지금은 육 · 해 · 공(Land/Sea/Air)의 상호이용으로 화물운송의 3대 원칙인 ① 경제성, ② 신속성, ③ 안전성을 최대한으로 충족시키고 화물운송 구간 중 화물의 환적 없이 일관수송을 실현케 하여 복합운송의 발전에 크게 기여하였다.

2.4.1 컨테이너 운송의 장단점

① 장점

컨테이너 운송의 장점으로는 첫째, 경제성이다. 컨테이너 운송의 경우 단위당 운임이 저렴하며, 컨테이너 자체가 별개의 독립된 창고 역할을 하므로 포장비, 창고료, 보험료 등을 절감할 수 있다.

둘째, 신속성이다. 규격화된 컨테이너의 사용으로 하역시간과 정박기간이 단축된다. 또한 컨테이너선은 대개가 최근에 건조된 것들이고 고속엔진으로 운항하기 때문에 항해기간도 상당히 단축된다.

셋째, 안전성이다. 모든 화물이 견고하고 완전히 밀폐된 기구에 의해 운반되므로 파손과 도난의 위험이 적어진다.

② 단점

컨테이너운송에 장점만 있는 것은 아니다. 컨테이너운송의 단점은 다음과 같다.

먼저 모든 화물을 컨테이너로 운송할 수 있는 것은 아니며, 컨테이너 운송에 필요한 여러 도구와 항만설비를 갖추기 위해서는 막대한 자금이 필요하다. 또한 컨테이너선에는 상당 부분이 갑판에 적재되어야 하는데, 보험회사에서는 갑판적 화물(on deck cargo)에 대해 할증보험료를 적용하고 있다.

2.4.2 컨테이너화물의 운송 형태

컨테이너화물은 컨테이너 한 단위당 화물적입량에 따라 FCL 화물(full container load lot cargo)과 LCL 화물(less than container load lot cargo)로 구분된다. 한 사람의 화물이 컨테이너 한 단위를 꽉 채우는 FCL 화물의 경우에는 화주의 공장 또는 창고에서 컨테이너에 적입되어 바로 컨테이너 야적장(Container Yard; CY)으로 보내진다.

LCL 화물의 경우에는 컨테이너 화물집하소(Container Freight Station; CFS)에서 같은 방향으로 가는 화물끼리 혼재되어 목적지까지 운송된다. 이에 따라 컨테이너 화물의 운송 형태는 다음의 4가지로 구분된다.

① CY/CY(FCL/FCL)

단일 송하인의 화물을 단일 수하인에게 보내는 경우이다. 컨테이너 운송의 이점을 최대한 살려 진정한 의미의 문전에서 문전까지 운송이 가능한 형태이다.

그림 18-1

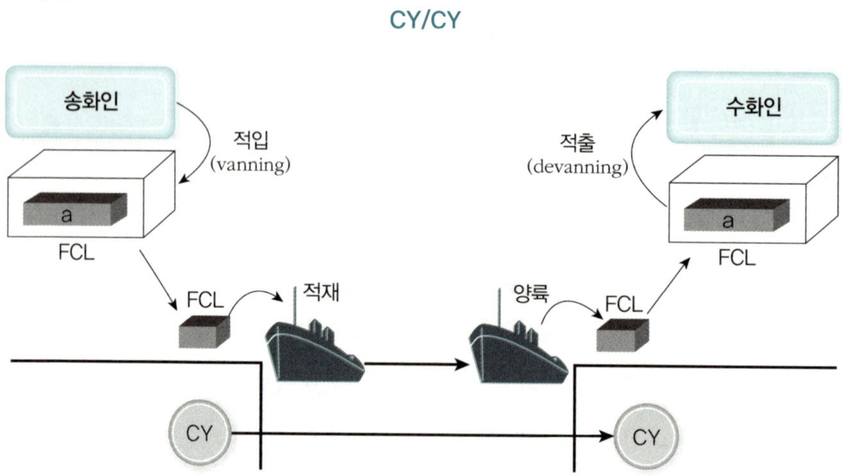

출처 : 전순환, 『무역실무』(제2판), 한올출판사

② CFS/CFS(LCL/LCL)

다수 송하인의 화물을 다수 수하인에게 보내는 경우이다. 수출지의 CFS에서 혼재된 화물은 목적지에 도착하여 다시 분류작업을 거쳐 각 수하인에게 보내진다.

그림 18-2

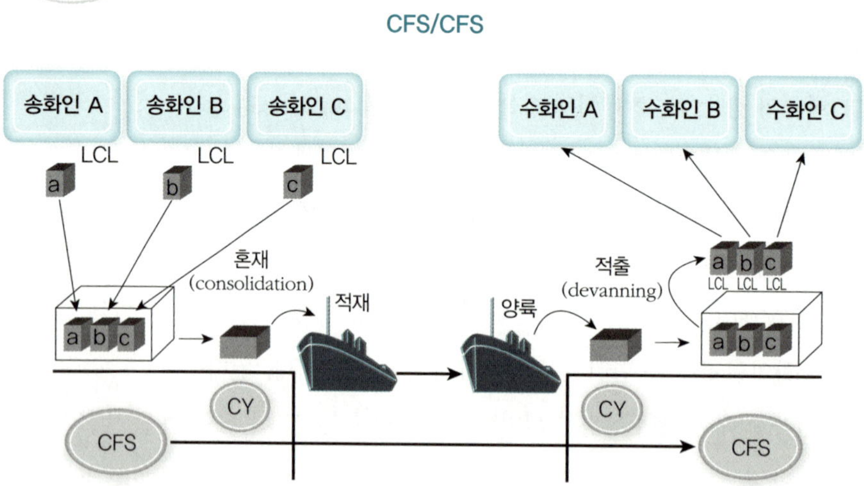

출처 : 전순환, 전게서

③ CY/CFS(FCL/LCL)

단일 송하인의 화물을 다수 수하인에게 보내는 경우이다.

그림 18-3

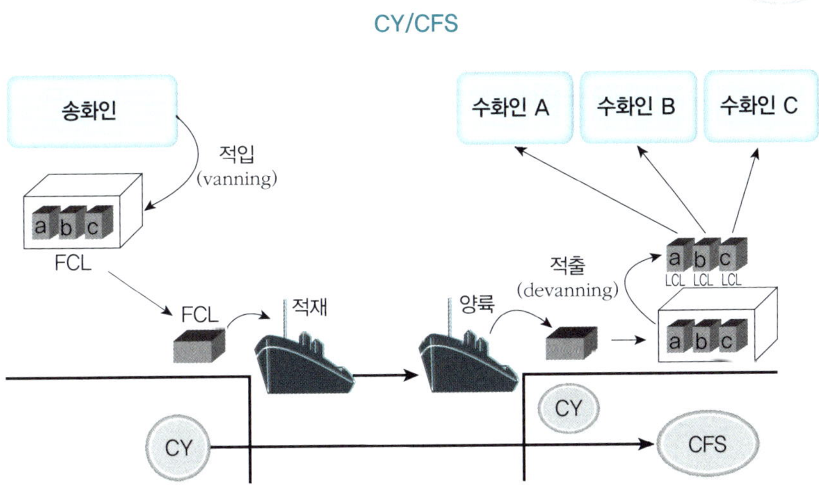

출처 : 전순환, 전게서

④ CFS/CY(LCL/FCL)

다수 송하인의 화물을 단일 수하인에게 보내는 경우이다.

그림 18-4

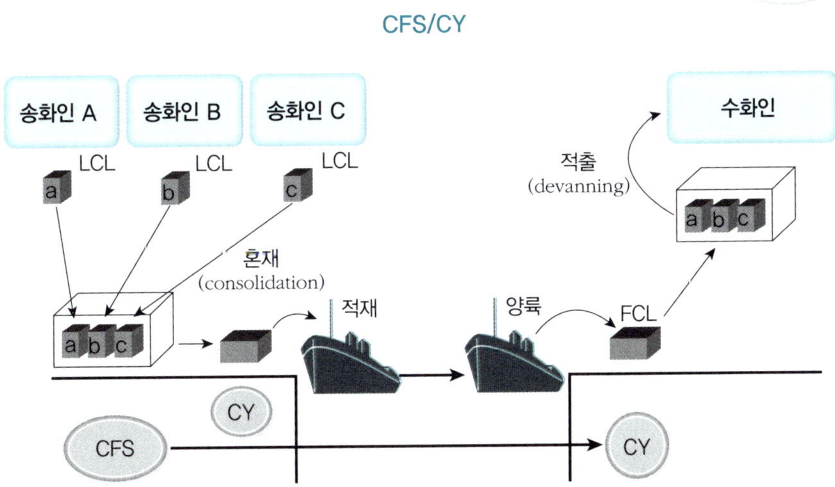

출처 : 전순환, 전게서

2.5 출고 및 육상운송

수출화물을 운송하기 위해 화물의 출고 준비가 끝나면(컨테이너에 하주 자신이 직접 적입하였을 때는 세관검사를 필하고 봉인이 된 상태) 선박회사가 지정한 부두나 창고까지 운송을 한다.

컨테이너화물의 경우는 하주 자신이 육상운송을 하는 경우보다 이른바 Door to Door 서비스 차원에서 하주의 창고와 부두 구간의 내륙운송도 선박회사가 인수하는 경우가 많다. 이 경우의 운송은 항구에 있는 보세구역(Bonded Area)까지 연결되므로 일반 육상운송업자가 취급할 수 있는 것이 아니고 보세화물 운송면허를 취득한 자라야만 가능하다.

2.6 화물인도 및 입고

컨테이너화물인 경우 선박회사 측에 화물을 인도하는 장소는 컨테이너선이 접안할 부두에 위치해 있는 컨테이너 전용 야드(Yard)이다. 하주가 수배한 트럭과 화물이 야드 안으로 들어가는 시점, 즉 정문을 통과하는 순간이 화물에 대한 관리책임이 하주로부터 선박회사로 이전되는 순간이다.

선박회사는 정문 통과 시점에서 컨테이너의 외관을 검사하고 봉인(Seal)이 이상 없으면 부두수취증(Dock Receipt ; D/R)을 발행하여 하주에게 교부한다.

2.7 선박회사의 인수증

선박회사는 선적지에서 화물을 하주로부터 인수한 시점부터 이를 목적항에서 하주에게 인도하는 순간까지 화물을 안전하게 관리하여야 할 책임이 있다. 따라서 화물에 대한 인수도증서는 선박회사의 책임 여부를 묻는 데 있어서 가장 중요한 서류라고 할 수 있다.

재래선 화물의 경우는 본선수취증(Mate's Receipt ; M/R)이, 그리고 컨테이너선의 경우는 부두수취증(Dock Receipt ; D/R)이 발행된다. 이러한 수취증을 선박회사에 제시하여 그와 상환으로 B/L을 발급받도록 되어 있다.

2.8 선하증권의 발행

수출화물이 선박회사 측에 인도되고 나면 선박회사는 화물이 이상 없이 인수되었다는 사실과 하주가 요청한 대로 운송하여 지정된 자에게 인수 시와 유사한 상태로 인도할 것을 약속하는 내용의 선하증권을 하주에게 발급한다. 선하증권은 통상 3통(Original, Duplicate, Triplicate)이 발행된다.

그림 18-5

컨테이너 부두

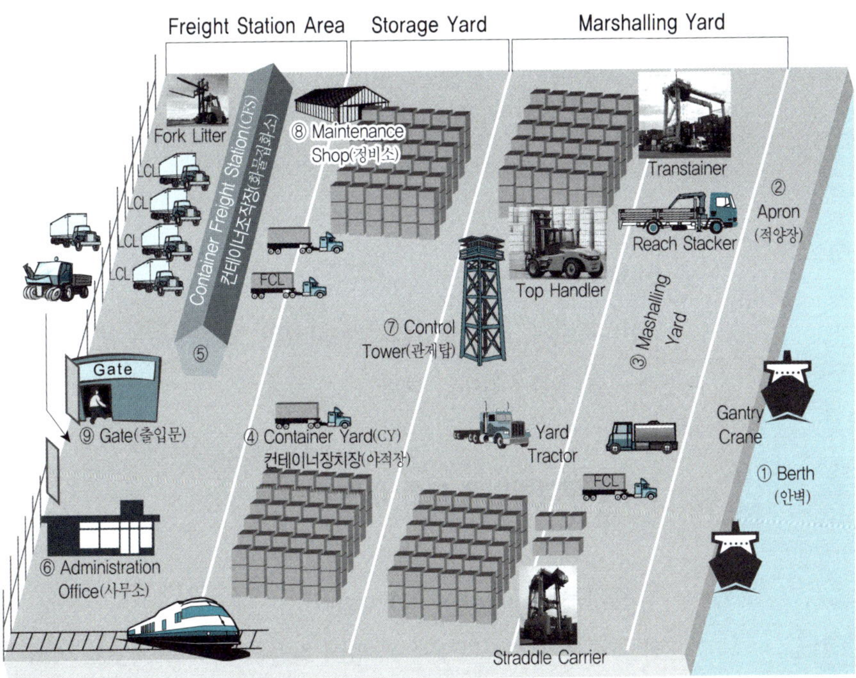

3 해상운임

Essentials of Trade, ch. eighteen

3.1 해상운임

해상운임은 선사가 선박을 이용하여 사람이나 화물을 운송한 대가인데, 운임의 수준은 시장경제의 원칙인 수요와 공급의 원리에 의해 결정된다. 정기선 운송에 있어서는 항로별로 해운동맹이 결성되어 있어 Tariff Rate를 책정하고 있으나 맹외선사와의 경쟁으로 인해 실제로 선사가 징수하는 시장운임(Market Rate)은 Tariff Rate보다 훨씬 낮은 경우가 대부분이며 시황에 따라 변동폭도 크다.

3.1.1 지급시기에 따른 분류

① **선불운임**(Freight prepaid)

CIF 또는 CFR 조건에 의한 수출의 경우 수출업자가 선적지에서 운임을 선불하는 경우가 있는데 이를 선불운임이라 한다.

② **후불운임**(Freight to collect)

FOB 조건의 경우 수입업자가 화물의 도착지에서 운임을 지급하게 되는데 이를 후불운임이라 한다.

3.1.2 부과방법에 따른 분류

① **종가운임**(Ad Valorem Freight)

귀금속 등 고가품의 운송에 있어 화물의 가격을 기초로 이의 일정률을 운임으로 징수하는 경우를 말한다.

② **최저운임**(Minimum Rate)

운임은 일정 단위를 기초로 부과되는데 화물의 용적이나 중량이 일정 기준 이하일 경우 이미 설정된 최저운임을 부과하게 된다.

③ **차별운임**(Discrimination Rate)

화물, 장소, 하주에 따라 운임을 차별적으로 부과하는 방식으로 해상운송에서 주로 이용되고 있다.

④ **무차별운임**(Freight All Kinds Rate)

화물, 하주, 장소를 불문하고 운송거리를 기준으로 일률적으로 운임을 책정하는 방식이다.

3.1.3 특수운임

① **특별운임**(Special Rate)

해운동맹이 비동맹선사와의 경쟁, 특정 화물의 유치, 대량화물에 대한 우대 등을 위해 일정 조건을 갖춘 경우 요율을 인하하여 적용하는 운임이다.

② **경쟁운임**(Open Rate)

광산물 등 특정 화물의 수송에 있어 동맹선사의 경쟁력을 높이기 위해 동맹 선사 스스로가 운임을 결정토록 하는 경우의 운임이다.

③ **OCP Rate**(Overland Common Point Rate)

북미 태평양 연안항만에서 하역되어 동부 내륙지역으로 육상운송되는 화물(OCP Cargo)에 대해 낮은 해상운임률을 적용하여 화물을 유치하기 위한 정책운임을 말한다.

3.2 부대비용

운송의 발달에 따라 운송 관련 시설이나 인력이 갈수록 복잡·전문화되면서 선사는 해상운임만으로 경영이 어렵다. 따라서 운송과 관련된 각종 부대비용을 추가하여 경영비용을 보전하게 된다. 선사들이 운항비의 증가 또는 운항수입의 감소를 보전하기 위해 부과하고 있는 할증료(Surcharge) 및 부대비(Additional Charge)는 통상 기본 운임의 몇 %로 정하거나 컨테이너당 또는 톤당 일정액을 정하여 공시하는 형식을 취하고 있다.

3.2.1 터미널화물처리비(Terminal Handling Charge; THC)

화물이 CY에 입고된 순간부터 본선의 선 측까지, 반대로 본선의 선 측에서 CY의 게이트를 통과하기까지 화물의 이동에 따르는 비용을 말한다.

3.2.2 CFS 작업료(CFS Charge)

선사가 컨테이너 한 개의 분량이 못 되는 소량화물을 운송하는 경우 선적지 및 도착지의 CFS에서 화물의 혼적 또는 분류작업을 하게 되는데 이때 발생하는 비용을 CFS Charge라 하며 선사는 하주로부터 이를 징수하여 CFS 운영업자에게 전달한다.

3.2.3 도착지화물인도비용(Destination Delivery Charge; DDC)

북미 수출의 경우 도착항에서의 터미널 작업비용과 목적지까지의 내륙운송비용을 포함하여 해상운임과는 별도로 징수하는 것이다.

3.2.4 컨테이너세(Container Tax)

항만 배후도로를 운송하는 컨테이너차량에 대해서 컨테이너당 부담금을 징수하고 있는 지방세로 항만 배후도로 건설 등 운송시설의 확충을 목적으로 한 일종의 교통유발부담금이라 할 수 있다.

3.2.5 서류발급비(Documentation Fee)

선사에서 선하증권(B/L)과 화물인도지시서(D/O)의 발급 시 소요되는 행정 비용을 보전하기 위해 신설한 비용이다.

3.2.6 체선(화)할증료(Port Congestion Surcharge)

입출항 선박의 수에 비해 항구의 하역능력이 부족하여 하역작업을 위한 대기시간이 길어짐으로 인해 선사 측에 추가적인 경비가 발생할 경우에 일정 기간 동안 하주에게 부과한다.

3.2.7 통화할증료(Currency Adjustment Factor ; CAF)

운임표시 통화의 가치하락에 따른 손실을 보전하기 위해 도입한 할증료로서 일정 기간 해당 통화의 가치변동률을 감안하여 기본 운임에 일정 비율(%)을 부과하고 있다. 항로에 따라서는 일정액을 부과하는 경우도 있다.

3.2.8 유류할증료(Bunker Adjustment Factor ; BAF)

선박의 주 연료인 벙커유의 가격변동에 따른 손실을 보전하기 위해 부과하는 할증료로 기본 운임에 대하여 일정 비율(%) 또는 일정액을 징수하고 있다. 북미 항로에서는 연료할증료(Fuel Adjustment Factor ; FAF)

라고도 한다.

3.2.9 지체료(Detention Charge)

하주가 컨테이너 또는 트레일러를 대여받았을 경우 규정된 시간(Free Time) 내에 반환을 못할 경우 벌과금으로 지불해야 하는 비용이며 Free Time은 동맹 또는 선사에 따라 각기 다르다.

4 선하증권

Essentials of Trade, ch. eighteen

4.1 선하증권 개관

4.1.1 선하증권의 정의

선하증권(Bill of Lading ; B/L)은 선박회사가 수출업자의 화물을 선적했다고 하는 유가증권성 증서이다. 다시 말해 해상운송인에 대해 운송물의 인도청구권을 증권화한 유가증권이라고 정의하고 있다. 운송인이 그 증권에 기재된 화물을 수취하였음을 확인하고 또한 그 화물을 목적지까지 운송하여 그곳에서 그 화물을 증권의 정당한 소지인(수하인)에게 인도해야 한다는 취지를 약정한 유가증권이다.

정당한 소지인이 증권상의 권리를 행사하고 그 화물의 인도를 청구하기 위해서는 증권을 제시해야 한다.

4.1.2 선하증권의 성질

선하증권의 성질은 법률적 성질이 무역물품과 동일한 성격을 가지고 있어 수출업자와 수입업자에게 중요한 증권으로서의 역할을 한다.

① **요인증권**

선하증권은 물품을 선적 또는 선적을 위해서 수취되었다는 원인이 있은 후 발행된다.

② **문언증권**

선하증권 선의의 소지인(bona fide holder)은 증권에 기재된 문언에 따라 운송인에 대해서 권리를 주장할 수 있다. 따라서 기재된 사항 이외의 것은 운송인에 요구할 수 없다.

③ **요식증권**

선하증권은 상법 제814조 제1항 제1호 내지 10호에 기재된 법적 기재사항의 기재를 요하는 요식증권이다. 따라서 화물을 인수하기 위해서는 인수하려는 화물과 선하증권 면의 그 화물에 관한 기재사항이 일치해야 한다. 잘못 기재된 선하증권을 가진 자는 그 증권에 기재된 화물을 청구할 수 없다.

④ **채권증권**

선하증권의 소지인은 이와 상환으로 운송선박회사에 물품의 인도를 청구할 수 있기 때문에 채권의 효력을 가지는 채권증권의 성질을 가진다.

⑤ **유통증권**(流通證券, Negotiable Instrument)

지시식 선하증권(Order B/L)의 경우에는 높은 유통성을, 기명식 선하증권(straight B/L)에서는 배서양도의 금지문언이 없는 한 배서에 의해서 양도 가능하다.

4.2 선하증권의 종류

4.2.1 선적선하증권(On Board B/L(미), Shipped B/L(영))

화물이 현실적으로 특정 선박에 선적되었다는 취지가 기재된 선하증권이며, 선하증권상에 'Shipped on board the vessel…' 이라는 문언이 표면약관에 기재되어 있다.

4.2.2 수취선하증권(Received B/L)

수취선하증권은 화물이 선적을 위해 수취되었다는 취지가 기재된다. 이 B/L은 선박회사가 화주와의 운송계약에 의하여 화물을 특정 화물 인수장소(선박회사의 부두창고 또는 부두장치장)에서 인수하고 현실적으로 본선에 적재하기 전에 발행되며, 그 취지가 B/L상에 기재되어 있다.

4.2.3 전통선하증권(Through B/L)

Through B/L은 운송화물이 목적지에 도착할 때까지 서로 다른 둘 이상의 운송기관, 즉 해운, 육운 또는 공운을 교대로 이용하여 운송하는 경우, 환적할 때마다 운송계약을 맺는 절차 및 비용을 절약하기 위하여 첫 번째의 운송업자가 전 운송구간에 대해서 발행하는 선하증권이다.

4.2.4 무고장 선하증권(Clean B/L)

계약화물이 본선에 양호한 상태로 또한 신청 수량대로 적재되어 선하증권의 비고란(remarks)에 화물의 고장문언이 기재되지 않고 깨끗한 상태로 발행된 선하증권이다. 무고장 선하증권에는 양호한 상태로 수량이 맞지 않는다는 것을 명시하기 위해서 "Shipped on board in apparent good order and condition" 이란 문언이 기재되어 있다.

4.2.5 고장선하증권(Foul or Dirty B/L)

본선에 화물을 선적할 때 화물의 포장, 수량 등이 어떤 고장 또는 하자, 예컨대 파손, 수량 부족, 유손 등이 발생할 경우 화물을 인수한 일등항해사는 이러한 고장을 본선수취증(mate's receipt ; M/R)의 비고란에 기재한 고장본선수취증(Foul M/R)을 발급하며, 화주가 선박회사에 고장본선수취증을 제출하면 B/L의 비고란(Remarks)에 고장 문언이 기재된 고장선하증권을 발행한다.

4.2.6 기명식 선하증권(Straight B/L)

기명식 선하증권은 선하증권의 수하인(consignee)란에 수하인인 화물인수자의 이름이 기재된 선하증권이다. 기명식 선하증권은 무역화물에는 이용하지 않고, 이삿짐 또는 개인의 물품을 발송하는 경우에 많이 이용하며, 유통이 되지 않으므로 송하인의 배서는 필요 없다.

4.2.7 지시식 선하증권(Order B/L)

선하증권의 수하인란에 특정의 수하인명이 기재되지 않고, 단순히 "to order", "to order of shipper", "to order of … bank" 와 같이 지시인(order)만 기재하여 유통을 목적으로 한 선하증권을 지시식 선하증권이라 한다. 무역화물거래는 원칙적으로 지시식 선하증권을 사용한다. 수입자의 이름과 주소는 수하인란이 아니고 착화통지처(notify party)란에 기재한다.

신용장은 일반적으로 지시식 선하증권을 요구한다. 따라서 무역화물에는 지시식 선하증권이어야만 선하증권을 양도하여 매매할 수 있고, B/L의 소지자가 곧 화주가 된다.

4.2.8 용선계약선하증권(Charter Party B/L)

화주가 대량화물을 수송하기 위하여 특정 항로 또는 일정 기간 동안 부정기선을 용선하는 경우, 화주와 선박회사 사이에 체결된 용선계약에 의하여 발행되는 선하증권을 용선계약선하증권이라 한다.

4.2.9 컨테이너선하증권(Container B/L)

컨테이너 적재설비를 갖추고 있는 선박에 선적한 경우에 발행되는 선하증권을 컨테이너선하증권이라 한다. 컨테이너에 의한 운송의 경우, 화주는 공장 또는 창고, 작업장에서 컨테이너 야드까지 자기 책임 하에 운송하여 선박회사에 인도한다. 따라서 선박회사는 인수받은 화물이 화주가 포장하고 봉인한 것이기 때문에 그 내용을 알 수 없다는 뜻으로 'Shipper's load and count' 또는 'said by shipper to contain'이라는 문언을 컨테이너선하증권상에 기재하고 있다.

4.2.10 유통선하증권(Nogotiable B/L)과 유통불능선하증권(Non-Negotiable B/L)

선박회사는 한 개의 계약화물에 대하여 원본 및 사본을 합쳐 여러 통(Full set)의 선하증권을 발행하는데, 이 중 원본(original)의 선하증권만이 이 화물을 대표하는 유가증권이고 은행에서는 원본의 선하증권을 제시해야만 화환어음을 매입한다. 선하증권 사본을 첨부한 화환어음은 은행에 매도할 수 없다.

4.2.11 Stale B/L

Stale B/L이란 상품의 선적일자 후, 즉 선하증권 발행일 후 21일 이상 경과된 선하증권을 말한다. 따라서 신용장에 서류 제시 기간이 명시되어 있지 아니한 경우 은행은 선적일자 후 21일이 경과되어 제시된 운송서류(선하증권)를 수리하지 아니한다고 규정하고 있다. 결국 선하증권 발행일자 이후 21일이 지나 매입은행에 제시하면 은행은 특별히 신용장상에 'Stale B/L acceptable' 이란 조항이 없으면 수리를 거절할 수 있다.

4.2.12 환적선하증권(Transhipment B/L)

운송경로의 표시에 있어 도중의 환적을 증권상에 기재한 선하증권을 말한다. 환적은 화물의 손상을 초래하고, 지착의 원인이 될 뿐만 아니라 환적비용을 발생시킬 우려가 있기 때문에 신용장상에 'Transhipment prohibit' 라는 문언을 기재하여 환적을 금지하고 있다. 그러나 이러한 금지 문언이 없는 한 환적은 허용된다.

4.2.13 복합운송증권(Combined Transport Document)

종래의 운송방식과는 달리 'door to door transportation' 을 본질로 하고, 육상, 해상 및 항공 중 '컨테이너' 전용선에 의하여 두 가지 이상의 형태로 복합운송될 때 발행되는 운송장을 Multimodal Transport Document라고 한다.

그러나 전통선하증권은 반드시 선박회사나 그 대리인이 발행하지만, 복합운송증권은 실제로 해상운송인에 의해서만 직접 발행되는 것이 아니고 경우에 따라서는 운송주선인(freight forwarder)에 의해 발행되기도 한다.

4.2.14 Port B/L과 Custody B/L

Port B/L은 Custody B/L과 같이 수취선하증권의 일종으로, 선적될 화물이 선박회사의 보관 하에 있고 지정된 선박은 입항해 있으나 화물이 본선에 적재되지 않는 경우 발행되는 선하증권을 말한다. Custody B/L은 Port B/L과 같이 화물이 선박회사에 인도는 되었으나 지정된 선박이 아직 화물이 준비되어 있는 항구에 도착되지 않았을 때 발행되는 선하증권을 말한다.

4.2.15 운송주선인선하증권(Forwarder's B/L)

운송주선인선하증권이란 운송주선인(Freight Forwarder)이 발행한 선하증권을 말한다. 운송주선인은 계약운송인으로 운송수단(선박, 항공기, 화차, 트럭 등)을 보유하지 않으면서도 실제 운송인(actual carrier)처럼 운송 주체자로서의 역할을 하며, 운송인에게는 화주 입장에서, 화주에게는 운송인의 입장에서 책임 및 의무를 수행한다.

5 항공운송 및 복합운송

Essentials of Trade, ch. eighteen

5.1 항공운송

5.1.1 항공운송의 특성

국제교역량의 증가, 화물의 다양화 및 항공운임의 인하로 항공운송의 비중이 점차 증가하고 있다. 항공운송의 특성은 야행성, 편도성, 비계절성, 신속성 등으로 요약된다.

야행성이란 당일의 화물을 저녁때까지 집하, 기적한 후 다음 날 아침까지 수하인에게 배달하는 시스템이 가장 이상적이라는 것이다. 편도성은 여객의 경우 다시 돌아오게 되지만 화물의 경우에는 일단 목적지까지 수송되면 그곳에서 소비되어 돌아오지 않음을 의미한다. 비계절성이란 항공화물은 여객에 비해 계절적인 변동을 적게 받는다는 것을 말한다.

항공운송이 육상운송이나 해상운송 등 다른 운송수단에 비해 신속하다. 따라서 항공운송의 경우에는 정시 서비스가 대단히 중요하다.

5.1.2 항공운송의 장점

무역업체들이 항공운송을 활용하게 되는 것은 다음과 같은 장점이 있기 때문이다.

첫째, 수송기간이 짧다. 이는 수송 중 물품에 대한 투입비용 및 위험기간이 단축됨을 의미한다. 이러한 측면에서 항공운송이 요구되는 상품은 긴급화물로서 시간에 민감하여 기회비용이 중요시되는 상품들이다.

둘째, 재고비용의 절감이다. 이는 재고로 묶여 있는 동안에 발생할 수 있는 손실, 분실, 훼손의 위험이 감소됨을 의미한다.

셋째, 수송조건이 좋다. 운반 상태가 양호하고 안전하여 파손, 분실, 훼손의 위험이 감소된다.

5.1.3 항공화물운송대리점 및 혼재업자

일반적으로 항공운송에 있어서는 하주인 무역업체가 항공회사와 직접 거래하지 않고 항공화물운송대리점이나 혼재업자와 화물운송계약을 체결하는 것이 관행화되어 있다.

① **항공화물운송 대리점**(Air Cargo Agent)

항공사 또는 총대리점을 위하여 중간에서 유상으로 화물운송계약을 체결하는 업체를 항공화물운송 대리점이라고 한다. 즉, 항공사를 대리하여 항공사의 운송약관, 규칙, 운임률표 및 운행시간표에 의거하여 항공화물운송을 유치하고 항공화물운송장(Air Waybill)을 발행하며 이에 부수되는 제반업무를 수행하고 그 대가로 수수료를 받는다.

② **혼재업자**(Consolidator or Air Freight Forwarder)

혼재업자는 화주의 요구에 의하여 유상으로 자기의 명의로 항공사의 항공기를 이용하여 화물을 여러 송하인으로부터 인수하여 운송하는 것을 업으로 하는 자를 말한다. 혼재업자는 자체 운송약관과 운임률표(Tariff)

를 가지고 혼재업자용 화물운송장(House Air Waybill)을 이용하여 송하인과 운송계약을 체결한다.

표 18-3 대리점 및 혼재업자의 업무대조표

내용	Agent(대리점)	Consolidator(혼재업자)
자체 Tariff	무	유
	항공사 Tariff 사용	자체 Tariff 사용
운송약관	항공사 약관에 준함	자체 약관에 준함
수하인	매 건당 Consignee가 됨 (Master AWB)	Break Bulk Agent가 Consignee가 됨 (Break Bulk Reforwarding)
이익	IATA 5% 커미션이나 기타 수수료를 받음	항공운임 중량절감에 의한 하주 수령금과 항공지불운임과의 차액을 이익으로 하거나 IATA 5%를 받음
항공사와의 관계	항공사 Master AWB 사용	자체 House AWB 사용

5.1.4 항공화물운송장

항공화물운송장(Air Waybill)은 화물의 유통을 보장하는 가장 기본적인 운송서류로 해상운송에 있어서 선하증권과 비교될 수 있다. 항공화물운송장은 송하인과 운송인 간에 화물의 운송계약이 체결되었다는 것을 나타내는 증거서류이며, 동시에 송하인으로부터 화물을 운송하기 위하여 수령하였다는 증거서류이다.

표 18-4 항공화물 운송장과 선하증권 비교

항공화물운송장(Air Waybill)	선하증권(Bill of Lading)
▪ 유가증권이 아닌 단순한 화물수취증 ▪ 비유통성(Non-Negotiable) ▪ 기명식 ▪ 수취식(창고에서 수취하고 AWB발행) ▪ 상환증권이 아님 ▪ 송화인이 작성	▪ 유가증권 ▪ 유통성(Negotiable) ▪ 지시식(무기명식) ▪ 선적식(본선 선적 후 B/L 발행) ▪ 상환증권 ▪ 운송인이 작성

5.2 복합운송

5.2.1 복합운송의 개념

복합운송(multimodal transport or combined transport)은 특정의 화물을 운송인 전체 운송구간에 대하여 책임을 지고 육 · 해 · 공 가운데 두 가지 이상의 운송 형태를 결합하여 운송하는 방식을 말한다. 이러한 일관운송의 전체적인 책임을 지는 주체가 바로 복합운송인(combined transport operator)이며, 복합운송인이 발행하는 복합운송계약의 증거서류를 복합운송증권이라고 한다.

그림 18-6

복합운송의 개념

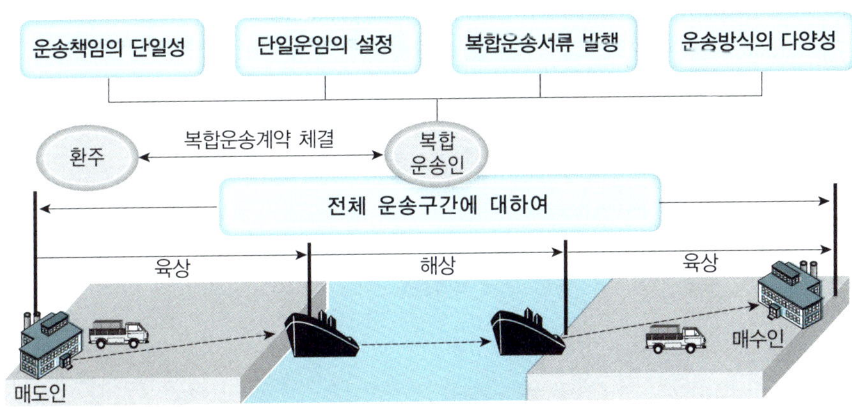

출처 : 전순환, 전게서

5.2.2 복합운송의 주요 경로

우리나라를 중심으로 이용되는 복합운송 경로에는 시베리아 랜드 브리지(Siberia Land Bridge ; SLB)와 미니 랜드 브리지(Mini Land Bridge ; MLB)를 들 수 있다. 랜드 브리지 서비스는 대륙횡단의 철도운송을 이용하여 바다와 바다를 연결함으로써 운송경비 절감과 운송시간의 단축을 꾀하는 것이다.

① 시베리아 랜드 브리지

대형 컨테이너에 의해 극동/유럽 · 중동간을 극동-동해-시베리아철도-유럽 · 중동 각지의 해운항로 및 철도로 연결되는 복합운송 경로이다. 이 운송경로는 극동과 유럽 · 중동을 잇는 최단수송거리로서 수송 일수도 최대한 줄일 수 있다.

② 미니 랜드 브리지

미니 랜드 브리지는 극동과 미국 대서양이나 Gulf 연안 또는 유럽과의 항로에서 태평양과 대서양 연안을 대륙횡단철도에 의해 연결하는 운송 경로이다. 즉 컨테이너를 극동에서 북미태평양 연안 항구까지는 컨테이너선으로, 여기서 대서양 연안 또는 Gulf 연안까지는 철도편으로 운송해 철도터미널에서 수하인에게 인도하거나 또는 다시 유럽까지 컨테이너선으로 운송하는 방식이다.

그림 18-7

주요 복합운송 경로

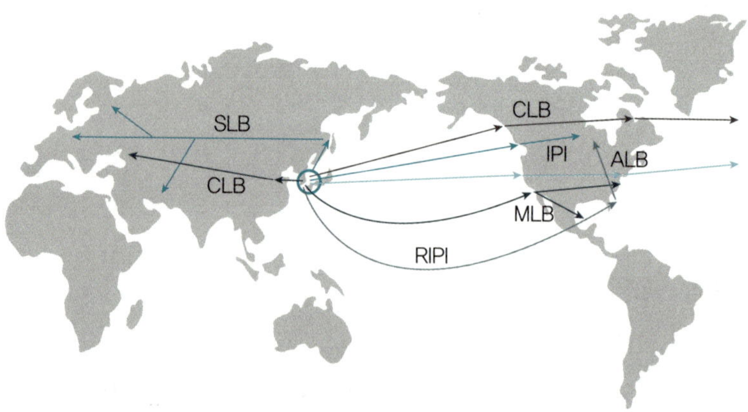

6 통관 및 관세

Essentials of Trade, ch. eighteen

6.1 수출통관 절차

수출통관은 수출신고를 받은 세관장이 수출신고 사항을 확인하여, 일정한 요건을 갖추었을 때 수출신고인, 즉 하주에게 수출신고필증을 교부하는 것이다. 또한 수출승인된 사항 및 현품이 수출신고 사항과 일치하는지 여부를 대조 확인하여 양자가 서로 부합된 때 수출을 현실적으로 가능하도록 한다. 이러한 수출통관이 완료되면 내국물품이 외국물품화된다.

그림 18-8

수출통관 절차

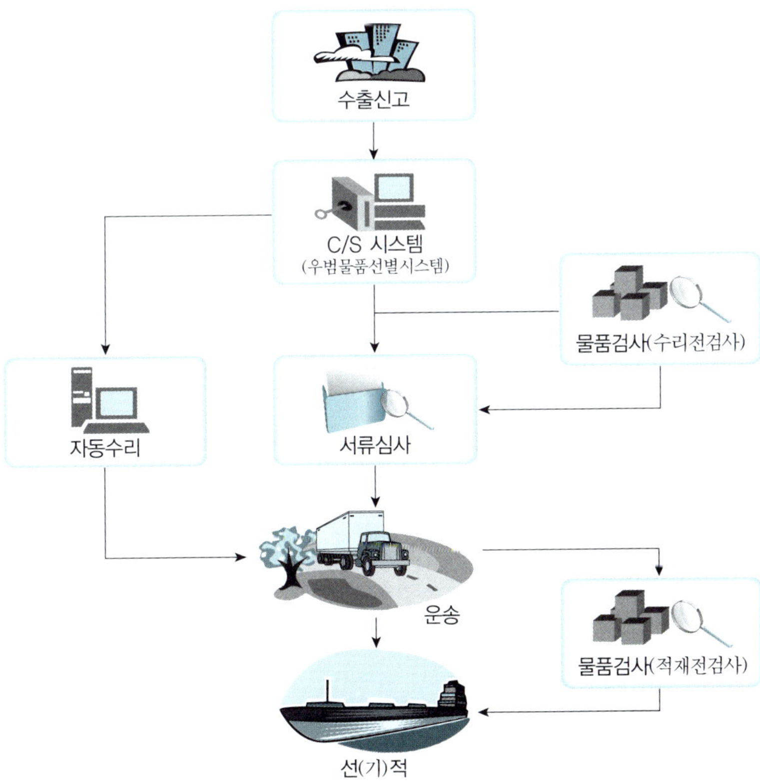

출처 : 관세청 홈페이지

6.2 수입통관 절차

수입통관이란 수입신고를 받은 세관장이 신고 사항을 확인하여 일정한 요건을 갖추었을 때 신고인, 즉 하주에게 관세를 수령하고, 수입을 허용하는 것이다. 또한 수입신고 사항과 현품이 부합한지 여부와 수입과 관련하여 제반법 규정을 충족하였는지 확인한 후 외국물품을 내국물품화하는 행정행위이다.

그림 18-9

수입통관 절차

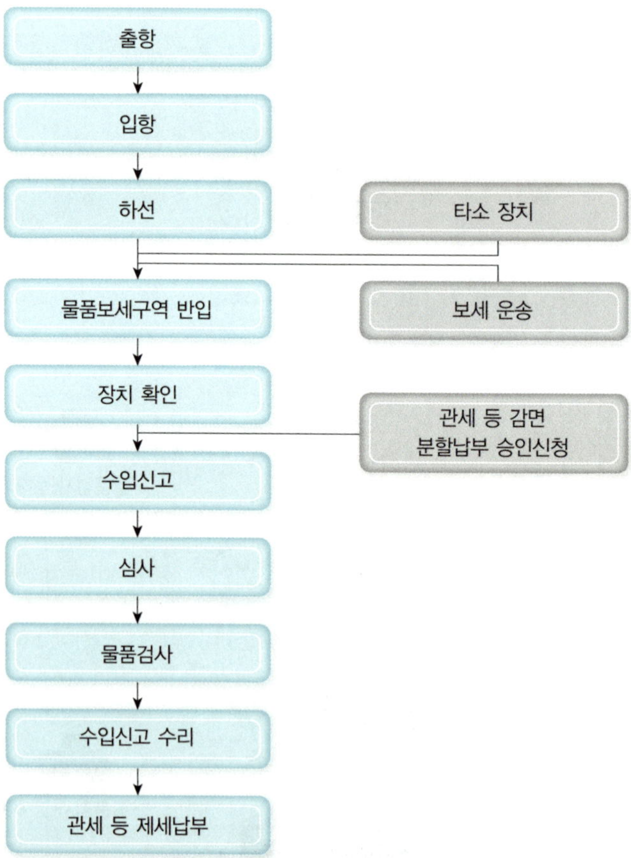

6.3 관세환급

관세환급은 세관에서 수입물품에 대해 일단 징수한 관세 등을 특정한 요건에 해당하는 경우에 그 전부 또는 일부를 되돌려 주는 것을 말한다.

현행 관세법상에는 납세의무의 형평과 징수행정의 공평을 기하기 위한 관세, 가산금 또는 체납처분비의 과오납금을 납세의무자에게 환급하는 제도(과오납환급 : 관세법 제24조)와 위약물품을 재수출한 경우 수입 시 납부한 관세를 환급하는 제도(위약물품의 관세환급 : 관세법 제35조)가 있다.

수출용 원자재에 대한 관세 등 환급에 관한 특례법(환급특례법)에 의거 원재료를 수입할 때, 일단 관세 등을 납부하였거나 징수유예 받은 물품 또는 이를 원료로 하여 제조·가공한 물품을 수출의 용도에 사용한 때 이미 납부한 관세를 환급해 주는 제도가 있는데, 일반적으로 이를 관세환급이라 하며 환급특례법상의 환급을 말한다.

그림 18-10

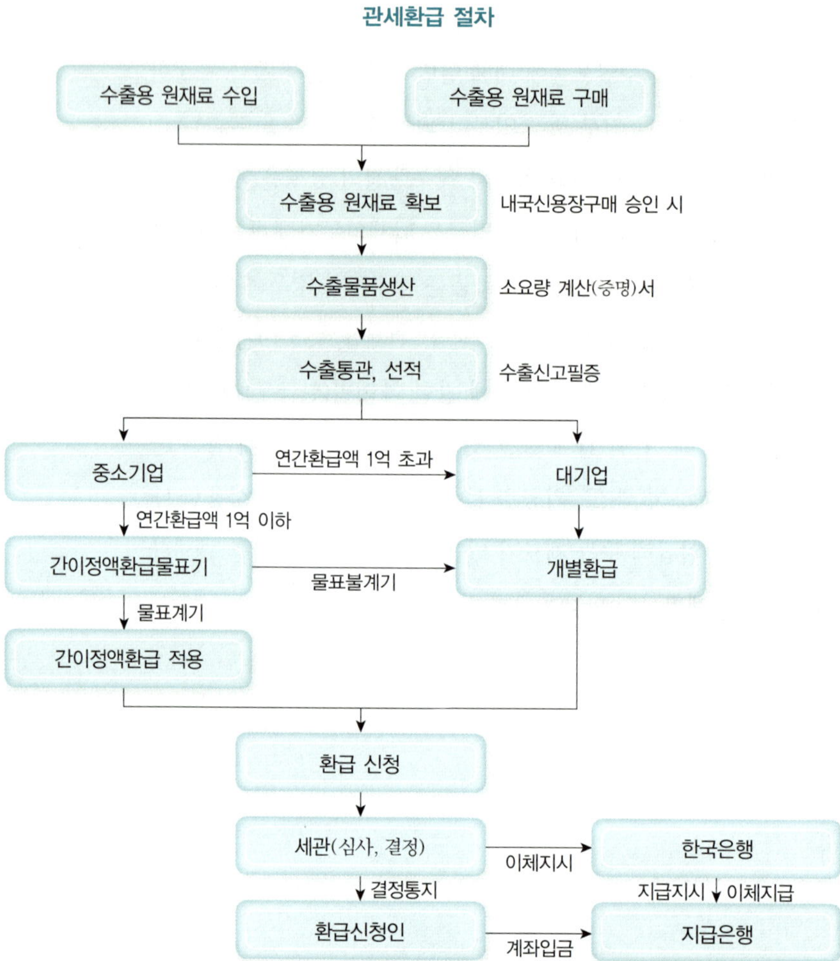
관세환급 절차
수출용 원재료 수입
수출용 원재료 구매
수출용 원재료 확보
내국신용장구매 승인 시
수출물품생산
소요량 계산(증명)서
수출통관, 선적
수출신고필증
중소기업
연간환급액 1억 초과
대기업
연간환급액 1억 이하
간이정액환급물표기
물표불계기
개별환급
물표계기
간이정액환급 적용
환급 신청
세관(심사, 결정)
이체지시
한국은행
결정통지
지급지시
이체지급
환급신청인
계좌입금
지급은행

해상보험과 무역보험제도

19

1. 해상보험의 개관

2. 보험조건 및 위험약관

3. 해상손해

4. 무역보험제도

1 해상보험의 개관

Essentials of Trade, ch. nineteen

1.1 해상보험의 개념

해상보험(Marine Insurance)이란 해상사업 중에 발생할 수 있는 손해에 대하여 보상할 것을 목적으로 하는 손해보험의 일종으로, 영국 해상보험법(MIA, 1906)에서는 '보험자가 피보험자에 대하여 그 계약에 의해 합의된 방법과 범위 내에서 해상손해, 즉 해상사업에 수반하여 발생하는 손해를 보상할 것을 약속하는 계약이다.'

그림 19-1

보험계약체결의 목적

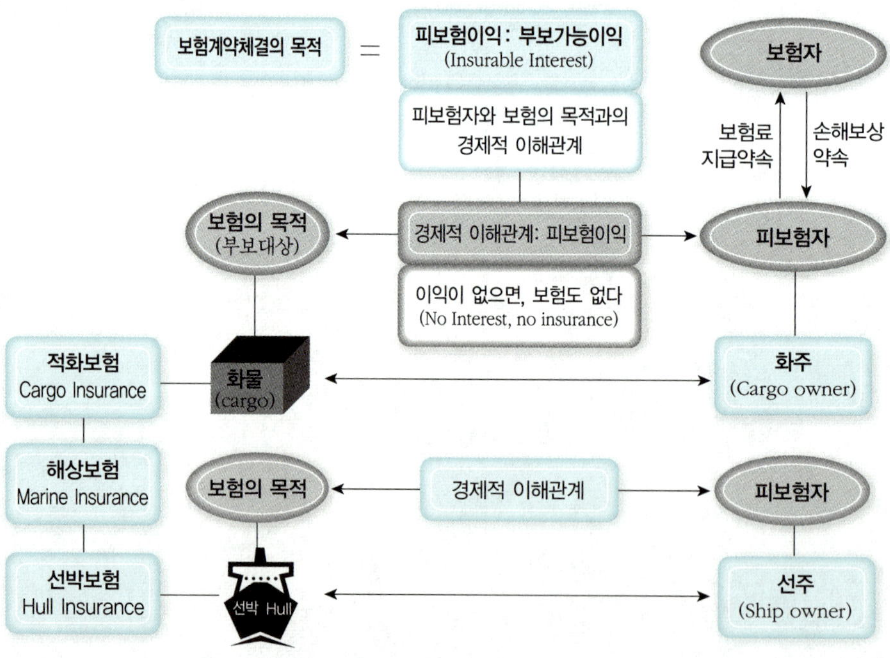

출처 : 전순환, 전게서

1.2 해상보험의 종류

1.2.1 적하보험(Cargo Insurance)

화물을 보험목적물로 하며, 운송 중 화물이 멸실 또는 훼손되거나 화물을 보존하기 위하여 경비를 지출함으로써 화물의 소유자가 입은 손해를 보험조건에 따라 보상해 주는 보험이다. 해상적하보험증권은 선하증권, 상업송장과 함께 환어음에 첨부되어 국제무역거래계약의 이행수단으로 이용된다.

1.2.2 선박보험(Hull Insurance)

선박을 보험목적물로 하며, 선박의 관리 및 운항 중에 멸실이나 훼손 또는 선박을 보존하기 위하여 지출된 경비 및 선박으로부터 발생한 책임손해가 있는 경우 이러한 손해를 보험조건에 따라 보상해 주는 보험이다.

1.2.3 운임보험(Freight Insurance)

운임을 대상으로 하며, 선하증권이나 운송계약서에 화물을 목적지에서 하주에게 인도하지 못한 경우(운송인 등이 운임을 청구할 수 없도록 약정하고 있는 경우)에 화물대금을 받지 못하거나 환불해야 하는 등의 사유로 인하여 운송인 등이 입은 손해를 보상해 주는 보험이다.

1.3 기본 용어

1.3.1 보험자(Insurer/Assurer/Underwriter)

보험계약을 인수한 자로, 보험료를 납부한 자에게 보험사고 발생 시 그 손해를 보상할 의무를 지는 자, 즉 보험회사를 말한다.

1.3.2 보험계약자(The Insured/Assured)

보험계약을 청약한 자로, 보험료 지급의무, 중요 사항의 고지의무 및 위험 변경증가의 통지의무 등을 부담하는 자를 말한다. 정형무역거래조건이 FOB인 경우는 수입업자가 보험계약자가 되고, CIF인 경우에는 수출업자가 보험계약자가 된다.

1.3.3 피보험자(The Insured/Assured)

보험목적물에 사고가 발생한 경우 그 손해를 입는 당사자, 즉 보험금을 청구하고 보상받는 자를 말한다. 적하보험에서는 보험계약자와 동일인인 것이 보통이나 CIF 매매계약에서 항해 중 화물에 손해가 발생한 경우라면 매도인은 보험계약자가 되고 매수인이 피보험자가 된다.

1.3.4 보험료(Premium)

보험자의 위험부담에 대한 대가로서 보험계약자가 지급하는 보수를 말한다.

1.3.5 보험금(Claim)

보험사고로 피보험자가 입은 재산상의 손해에 대해 보험자가 지급하는 보상금을 말한다.

1.3.6 보험증권(Policy)

보험을 가입하였다는 증거서류로, 계약의 성립과 그 내용을 기재하고 보험자가 기명날인하여 보험계약자에게 교부하는 증서를 말한다.

1.3.7 보험약관(Clauses)

보험계약의 내용을 이루는 조항들을 말하는데, 일반적이고 표준적인 것을 보통약관이라 하고, 보통약관의 약정 사항을 제한하거나 확대하는 약관을 특별약관이라고 한다.

1.3.8 보험의 목적(Subject-matter insured)

위험발생의 객체로 해상보험에서는 화물이나 선박 및 운임 그 자체를 말하며, 이에 따라 해상보험을 적하보험, 선박보험 그리고 운임보험으로 분류한다.

1.3.9 피보험이익(Insurable Interest)

보험의 목적과 피보험자 사이의 이해관계, 즉 보험목적물에 보험사고가 발생함으로써 피보험자가 경제상의 손해를 입을 가능성이 있는 경우, 이러한 목적물과 피보험자와의 이해관계를 피보험이익이라고 하며 이를 보험계약의 목적이라고도 한다. 적하보험계약에서의 피보험이익은 별도의 명기가 없는 한 화물에 대한 하주의 소유이익이다.

1.3.10 보험가액(Insurable Value)

피보험이익의 평가액으로서 보험목적물의 가치를 의미한다. 이는 상업송장을 기초로 하여 보험계약 체결 시에 협정하는 것이 일반적인데 우리나라의 경우 적하보험에서는 실무적으로 이를 협정하지 않고 있다.

1.3.11 보험금액(Sum Insured)

보험사고가 발생하였을 때 보상받고자 하는 최고 한도액을 말하며 이는 당사자 사이의 약정에 의하여 산정된다. 그런데 보험금은 보험가액과 보험금액과의 관계에 따라 전부(보험금액 = 보험가액) 또는 일부(보험금액 < 보험가액)가 보상되는데, 우리나라의 경우는 보험계약 체결 시에 보험가액을 협정하지 않고 있으므로 CIF 가격을 기초로 하여 보험금액을 정하는 것이 좋다.

1.3.12 보험계약기간(Duration of Policy)

보험계약자가 담보받고자 하는 기간으로 보험계약 시에 당사자의 합의에 의하여 정한다.

1.3.13 보험기간(Duration of Risk)

보험자의 위험부담책임이 존속하는 기간으로, 보험계약기간과 일치하는 것이 가장 바람직하지만 적하보험의 경우 보험약관에 의하여 보험기간이 보험계약기간보다 짧아지는 경우도 있고 또 길어지는 경우도 있다. 보험자가 보상의 책임을 지기 위해서는 이 기간 중에 보험사고가 발생하여야 한다.

1.4 고지의무

1.4.1 개념

보험자가 합리적으로 보험경영을 할 수 있도록 보험계약을 체결할 때 위험사정을 잘 알고 있는 보험계약자는 보험자가 위험을 측정하는 데 영향이 미칠 수 있는 사실에 대해 최대선의로서 고지해야 하는데 이를 고지의무(Duty of Disclosure)라 한다.

1.4.2 고지사항 및 고지가 필요 없는 사항

보험자가 보험목적물에 대한 위험의 인수 여부나 보험료 산정을 하는데 영향을 미칠 수 있는 사항을 보험계약자는 보험자에게 고지하여야 한다. 이 고지를 통하여 보험자는 보험계약자에게 보험청약서를 작성하게 한다.

그러나 위험을 감소시키는 사항, 보험자가 알고 있거나 알고 있는 것으로 추정되는 사항, 보험자가 고지받을 권리를 포기한 사항, 담보가 있어 고지가 필요 없는 사항에 대해서는 고지하지 않아도 된다.

1.4.3 고지의무 위반의 효과

보험계약자가 고지의무를 위반한 경우 보험자는 계약을 취소(may avoid)할 수 있다. 즉, 처음부터 계약이 취소된다. 따라서 피보험자가 입은 손해가 있더라도 보험금을 지급하지 않으며 이미 지급한 보험금이 있는 경우에는 이의 반환청구를 할 수 있다.

1.5 보험기간(duration of risk)

1.5.1 위험의 개시

적히보험계약에서는 화물이 보험증권에 기재된 지역의 창고 또는 보관장소에서 운송개시를 위해 떠날 때 해상보험의 효력이 발생하기 시작한다. 여기서 보관장소라 함은 창고뿐만 아니라 공장, 점포사무소, 야적화물의 노천의 야적장 등을 포함하는 것으로 해석된다.

1.5.2 위험의 종기

적하보험계약의 효력이 종료되는 시점을 아래와 같이 3가지로 구분하고 그 중 어느 하나가 먼저 발생하면 그 시점에서 보험은 종료된다.

첫째, 화물이 보험증권에 기재된 목적지에 위치한 화주의 창고, 또는 기타의 최종창고, 혹은 보관장소에 인도될 때 해상보험의 보험기간은 종료된다.

둘째, 보험증권에 명시된 목적지 여부를 불문하고 통상의 운송과정이 아닌 보관을 하거나 할당 또는 분배를 위한 장소에 인도될 경우는 그 장소에 인도와 동시에 위험이 종료되는 것으로 간주한다.

셋째, 본선으로부터 하역을 종료한 후 60일을 초과하면 담보하지 않는다. 화물이 수송약관상 규정해 놓은 각종 창고 혹은 장소에 입고나 인도되기 이전, 즉 운송과정 중에 있는 경우라도 하역종료 후로부터 60일이 경과하면 보험기간은 종료한다.

1.5.3 목적지 변경 시 위험의 종기

보험증권상 명시한 목적항에 화물이 하역되어 수하주의 최종창고에 입고되기 이전, 그리고 운송약관 (c)항의 60일이 경과되기 이전에 동화물의 도착지를 변경시킬 경우 변경된 목적지로 출발하게 되는 시점에서 보험기간이 종료된다.

1.5.4 이로 등 종기확장 담보

운송약관의 최종 문언에서 피보험자가 지배할 수 없는 사정으로 인하여 이로(Deviation), 강제하역(Forced Discharge), 재선적(Reshipment) 혹은 환적되거나 해상화물운송계약상 운송인의 자유재량권의 행사로 인해 위험의 변경사유가 발생했을 때는 보험자의 위험부담에 관한 책임이 계속된다고 규정하고 있다.

이러한 위험의 변동은 보험계약을 체결할 당시 보험료 산정의 기초 자료가 된 위험의 정도가 변동한 것이므로 원칙적으로는 위험변동 사항이 발생된 이후부터 보험자의 책임은 면제되어야 하지만 이렇게 되면 피보험자는 대단히 불리한 입장에 처하게 되므로 이를 구제하기 위하여 확장담보하려는 취지로 볼 수 있다.

2 보험조건 및 위험약관

Essentials of Trade, ch. nineteen

2.1 담보위험

2.1.1 해상고유의 위험(Perils of the seas)

이는 해상상에서의 우발적 사고 또는 재난을 뜻한다. 곧 해난을 말하며 단순한 해상의 위험(Perils on the seas)과는 다른 개념이다. 해난이란 바다라고 하는 자연적인 위험사정을 원인 또는 조건으로 하는 우발적인 사고를 말한다. 그것은 풍랑의 통상적인 작용을 포함하지 않으며 주로 침몰, 좌초, 충돌, 악천후 및 적하를 적재한 선박의 행방불명 등이 이에 해당된다.

① **침몰**(Sinking)

선박이 부력 및 항행능력을 상실하고 선체의 대부분이 수면 이하에 잠기는 것을 말한다.

② **좌초**(Stranding)

선박이 암초 또는 그 밖의 물체(딱딱한 물체) 위에 얹혀서 쉽게 벗어나지 못함으로써 발생하는 사고를 말한다. 이와 유사한 개념으로 교사는 모래나 뻘 등 부드러운 물체에 얹혀 있는 상태를 말한다.

③ **충돌**(Collision)

선박 상호 간의 접촉을 말한다. 또한 촉초(touch and go)도 충돌에 해당한다.

④ **악천후**(Heavy Weather)

폭풍우 등의 이례적인 기상으로 선박의 이상 경사(List), 침수(Seawater damage), 갑판적 화물의 유실(Washing Overboard), 선창의 통풍 차단으로 인한 한습손(Ship's Sweat) 등이 이에 해당된다.

⑤ **행방불명**(Missing)

해상보험에서의 행방불명은 선박과 적하 등이 함께 원인 모르게 없어지는 것을 의미한다.

2.1.2 해상위험(Perils on the sea)

① **화재**(Fire/Burning)

화재는 해상고유의 위험은 아니지만 해상위험 중에 일반적인 위험의 하나로 보험자가 부담하는 위험이다. 화재를 나타내는 말에는 fire와 burnt가 있는데, 후자는 대규모의 화재 또는 그에 의한 소실을 뜻한다. 화재는 단지 연소나 소실만을 뜻하지 않고 scorching, smoking, cracking을 포함하며 소화작용으로 인한 파손도 화재손해에 포함된다.

② **투하**(Jettision)

투하라 함은 화물 또는 선박저장품, 의장품의 일부를 고의로 바다에 투기하는 것을 뜻한다. 선박이 악천후를 만나 침몰 위기에 놓였다든가 좌초 시 선박을 가볍게 할 목적 등으로 투하를 하게 된다.

③ **선장 및 선원의 악행**(Barratry of master and mariners)

동기 여하를 막론하고 선주에게 손해를 끼칠 고의적 범죄 부정행위를 뜻한다. 선원의 악행의 예로 밀수를 목적으로 하는 선박의 사용, 선박의 유기, 방화, 고의에 의한 침몰 및 좌초 등이 있다.

④ **강도**(Thieves)

강도는 폭력 또는 위협으로 강탈함을 뜻하며, 단순한 도난(theft or pilferage)은 포함되지 않는다.

⑤ **해적**(Pirates)

해적은 해상재산을 자기의 사리사욕을 위해서 무차별하게 습격, 약탈, 파괴, 방화하는 자를 가리키며, 해상으로부터의 습격인지를 불문하며 역시 승객의 행위여부인지를 불문한다.

⑥ **표도**(Rovers)

표도는 해적의 일종으로 연혁적으로는 무어인이나 아라비아인의 해적을 지칭한다.

2.1.3 전쟁위험(War risks)

담보위험약관에는 각종의 전쟁위험이 열거되어 있으나 이것은 이탤릭체 약관 및 협회화물약관의 F. C. & S. Clause에 의해서 보험자의 기본 담보에서 제외되고 있다. 이에 해당되는 위험은 군함(Man-of-war), 외적(Enemies), 습격(Surprisals) 및 포획(Capture), 해상탈취 및 나포(Taking at sea & seizure), 군주의 억지 등(Restraints of princes), 포획면허장 및 보복포획면허장(Letters of mart and countermart) 등이 있다.

2.2 신약관의 담보위험약관

신약관은 구약관과 달리 손해의 형태에 따른 차별성이 없다. 즉, 증권상에 기재된 담보위험으로 손해가 발생하였을 경우에는 그것이 분손이든 전손이든 불문하고 보험자의 보상책임이 발생한다.

표 19-1 협회적하약관 A, B, C 담보위험 및 면책사항 비교

담보위험	(A)	(B)	(C)
1. 화재, 폭발	○	○	○
2. 선박의 좌초, 교사, 침몰, 전복	○	○	○
3. 육상운송도구의 전복, 탈선	○	○	○
4. 선박의 물 이외 타물체와의 충돌, 접촉	○	○	○
5. 피난항에서 화물의 양하	○	○	○
6. 지진, 분화, 낙뢰	○	○	×
7. 공동해손 희생			
8. 투하	○	○	○
9. 갑판유실	○	○	×
10. 선박 및 보관장소에 해수, 하천수 침입	○	○	×
11. 선적, 하역작업 중 바다에 떨어지거나 갑에 추락한 포장당 전손	○	○	×
12. 상기 이외의 보험목적에 멸실 또는 손상을 발생시키는 일체의 위험	○	×	×
13. 공동해손, 구조료(면책사항에 관련된 것은 제외)	○	○	○
14. 쌍방과실 충돌	○	○	○
면책사항			
1. 피보험자의 고의적인 위법행위	×	×	×
2. 통상의 누손, 중량, 용적의 통상의 감소, 자연소모	×	×	×
3. 포장, 준비의 불완전	×	×	×
4. 보험목적고유의 하자, 성질	×	×	×
5. 선박 · 부선의 불내항 · 선박 · 부선 · 운송용구 · 컨테이너 · 리프트밴의 부적합	×	×	×
6. 지연	×	×	×
7. 선주 · 관리자 · 용선자 · 운항자의 파산, 재정상의 채무불이행	×	×	×
8. 모든 또는 개개인의 악의가 있는 행위로 인하여 전체 또는 일부의 의도적인 손상, 파괴	○	×	×
9. 원자핵분열, 원자핵융합 및 동종의 반응, 방사능, 방사능물질을 이용한 병기의 사용에 의하여 발생한 멸실 · 손상 또는 비용	×	×	×

3 해상손해

Essentials of Trade, ch. nineteen

해상보험에 있어 손해(Loss)라 함은 피보험자가 해상위험으로 말미암아 보험의 목적인 선박, 적하, 또는 운임에 입는 재산상의 불이익을 의미한다. 손해의 유형은 일반적으로 물적손해, 비용손해 및 책임손해로 분류된다.

3.1 물적손해

3.1.1 전손(Total Loss)

보험목적물이 멸실한 경우, 즉 피보험이익이 전부 멸실된 경우를 전손이라고 한다. 보험의 목적이 담보위험에 의해 전손된 경우 초과보험(CIF : 가액보다 더 많은 금액을 기초로 하여 보험에 가입한 경우)이 아닌 한 보험금액을 보험금으로 보상받는다.

① **현실전손**(Actual Total Loss)

현실전손은 보험 목적물이 현실적으로 완전히 파손되어 사용할 수 없는 경우를 말한다. 현실전손의 예로는 보험 목적물이 실체적으로 멸실되었거나 본래의 성질이 상실되었을 경우(잔존가치가 있어도 상관없음), 또 포획의 경우와 같이 보험의 목적에는 하등의 물적손해가 발생하지 않았으나 그에 대한 피보험자의 지배력이 상실되었을 경우, 그리고 화물을 적재한 선박의 행방이 상당 기간 동안 불명인 경우 등이다.

② **추정전손**(Constructive Total Loss)

추정전손의 예로는 보험의 목적이 현실전손으로 될 것이 불가피하다고 인정될 경우, 즉 보험의 목적에 대한 피보험자의 지배력이 상실되어

그림 19-2

해상손해의 종류

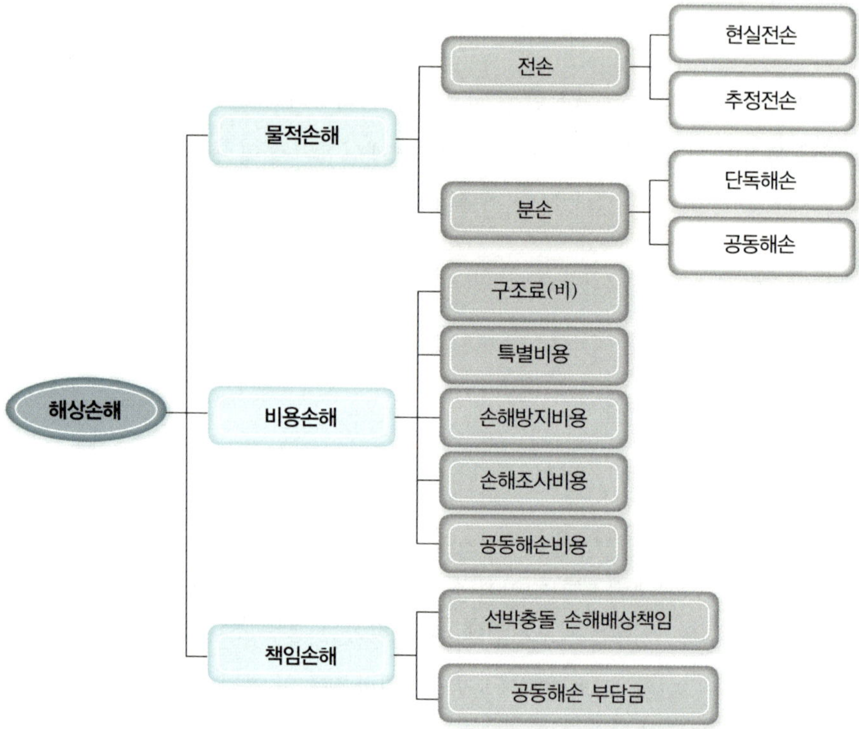

회복하는 데 상당한 기간이 필요하거나 또는 그 회복비용이 회복되었을 때의 화물의 가액을 초과할 것으로 예상될 때 및 화물이 훼손되어 그 수리비(목적지까지 수송함에 소요될 비용이 있는 경우 이를 포함)가 도착 후의 화물가액을 초과하게 될 경우 등이다.

추정전손은 보험목적물을 보험자에게 정당하게 위부함으로써 성립되며, 만약 위부(subrogation)를 하지 않을 경우에는 분손으로 처리될 수 있다.

3.1.2 분손(Average/Partial Loss)

보험목적물의 일부가 멸실이나 손상된 경우를 분손이라고 하며, 이는 다시 단독해손과 공동해손으로 분류된다.

① **단독해손**(Particular Average)

피보험이익의 일부가 멸실되거나 훼손되어 발생된 손해로, 손해를 입은 자가 단독으로 부담하는 손해, 즉 동일 운반선의 다른 화주와 선주 등에게 그 손해의 분담을 청구할 수 없는 손해를 말한다.

② **공동해손**(General Average)

공동해손이라 함은 항해단체(선박, 화물 및 운임 중 둘 이상)에 대해 공동의 위험이 발생한 경우 그러한 위험을 피하거나 경감하기 위하여 선체나 장비 및 화물의 일부를 희생(공동해손희생손해)시키거나 혹은 필요한 경비(공동해손 비용손해)를 지출하였을 때 이러한 손해와 경비를 항해단체를 구성하는 이해관계자들이 공동으로 분담(공동해손분담금)하여야 하는데, 이와 같은 손해를 공동해손이라고 한다.

3.2 비용손해

사고로 발생하는 경비손해는 여러 가지가 있지만 이 중에서 보험자의 보험보상의 대상이 되는 비용손해는 구조료, 구조비, 특별비용, 손해방지비용 및 손해조사비용 등이다.

3.2.1 구조료(Salvage Charge)

해난에 처한 재산에 발생할 가능성 있는 손해를 방지하기 위하여 계약에 의하지 아니하고 구조한 자에게 해상법에 의하여 지불하는 보수를 구조료라고 한다. 구조료는 지출된 사정에 따라 구조료 또는 공동해손비용이라는 항목으로 보험보상을 받는다.

3.2.2 구조비(Salvage/Salvage Awards/Salvage Remuneration)

해난에 처한 재산에 발생할 가능성 있는 손해를 방지하기 위하여 구조계약에 의하여 구조한 자에게 지급하는 보수를 구조비라 한다. 구조비는 발생된 상황에 따라 특별비용(손해방지비용)이나 공동해손비용으로 보상받을 수 있다.

3.2.3 특별비용(Particular Charges)

보험목적물의 안전 또는 보존을 위하여 피보험자에 의하여 또는 피보험자를 위하여 지출된 비용으로 공동해손비용 및 구조료 이외의 비용을 말한다. 이는 손해방지비용과 거의 비슷한 성격을 띠는데 굳이 손해방지비용과 구분하는 것은 특별비용 중에는 양륙항에서 손해를 사정하기 위해 발생하는 검사비용(Survey Fee)이나 화물판매비용 등과 같이 손해방지비용에 포함될 수 없는 순수한 특별비용도 포함되어 있기 때문이다.

3.2.4 손해방지비용(Sue and Labour Charge)

손해방지비용은 피보험위험이 발생하였을 경우에 이로 인한 보험 목적의 손해를 방지 또는 경감하기 위하여 피보험자 또는 그의 사용인 및 대리인이 지출한 비용이다.

전손사고가 발생하여 보험자가 보험금액을 보험금으로 피보험자에게 보상하여야 하는 경우도 손해방지비용은 별개의 보험인 양 보험금액에 추가하여 보상한다.

3.2.5 손해조사비용(Suvey fee)

손해가 발생하였을 경우 손해액사정인(Surveyor)에 의해서 손해의 원인 및 정도를 조사하는 데 소요되는 비용을 손해조사비용이라고 한다.

손해조사비용은 당해 손해가 보험자에 의해 부담될 성질의 손해인 경우에 한하여 보험자가 보상한다.

3.3 책임손해

항해단체의 공동위험을 면하기 위하여 다른 하주의 화물이나 선체 및 선용품을 희생케 하거나 비용을 지출함으로써 피보험자의 화물이 안전하게 목적지에 도달할 수 있었던 경우 그 공동해손희생이나 비용손해에 대한 분담책임을 피보험자가 지는데 이러한 책임손해를 공동해손분담금이라 하며, 이 분담금은 적하보험자가 보상하는 책임손해이다.

3.4 보험자의 담보손해

적하보험자는 물적손해를 보상할 책임이 있고 비용손해에 대해서는 구조료, 특별비용, 손해방지비용, 손해조사비용 및 공동해손비용에 대해서만 그리고 책임손해 중 공동해손분담금만 보상책임을 진다.

또한 보험자의 보상책임은 보험금액 한도로 제한되기 때문에 물적손해와 비용손해 및 책임손해의 합계액은 보험금액을 초과할 수 없다. 따라서 구조료나 공동해손 비용이 발생된 후 화물이 전손되면 그 비용은 피보험자가 부담하여야 한다. 그러나 손해방지비용이 발생된 경우는 보험금액을 초과하여 예외적으로 지급한다.

4 무역보험제도

Essentials of Trade, ch. nineteen

4.1 무역보험제도

4.1.1 성격

무역보험제도란 수출거래에 수반되는 여러 위험 가운데에서 해상보험과 같은 통상의 보험으로는 구제하기 곤란한 위험, 즉 수입자의 계약파기, 파산, 대금지급연기 또는 거절 등의 신용위험(Dommerdial Risk)과 수입국에서의 전쟁, 내란, 또는 환거래 제한 등의 비상위험(Political Risk)으로 인하여 수출자, 생산자 또는 수출자금을 대출해 준 금융기관이 입게 되는 불의의 손실을 보상함으로써 궁극적으로 수출 진행을 도모하기 위한 비영리 정책보험이다.

세계적으로 OECD 가입국 및 주요 개도국 대부분의 국가에서 무역보험제도를 운영하고 있으며, 현재 총 64개국 77개 기관이 존재하고 있다. 이러한 무역보험제도는 자국 수출기업의 대외거래위험 회피수단의 제공을 통한 수출촉진, 고용창출 등 국민경제발전에의 기여를 목적으로 하며 다음과 같은 3가지 성격을 가지고 있다.

① 상품 성격상 민간제공 곤란

수입국의 외환위기, 전쟁 등 담보에 따른 수출보험상품의 위험 성격상 민간에서 취급이 곤란하므로 유럽 등의 국가도 OECD 국가에 대한 수출거래에 한하여 민간에서 취급하고 있다.

② WTO 체제에서 유일하게 인정되는 수출지원 수단

미래 국가경쟁력을 좌우할 수 있는 성장동력의 글로벌 마켓 개척을 전략적으로 지원할 수 있다.

③ 사업의 수지 사이클이 초창기로서 재정으로 운영 불가피

연도별 수지보다는 장기적 수지 관점에서 사업을 운영함에 따라, 지속적인 사업운영을 위해서는 매년 적정 수준의 이윤창출이 요구되는 민간기업은 운영이 곤란하다.

4.1.2 기능

① 안전한 수출환경 조성

무역보험은 수출거래에 따른 수출자의 위험부담을 해소해 준다는 측면에서 수출거래의 환경 및 조건을 국내상거래의 경우와 동일한 정도로 유리하게 조성하는 데 1차적인 기능을 가지고 있다. 즉 수입국에서 발생하는 비상위험 또는 신용위험 등으로 인하여 수출불능이 되거나 수출상품의 대금회수가 어렵게 되어 수출자나 생산자 등이 입게 되는 손실을 보상함으로써 안심하고 수출활동을 할 수 있도록 하는 기능을 갖는다.

② 신용공여 기능

무역보험은 수출대금 미회수위험을 담보하므로 금융기관으로 하여금 수출금융을 공여하게 하는 금융보완적 기능을 가진다. 즉 수출금융에서는 수출대금의 회수가능성 여부가 대출심사의 중요한 기준이 되는바, 무역보험에 의하여 이를 해결할 수 있으므로 금융기관은 수출자에게 담보요건 등에서 보다 유리한 조건으로 과감하게 수출자금을 공급할 수 있다. 또한 수출계약 상대방의 대금지급지체 등과 같은 보험사고가 발생하여 수출대금의 회수 전망이 불투명하거나 회수에 장기간이 소요되는 경우에 있어서도 수출자가 입는 손실을 보상함으로써 기업자금의 유동성을 제고할 수 있는 신용공여 기능도 수행한다.

③ 무역진흥정책 수단으로서의 기능

무역보험은 수출무역, 기타 대외거래의 촉진 및 진흥을 위하여 정부의 지원 하에 운영됨에 따라 보험요율 등을 정함에 있어 장기적 차원에서

의 수지균형을 목표로 하여 가능한 한 저율로 책정하는 한편 보상비율 등에서는 최대한 수출자에게 유리한 형태의 보상제도를 채택하는 등 수출경쟁력을 강화시키고, 결과적으로 수출을 촉진시키는 역할을 하게 되는 수출진흥정책 수단으로서의 기능을 갖는다. 각국 간 수출지원 경쟁이 심화되고 있는 가운데 수출금융 및 세제상의 우대조치 등의 직접 수출지원 수단에 대한 국제적 규제가 강화되고 있어 국제적으로 용인되고 있는 간접지원 수단인 무역보험의 역할이 더욱 중요해지고 있다. 또한, 무역보험은 보험인수 조건, 즉 담보하는 위험의 범위, 담보율, 보험요율 등을 수출여건에 따라 적절히 조정함으로써 수출자의 활동을 촉진시키거나 제한할 수도 있으므로, 수출무역 및 대외거래에 대한 인허가 등의 직접적 통제방식을 간접적 통제방식으로 전환시키는 기능도 갖는다.

4.1.3 무역보험의 생성과 변화

1962년에 시작된 제1차 경제개발 5개년계획에서 수출증대를 경제정책의 최우선 목표로 설정한 이래 정부는 각종 수출진흥정책을 추진하여 놀라운 경제성장과 함께 수출규모의 증대와 수출시장의 다변화를 이룰 수 있었으나, 이에 수반하여 수출대금의 미회수 위험 증가라는 문제에 직면하게 되었다.

특히 수출구조가 소액의 경공업 중심에서 거액이고 또한 대금회수에 장기간이 소요되는 중화학공업 중심으로 변화하면서 이러한 양상은 더욱 두드러졌다. 이처럼 수출거래 및 기타 대외거래에서 필연적으로 수반되는 제 위험중 해상보험 및 기타 통상의 보험으로는 구제하기 곤란한 수출불능, 수출대금 회수불능 등의 위험으로부터 수출자를 보호하고, 이들 수출자에게 수출금융을 지원한 금융기관이 입는 손실을 보상하기 위한 제도적 장치가 필요하게 되었다.

이에 따라 1969년 2월 18일 무역보험의 운영주체는 정부이면서 그 운영업무만 대한재보험공사가 대행하는 체제로 무역보험업무가 개시되었다. 1968년 12월 31일 수출보험법이 제정, 공포된 후 25년 이상이 흐른 현재까지 총 8차례의 법개정을 겪었고 또한 대한재보험공사와 한국수출입은행의 정부 대행체제를 거쳐 1992년 7월 7일 K-sure가 설립되어 무역보험사업의 독립전담기관 체제가 확립되어 오늘에 이르고 있다.

4.1.4 무역보험 종목

<table>
<tr><th colspan="2">구분</th><th>내용</th></tr>
<tr><td rowspan="5">단기성보험</td><td>단기수출보험</td><td>수출대금의 결제기간이 2년 이내인 수출계약을 체결한 후 수출이 불가능하게 되거나, 수출대금을 받을 수 없는 경우의 손실을 보상</td></tr>
<tr><td>농수산물수출보험</td><td>농수산물수출계약 후 수출이 불가능하게 되거나, 수출대금을 받지 못할 경우, 또는 국내가격 변동으로 수출이행 시 입게 되는 손실을 보상</td></tr>
<tr><td>문화수출보험</td><td>수출이 계획된 문화상품(영화, 드라마, 게임, 공연 등)의 제작과 관련한 투자 또는 융자에 대한 손실이나 수출(또는 매출)실적 부진에 따른 손실 보상</td></tr>
<tr><td>해외마케팅보험</td><td>기업이 해외시장 개척 활동을 위하여 필요한 비용을 지출하였으나 이에 상응하는 수출증가 등의 효과를 얻지 못함으로써 입게 되는 손실을 보상</td></tr>
<tr><td>부품 · 소재신뢰성보험</td><td>국산 부품 · 소재를 사용하는 기업에게 제품의 신뢰성과 관련된 재산적 피해를 담보</td></tr>
<tr><td rowspan="7">중장기성보험</td><td>중장기수출보험</td><td>결제기간이 2년을 초과하는 수출계약을 체결한 후 수출이 불가능하게 되거나 수출대금을 받을 수 없는 경우에 입게 되는 손실을 보상</td></tr>
<tr><td>수출보증보험</td><td>금융기관이 해외공사계약 또는 수출계약과 관련하여 수입자에게 보증서(Bond)를 발급 후, 보증채무를 이행할 시에 발생하는 손실을 보상</td></tr>
<tr><td>해외공사보험</td><td>해외건설공사 등의 기성고방식 또는 연불수출방식 수출에서 수출대금의 미회수 또는 투입장비의 권리상실 등으로 입게 되는 손실을 보상</td></tr>
<tr><td>해외투자보험</td><td>주식취득 등 해외투자 후 원리금, 배당금 등을 회수할 수 없게 될 경우 이를 보상</td></tr>
<tr><td>해외사업금융보험</td><td>국내외 금융기관이 수출증진, 외화획득 효과가 있을 것으로 예상되는 해외사업에 자금을 대출하고 회수하지 못하는 경우의 손실을 보상</td></tr>
<tr><td>서비스종합보험</td><td>국내 서비스사업자가 서비스를 의뢰한 해외수입자에게 서비스를 제공하고 수입국 또는 수입자의 책임으로 서비스대금을 받지 못하는 경우의 손실을 보상</td></tr>
<tr><td>이자율변동보험</td><td>금융기관의 조달금리(변동금리)와 수출자금 제공금리(고정금리) 사이의 차이로 인해 발생하는 손실을 보상(이익은 환수)</td></tr>
<tr><td rowspan="2">환변동보험등</td><td>환변동보험</td><td>수출업체에 일정 환율을 보장해 준 후 수출대금 입금 또는 결제시점 환율과 비교하여 환차손 발생 시 보상하고 환차익 발생 시 환수</td></tr>
<tr><td>원자재가격변동보험</td><td>수출기업이 원자재가격변동위험으로 입게 되는 손실을 보상하고 이익을 환수</td></tr>
</table>

기타보험	탄소종합보험	교토의정서에서 정하고 있는 탄소배출권 획득사업을 위한 투자, 금융, 보증과정에서 발생할 수 있는 손실을 종합적으로 담보하는 보험
	녹색산업 종합보험	지원 가능한 특약항목을 '녹색산업종합보험' 형태로 제정하고, 녹색산업에 해당되는 경우 기존 이용 보험약관에 수출기업이 선택한 특약을 추가하여 우대하는 제도
	해외자원개발 펀드보험	해외자원개발사업에 투자하여 발생할 수 있는 손실을 보상하는 보험(수출보험기금과 별도로 투자위험보증계정 운영)
수출신용보증	선적전보증 선적후보증	수출입자가 수출입계약과 관련하여 금융기관 등으로부터 대출을 받거나 환어음 매각에 따른 금융기관앞 수출금융채무를 공사가 연대보증

4.2 수입보험

국내수입기업이 선급금 지급조건 수입거래에서 비상위험 또는 신용위험으로 인해 선급금을 회수할 수 없게 된 경우에 발생하는 손실을 보상하는 제도이다.

4.2.1 기본 거래구조

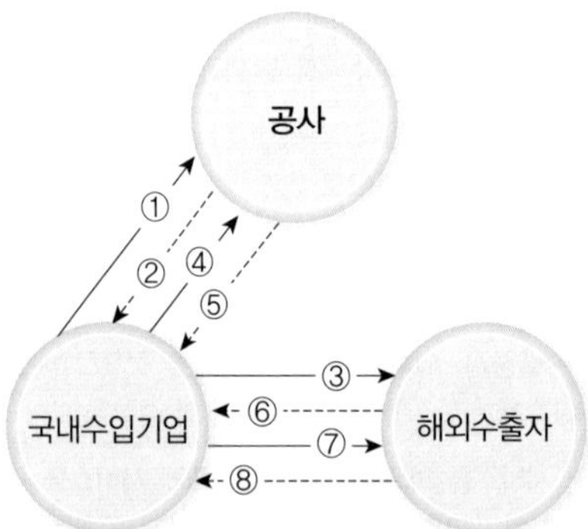

① 해외수출자 신용조사 및 보험청약
② 보험증권 발급
③ 선급금 지급
④ 지급통지 및 보험료 납부
⑤ 보험관계 성립 통지
⑥ 수출 미이행
⑦ 선급금 환급 요청
⑧ 선급금 지급(미지급 시 보험금 지급)

4.2.2 대상거래

아래 물품을 선급금지급 후 2년 이내에 선적하여야 하는 수입거래를 대상 거래로 하고 있다.

표 19-2 대상거래

주요 자원	철, 동, 아연, 석탄, 원유 등
시설재	관세법 제95조 제1항 제1호의 오염물질 배출방지 · 처리 물품 및 제2호 폐기물 처리 물품 관세법 제95조 제1항 제4호의 공장자동화 물품 관세법 제90조 제1항 제5호의 산업기술연구 · 개발용 물품
첨단제품	산업발전법 제5조의 '첨단제품'(기술은 제외)
외화획득용 원료	대외무역관리규정의 '외화획득용 원료'

4.2.3 운영 형태

1) 한도책정방식

수입기업이 거래하고자 하는 수입계약상대방별로 보상한도(보험사고 발생 시 공사가 지급하는 보험금액의 최대 누적액)가 기재된 보험증권을 발급받는 방식(선급금 지급 시 지급내역을 공사에 통지함으로써 보험관계 성립)이다. 그리고 이 방식의 이용절차는 다음과 같다.

① 국내수입자/수입계약상대방 신용조사 의뢰(국내수입기업 → 공사)

국내수입기업은 수입보험(수입자용)에 가입하기 위하여 먼저 자사와 수입 계약상대방에 대한 신용조사를 의뢰하여야 하며, 이때 국내수입자 신용조사 의뢰 시 제출서류는 최근 3년간 재무제표, 사업자등록증 사본을 제출하여야 한다.

② 보상한도 신청(국내수입기업 → 공사)

국내수입기업은 수입계약상대방에 대한 신용조사가 완료되고, 보험가입이 가능한 경우 보험청약(보상한도)을 한다.

③ 보상한도 책정 및 보험증권 발급(공사 → 국내수입기업)

공사는 수입보험 청약서 및 신용조사 결과 등을 종합적으로 심사하여 보상한도를 책정하여 보험계약자에게 보험증권을 발급해 준다.

④ **선급금 지급내역 통지**(국내수입기업 → 공사)

국내수입기업은 선급금을 지급하고 선급금지급일로부터 10영업일 이내에 공사가 정한 양식에 따라 선급금 지급내역을 공사로 통지하여야 한다.

⑤ **보험료 납부 및 보험관계 성립**(국내수입기업 → 공사)

국내수입기업은 해당 보험료를 다음 달 25일까지 공사로 납부하면 보험관계가 성립된다.

표 19-3 **주요 계약사항**

보험계약자	공사신용등급이 F급 이상인 국내기업
수입계약상대방	공사신용등급이 E급 이상인 외국기업
보험가액	선급금 지급액
부보율	중소기업 100%, 대기업 95%
선급금비율	수입계약 금액의 30% 이내로 제한(30%를 초과하는 경우에는 선급금비율 범위 내에서 보상)
보험지급금액	(손실액 – 맨책대상 손실) × 95/100(단, 중소기업은 100%) – 다른 보험계약 등에서 지급받았거나 지급받게 될 것이 확실한 금액
보험증권유효기간	1년에 1회 이상 이용 시 기간 자동 연장

2) Pooling 방식

수입기업이 선택하는 책임금액(U$20만부터 U$5만 단위로 U$50만까지 선택 시 공사가 지급하는 보험금액) 범위 내에서 수개의 수입계약상대방에 대하여 하나의 보험증권을 발급받는 방식이다. 아울러 그 이용절차는 다음과 같다.

① **국내수입자 신용조사 의뢰**(국내수입기업 → 공사)

국내수입기업은 수입보험(수입자용)에 가입하기 위하여 먼저 자사에 대한 신용조사를 의뢰하여야 한다. 이때 국내수입자 신용조사 의뢰 시 제출하는 서류로 최근 3년 간의 재무제표, 사업자등록증 사본이 필요하다.

② 청약서 및 수입계약상대방 리스트 제출(국내수입기업 → 공사)

국내수입기업이 보험이용 가능 업체(공사신용등급 F급 이상)인 경우 책임 금액(사고발생 시 공사가 보험금을 지급하는 최대한도)을 선택(U$20만 ~ U$50만 범위 내에서 U$5만 단위로 선택)하여 작성한 보험청약서와 거래하고자 하는 수입계약상대방 리스트를 공사에 제출하여야 한다.

③ 보험료 납부 및 보험증권 발급(공사 → 국내수입기업)

공사는 청약서를 심사한 후 국내수입기업으로부터 보험료를 납부받고 보험증권을 발급해 준다.

tips 무역보험 및 한국무역보험공사 연혁

1968. 12. 31	수출보험법 제정 및 공포
1969～1976	대한재보험공사에서 수출보험 업무대행
1977～1992	한국수출입은행에서 수출보험 업무대행
1992. 7. 7	수출보험전담기관 '한국수출보험공사' 설립
1994. 8. 3	단기수출보험, 수출신용보증 도입
1995. 12. 31	수출보험지원실적 10조원 돌파
1999. 12. 31	IMF 위기극복 총력지원(지원실적 28조원)
2006. 6. 22	Trade Finance誌 선정 Best Asian ECA 수상
2008. 12. 22	경제위기 극복을 위한 비상경영계획 수립
2008. 12. 31	수출보험 지원실적 130조원 달성(100조원 돌파)
2009. 6.	수출보험법 17차 개정안 마련 및 추진
2009. 11. 10	수출보험법 17차 개정안 국무회의 의결
2009. 12. 31	수출보험 지원실적 165조원 달성
2010. 3. 18	무역보험법 국회 본회의 의결
2010. 4. 5	무역보험법 공포
2010. 7. 6	무역보험법 시행
2010. 7. 7	'한국무역보험공사' 출범

무역클레임

20

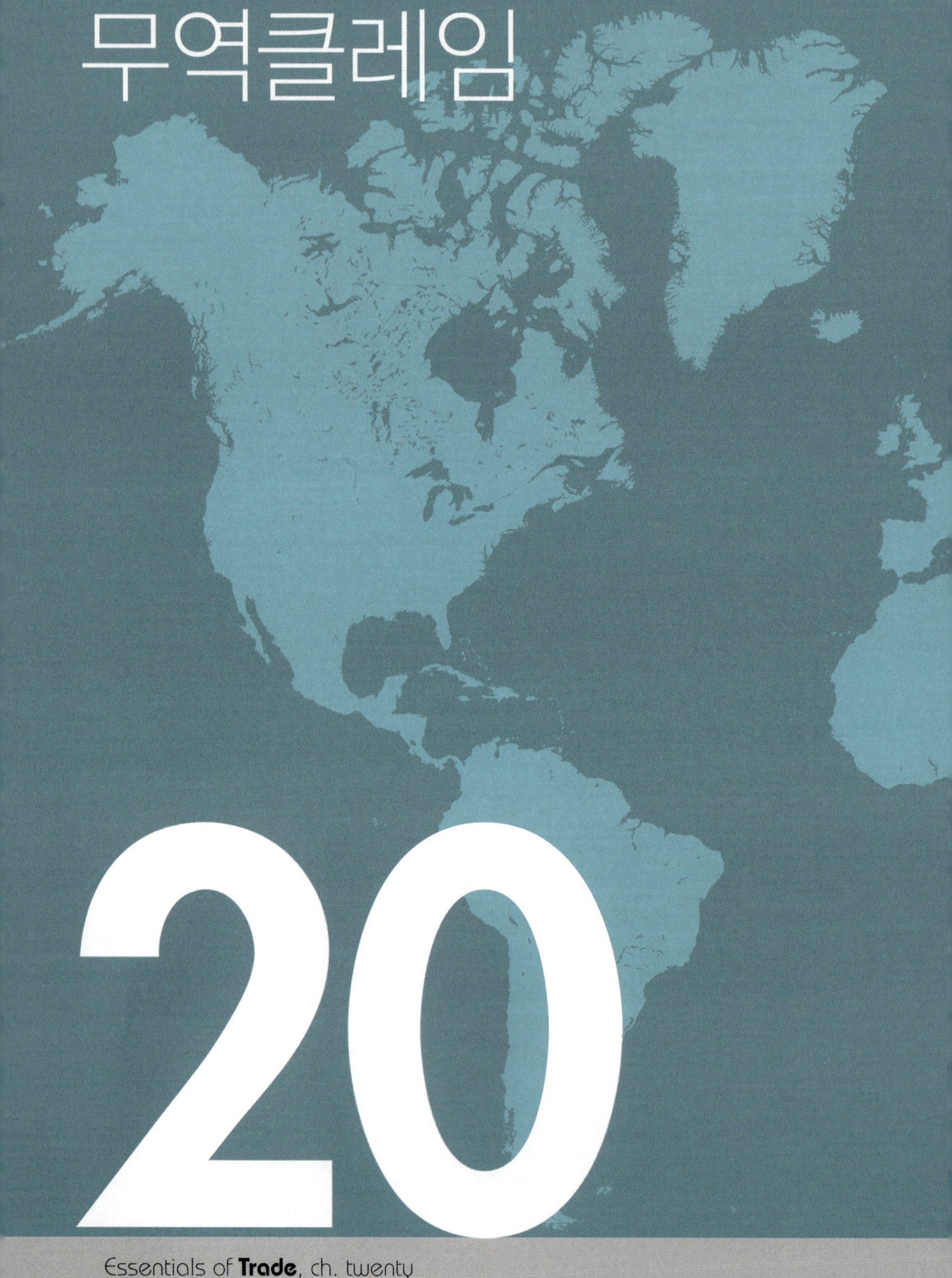

Essentials of **Trade**, ch. twenty

1. 무역클레임의 개념

2. 무역클레임의 제기와 해결

1 무역클레임의 개념

Essentials of Trade, ch. twenty

1.1 무역클레임의 정의

무역거래를 하다 보면 예기치 못한 클레임이 발생하는 경우가 있다. 클레임이란 당사자 간의 거래계약에 따라 이행하면서 계약의 일부 또는 전부의 불이행으로 말미암아 발생되는 손해를 상대방에게 청구할 수 있는 권리를 말한다.

1.2 무역클레임의 원인

1.2.1 간접적 원인

무역거래에 사용되고 있는 특유한 용어들은 오랜 실무상의 경험이 필요하므로 당사자 간에 의견의 차이가 발생할 수 있으며, 계약당사자가 각기 사용하는 언어의 상이, 각국의 법과 상관습의 상이, 신용조사의 불비, 운송 중의 위험, 가격덤핑, 나라에 따라 서로 다르게 사용되고 있는 도량형, 상대국의 식품위생법이나 독과점법, 공업소유권 등 많은 요인들이 무역클레임의 간접적 요인으로 작용하고 있다.

1.2.2 직접적 원인

계약은 거래당사자를 직접 구속하므로 반드시 계약서에는 당사자명과 품명, 품목, 품종, 규격, 수량, 단가, 금액, 포장조건, 선적시기, 결제조건, 신용장조건(개설일자) 등, 보험조건, 면책조항, 클레임통지기한 등을 명확히 약정하여야 하며, 장래에 발생될지 모르는 분쟁의 해결을 위하여 중재조항 등을 삽입하고, 당사자가 기명 날인하여 거래를 하여야 한다.

그러나 그 이행과정에서 품질불량, 수량의 부족, 고장불량, 선적불이행, 불완전 보험계약체결, 대금의 지불지연이나 지불거절, 신용장의 불개설 혹은 지연, 거래알선에 따른 수수료 미지급 등 많은 요인이 클레임의 직접적 요인으로 작용하고 있다.

1.3 무역클레임의 내용

1.3.1 금전의 청구를 내용으로 하는 클레임

① 손해배상청구

저질품 인도 시, 선적불이행 시, 부당한 계약해제 시, 신용장개설 지연이나 불개설 시, 선박지정지연 또는 지정치 않을 시, B/L 발급 시, 대금결제지연, 화물의 부당한 인수거절, 계약물품의 상이 등과 같은 사유로 발생한 손해를 금전으로 계산하여 청구하는 것을 손해배상청구라 한다.

② 대금지급거절

D/A 거래 등에서 추심기간이 긴 경우 물품이 서류보다 먼저 도착하므로 도착물품이 계약물품과 상이할 때, 혹은 신용장조건과 서류가 불일치할 때 대금지급을 거절할 수 있다.

③ 대금감액요청

도착된 물품의 품질이나 포장불량, 화인이나 상표불량 등 계약내용과 일치되지 않는 상품이 도착했을 때, 상품가액을 감액하여 인수코자 할 때, 대금감액 요청을 할 수 있다.

1.3.2 비금전적 청구의 무역클레임

① 화물의 인수거절

화물이 도착한 후 매수인이 상품의 품질상의 흠, 손상 등을 발견하였을 때 그 화물의 일부 또는 전부를 인수거절할 수 있다.

② 계약이행청구

매도인이 매수인에게 하는 계약이행청구는 신용장 개설요청, 매매약정 물량의 이행요청 등이 있고 매수인이 매도인에게는 화물의 선적이행 등을 요청하나 만약 상호 간에 원만히 해결되지 않으면 계약의 불이행에 따라 손해배상을 청구할 수밖에 없다.

③ 잔여계약분의 해제요청

1차 도착한 상품의 품질이 불량하다든가 규격이 상위하여 판매가 곤란할 나머지 계약분의 계약을 해제요청하는 클레임 등이다.

2 무역클레임의 제기와 해결

Essentials of Trade, ch. twenty

2.1 무역클레임의 제기

2.1.1 물품의 검사와 통지의무

수입물품을 인도받은 매수인은 이를 수령함에 있어 최우선적으로 물품이 계약목적에 합치되는지를 외견상으로 검사하여 만약 하자를 발견하였거나 수량이 부족하면 지체없이 매도인에게 통지하여야 한다. 이러한 검사와 통지는 매수인의 필수적인 권리이며 의무이다.

2.1.2 무역클레임의 제기기간

클레임 제기기간의 설정은 물품의 성질상 합리적으로 요구되는 하자발견 및 통지기간보다 너무 짧게 규정되어 있으면 효력을 부인당하는 경우도 있으므로 기간을 설정하는 데도 주의하여야 한다. 따라서 클레임 제기기간은 다음과 같다.

① 당사자 간에 제기기간에 대하여 약정이 있으면 그 기간 안에 제기
② 약정이 없는 경우는 나라마다 그 기간을 달리 보고 있음.
- 한국 : 즉시 통지, 즉시 발견할 수 없는 하자에 대해서는 6개월의 기간 인정
- 일본 : 즉시 검사하고 곧 통지
- 미국 : Within Reasonable Time
- Warsaw Oxford Rules for CIF Contract(1932) : 합리적인 검사, 검사완료 후 3일 이내에 통보
- 국제물품계약에 관한 UN 협약 : 단기간 내 검사, 합리적인 기간 내 통지, 어떠한 경우도 제척(除斥) 기간은 2년

2.1.3 클레임의 제기

무역클레임을 제기하고자 하는 자는 반드시 다음의 구비서류를 작성하여 상대방에게 제출하여야 한다.

① 클레임 사실진술서

법적 문서로서 간단하고 명료하게 구체적으로 기술하여야 하며 '언제, 어디서, 누가, 무엇을, 왜, 어떻게'의 6하원칙으로 기재해야 한다.

② 청구액에 대한 손해명세서

손해액과 제 비용(운송료, 관세, 창고료, 은행이자, 검사료 등)

③ 검사보고서(Survey Report)

품질불량, 색상 상이, 성능 미달, 수량 부족 등일 때 반드시 첨부(국제공인 검정기관의 보고서)

④ **기타**

거래사실을 입증할 수 있는 계약서, B/L, L/C 등

2.2 무역클레임의 해결방법

2.2.1 당사자 간의 해결

① **청구권의 포기**(Waiver of Claim)

피해자가 상대방에게 청구권을 행사하지 않는 경우로, 이는 대체적으로 상대방이 사전 또는 즉각적으로 손해배상 제의를 통해 해결될 경우에 이루어진다. 청구권의 포기는 분쟁해결을 위한 가장 바람직한 방법으로 향후 양 당사자 간에 지속적이고 안정적인 거래를 보장받을 수 있다.

② **화해**(Amicable settlement)

당사자 간의 자주적인 교섭과 양보로 분쟁을 해결하는 방법으로, 당사자가 직접적인 협의를 통하여 상호평등의 원칙 하에 납득할 수 있는 타협점을 찾는다. 이 경우 대체적으로 화해계약을 체결한다. 화해는 ⓐ 당사자가 서로 양보 할 것, ⓑ 분쟁을 종결할 것, ⓒ 그 뜻을 약정할 것 등 3가지 요건을 필요로 한다(민법 제731조).

2.2.2 제3자의 개입에 의한 해결

당사자 간에 원만하게 해결할 수 없을 때, 즉 쌍방의 주장이 대립될 때, 쌍방 혹은 일방의 감정이 악화되어 제3자의 냉정한 판단이 필요할 때 제3자를 개입시켜 분쟁을 해결하는 방법이다. 이러한 방법의 해결로는 알선, 조정, 중재, 소송 등이 있다.

① **알선**(Intercession, Recommendation)

알선이란 공정한 제3자(예 : 상사중재원)가 당사자의 일방 또는 쌍방

의 요청에 의하여 사건에 개입, 원만한 타협이 이루어지도록 협조하는 방법으로, 당사자 간에 비밀이 보장되고 거래관계가 지속될 수 있는 장점이 있다.

② **조정**(Conciliation, Mediation)

조정은 양 당사자가 공정한 제3자를 조정인으로 선임하고 조정인이 제시하는 해결안(조정안)에 양 당사자가 합의함으로써 분쟁을 해결하는 방법이다. 조정은 우리나라 중재규칙상 중재신청 후 당사자 쌍방의 요청이 있을 때 중재원 사무국이 조정인을 선정, 조정을 시도할 수 있고, 조정이 성립되면 화해에 의한 판정방식으로 처리, 중재판정과 동일한 효력이 있다.

③ **중재**(Arbitration)

중재란 당사자 간의 합의(중재합의)로 사법상의 법률관계를 법원의 소송절차에 의하지 아니하고 제3자인 중재인(arbitrator)을 선임하여 그 분쟁을 중재인에게 맡겨 중재인의 판단에 양 당사자가 절대 복종함으로써 최종적으로 해결하는 방법이다(중재법 제1조, 제2조).

④ **소송**(Litigation)

소송은 국가공권력(사법재판)에 의한 분쟁해결 방법이며, 외국과의 사법협정이 체결되어 있지 않기 때문에 그 판결은 외국에서 승인 및 집행이 보장되지 않는다. 따라서 소송에 의하여 클레임을 해결하려는 경우에는 피제기자가 거주하는 국가에서 현지 변호사를 법정대리인으로 선임하여 소송절차를 진행하여야 한다.

그림 20-1

분쟁해결방법의 개요

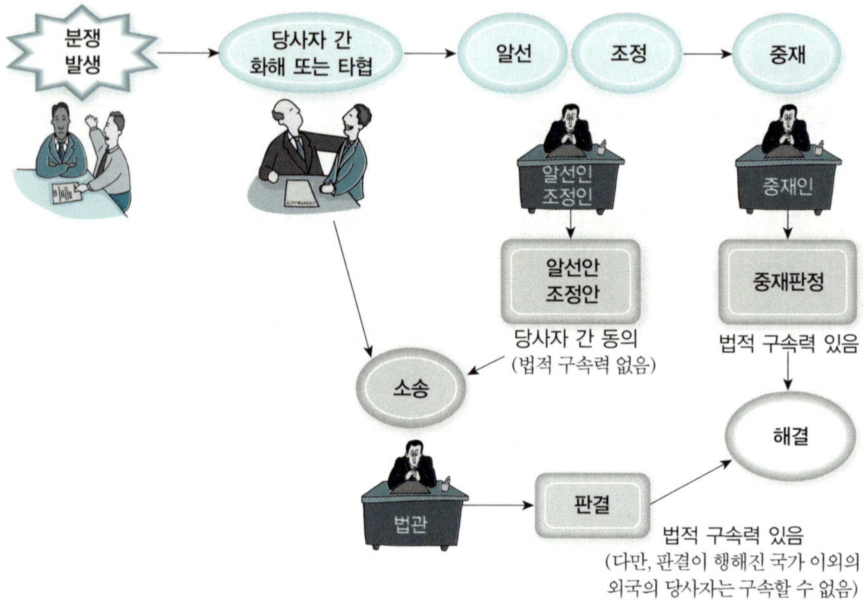

2.3 무역클레임액의 대외송금

무역클레임이 제기되어 해결 결과 위약금, 손해배상금, 보상금, 해약금 및 대리점 수수료, 대행지급금, 기타 중개수수료 등을 거래선에 지급하고자 할 경우에는 외국환관리법령에 따라 외국환은행장에게 신고 또는 한국은행 총재의 허가를 받아 지급한다.

참고문헌

Essentials of **Trade**
first edition Reference

강원진, 『무역결제론』, 박영사, 2004.

강인수 외, 『국제통상론』(제5판), 박영사, 2009.

강진석 · 오원탁, 『무역학개론』, 청목출판사, 2001.

곽노성, 『국제협상론』, 경문사, 1999.

_____, 『글로벌시대의국제협상론』, 경문사, 2000. 8.

곽수정, 『한 · 미FTA 추가협상타결의미와 향후과제』, 삼성경제연구소, 2010.

국제개발협력위원회, 「한국형 ODA 모델 추진방안」, 관계부처 합동, 2012.

국제경영연구회, 『글로벌시대의 국제경영학』, 영지문화사, 2005.

권 오, 『신무역학원론』, 청목출판사, 2001.

김언수, 『TOP을 위한 전략 경영 4.0』, PNC미디어, 2013.

김윤상, 『핵심경영학연습』, 웅진패스원, 2011

김재준, 『국제무역과통상협상』, 다산출판사, 2003. 3.

김정구 · 오준환 · 이우헌, 『세계일류들의 마케팅관리』, 율곡출판사, 2010.

노택환, 『국제통상의이해』, 박영사, 2004.

박대위, 『무역개론』, 박영사, 2004.

박도준, 「산업별 경쟁관계 분석을 통한 한국 · 일본 자유무역협정 상품무역분야 협상전략에 관한 연구」, 통상정보연구 제10권 1호, 2008. 3.

_____, 「한 · 미 자유무역협정 섬유 및 의류산업 원산지 규정에 관한 고찰」, 통상정보연구 제10권 3호, 2008. 9.

_____, 『국제통상입문』, 비엔엠북스, 2011. 2.

박범조, 『경영경제통계학』, 시그마프레스, 2012.

박종수, 『국제통상관계론』, 두남, 2004.

반병길 · 이호상, 『국제경영』, 박영사, 2002.

신농수 · 김행권, 『무역학개론』, 1997.

원종근 · 구종순 · 박광서, 『무역개론』, 박영사, 2004.

외교통상부 역, 『WTO 이해하기』, 외교통상부, 2007.

이시환, 『해상적하보험약관론』, 두남, 2010.

이장로 · 문희철, 『무역개론』, 무역경영사, 2002.

이장로 · 신만수, 『국제경영』(제5판), 무역경영사, 2010.

이태열 · 이제홍 · 박도준, 『국제무역실무』, 비엔엠북스, 2012. 8.

이환호 저, 『외환의 이론과 실제』, 경문사, 2010.

장세진, 『글로벌 경영』, 박영사, 2012.

재정경제부, 『한미자유무역협정 체결에 따른 국내보완대책』, 경제정책조정회의 안건, 2007. 4. 3.

전순환, 『국제운송물류론』, 한올, 2013.

_____, 『무역실무』, 한옥출판, 2007.

_____, 『무역실무』(제2판), 한올출판사

전창원, 『기본온 · 오프라인무역실무』, 무역연구원, 2003.

_____, 『표준온 · 오프라인무역실무』, 무역연구원, 2004.

조동성, 『국제경영』, 경문사, 2002.

안세영, 『글로벌협상전략: 협상사례를중심으로』, 박영사. 2003. 8.

최낙균 외, 『시장개방에 대한 올바른 이해』, 대외경제정책연구원, 2001.

_______, 『한 · 미 FTA 협상의 분야별 평가와 정책과제』, 대외경제정책연구원, 2007.

최재선, 「미국, 외국 컨테이너화물 보안검사제도 시행」, 『해양수산동향』, 제 1088호, 한국해양수산개발원, 2003.1.

한국무역협회, 『무역실무매뉴얼』, 2004.

__________, 『알기쉬운 무역실무 길라잡이』, 2010.

한국은행, 『알기쉬운 경제지표해설』, 한국은행, 2006.

_______, 「TPP(환태평양 경제동반자협정) 추진 현황과 주요국의 입장」, 국제경제리뷰(제2013-13호), 2013.

홍승기, 『경제학원리200』, 법문사2002.

홍승기 · 김석태 · 박도준, 『국제통상비즈니스 입문』, 법문사, 2008.

홍승기 · 김석태 · 이제홍, 『현대무역학개론』, 형설출판, 2005.

홍승기 · 박도준, 『홍박사의 경제학연습: 기본이론서』, 법문사, 2008. 8.

___________, 『홍박사의 경제학연습: 객관식연습』, 법문사, 2008. 8.

__________, 『외환 · 국제금융입문』, 법문사, 2009. 6.

홍승기 · 박도준 · 김충호, 『국제금융입문』, 형설, 2010. 2.

A. M. Rugman, D. J. Lecraw and L. D. Booth, *International Business : Firms and Environment*, New York : McGraw-Hill, 1985.

Carole Murray, David Holloway and Daren Timson-Hunt, *Schmitthoff Export Trade : The Law and Practice of International Trade*(11thed.), London, Sweet & Maxwell, 2007, p.55.

Grossman, G. M., and E. Helpman, Trade Wars and Trade Talks, Working paper No 4280, National Bureau of Econmic Reserch. 1993.

ICC, Publication No. 715E, Incoterms®2010, 2010.

ICC, Publication No. 535, Case Studies on Documentary Credits under UCP 500.

ICC, Supplement to UCP 500 for Electronic Presentation : eUCP, ICC Publication 500/2-500/3.

M. E. Porter, The Competitive Advantage of Nations. New York : Free Press. 1990.

OECD, Regional Integration and the Multilateral Trading System, OECD, 1996.

Putnam, R. D., "Diplomacy and Domestic Politics : The Logic of Two-Level Games," International Organization, Vol. 42, No. 3. 1988.

Ramberg, J., ICC Guide to Incoterms 2000, ICC publishing S. A., 1999.

WTO, General Agreement Establishing the World Trade Organization, WTO, 1995.

WTO, Understaudig the WTO, WTO, 2007.

http://en.wiktionary.org/wiki/chain_of_custody

http://fta.korea.kr

http://www.devco.go.kr/index.do

http://www.ecos.go.kr

http://www.fta.go.kr

http://www.istans.rg

http://www.kiep.go.kr

http://www.ktnet.co.kr

http://www.kwe.ca/incoterms.asp(2010.10.21)

http://www.mke.go.kr

http://www.mocie.go.kr

http://www.mofat.go.kr

http://www.mondaq.com/canada/article.asp?articleid=112932(2010.10.21)

www.oda.go.kr

www.odakorea.go.kr

http://www.odakorea.go.kr/oz.main.ODAMain.do

http://www.pca.co.za/modules/news/article.php?storyid=455(2010.10.21)

http://www.wragge.com/published articles 6466.asp(2010.10.21)

http://www.wto.org

http://www.yesfta.or.kr

찾아보기

Essentials of **Trade**

first edition Index

[국문]

가

바

아

자

차

[영문]

123

A

B

C

D

E

F

N

O

P

Q

R

S

T

U

V

W

Z

지은이에 대하여

김기홍

평택대학교 무역물류학과 교수
평택대학교 물류문화정보대학원장
경영학박사/서비스무역 & 국제경영
Delta항공사 인사팀장
GM코리아 마케팅 이사
서울중앙지방법원 상사조정위원
대한상사중재원 상사중재인
국제e-비즈니스학회 편집위원장
한국통상정보학회 사무처장
한국무역학회 사무국장
Journal of Korea Trade 편집위원(2013, 2015)

최창환

단국대학교 무역학과 교수/학과장
Africa Trade Promotion 사업단장
KOICA 국제개발협력이해 증진사업 책임교수
기획재정부 FTA 무역전문가 양성과정 책임교수
KDI 경제전문가 모니터 위원
19대 국회의원선거 메니페스토 공약분석 위원
국제공정무역학회 · 국제통상학회 이사
Asia Pacific Journal of Management-paper reviewer, Cross Cultural Management : an International Journal-paper reviewer, International Business Review-paper reviewer

박도준

동국대학교 무역학과 경영학박사
한국지역문화콘텐츠연구원 연구위원
동국대학교 행정대학원 객원교수
KG 미래경영아카데미 경영학 담당교수
중소기업인재개발원 부원장
경기벤처협회 벤처고용지원센터 자문교수
시립인천전문대 겸임교수
국제지식컨설팅연구원 객원연구위원
대외경제정책연구원 FTA 지원센터
국제e-비즈니스학회 논문편집국장/상임이사
무역학회, 통상정보학회, 관세학회 이사

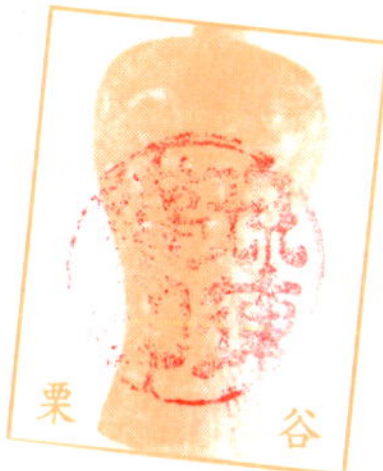

핵심 무역학원론

초판 1쇄 발행 2014년 3월 10일
초판 2쇄 발행 2015년 8월 5일

지은이 김기홍 · 최창환 · 박도준

펴낸이 박기남
펴낸곳 **율곡출판사**
08590 서울시 금천구 가산디지털1로 84, 803호
전화 (代) 02) 718-9872/3
팩스 02) 718-9874
home-page www.yulgokbooks.co.kr
e-mail yulgokbook@naver.com
등록 1989.11.10. 제2014-000031호
ISBN 978-89-97428-44-1 93320

정가 28,000원